教育部人文社会科学研究青年基金项目（18YJC630238）
江苏高校优势学科－统计学建设工程项目
国家自然科学基金项目（71972097）
江苏师范大学人文社会科学研究基金项目（18XWRX026）
资助出版

水平薪酬差距与团队成员绩效：基于形成基础和妒忌情绪

张海燕　著

中国财经出版传媒集团
中国财政经济出版社

图书在版编目（CIP）数据

水平薪酬差距与团队成员绩效：基于形成基础和妒忌情绪 / 张海燕著. -- 北京：中国财政经济出版社，2020.8

ISBN 978 - 7 - 5095 - 9864 - 1

Ⅰ.①水… Ⅱ.①张… Ⅲ.①企业管理－工资差额－影响－企业绩效－研究 Ⅳ.①F244②F272.5

中国版本图书馆 CIP 数据核字（2020）第 101847 号

责任编辑：彭　波　　　　责任印制：史大鹏
封面设计：卜建辰　　　　责任校对：张　凡

中国财政经济出版社 出版

URL：http：//www.cfeph.cn
E - mail：cfeph@cfeph.cn

社址：北京市海淀区阜成路甲 28 号　邮政编码：100142
营销中心电话：010 - 88191522
天猫网店：中国财政经济出版社旗舰店
网址：https：//zgczjjcbs.tmall.com
北京财经印刷厂印装　各地新华书店经销
成品尺寸：170mm × 240mm　16 开　23 印张　351 000 字
2020 年 8 月第 1 版　2020 年 8 月北京第 1 次印刷
定价：88.00 元
ISBN 978 - 7 - 5095 - 9864 - 1
（图书出现印装问题，本社负责调换，电话：010 - 88190548）
本社质量投诉电话：010 - 88190744
打击盗版举报热线：010 - 88191661　QQ：2242791300

序　言

什么样的团队薪酬差距设计会更有助于促进团队成员行为性绩效和结果性绩效，一直是组织实践关注的现实问题，也是组织薪酬系统设计与管理的重要议题。伴随着近年来工作团队越来越成为组织普遍而主要的工作方式和工作单元，以及组织工作系统的愈益动态、不确定和具有任务互依性，团队成员的**行为性绩效**和**结果性绩效**对团队效能提升的重要意义愈加凸显，在这样的背景下，许多组织均将薪酬体系视为核心激励机制，期望通过团队成员间不同程度的薪酬差距设计和调整，不仅激发成员“个体”较高水平的工作投入和努力以提升个体结果性绩效，也能够通过促进和强化其作为“团队成员”的精通性、适应性和主动性工作角色行为而提升团队绩效水平。那么，**团队内薪酬差距的大小，究竟会对团队成员的情绪、态度、工作角色行为和绩效产生什么影响？哪些因素将决定这些影响关系？具体影响过程又如何？**

围绕“团队薪酬差距的影响效果”，国内外许多学者进行了大量的实证探讨，总体上形成了两种不同甚至对立的主导观点：经济视角观基于锦标赛理论的实证研究主张，较大的薪酬差距可以显著改善员工态度、行为并创造绩效；行为视角观基于社会比较理论、公平理论、相对剥削理论的实证研究则坚持，较大的薪酬差距将严重破坏合作行为，十分不利于绩效创造。本书认为，薪酬比较的覆盖范围差异、薪酬比较的对象差异、薪酬差距的动因或形成基础差异、薪酬差距影响结果变量的关注点差异、实证数据的来源限制等诸多因素，均可能导致薪酬差距影响实证研究结论的“**不一致**”。那么，如何看待现有研究中的上述差异？又如何通过明确这些差异而打破现有研究结论“**不一致**”僵局以及发展出对组织实践更有解释力和预测力的薪酬差距理论？这些，均是摆在学者面前的理论难题，需要学者进行更多卓有成效的创新性研究。

本书沿循薪酬差距影响研究未来趋势（①实证研究的支撑理论方面，将超越锦标赛理论和行为理论的主导，渐现多元理论融合趋势；②结果变量探讨方面，将突破绩效和离职，开始关注员工对薪酬差距的情感反应；③调节变量考察方面，将由强调组织情境性因素逐渐转向关注员工个体差异性因素；④中介变量探讨方面，将超越“团队过程性变量”，开始愈益关注和强调“员工情感反应”类解释机制；⑤薪酬差距类型划分方面，将突破传统的水平/垂直分类，更加强调基于薪酬差距的动因或形成基础的“新”类型探索；⑥实证研究样本和实证数据来源方面，呈现出体育竞技团队→上市公司高管团队→企业普通员工团队的发展趋势，以及超越对市场公开数据的一味依赖而采用客观数据+相关研究变量量表主观评价法收集实证数据的趋势；⑦实证研究情境方面，强调对薪酬差距影响的跨文化比较研究），聚焦工作团队内同一层级员工间的“水平薪酬差距”，通过四个递进研究，为明确现有研究的“不一致”结论和推进薪酬差距影响研究走向成熟作出贡献。具体来说，鉴于21世纪日益动态、不确定、复杂和具有任务互依性的组织工作情境中员工个体价值“异质性”的越来越凸显和个体绩效在组织内的“幂律分布”态势，研究1（第3章）提出并界定“员工价值异质度”概念，并通过首次引入和运用“多项式回归结合三维响应曲面分析法”，探讨和实证揭示了“水平薪酬差距—员工价值异质度间（不）一致”在薪酬差距对团队成员个体绩效的影响过程中可能扮演的重要角色。研究2（第4章）重点考察水平薪酬差距的“绩效”形成基础（员工价值异质性在我国目前组织薪酬分配体系中的主要体现之一）对团队成员个体结果性绩效的影响。该研究通过收集“高校教师团队”个体研究样本的“客观薪酬”和“客观绩效”时间序列数据，实证探索了团队内“基于绩效的水平薪酬差距”和“非基于绩效的水平薪酬差距”分别对团队成员个体结果性绩效的影响主效应，以及团队成员个体的“薪酬分配位置”和“员工价值异质性”对上述影响关系的可能调节效应。基于研究2（第4章）中的主效应研究结论以及纯粹依赖“客观”实证数据而限制了对水平薪酬差距的“绩效”形成基础影响团队成员绩效“中介机制”探讨的缺陷，同时也为研究4（第6章）能够从员工对薪酬差距的情感反应视角来揭示水平薪酬差距的形成基础对团队成员个体行为性绩效的影响“黑箱”奠定前期研究基础，研究3（第5章）则聚焦团队成员的“工作场所妒忌情绪”，通过问卷调查法收集多行业“企业普通员工团队”中个体研究样本的团队内水平薪酬差距感知、垂直薪酬差距感知、自身实际薪酬水平—期望薪酬水平间差距和工作场所妒忌情绪体验，实证检验了团队内水平薪酬差距对团队成员工作场所妒忌情绪的触发效应是否成立。基于研究2（第4章）探索水平薪酬差距的**“绩效”**形成基础对团队成员个体结果性绩效影响的主效应研究结论以及研究3（第5章）探索团队内水平薪酬差距对团队成员工作场所妒忌情绪触发效应的研究结论，研究4（第6章）继续将我国目前组织薪酬分配体系中体现“员工价值异质性”也具有合法性的**“人力资本特征性投入要素”**形成基础纳入团队内水平薪酬差距的分类依据，运用**客观**薪酬/绩效/人力资本特征性投入要素数据+其他研究变量（*“工作场所善意妒忌情绪”“工作场所恶意妒忌情绪”和团队成员个体行为性绩效的代理变量“团队成员工作角色绩效”*）采用量表**主观**评价法收集数据方式，进一步深入考察了“基于绩效的水平薪酬差距”“基于人力资本特征性投入要素的水平薪酬差距”和“非基于绩效和人力资本特征性投入要素的水平薪酬差距”分别对团队成员个体行为性绩效的直接影响、对团队成员“工作场所善意妒忌情绪”和“工作场所恶意妒忌情绪”的影响，以及“工作场所善意妒忌情绪”和“工作场所恶意妒忌情绪”分别在团队内三种细分类型水平薪酬差距影响团队成员个体行为性绩效过程中可能发挥的中介作用，实现了从员工对薪酬差距的情感反应视角来揭示团队内水平薪酬差距的“绩效”形成基础和“人力资本特征性投入要素”形成基础（*也是员工价值异质性在我国目前组织薪酬分配体系中的两个主要体现*）影响团队成员个体行为性绩效“黑箱”的研究目的。

本书主要研究结论：（1）“员工价值异质度”，即描述和刻画组织中员工个体在组织价值增值或组织绩效创造过程中作出贡献的异质性以及度量员工个体价值贡献或绩效贡献的差异程度；“水平薪酬差距—员工价值异质度间的（不）一致”的确在薪酬差距对团队成员个体绩效的影响过程中扮演着重要角色。具体来说，相比于“薪酬差距—员工价值异质度”之间的不一致情形，二者之间趋于一致情形所对应的团队成员个体绩效水平更高；在“薪酬差距—员工价值异质度”之间趋于一致情形下，相比于二者之间的“低水平—低水平”趋于一致组合，“高水平—高水平”趋于一致组合情形下的团队成员个体绩效水平更高；在“薪酬差距—员工价值异质度”之间不一致情形下，相比于二者之间的“高水平—低水平”不一致组合，“低水平—高水平”不一致组合情形下的团队成员个体绩效水平更高。由此，为后续研究将最有效体现员工价值异质性亦是水平薪酬差距的重要且具有合法性来源的“绩效”形成基础纳入水平薪酬差距类型划分依据，奠定了基础。(2) 水平薪酬差距是否源于团队成员的个体绩效水平差异，的确是其结果性绩效效应的关键决定因素。具体来说，“基于绩效的水平薪酬差距”与团队成员个体绩效显著正相关，“非基于绩效的水平薪酬差距”的去绩效效应不显著；团队成员个体的“薪酬分配位置”和“员工价值异质性”，均显著调节“基于绩效的水平薪酬差距”对个体绩效的正向影响。(3) 相比于团队内“垂直薪酬差距”以及团队成员个体的“实际薪酬水平—期望薪酬水平间差距”，只有团队内“水平薪酬差距”才具有显著的团队成员工作场所妒忌情绪触发效应。(4)（*相比于“基于人力资本特征性投入要素的水平薪酬差距”和“非基于绩效和人力资本特征性投入要素的水平薪酬差距”*）仅有团队内“基于绩效的水平薪酬差距”才会对团队成员个体行为性绩效具有直接显著的促进效应。不仅如此，“基于绩效的水平薪酬差距”，也通过触发工作场所善意妒忌情绪而对团队成员个体行为性绩效产生间接显著的正向影响。团队内“基于人力资本特征性投入要素的水平薪酬差距”，则通过触发团队成员工作场所恶意妒忌情绪而间接显著地负向影响团队成员个体行为性绩效。团队内“非基于绩效和人力资本特征性投入要素的水平薪酬差距”，一方面通过抵制团队成员工作场所善意妒忌情绪而间接显著地负向影响团队成员个体行为性绩效；另一方面则通过抵制团队成员工作场所恶意妒忌情绪而间接显著地正向影响团队成员个体行为性绩效。

本书的主要理论贡献和可能创新点：(1) 关注21世纪组织中员工绩效越来越呈现“幂律分布”态势背景下的“员工价值异质性”，提出“水平薪酬差距—员工价值异质度间的（不）一致”概念，并将组织研究领域中的“多项式回归结合三维响应曲面分析法”首次引入薪酬差距影响研究领域，不仅**在研究方法方面作出新的贡献**，也为后续基于“绩效”形成基础和“人力资本特征性投入要素”形成基础（“员工价值异质性”在我国目前组织薪酬分配体系中的主要且具合法性的两个体现）的水平薪酬差距类型划分提供客观依据。（2）聚焦“团队内水平薪酬差距”，不仅在自变量方面基于水平薪酬差距的“绩效”形成基础和“人力资本特征性投入要素”形成基础进行了团队内水平薪酬差距的“新”类型划分，亦在结果变量方面区分了团队成员个体的结果性绩效和行为性绩效，是从**明确水平薪酬差距的动因或形成基础**以及**明晰薪酬差距影响结果变量的关注点**“双途径”作出的对现有薪酬差距影响研究结论“不一致”僵局的“**突破**”。（3）实证探讨了团队内水平薪酬差距的“绩效”形成基础和“人力资本特征性投入要素”形成基础分别对团队成员“工作场所善意妒忌情绪”和“工作场所恶意妒忌情绪”的影响，不仅在薪酬差距影响结果变量方面**填充了薪酬差距的“情感反应类结果变量”探讨相对“缺失”**，也从工作场所**善意妒忌、恶意妒忌情绪影响的“前因变量”**方面，**填补了相关实证研究缺乏的“空白”**。（4）现有研究囿于实证数据一味依赖市场公开来源而限制了对薪酬差距影响“中介机制”的探讨（*现有实证研究多依赖市场“公开”的薪酬数据和绩效数据来探讨薪酬差距影响的主效应和调节效应*），本书运用“客观”数据结合量表“主观”评价法收集实证数据，从团队成员的工作场所善、恶意妒忌情绪视角，揭示水平薪酬差距的“绩效”形成基础和“人力资本特征性投入要素”形成基础对团队成员的行为性绩效影响“黑箱”，是从“**员工对薪酬差距的情感反应**”视角作出的**对薪酬差距影响“中介机制”研究的重要补充**，也是对“团队过程性变量”长期主导薪酬差距影响解释机制局面的“**突破**”。

作者

2019年11月

目　录

第 *1* 章

绪　论

本章将首先基于“团队内水平薪酬差距”对团队成员有助于团队效能提升的**行为性绩效**（*即“团队成员工作角色绩效”，具体表现为团队成员的精通性、适应性和主动性工作角色行为*）和**结果性绩效的**影响现实背景、国内外学者有关团队薪酬差距影响研究现状（*理论背景*），提出本书拟探讨问题；其次，阐释本书的主要目的和研究意义（*理论意义和实践意义*）；再次，介绍本书的主要内容、研究方法、研究框架和实证研究思路；最后，总结本书可能的创新点。

1.1 研究背景与研究问题

1.1.1　研究背景

伴随着组织情境动态性和复杂性的日趋凸显，组织工作系统所具有的越来越“**不确定性**”和“**任务互依性**”（Howard，1995）毋庸置疑地成为当前许多组织管理工作的重点。在这样的背景下，鉴于“团队”所具有的潜在生产协同效应和应对复杂组织情境的灵活性（Hamilton，Nickerson & Owan，2003），越来越多的组织纷纷推崇并开始践行“团队”工作方式（Cohen & Bailey，1997；Ilgen，1999；Rau，2006；Stewart，2006；Lazear & Shaw，2007；Park，Spitzmuller & Deshon，2013）。然而，情境特征对组织的影响远非止于此。“不确定性”和“任务互依性”在团队工作情境中的普遍存在，也严重挑战了传统理论视角对

“员工绩效”的内涵界定。当组织的工作情境较为稳定时，由于几乎不存在工作情境的“不确定性”和“任务互依性”，员工的工作角色通常仅限定于“个人”工作角色，相对独立的工作岗位所对应的工作职责也相对十分明确，可以通过工作分析而详细、规范地罗列出每个员工在相应的工作岗位上应该承担和完成的工作职责以及具体的工作流程，进而可以通过该员工对明确而详细的“工作说明书”的履行情况来评价该员工的工作行为有效性或绩效表现。这即**传统理论视角所界定的“员工绩效”观**。然而，当组织工作系统开始变得越来越具有不确定性和任务互依性以及“团队”愈益成为组织重要而普遍的工作单元时，员工在组织中的工作角色，则不仅仅止于“个人”工作角色，也包含作为“团队成员”的工作角色。在这样的情形下，传统理论视角所界定的“员工绩效”内涵则往往较难以体现并准确衡量出动态而复杂的组织工作系统对员工工作行为有效性的超越“个人”工作角色规定工作职责的要求以及对他们作为“团队成员”工作角色的期望。具体来说，（1）相应于团队工作情境变得越来越具有“**不确定性**”，员工个体履行“团队成员”的工作角色将日益超越传统视角下的“程序性”工作角色，而需要承担越来越多的“**非程序性”工作角色**。因此，员工的工作行为有效性将不仅仅取决于是否实现工作说明书上明确规定的工作要求，更多地取决于能否通过适应团队变革或主动发起团队变革而提升作为团队成员的工作角色行为有效性（Griffin，Neal & Parker，2007）。（2）相应于工作团队内每个团队成员的工作目标和工作任务将越来越具有“互依性”，员工个体的工作角色将突破传统视角明确规定的“**个人**任务行为”，而更加强调员工个体作为工作团队内的一位有效构成“成员”而应当协调彼此间工作行为的“**社会嵌入式行为**”（Griffin，Neal & Parker，2007）。因此，员工的工作行为有效性将不仅取决于单纯地视自己为组织或工作团队中一个独立构成而仅仅完成自己“分内”的、“个人”的工作职责或工作角色行为，也将取决于员工作为组织或工作团队网络中的一个有机构成而应该对组织内或团队内其他成员工作角色行为有效性的“**支持**”。在这样的背景下，衡量个体员工不仅承担“个人”工作岗位角色也履行“团队成员”角色而相应应该完成的自己**个人工作角色要求**以及**与其他成员协调工作的“团队成员精通性工作角色行为**（*Team Member Proficiency*）”、衡量员工个体作为团队一员而应该对团队内外变化作出建设性反应的“**团队成员适应性工作角色行为**（*Team Member Adaptivity*）”以及衡量员工个体作为团队一员而能够主动发起改变工作团队未来所处情境或改变工作团队未来工作方式的变革的“**团队成员主动性工作角色行为**（*Team Member Proactivity*）”，越来越受到组织关注而成为组织激励政策的目标。于是，涵盖团队成员精通性工作角色行为、适应性工作角色行为和主动性工作角色行为的“**团队成员工作角色绩效**（*Team Member Work Role Performance*）”概念，应运而生。

另外，情境特征对组织的影响还体现在员工个体绩效在组织内的分布正在逐渐打破传统正态分布。具体来说，相比于以往相对稳定工作环境中员工个体绩效在组织内的近乎“同质性”，当前愈益动态、不确定和复杂组织工作情境下员工个体绩效愈益呈现出显著的“异质性”，组织整体绩效将越来越突破相对稳定工作环境中对绝大多数平均绩效水平员工的依赖（*员工个体绩效贡献几乎相同，缺乏异质性*），而越来越依靠个别有重大绩效贡献的“明星员工”。在这样的情境下，员工个体绩效在组织内的分布将越来越打破传统“正态分布”而愈益呈现出“幂律分布”趋势（Aguinis & O’Boyle，2014）。员工个体绩效在组织内的“幂律分布”趋势，恰恰是员工个体价值异质性愈益突出的体现和证明。

对应于传统研究重点关注员工“**个体任务行为**（*Individual Task Behaviors*）”结果的“**结果性绩效**”，描述当前日益不确定和任务互依工作情境下员工个体履行“**团队成员**”工作角色的精通性、适应性和主动性工作角色行为的“**团队成员工作角色绩效**”，则属于典型的“**行为性绩效**”。伴随着工作团队越来越成为组织普遍而重要的工作方式和工作单元（Cohen & Bailey，1997；Park，Spitzmuller & Deshon，2013）以及组织工作情境的愈益动态、不确定和具有任务互依性（Griffin，Neal & Parker，2007），团队成员个体的“行为性绩效”和“结果性绩效”对团队效能提升的重要意义均将愈加凸显。因此，许多组织均将薪酬分配体系视为核心激励机制（Aime，Meyer & Humphrey，2010），期望通过对工作团队内团队成员之间不同程度的薪酬差距设计和调整，不仅激发成员“个体”较高水平的工作投入和努力，也能够强化其履行“团队成员”工作角色的精通性、适应性和主动性工作角色行为，而最终促进个体效能和团队效能的双提升。

什么样的团队薪酬差距设计会更有助于促进团队成员个体的行为性绩效和结果性绩效，不仅是组织实践一直关注的重要现实问题，也是组织薪酬系统设计与管理领域孜孜不倦地探讨的重要议题。代表较小薪酬差距的合作型薪酬结构和代表较大薪酬差距的竞争型薪酬结构，是许多组织常常用来激励团队成员积极实现行为性绩效和结果性绩效的主要实践之一（Carpenter & Sanders，2002；Beersma et al.，2003）。那么，**在组织情境发生了上述诸多变化的背景下，团队内成员之间薪酬差距的大小，究竟会对团队成员的情绪、态度、行为和绩效产生什么影响？伴随着员工个体价值异质性在组织价值增值或组织绩效创造过程中的愈益突出，员工价值异质性将会对薪酬差距效应产生什么影响？员工价值异质性在我国目前组织薪酬分配体系中有何具体表现？这些具体表现是否会对薪酬差距效应产生进一步影响？具体的影响过程又如何？**

围绕"团队薪酬差距的影响效果"，国内外许多学者已经进行了大量的实证探讨，总体上形成了两种不同甚至对立的主导观点：行为视角观的学者们，运用社会比较理论、公平理论、相对剥削理论等进行的实证研究几乎均认为，过大的薪酬差距将会导致薪酬不公平感、团队凝聚力下降、竞争行为增加、合作行为减少、承诺降低和促进离职，进而破坏员工知识网络和信任，最终不利于个体、团队和组织绩效的提升；经济视角观的研究者们，基于锦标赛理论和信号理论所进行的诸多实证研究则认为，较大薪酬差距结构中，管理层职位所对应的较高薪酬水平或他人的较高薪酬水平，往往会激励员工为争取管理层的较高薪酬水平而投入更多努力，或会促进员工个体乐于接收他人较高薪酬水平所释放的"积极"信号而自觉抵制源自较大薪酬差距的任何可能负向情感反应，最终促进员工个体主动改善工作态度和创造工作绩效。本书认为，薪酬比较的覆盖范围差异（*是基于组织层面进行员工平均薪酬水平比较的薪酬差距？是基于部门或团队层面进行成员平均薪酬水平比较的薪酬差距？还是员工与员工个体之间薪酬水平比较对应的薪酬差距？*）、薪酬比较的对象差异（*是跨越层级的垂直比较对象？还是同一层级内的水平比较对象？*）、薪酬差距的动因或形成基础差异（*是源于绩效水平差异？还是源于人力资本特征性投入要素差异？或是源于其他因素？*）、薪酬差距影响结果变量的关注点差异（*例如，关注的是远端行为性结果变量？还是近端*

情感反应类动机性结果变量？即便是远端行为性结果变量，那么，是结果性绩效还是行为性绩效？即便是结果性绩效，那么，是组织或团队层面的结果性绩效还是个体层面的结果性绩效？）、实证数据的来源限制（*例如，绝大多数现有薪酬差距影响实证研究数据，主要来源于市场公开客观绩效和薪酬数据的体育竞技团队和上市公司高管团队，所以，现有大量实证研究的重点在于探讨和揭示薪酬差距的绩效“主效应”，无疑，实证数据的这一主要来源在很大程度上限制了对薪酬差距影响“中介机制”的探讨，因为市场公开数据缺乏相关指标数据*）等诸多因素，均可能导致薪酬差距影响实证研究结论的“不一致”。另外，十分重要的一点是，现有薪酬差距影响实证研究大多建立在员工个体“同质性”默认假设前提之下，忽视了员工个体之间客观存在的“异质性”在薪酬差距影响研究中的可能作用。那么，如何看待现有研究文献中的上述差异以及对员工个体之间“异质性”客观存在的忽视？又如何通过明确这些差异以及深入考察员工个体之间的“异质性”在薪酬差距影响中可能扮演的角色来有效推进薪酬差距影响研究，以及发展出对组织薪酬分配实践更有解释力和预测力的薪酬差距理论？这些，均是摆在学者们面前的重要理论难题，需要学者们进行更多卓有成效的创新性研究。

鉴于“水平薪酬差距”对组织绩效具有最为广泛的影响力（Baron & Pfeffer，1994）、员工个体对“水平薪酬差距”的普遍偏低忍耐度（Bloom，1999）、组织结构日趋扁平化所致使的“水平薪酬差距”越来越常见而受到关注（Shaw，Gupta & Delery，2002），以及“团队”越来越成为组织重要而流行的工作单元和主要工作方式（Cohen & Bailey，1997；Stewart，2006；Lazear & Shaw，2007；Park，Spitzmuller & Deshon，2013），本书聚焦团队内相同层级员工之间薪酬水平比较的**“水平薪酬差距”**，在系统梳理现有薪酬差距影响研究文献和分析薪酬差距影响研究特点与未来趋势的基础上，明确本书的研究出发点，并通过基于客观数据+量表主观评价法获得实证数据的四个递进式研究，从工作场所善意妒忌情绪和工作场所恶意妒忌情绪视角，逐步揭示我国目前组织薪酬分配体系中反映员工个体价值“异质性”的水平薪酬差距的“绩效”形成基础和“人力资本特征性投入要素”形成基础对团队成员个体结果性绩效和行为性绩效的影响“黑箱”。期望本书能够通过明确薪酬比较的覆盖范围、薪酬比较的对象、薪酬差距的动因或形成基础（员工个体价值异质性在我国目前组织薪酬分配体系中的具体体现）、薪酬差距影响结果变量的关注点和突破薪酬差距影响实证数据一味依赖市场公开来源而对“中介机制”探讨的限制，打破目前薪酬差距影响研究结论的不一致“僵局”和推进薪酬差距影响研究走向成熟。

1.1.2 研究问题

近年来，针对薪酬差距影响实证研究结论（主要是薪酬差距的绩效效应）的“不一致”，学者们主要通过三种方法来尝试推进薪酬差距影响研究。**第一种方法**，即基于 Gomez - Mejia 和 Balkin （1992） 的薪酬权变模型，探讨组织情境性因素和员工个体差异性因素对薪酬差距影响关系的具体调节效应，包括个体激励和任务互依性（Shaw, Gupta & Delery, 2002）、行业技术密集度（Siegel & Hambrick, 2005）、协作需要（张正堂，2007）、员工个体关于资源共享的偏好（Christie & Barling, 2014）、团队内信息公平氛围（Perrigino, Dunford & Boss, 2016）、员工个体的中国传统性差异和薪酬水平差异（He, Long & Kuvaas, 2016）、制度性因素（He & Fang, 2016）、员工个体调节聚焦差异（Park, Kim & Sung, 2017）、组织薪酬体系与组织文化匹配度（Park & Kim, 2017）等变量对薪酬差距影响的调节作用。**第二种方法**，即先依据一定的标准对薪酬差距进行“新”类型细分，然后再对细分类型薪酬差距的影响进行分类探讨（Mahy, Rycx & Volral, 2011; Trevor, Reilly & Gerhart, 2012）。这种方法中，Trevor, Reilly 和 Gerhart（2012） 的研究相当具有开创性。他们站在组织的立场上，依据薪酬差距是否能够发挥确保员工投入要素的作用而将团队薪酬差距划分为“能够被员工投入要素解释的薪酬差距”和“未能够被员工投入要素解释的薪酬差距”两种类型，然后探讨“能够被员工投入要素解释的薪酬差距”和“未能够被员工投入要素解释的薪酬差距”对团队绩效的影响。他们关于两种“新”细分类型团队薪酬差距分别对团队绩效的差异性影响实证研究结论（“能够被员工投入要素解释的薪酬差距”将促进团队绩效的提升，“未能够被员工投入要素解释的薪酬差距”则与团队绩效无关，甚至负相关）十分具有启发性。或许，团队薪酬差距对员工行为或绩效的激励效应研究，一直以来均过于关注并强调“任务互依性（*Task Interdependence*）”，而致使研究者们几乎都忽视了“任务互依性”背后的一个更具本质性的因素——团队成员水平薪酬差距中“员工个体工作投入要素”或“员工绩效表现”的“可识别性（*Identifiability*）”（Shaw，2014）。**第三种方法**，即尝试通过从不同理论视角揭示薪酬差距的影响“黑箱”，来进一步明确薪酬差距的绩效效应。如图2-2或附录1中的总结，现有文献已考察和证实了团队凝聚力、冲突、团队效能等“团队过程性变量”（*长期主导*）以及员工情感反应性变量（*新近出现*）在薪酬差距绩效效应中的重要中介角色，为明确薪酬差距的绩效效应作出了贡献。

如图2-2或附录1所示，尝试通过第一种方法来进一步明确薪酬差距影响的实证研究相当多，尤其是关于“组织情境性因素”对薪酬差距绩效效应的调节作用研究已相当成熟；尝试通过第二种方法和第三种方法来进一步明确薪酬差距影响的实证研究，则相对贫乏。本书认为，薪酬比较的覆盖范围差异、薪酬比较的对象差异、薪酬差距的动因或形成基础差异、薪酬差距影响结果变量的关注点差异、实证数据的来源限制等诸多因素，均可能导致薪酬差距影响实证研究结论的“**不一致**”。因此，本书拟从**明确**薪酬比较的覆盖范围、薪酬比较的对象、薪酬差距的动因或形成基础、薪酬差距影响结果变量的关注点和**突破**（*市场公开客观的*）实证数据来源对薪酬差距影响“中介机制”探讨的限制等途径，期望通过对下述四个具体问题的探讨，来明确现有研究结论的“不一致”和推进薪酬差距影响研究走向成熟。

第一，针对员工个体绩效在组织内的“幂律分布”态势，提出“员工价值异质度”概念，并聚焦工作团队内相同层级员工之间的薪酬水平比较结果——“团队内水平薪酬差距”，引入和运用“多项式回归结合三维响应曲面分析法”，实证探索“水平薪酬差距—员工价值异质度间的（不）一致”对团队成员个体绩效的可能差异性影响。本书认为，相比以往相对稳定的工作环境，21世纪的组织工作情境已经在悄无声息中发生了翻天覆地的变化，员工个体所面对的工作情境正在愈益不确定、动态和充满复杂性，新的组织工作情境对员工个体的创新性提出了更高的要求。在这样的组织工作情境下，员工个体的价值异质性愈益凸显。薪酬差距绩效效应实证研究应该与时俱进，不应该固守传统研究中员工个体“同质性”默认假设前提，也不能忽视员工个体“异质性”对薪酬差距绩效效应的可能影响。因此，为了证实员工个体“异质性”在薪酬差距绩效效应中可能扮演的重要角色，也为了为后续实证研究进行团队内水平薪酬差距的“新”类型细分奠定前期基础，本书要解决的第一个研究问题，即提出“员工价值异质度”概念，并引入和运用“多项式回归结合三维响应曲面分析法”来实证探索“水平薪酬差距—员工价值异质度间的（不）一致”对团队成员个体绩效的可能差异性影响。

第二，针对“员工价值异质度”在薪酬差距绩效效应研究中的重要作用，探寻其在我国目前组织薪酬分配体系中的具体体现，再基于这些具体体现，明确并依据水平薪酬差距的主要“动因”或“形成基础”来划分团队内水平薪酬差距的“新”细分类型，并探讨细分类型水平薪酬差距分别对团队成员个体结果性绩效和行为性绩效（*实证研究中，将运用“团队成员工作角色绩效”作为团队成员个体行为性绩效的代理变量*）的具体影响。本书认为，未明确薪酬差距的具体“动因”或“形成基础”以及未依据具体动因或形成基础进行薪酬差距的“新”类型划分，是导致现有薪酬差距影响研究结论不一致的重要原因之一；然而，大部分现有研究关于薪酬差距的类型划分，仅仅倾向于并停留于依据薪酬比较对象是否跨越层级而将薪酬差距划分为传统的“水平薪酬差距”和“垂直薪酬差距”，然后再探讨水平或垂直薪酬差距对重要结果变量的影响。尽管传统的基于薪酬比较对象差异的水平/垂直薪酬差距区分在一定程度上的确推进了薪酬差距影响研究工作，但是，该种类型区分依然未能够清晰或明确薪酬差距对重要结果变量的具体影响。因此，十分有必要**探索薪酬差距之所以对员工行为或绩效产生积极影响或消极影响的更为本质的分类依据**。本书拟解决的第一个研究问题将充分表明，“员工价值异质度/性”与水平薪酬差距之间的匹配或一致在薪酬差距绩效效应研究中的重要性。因此，基于第一个研究问题的研究结论，本书应该沿循“员工价值异质性”这一逻辑分析方向继续找寻我国目前组织薪酬分配体系中能够反映“员工价值异质性”的具体体现，并依据具体体现来进一步明确水平薪酬差距的具体“动因”或“形成基础”，因为水平**薪酬差距的具体“动**

因”或“形成基础”才是明确薪酬差距对员工工作行为或绩效究竟发挥积极影响还是消极影响的最关键因素（Downes & Choi，2014；Kepes，Delery & Gupta，2009；Shaw & Gupta，2007；Trevor，Reilly & Gerhart，2012）。因此，本书要解决的第二个研究问题，即探寻团队内水平薪酬差距中能够反映或体现团队成员个体“员工价值异质性”的因素，明确团队内水平薪酬差距的具体“动因”或“形成基础”，并依据具体“动因”或“形成基础”来详细划分团队内水平薪酬差距，然后，运用社会比较理论、公平理论、期望理论、相对剥削理论、薪酬信号理论、合法性理论等，科学预测并实证检验基于不同动因或形成基础的团队内细分类型水平薪酬差距分别对团队成员个体结果性绩效和行为性绩效的具体影响。

第三，团队内水平薪酬差距对团队成员工作场所妒忌情绪的触发效应研究。如图2－2对薪酬差距影响现有研究文献的整合模型所示，截至目前，薪酬差距影响研究关注的结果变量主要集中于“绩效”和“离职”，对于与重要员工行为（*例如，员工努力水平、缺勤、离职、合作、信息共享等*）具有十分明确影响关系的“员工薪酬差距感知”或“情感反应类结果变量”（Heneman & Judge，2000）的探讨则较为稀缺，因此，越来越多的学者呼吁，应该增强薪酬差距对员工情感反应类动机性结果变量影响的实证研究（Trevor & Wazeter，2006；Downes & Choi，2014；Shaw，2014），这将十分有益于揭示薪酬差距的绩效效应“黑箱”和推动薪酬差距影响研究走向成熟（Shaw，2014）。本书认为，员工对薪酬差距的感知或情感反应，应该是“团队过程性变量”之外能够解释薪酬差距影响的重要可能中介变量，所以，探讨员工（*无论是个体层面还是集体层面*）对薪酬差距的感知或情感反应，可能是明确薪酬差距影响研究结论不一致的一条可行途径。由此，本书拟解决的第三个研究问题，即聚焦工作场所中普遍存在的“**员工妒忌情绪**”，科学合理地预测并实证探讨“水平薪酬差距”对团队成员工作场所妒忌情绪的可能触发效应。

第四，从工作场所善意妒忌情绪和工作场所恶意妒忌情绪视角，揭示水平薪酬差距的具体形成基础对团队成员行为性绩效的影响“黑箱”。工作团队中，成员对源于差异性薪酬分配方案中不利薪酬比较的工作场所妒忌情绪，常常威胁到该成员自身的专业认同感，是一种令人十分不舒服的痛苦状态（Lieberman & Eisenberger，2009），因此，该成员有十足的动力通过采取相关行为策略来降低工作场所妒忌情绪给自己所带来的痛苦，例如，既可考虑通过提升自身绩效水平的行为策略（即，*“工作场所善意妒忌情绪”所蕴含的“挑战型”行为倾向*），也可考虑采取破坏妒忌对象绩效水平的行为策略（即，*“工作场所恶意妒忌情绪”所包含的“威胁型”行为倾向*），以尽可能缩小薪酬差距、修复内心的痛苦和恢复内心的不平衡感（Tai，Narayanan & Mcallister，2012）。本书认为，**团队成员源于团队内不利薪酬比较的“工作场所善意妒忌情绪”和“工作场所恶意妒忌情绪”，将可能是解释团队内水平薪酬差距的形成基础对团队成员行为性绩效影响的重要中介机制**。由此，本书要解决的第四个研究问题，即沿着第三个研究问题的方向进行深入，从工作场所善意妒忌情绪和工作场所恶意妒忌情绪视角（*将第三个研究问题中笼统的“工作场所妒忌情绪”，进一步区分为“工作场所善意妒忌情绪”和“工作场所恶意妒忌情绪”*），阐释基于形成基础（*在第二个研究问题仅考察水平薪酬差距的“绩效”形成基础上，继续探究我国目前组织薪酬分配体系中十分具有合法性亦是“员工价值异质性重要体现”的“人力资本特征性投入要素”形成基础*）的团队内细分类型水平薪酬差距分别对团队成员行为性绩效的影响路径。

1.2 研究目的与研究意义

1.2.1 研究目的

1.1 研究背景与研究问题部分表明，现有研究关于薪酬差距绩效效应的研究结论尚未明确，缺乏相关实证研究来系统探讨当前愈益动态、不确定和任务互依组织工作情境下薪酬差距（*本书聚焦“团队内水平薪酬差距”*）对“团队成员工作角色绩效”（*描述不确定和任务互依团队工作情境下团队成员精通性、适应性和主动性工作角色行为的“行为性绩效”构念*）的影响。因此，无论是为了明确薪酬差距的绩效效应，还是为了系统地探讨薪酬差距对员工结果性绩效和行为性绩效的影响，均迫切需要“**新**”的研究来推进。

第一，期望通过对现有薪酬差距影响研究的支撑理论基础、薪酬差距的类型划分及测量方法研究和薪酬差距影响实证研究的系统梳理和回顾，分析现有研究特点和未来研究趋势，不仅为后续四个递进式实证研究奠定坚实的理论基础，也将明确本书的研究出发点、在现有薪酬差距影响研究中的地位及将可能作出的理论贡献。

第二，期望通过基于21世纪组织工作情境下员工个体绩效在组织内的幂律分布趋势所凸显出的员工价值异质性所提出的“员工价值异质度”概念，以及“水平薪酬差距—员工价值异质度间的（不）一致”对团队成员个体绩效的差异性影响探讨，突破传统薪酬差距影响研究对员工个体“同质性”的默认假设，不仅为后续提出团队内水平薪酬差距的“绩效”形成基础和“人力资本特征性投入要素”形成基础分类依据奠定研究基础，也呼吁更多学者在进行薪酬差距影响实证研究中更多关注客观存在的员工个体“异质性”及其可能的影响。

第三，期望通过聚焦“团队内水平薪酬差距”、基于水平薪酬差距的形成基础（*具体为“员工价值异质性”在我国目前组织薪酬分配体系中的两个具有合法性的主要体现——“绩效”形成基础和“人力资本特征性投入要素”形成基础*）划分团队内水平薪酬差距的“新”细分类型、运用科学统计分析方法测算团队内新细分类型水平薪酬差距估计值以及依据薪酬差距相关理论基础合理预测并实证检验团队内新细分类型水平薪酬差距分别对团队成员个体结果性绩效和行为性绩效的具体影响，明确水平薪酬差距的“形成基础”对团队成员个体结果性绩效和行为性绩效发挥积极影响和消极影响的决定性作用。

第四，期望通过探讨水平薪酬差距（*未区分形成基础*）对员工工作场所妒忌情绪（*未区分善、恶属性*）的影响或触发效应，为从员工对薪酬差距的情感反应视角深入揭示基于形成基础的团队内新细分类型水平薪酬差距分别对团队成员行为性绩效（*实证研究中运用“团队成员工作角色绩效”来作为行为性绩效的代理变量*）影响“黑箱”，奠定基础。

第五，期望通过探讨工作场所妒忌情绪（*详细区分为“工作场所善意妒忌情绪”和“工作场所恶意妒忌情绪”*）在基于形成基础的团队内新细分类型水平薪酬差距对团队成员行为性绩效影响过程中的中介效应，揭示水平薪酬差距的形成基础对团队成员行为性绩效的影响“黑箱”，从薪酬比较的员工情感反应视角（*即，“工作场所善意妒忌情绪”和“工作场所恶意妒忌情绪”视角*），不仅丰富薪酬差距影响“中介机制”研究，也打破“团队过程性变量”长期主导薪酬差距影响解释机制局面。

1.2.2 研究意义

本书认为，薪酬比较的覆盖范围差异、薪酬比较的对象差异、薪酬差距的动因或形成基础差异、薪酬差距影响结果变量的关注点差异、实证数据的来源限制等诸多因素，均可能导致薪酬差距影响实证研究结论的“不一致”。另外，十分重要的一点是，现有薪酬差距影响实证研究对员工个体“同质性”的默认假设与当前组织工作情境下员工个体绩效在组织内的“幂律分布”趋势越来越不相符，员工个体之间客观存在的“异质性”在薪酬差距影响研究中的可能作用不可小觑。因此，本书在明确薪酬比较覆盖范围和薪酬比较对象的基础上，聚焦“团队内水平薪酬差距”，首先提出“员工价值异质度”概念，并引入“多项式回归结合三维响应曲面分析法来探讨水平薪酬差距—员工价值异质度间的（不）一致”对团队成员个体绩效的差异性影响；其次，运用客观数据+量表主观评价法，从工作场所普遍存在的员工**善意妒忌情绪和恶意妒忌情绪**视角（*突破现有研究因实证数据过度依赖公开来源数据而限制了对薪酬差距影响“中介机制”的探讨*），揭示“员工价值异质性”在我国目前组织薪酬分配体系中的两个具有合法性的主要体现——水平薪酬差距的“**绩效**”形成基础和“**人力资本特征性投入要素**”形成基础（*关注并明确薪酬差距的具体动因或形成基础*）——分别对团队成员个体结果性绩效和行为性绩效（*明确薪酬差距影响的结果变量为团队成员个体层面的结果性绩效和行为性绩效*）的具体影响和**影响过程**，具有重要理论意义和实践价值。

（1）理论意义。

第一，本书针对 21 世纪愈益动态、不确定组织工作情境下员工个体绩效在组织内的“幂律分布”态势，提出“员工价值异质度”概念，打破现有薪酬差距影响实证研究对员工个体“同质性”的默认假设，引入“多项式回归结合三维响应曲面分析法”，探讨“水平薪酬差距—员工价值异质度间的（不）一致”对团队成员个体绩效的可能差异性影响，不仅在研究方法上作出新贡献，亦为科学找寻更有效、更为本质的薪酬差距“新”类型划分依据奠定基础。

第二，沿循“员工价值异质性”的逻辑分析方向，本书拟**突破**现有文献**重点关注薪酬比较对象是否跨越层级而进行的“水平薪酬差距”和“垂直薪酬差距”传统类型**划分，聚焦“**团队内水平薪酬差距**”，依据“员工价值异质性”在我国目前组织薪酬分配体系中的两个具有合法性的主要体现——水平薪酬差距的“**绩效**”形成基础和“**人力资本特征性投入要素**”形成基础，将团队内水平薪酬差距细分为“基于绩效的水平薪酬差距”“基于人力资本特征性投入要素的水平薪酬差距”和“非基于绩效和人力资本特征性投入要素的水平薪酬差距”（*此为实证研究 4 中的细分类型；实证研究 2 仅初步考察了水平薪酬差距的“绩效”形成基础，而将团队内水平薪酬差距初步划分为“基于绩效的水平薪酬差距”和“非基于绩效的水平薪酬差距”*），是从“**明确薪酬差距具体动因或形成基础**”途径作出的对现有薪酬差距影响研究结论不一致“僵局”的有力推进。

第三，本书不仅在实证研究中明确区分了员工个体的行为性绩效（*实证研究 4 中的结果变量，为行为性绩效的代理变量“团队成员工作角色绩效”*）和结果性绩效（*实证研究 1 和实证研究 2 中的结果变量，为团队成员的个体任务“绩效”*），也重点考察了团队成员对团队内水平薪酬差距的情感反应类结果变量（*即实证研究 3 中的“工作场所妒忌情绪”和实证研究 4 中作为假设中介变量的“工作场所善意妒忌情绪”和“工作场所恶意妒忌情绪”*），并基于客观数据 + 量表主观评价法收集的实证数据，从工作场所普遍存在的员工“善意妒忌情绪”和“恶意妒忌情绪”视角，揭示团队内水平薪酬差距的“绩效”形成基础和“人力资本特征性投入要素”形成基础分别对团队成员行为性绩效的影响“黑箱”；不仅突破现有研究囿于实证数据过度依赖市场公开来源数据而难以探讨和揭示薪酬差距影响“中介机制”的困局，也是从员工对薪酬差距的“**情感反应**”视角打破现有研究长期局限于“团队过程性变量”主导解释机制局面而作出的对薪酬差距影响“中介机制”研究十分缺乏现状的重要补充和丰富。由此，本书将从“**明确薪酬差距影响结果变量的关注点**”和“**突破实证数据来源（*即市场公开数据*）对中介机制探讨的限制困局**”途径，为明确现有薪酬差距影响研究的不一致结论和推进薪酬差距影响研究走向成熟作出贡献。

（2）**实践意义**。

团队内水平薪酬差距的“具体动因”或“形成基础”，及其对团队成员个体结果性绩效和行为性绩效的影响“中介机制”（*即“工作场所善意妒忌情绪”和“工作场所恶意妒忌情绪”*）研究，将不仅利于明确现有薪酬差距影响研究的不一致结论，也将利于组织从**团队薪酬分配设计**视角和员工**工作场所善意妒忌情绪和工作场所恶意妒忌情绪管理**视角提出愈益动态、不确定和任务互依的组织工作情境下有效促进团队成员行为性绩效和结果性绩效实现的科学途径。

首先，本书依据导致团队内水平薪酬差距对团队成员绩效既存在积极影响又存在消极影响的本质因素（*即“员工价值异质性”在我国目前组织薪酬分配体系中的主要体现——**水平薪酬差距的具体动因或形成基础**，具体为我国当前组织薪酬分配体系中最具合法性的“绩效”形成基础和“人力资本特征性投入要素”形成基础*），对团队内水平薪酬差距进行“新”类型细分，并预测基于不同形成基础的团队内水平薪酬差距将不仅对有助于团队效能提升的团队成员**个体结果性**绩效产生差异性影响，也将分别通过不同影响路径而对有助于团队效能提升的团队成员**个体行为性**绩效产生显著差异性影响，因此，在具体设计团队薪酬分配方案时，应当考虑：现行薪酬分配方案所导致的团队成员之间水平薪酬差距的具体形成基础究竟是什么？合法性程度如何？其中，源于团队成员绩效水平差异的水平薪酬差距比例是多少？源于团队成员人力资本特征性投入要素差异的水平薪酬差距比例是多少？非源于团队成员绩效水平差异也非源于人力资本特征性投入要素差异的水平薪酬差距比例又是多少？

其次，本书证实，团队成员的“**工作场所善意妒忌情绪**”和“**工作场所恶意妒忌情绪**”是基于形成基础的团队内新细分类型水平薪酬差距影响团队成员行

为性绩效的**重要中介机制**，并且，工作场所善意妒忌情绪倾向于促进团队成员行为性绩效，工作场所恶意妒忌情绪倾向于抵制团队成员行为性绩效，因此，组织应该注意观察团队成员的工作场所善意妒忌情绪和工作场所恶意妒忌情绪，采取相应的组织支持或团队支持措施，来帮助成员从不利薪酬比较中看到自我提升的机会，以促使工作场所**恶意**妒忌情绪转化为工作场所**善意**妒忌情绪。另外，鉴于水平薪酬差距的“形成基础”及其“合法性”对团队成员工作场所善意妒忌情绪和工作场所恶意妒忌情绪的重要影响，组织应当考虑薪酬分配基础的合法性，通过合理引导团队成员对团队内其他成员获得的较高薪酬水平的“应得感”评价和对改变自身不利薪酬比较地位的“控制感”评价，从而有效管理团队成员的工作场所妒忌情绪。

1.3

研究内容、研究方法和框架

1.3.1　研究内容

本书聚焦“团队内水平薪酬差距”，首先针对当前愈益动态、不确定和复杂组织工作情境中员工个体在组织价值增值或组织绩效创造过程中的“异质贡献”，提出“员工价值异质度”概念，并引入和运用“多项式回归结合三维响应曲面分析法”，实证考察“水平薪酬差距—员工价值异质度间的（不）一致”对团队成员个体绩效的可能差异性影响；其次，针对我国目前组织薪酬分配体系对员工个体绩效贡献异质性和人力资本特征性投入要素异质性的普遍强调和认可，找寻到并基于水平薪酬差距的“绩效”形成基础和“人力资本特征性投入要素”形成基础，将团队内水平薪酬差距细分为“基于绩效的水平薪酬差距”“基于人力资本特征性投入要素的水平薪酬差距”和“非基于绩效和人力资本特征性投入要素的水平薪酬差距”三种类型（*该类型划分为实证研究4 中的团队内水平薪酬差距的细分类型；实证研究2 仅初步探讨了水平薪酬差距的“绩效”形成基础对团队成员结果性绩效的影响，因此，仅依据“绩效”形成基础将团队内水平*

薪酬差距划分为“基于绩效的水平薪酬差距”和“非基于绩效的水平薪酬差距”两种类型），运用公平理论、合法性理论、信号理论、期望理论、相对剥削理论、社会比较理论及工作场所妒忌情绪的相关研究观点，探讨基于形成基础的团队内“新”细分类型水平薪酬差距（自变量）分别对团队成员个体绩效（结果变量）的直接效应（实证研究1和实证研究2中的结果变量为团队成员个体的“结果性绩效”、实证研究4中的结果变量则为团队成员个体的“行为性绩效”的代理变量“团队成员工作角色绩效”）、对工作场所妒忌情绪（中介变量）的影响（实证研究3中为未区分善、恶属性的“工作场所妒忌情绪”，实证研究4中则为区分善、恶意属性的“工作场所善意妒忌情绪”和“工作场所恶意妒忌情绪”），以及工作场所善意妒忌情绪和工作场所恶意妒忌情绪分别在团队内“新”细分类型水平薪酬差距—团队成员行为性绩效间影响关系中的中介效应（实证研究4）。图1-1左侧部分显示的，即本书的主要研究内容。

（1）薪酬差距影响研究的现状与未来趋势分析。

在系统梳理和回顾薪酬差距影响研究的支撑理论基础、薪酬差距的类型划分及测量方法、现有实证研究的基础上，分析现有研究分别在支撑理论基础、结果变量、调节变量、中介变量、薪酬差距划分类型、研究样本和数据来源、研究所处文化情境等方面的研究特点和未来研究趋势。

（2）水平薪酬差距—员工价值异质度间的（不）一致对团队成员个体绩效的差异性影响研究。

21世纪组织工作情境愈益动态、不确定和充满复杂性，员工个体对组织绩效创造的“异质”贡献或在组织价值增值过程中的贡献“异质性”愈加凸显，员工个体绩效在组织内的分布越来越打破传统“正态分布”而日益呈现出显著的“幂律分布”态势。据此，本书提出“员工价值异质度”概念，科学预测水平薪酬差距与员工价值异质度之间的“匹配/一致”与“不匹配/不一致”对团队成员个体绩效的可能差异性影响、两者之间的“高水平—高水平”趋于一致组合和“低水平—低水平”趋于一致组合对团队成员个体绩效的可能差异性影响以及两者之间的“低水平—高水平”不一致组合和“高水平—低水平”不一致组合对团队成员个体绩效的可能差异性影响，并引入和运用“多项式回归结合

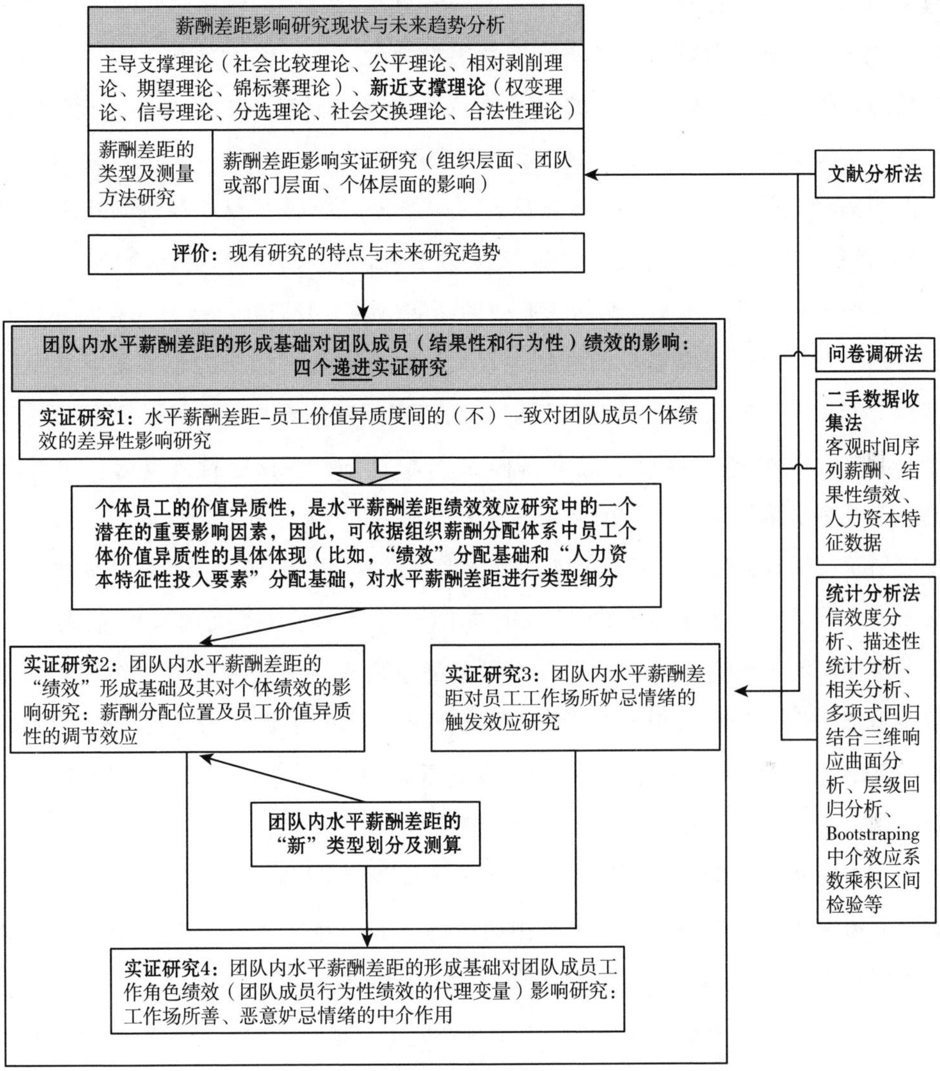

图1-1 研究内容与研究方法

三维响应曲面分析法”来实证检验研究假设是否成立，以为后续研究找寻到更有效、更为本质的薪酬差距“新”类型划分依据奠定科学基础。

(3) 基于水平薪酬差距的“具体动因”或“形成基础”对团队内水平薪酬差距的“新”类型划分及测算。

本书认为，忽视员工个体的价值异质性和未依据员工个体价值异质性在我国目前组织薪酬分配体系中的具体体现——薪酬差距的“具体动因”或“形成基础”——对薪酬差距进行更有意义的新类型细分（*即，未考虑员工个体价值异质性的具体体现——薪酬差距的“具体动因”或“形成基础”差异——对薪酬差距—结果变量间关系的影响*），以及有关薪酬差距影响“黑箱”探讨的缺乏（*即，现有实证研究囿于对市场公开数据的严重依赖而限制了对薪酬差距影响“中介机制”的探讨*），是导致现有文献关于薪酬差距影响研究结论“不一致”的主要原因。此外，正是因为缺乏有效的薪酬差距类型划分依据，现有实证研究打开薪酬差距影响“黑箱”的难度也很大。本书聚焦“团队内水平薪酬差距”，拟以“员工价值异质性”在我国目前组织薪酬分配体系中的两个主要体现——**十分具有合法性的“绩效”分配基础和“人力资本特征性投入要素”分配基础——为分类依据**，来进行团队内水平薪酬差距“新”细分类型的划分。如图1－2所示，实证研究2拟依据水平薪酬差距的“绩效”形成基础，将团队内水平薪酬差距划分为“基于绩效的水平薪酬差距”和“非基于绩效的水平薪酬差距”两种类型；实证研究4拟同时考察水平薪酬差距的“绩效”形成基础和“人力资本特征性投入要素”形成基础，将团队内水平薪酬差距划分为“基于绩效的水平薪酬差距”“基于人力资本特征性投入要素的水平薪酬差距”和“非基于绩效和人力资本特征性投入要素的水平薪酬差距”三种类型。

接着，基于团队内“新”细分类型水平薪酬差距各自的统计学含义，借鉴现有薪酬差距测量方法，发展本书中团队内“**新**”细分类型水平薪酬差距的**科学测算步骤**。

为了确保研究结论的稳健性，本书将在四个实证研究中分别采用不同的测量方法来测算水平薪酬差距。具体来说，实证研究1和实证研究2将基于客观、精确的时间序列薪酬数据和时间序列绩效（结果性绩效）数据，依据源于团队成员个体绩效水平差异的**客观**、**直接**薪酬数据（*不需要对团队成员个体薪酬水平进行“源于绩效的薪酬部分”和“非源于绩效的薪酬部分”分解*），运用“差值测量法”测算“基于绩效的水平薪酬差距”和“非基于绩效的水平薪酬差距”；实证研究3将运用由被调查员工个体进行主观评价法，来测量其团队内水平薪酬差距的感知；实证研究4则鉴于难以获取准确的直接源于结果性绩效差异和人力资本特征性投入要素差异的薪酬数据，而将基于个体客观薪酬时间序列数据、个体客观绩效时间序列数据、个体客观人力资本特征性投入要素时间序列数据，使用“回归预测法”先获得团队成员个体薪酬收入中个体绩效水平能够解释的薪酬部分、个体人力资本特征性投入要素能够解释的薪酬部分以及个体绩效和人力资本特征性投入要素均不能够解释的薪酬部分，再运用“差值测量法”分别测算出“基于绩效的水平薪酬差距”“基于人力资本特征性投入要素的水平薪酬差距”以及“非基于绩效和人力资本特征性投入要素的水平薪酬差距”。

(4) 水平薪酬差距的“绩效”形成基础和“人力资本特征性投入要素”形成基础对团队成员个体绩效的影响研究：工作场所善、恶意妒忌情绪的中介作用。

如图1-2所示，本书拟通过四个递进式实证研究（*实证研究1、实证研究2、实证研究3 和实证研究4*），从工作场所善意妒忌情绪和工作场所恶意妒忌情绪视角，逐步揭示员工价值异质性在我国目前组织薪酬分配体系中的两个主要体现——水平薪酬差距的“绩效”形成基础和“人力资本特征性投入要素”形成基础——分别对团队成员个体结果性绩效和行为性绩效（*在实证研究中，拟运用描述不确定和任务互依工作情境下团队成员精通性、适应性和主动性工作角色行为的“团队成员工作角色绩效”，作为团队成员行为性绩效的代理变量*）的具体影响和影响“黑箱”。

实证研究1：水平薪酬差距—员工价值异质度间的（不）一致对团队成员个体绩效的差异性影响研究。前面已经提及，实证研究1是为了从员工个体价值异质性角度提出更有效、更为本质的水平薪酬差距分类依据而进行的一个探索性研究，将为实证研究2和实证研究4依据员工价值异质性在我国目前组织薪酬分配体系中的两个主要体现——水平薪酬差距的“绩效”形成基础和“人力资本特征性投入要素”形成基础——而对团队内水平薪酬差距进行新类型划分，奠定科学基础。因此，实证研究1提出并界定“员工价值异质度”概念，并引入和运用“多项式回归结合三维响应曲面分析法”，实证探讨“水平薪酬差距—员工价值异质度间的（不）一致”的四种典型组合情形下团队成员个体绩效水平的比较效应，以揭示“员工价值异质度/性”在薪酬差距绩效效应中扮演的重要角色。

实证研究 2：团队内水平薪酬差距的“绩效”形成基础及其对个体绩效的影响研究探索。聚焦我国目前组织薪酬分配体系中最能够反映员工价值异质贡献也是最具合法性的“绩效”形成基础，首先，将团队内水平薪酬差距初步划分为“基于绩效的水平薪酬差距”和“非基于绩效的水平薪酬差距”两种类型；其次，基于相关理论和已有实证研究结论，科学预测它们分别对团队成员个体结果性绩效的可能影响，以及团队成员的“薪酬分配位置”和“员工价值异质性”对上述影响关系的可能调节效应；最后，通过收集“高校教师团队”个体研究样本的“客观薪酬”时间序列数据和“客观绩效”时间序列数据，实证检验所预测的影响关系是否能够得到实证数据的支持。

实证研究 3：团队内水平薪酬差距对员工工作场所妒忌情绪的触发效应探索。基于实证研究 2 中的主效应研究结论以及对“客观”实证数据来源依赖而限制了对水平薪酬差距的“绩效”形成基础影响团队成员个体绩效的“中介机制”探讨的缺陷，同时，也为了确保实证研究 4 能够更科学有效地从员工个体对薪酬差距的情感反应视角来揭示水平薪酬差距的形成基础对团队成员行为性绩效的影响“黑箱”，实证研究 3 将聚焦团队成员的“工作场所妒忌情绪”，通过问卷调查法收集多行业“企业普通员工团队”中员工个体研究样本的团队内水平薪酬差距感知、垂直薪酬差距感知、自身实际薪酬水平—期望薪酬水平间差距和工作场所妒忌情绪体验信息，实证检验团队内水平薪酬差距对团队成员个体工作场所妒忌情绪的触发效应是否成立（*其他两种类型薪酬差距的工作场所妒忌情绪效应，仅用作参照和比较*）。

实证研究 4：工作场所善意妒忌情绪和工作场所恶意妒忌情绪的中介效应研究。基于实证研究 2 探索水平薪酬差距的“**绩效**”形成基础对团队成员结果性绩效影响的主效应研究结论以及实证研究 3 探索团队内水平薪酬差距对团队成员工作场所妒忌情绪的触发效应研究结论，实证研究 4 继续将我国目前组织薪酬分配体系中同样具有合法性也是员工价值异质性主要体现的“**人力资本特征性投入要素**”形成基础纳入团队内水平薪酬差距的类型划分依据，将团队内水平薪酬差距细分为“基于绩效的水平薪酬差距”“基于人力资本特征性投入要素的水平薪酬差距”和“非基于绩效和人力资本特征性投入要素的水平薪酬差距”三种类型，然后，通过收集普通员工工作团队中员工个体的**客观**薪酬/绩效/人力资本特征性投入要素数据以及采用量表**主观**评价法收集其他研究变量（*“工作场所善意妒忌情绪”“工作场所恶意妒忌情绪”和团队成员行为性绩效的代理变量“团队成员工作角色绩效”*）数据的方式，进一步实证考察和检验“基于绩效的水平薪酬差距”“基于人力资本特征性投入要素的水平薪酬差距”和“非基于绩效和人力资本特征性投入要素的水平薪酬差距”分别对团队成员行为性绩效的直接影响、对团队成员“工作场所善意妒忌情绪”和“工作场所恶意妒忌情绪”的影响，以及团队成员“工作场所善意妒忌情绪”和“工作场所恶意妒忌情绪”分别在团队内三种细分类型水平薪酬差距影响团队成员行为性绩效过程中可能发挥的中介作用，实现从员工对薪酬差距的情感反应视角（*即，工作场所善意妒忌情绪和工作场所恶意妒忌情绪*）揭示团队内水平薪酬差距的“绩效”形成基础和“人力资本特征性投入要素”形成基础影响团队成员行为性绩效“黑箱”的研究目的。

1.3.2 研究方法

本书关注愈益动态、不确定和任务互依工作情境下员工价值异质性凸显和组织期望通过团队内成员之间有差异的薪酬水平安排以有效促进团队成员行为性绩效和结果性绩效实现的管理实践现象，以及现有研究关于薪酬差距绩效效应研究结论“不一致”的僵局，聚焦“团队内水平薪酬差距”，致力于在分析现有研究特点和未来研究趋势的基础上，通过提出“员工价值异质度”概念并引入和运用“多项式回归结合三维响应曲面分析法”探讨“水平薪酬差距—员工价值异质度间的一致和不一致”对团队成员个体绩效的差异性影响，以及基于我国目前组织薪酬分配体系中员工价值异质性的两个最主要且具有合法性的体现——水平薪酬差距的“绩效”形成基础和“人力资本特征性投入要素”形成基础——的团队内水平薪酬差距“新”类型细分、团队内各细分类型水平薪酬差距分别对团队成员绩效（*既包括结果性绩效也包括行为性绩效*）的影响和工作场所善、恶意妒忌情绪的中介作用探讨，明确薪酬差距对绩效影响研究的“不一致”结论和推进薪酬差距影响研究走向成熟。

如图 1-1 中右边部分所示，本书将通过综合运用文献分析法、问卷调研法 + 二手数据收集法、数理统计分析法，来确保上述研究目的实现。

(1) **文献分析法**。

首先，运用文献分析法来明确本书的研究出发点。基于本书所关注的“团队内水平薪酬差距”，全面收集国内外有关团队内薪酬差距（尤其是“水平薪酬差距”）的影响研究文献（由于“团队内水平薪酬差距”的影响研究文献较少，本书第2章薪酬差距影响研究的现状与未来趋势分析部分收集的文献范围，将扩大至更宽泛意义的、没有团队情境限制的组织薪酬差距影响研究文献），分析并归纳现有研究分别在实证研究的支撑理论基础、结果变量、调节变量、中介变量、薪酬差距划分类型、研究样本和数据来源等方面的研究特点和未来研究趋势，明确本书的研究出发点、在现有研究中所处的地位以及能够作出的理论贡献。

其次，针对本书具体研究问题所涉及的薪酬差距影响实证研究的支撑理论基础（社会比较理论、公平理论、期望理论、相对剥削理论、薪酬权变理论、薪酬信号理论、合法性理论等）、薪酬差距影响实证研究和工作场所妒忌情绪研究，尽可能地收集这些领域较为全面、经典和最新的研究文献，并综合运用相关理论和研究观点来提出本书研究问题的具体研究假设、构建本书具体研究问题的理论模型。

最后，运用文献分析法，选择合适的研究变量测量量表，或修正相关研究变量测量题项。

(2) **问卷调研法 + 二手数据收集法**。

本书实证研究 3 和实证研究 4 均使用问卷调研法。实证研究 3 将通过问卷星发放网页版调研问卷。实证研究 4 则采取纸质版调研问卷方式收集实证研究数据，并且，问卷调研通过两个阶段完成：第一阶段，对经过翻译和针对团队薪酬分配情境修正的“工作场所善意妒忌情绪”量表和“工作场所恶意妒忌情绪”量表所形成的调研问卷，进行小样本试调研；第二阶段，运用经小样本试调研后具有一定信度和效度的“工作场所善意妒忌情绪”量表和“工作场所恶意妒忌情绪”量表以及发展成熟的“团队成员工作角色绩效”（*团队成员行为性绩效的代理变量*）量表所形成的调研问卷，进行大样本正式调研。

二手数据主要涉及本书研究理论模型（*详见图1－2*）中相关研究变量（实

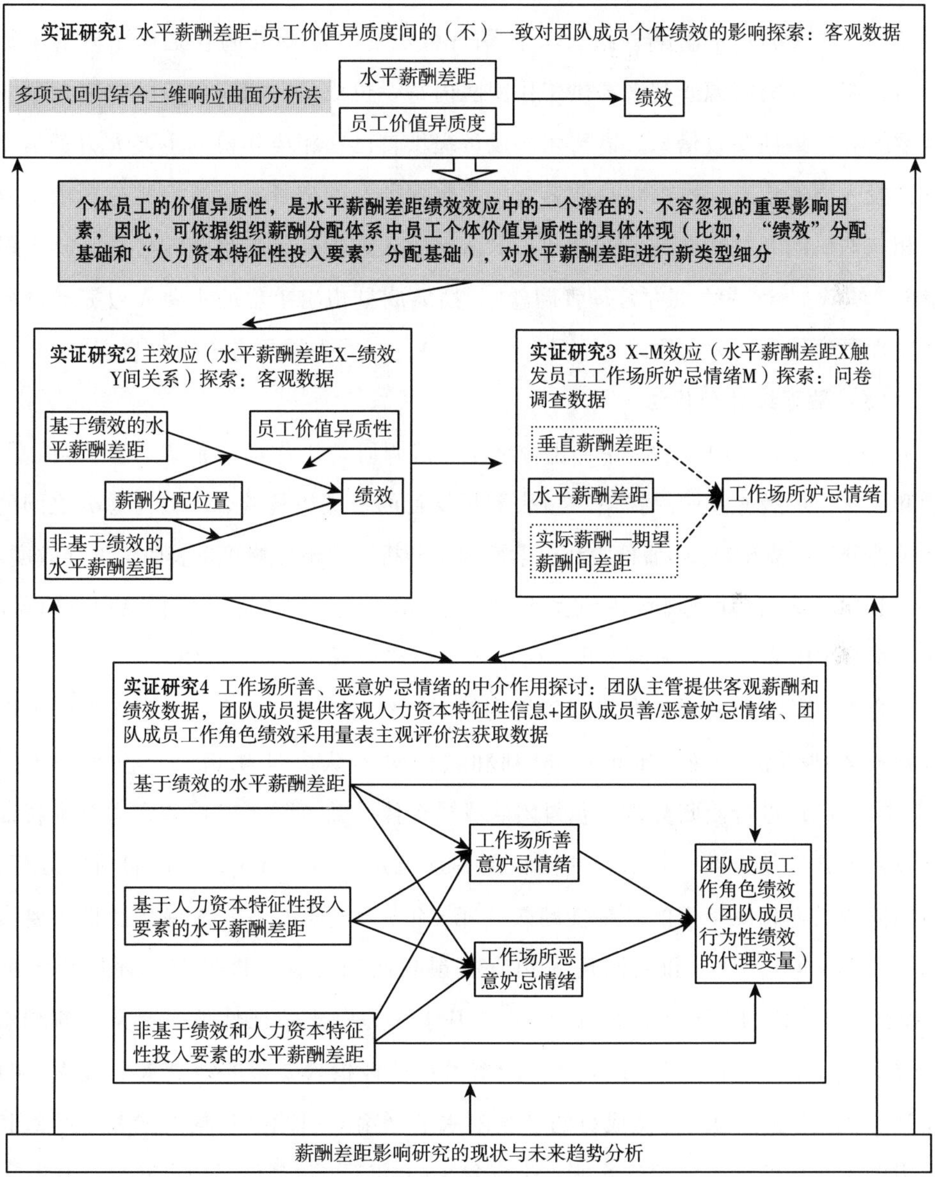

图 1－2　四个实证研究的逻辑关系及具体理论模型

证研究1中的“水平薪酬差距”“员工价值异质度”和“绩效”，实证研究2中的“基于绩效的水平薪酬差距”“非基于绩效的水平薪酬差距”“薪酬分配位置”“员工价值异质性”和“绩效”，实证研究4中的“基于绩效的水平薪酬差距”“基于人力资本特征性投入要素的水平薪酬差距”和“非基于绩效和人力资本特征性投入要素的水平薪酬差距”）的估计值测算，需要被调查工作团队的主管或所在组织人力资源管理者提供工作团队内每一位成员在相应年份的客观薪酬收入数据和结果性绩效信息，需要团队成员提供自己在相应年份的主要人力资本特征性投入要素信息。本书将这些客观二手数据涉及的变量，设置为相应题项来放入相应调研问卷（团队成员相应年份的薪酬收入数据和结果性绩效信息，放入附录3“团队主管/人力资源管理者问卷”；团队成员相应年份的主要人力资本特征性投入要素信息，放入附录4“员工问卷”），以问卷调研方式来收集它们。

（3）数理统计分析法。

首先，在Spss19.0软件中，进行小样本试调研“工作场所善意妒忌情绪”量表和“工作场所恶意妒忌情绪”量表测量条目的极端组检验、项目与总分之间的相关性分析、克伦巴赫α值检验和探索性因子分析，以确保修正量表的信度和效度。

其次，运用信度检验、验证性因子分析CFA、平均方差萃取量AVE分析和组合信度CR分析，来确保正式调研中各个研究变量的信度和效度。

再次，基于团队成员在相应年份的结果性绩效（第t年）、主要人力资本特征性投入要素信息（第t年），分别和共同对团队成员在相应年份薪酬水平（第t+1年）进行回归分析，获得团队成员个体绩效（第t年）和人力资本特征性投入要素（第t年）分别和共同预测其薪酬水平（第t+1年）的回归方程；将团队成员在相应年份的结果性绩效（第t年）、主要人力资本特征性投入要素信息（第t年），分别和共同代入相应的预测回归方程，进而获得团队成员的“基于绩效的薪酬水平（第t+1年）”“基于人力资本特征性投入要素的薪酬水平（第t+1年）”和“基于绩效和人力资本特征性投入要素的薪酬水平（第t+1年）”的预测值，通过团队成员的“薪酬水平（第t+1年）”减去“基于绩效和人力资本特征性投入要素的薪酬水平（第t+1年）”预测值，即可获得“非基于绩效和人力资本特征性投入要素的薪酬水平（第t+1年）”预测值；再运用差值测量法，即可计算出团队成员的“基于绩效的水平薪酬差距（第 t+1 年）”估计值、“基于人力资本特征性投入要素的水平薪酬差距（第 t+1 年）”估计值和“非基于绩效和人力资本特征性投入要素的水平薪酬差距（第 t+1 年）”估计值。

最后，在 Spss 19.0 软件中运行层级回归分析以及在 Mplus 7.0 软件中运行 Bootstrapping 中介效应系数乘积区间检验程序，综合验证本书构建的理论模型是否能够获得实证数据的支持。

另外，关于“水平薪酬差距—员工价值异质度间的一致和不一致”对团队成员个体绩效的可能差异性影响，本书引入并运用组织管理研究中的“多项式回归结合三维响应曲面分析法”（张海燕和张正堂，2017a；张海燕和张正堂，2017b），来进行相关实证检验。

1.3.3 研究框架

图 1-3 展示的，即本书的内容框架，共计 7 章。

第 1 章 绪论。该部分将概述本书的研究背景与研究问题、研究目的与研究意义、研究内容、研究方法、研究框架以及研究可能的创新点。

第 2 章 薪酬差距影响研究的现状与未来趋势分析。该部分将首先系统梳理现有薪酬差距影响实证研究中普遍使用的社会比较理论、公平理论、相对剥削理论、期望理论和锦标赛理论（*即，薪酬差距影响实证研究的主导支撑理论*），以及新近引入的权变理论、信号理论、分选理论、社会交换理论、合法性理论等；其次，归纳现有实证研究中薪酬差距的类型划分及使用的具体测量方法；再次，回顾薪酬差距对组织层面、团队或部门层面、个体层面的重要结果变量的影响实证研究；最后，分析现有实证研究分别在支撑理论基础、结果变量、调节变量、中介变量、薪酬差距类型划分、研究样本和数据来源等方面的研究特点和未来研究趋势。

第 3 章 水平薪酬差距—员工价值异质度间的（不）一致对团队成员个体绩效的差异性影响研究：多项式回归结合三维响应曲面分析法。针对 21 世纪愈益动态、不确定和充满复杂性的组织工作情境下，员工价值异质性的凸显以及员工

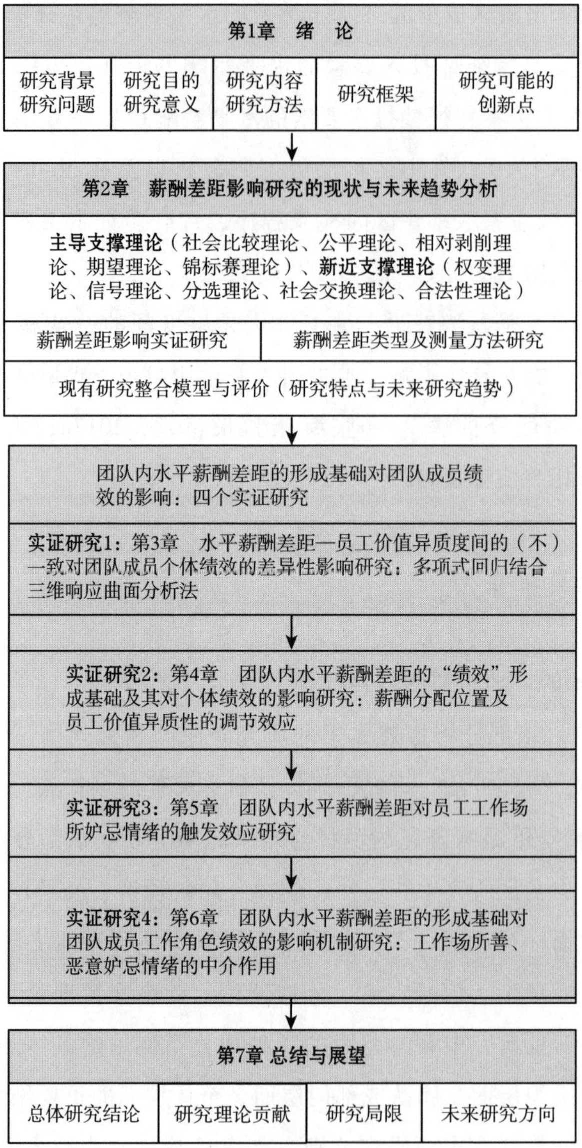

图 1-3 本书的研究框架

个体绩效在组织内的“幂律分布”态势，打破现有文献有关员工“同质性”的默认假设，提出“员工价值异质度”概念，构建水平薪酬差距—员工价值异质度之间趋于一致和不一致对团队成员个体绩效的可能差异性影响、两者之间的“高水平—高水平”趋于一致组合和“低水平—低水平”趋于一致组合对团队成员个体绩效的可能差异性影响以及两者之间的“高水平—低水平”不一致组合和“低水平—高水平”不一致组合对团队成员个体绩效的可能差异性影响模型，再引入和运用组织管理研究中的“多项式回归结合三维响应曲面分析法”实证检验所构建的理论模型，为后续提出水平薪酬差距的更有效、更为本质的类型划分依据奠定科学基础。

第4章、第5章和第6章，是在第3章研究结论的基础上，聚焦“团队内水平薪酬差距”，考察员工价值异质性在我国目前组织薪酬分配体系中的两个主要体现——团队内水平薪酬差距的“绩效”形成基础和“人力资本特征性投入要素”形成基础——对团队成员结果性绩效和行为性绩效的具体影响和影响过程。

第4章 团队内水平薪酬差距的“绩效”形成基础及其对个体绩效的影响研究：薪酬分配位置及员工价值异质性的调节效应。如图1－2所示，该研究为四个递进式实证研究中的第二个实证研究，是在实证研究1证实员工价值异质性在薪酬差距绩效效应研究中的不可忽视性的基础上，沿着员工价值异质性这一逻辑分析方向，重点考察员工价值异质性在我国目前组织薪酬分配体系中具有合法性的重要体现之一——水平薪酬差距的“绩效”形成基础——对团队成员个体绩效的可能影响。具体来说，通过收集“高校教师团队”员工个体研究样本的“客观薪酬”时间序列数据和“客观绩效”时间序列数据，实证探索团队内“基于绩效的水平薪酬差距”和“非基于绩效的水平薪酬差距”分别对团队成员个体结果性绩效的影响主效应，以及团队成员的“薪酬分配位置”和“员工价值异质性”对上述影响关系的调节效应。

第5章 团队内水平薪酬差距对员工工作场所妒忌情绪的触发效应研究。如图1－2所示，该研究为四个递进式实证研究中的第三个实证研究；将基于实证研究2中团队内水平薪酬差距对绩效影响的主效应研究结论以及“客观”实证数据来源限制了对水平薪酬差距的“绩效”形成基础影响团队成员个体绩效“中介机制”探讨的缺陷，同时也为了确保实证研究4能够更有效地从员工个体对薪酬差距的情感反应视角（即，*员工个体的工作场所善意妒忌情绪和工作场所恶意妒忌情绪视角*）来揭示水平薪酬差距的“绩效”形成基础和“人力资本特征性投入要素”形成基础对团队成员行为性绩效的影响“黑箱”，实证研究3则聚焦团队成员个体的“工作场所妒忌情绪”，通过问卷调查法收集多行业“企业普通员工团队”中员工个体研究样本的团队内水平薪酬差距感知、垂直薪酬差距感知、自身实际薪酬水平—期望薪酬水平间差距和工作场所妒忌情绪体验，实证检验团队内水平薪酬差距对团队成员个体工作场所妒忌情绪的触发效应是否成立(*其他两种类型薪酬差距的工作场所妒忌情绪效应，仅用作参照和比较*)。

第6章 团队内水平薪酬差距的形成基础对团队成员工作角色绩效的影响机制研究：工作场所善、恶意妒忌情绪的中介作用。如图1-2所示，该研究为四个递进式实证研究中的第四个实证研究；基于实证研究2探索员工价值异质性在我国目前组织薪酬分配体系中的主要且具有合法性的体现之一——水平薪酬差距的“**绩效**”形成基础——对团队成员个体结果性绩效影响的主效应结论以及实证研究3探索团队内水平薪酬差距对团队成员个体工作场所妒忌情绪的触发效应研究结论，实证研究4继续将“员工价值异质性”在我国目前组织薪酬分配体系中的另一个主要也具有合法性的体现——“**人力资本特征性投入要素**”形成基础——纳入团队内水平薪酬差距分类依据，运用**客观**薪酬/绩效/人力资本特征性投入要素时间序列数据+其他研究变量（*“工作场所善意妒忌情绪”“工作场所恶意妒忌情绪”和团队成员行为性绩效的代理变量“团队成员工作角色绩效”*）采用量表**主观**评价法收集数据的方式，进一步深入考察“基于绩效的水平薪酬差距”“基于人力资本特征性投入要素的水平薪酬差距”和“非基于绩效和人力资本特征性投入要素的水平薪酬差距”分别对团队成员行为性绩效的直接可能影响、对团队成员“工作场所善意妒忌情绪”和“工作场所恶意妒忌情绪”的可能影响，以及“工作场所善意妒忌情绪”和“工作场所恶意妒忌情绪”分别在团队内三种细分类型水平薪酬差距影响团队成员行为性绩效的过程中可能发挥的中介作用，实现从员工个体对薪酬差距的情感反应视角来揭示团队内水平薪酬差距的“绩效”形成基础和“人力资本特征性投入要素”形成基础影响团队成员行为性绩效“黑箱”的研究目的。

第7章 总结与展望。归纳本书的总体研究结论和主要理论贡献，指出存在的研究局限，并展望未来研究方向。

1.4 研究可能的创新点

(1) 基于“员工价值异质性”在我国目前组织薪酬分配体系中的两个具有合法性的主要体现——水平薪酬差距的“绩效”形成基础和“人力资本特征性投入要素”形成基础，对团队内水平薪酬差距进行“新”类型划分。

本书突破传统薪酬差距影响研究对员工“同质性”的默认假设，认可并关注当前愈益动态、不确定和充满复杂性的组织工作情境下日益凸显的员工价值异质性，并基于水平薪酬差距—员工价值异质度间趋于一致和不一致对团队成员个体绩效的差异性影响研究结论，指出并强调，“员工价值异质性”是水平薪酬差距绩效效应研究中的一个潜在的、不可忽视的重要影响因素。所以，本书继续沿着“员工价值异质性”的逻辑探讨方向，识别“员工价值异质性”在我国目前组织薪酬分配体系中的两个具有合法性的主要体现——水平薪酬差距的“绩效”形成基础和“人力资本特征性投入要素”形成基础，并依据这两个主要形成基础对团队内水平薪酬差距进行了“新”类型细分（*实证研究2依据水平薪酬差距是否源于员工个体的“绩效”差异，将团队内水平薪酬差距划分为“基于绩效的水平薪酬差距”和“非基于绩效的水平薪酬差距”两种细分类型；实证研究4则综合考虑水平薪酬差距的“绩效”形成基础和“人力资本特征性投入要素”形成基础，将团队内水平薪酬差距划分为“基于绩效的水平薪酬差距”“基于人力资本特征性投入要素的水平薪酬差距”和“非基于绩效和人力资本特征性投入要素的水平薪酬差距”三种细分类型*），然后系统且细致地探讨它们各自对团队成员结果性绩效和行为性绩效（*实证研究1和实证研究2中为结果性绩效，实证研究4中则为行为性绩效的代理变量“团队成员工作角色绩效”*）的具体影响和影响过程。因此，本书聚焦“团队内水平薪酬差距”，关注“员工价值异质性”，从识别和明确水平薪酬差距的具体动因或形成基础途径，尝试打破现有薪酬差距绩效效应研究结论的“不一致”僵局，将可能为推进薪酬差距影响研究走向成熟作出贡献。

(2) 员工情感反应视角的薪酬差距影响“结果变量”丰富和薪酬差距绩效

效应“黑箱”揭示。

囿于薪酬差距影响实证研究数据的采集难度很大，现有实证研究大多依赖市场公开的客观薪酬数据和绩效数据（*例如，体育竞技团队和上市公司高管团队的市场公开薪酬数据和绩效数据*），由此，也使现有研究文献有关薪酬差距影响的“中介机制”探讨十分匮乏，仅有的极少数中介机制探讨也长期停滞于“团队过程性变量”主导解释机制局面。本书从组织薪酬分配情境中普遍存在的员工“工作场所妒忌情绪”视角，挖掘基于水平薪酬差距的“绩效”形成基础和“人力资本特征性投入要素”形成基础的团队内新细分类型水平薪酬差距如何分别经由“工作场所善意妒忌情绪”和“工作场所恶意妒忌情绪”而对团队成员行为性绩效产生影响，不仅通过扩展薪酬差距的情感反应性影响结果变量而丰富现有薪酬差距影响研究文献多专注于“绩效”和“离职”而缺少对员工情感反应类结果变量探讨现状，也是从员工对薪酬差距的情感反应视角作出的对现有薪酬差距绩效效应“中介机制”研究匮乏现状的重要突破和丰富。

（3）薪酬分配视角下员工“工作场所善意妒忌情绪”和“工作场所恶意妒忌情绪”的前因变量实证研究丰富。

近年来，尽管越来越多的学者已经接受并认可——“工作场所善意妒忌情绪”和“工作场所恶意妒忌情绪”是两种截然不同且相互独立的妒忌情绪类型——这一观点（Van de Ven，Zeelenberg & Pieters，2009；Tai，Narayanan & Mcallister，2012；Van de Ven，2016），然而，“工作场所善意妒忌情绪”和“工作场所恶意妒忌情绪”研究依然处于探索阶段，现有文献多是从理论层面分析和预测了工作场所善意妒忌情绪和工作场所恶意妒忌情绪的可能影响因素（例如，刘得格、李文东和陈文晶，2017），十分缺乏导致工作场所善意妒忌情绪和工作场所恶意妒忌情绪前因变量的“实证探讨”。本书通过实证检验证实，“基于绩效的水平薪酬差距”“基于人力资本特征性投入要素的水平薪酬差距”和“非基于绩效和人力资本特征性投入要素的水平薪酬差距”均是团队成员工作场所善意妒忌情绪和工作场所恶意妒忌情绪的重要影响因素，是从组织薪酬分配视角作出的对员工“工作场所善意妒忌情绪”和“工作场所恶意妒忌情绪”前因变量实证研究的丰富。

另外，工作场所妒忌情绪的现有研究文献常常忽视其在组织中可能存在的“积极”影响（*即，未区分工作场所妒忌情绪的善、恶意属性*）。本书则将团队成员的工作场所妒忌情绪，详细区分为工作场所**善意**妒忌情绪和工作场所**恶意**妒忌情绪，不仅强调工作场所善意妒忌情绪将有利于“促进”团队成员行为性绩效（*相应地，工作场所恶意妒忌情绪将削弱或抵制团队成员行为性绩效*），也探讨工作场所善意妒忌情绪或工作场所恶意妒忌情绪在基于水平薪酬差距具体形成基础的团队内新细分类型水平薪酬差距间接正向或负向影响团队成员行为性绩效的过程中可能发挥的中介作用。这是对组织薪酬分配情境下员工工作场所妒忌情绪积极影响和消极影响（**尤其是“积极”影响**）研究的重要补充。

(4) 薪酬差距影响实证研究“新方法”——多项式回归结合三维响应曲面分析法——的引入和运用。

本书将组织管理领域有关匹配/一致效应或不匹配/不一致效应的科学研究方法——多项式回归结合三维响应曲面分析法，首次引入薪酬差距影响实证研究领域，考察并揭示“水平薪酬差距—员工价值异质度”之间趋于一致情形和不一致情形下的团队成员个体绩效水平差异、两者趋于一致情形下的“高水平—高水平”趋于一致组合和“低水平—低水平”趋于一致组合所对应的团队成员个体绩效水平差异、两者不一致情形下的“低水平—高水平”不一致组合和“高水平—低水平”不一致组合所对应的团队成员个体绩效水平差异。这是在研究方法方面作出的对薪酬差距影响研究的创新与贡献。

第 2 章

薪酬差距影响研究的现状与未来趋势分析

本书关注员工个体在组织绩效创造或组织价值增值过程中愈益凸显的价值异质性和日益动态、不确定和任务互依工作情境下组织期望通过团队内成员之间有差异的薪酬水平安排以有效促进团队成员行为性绩效和结果性绩效实现的管理实践现象，以及现有研究关于薪酬差距影响研究结论“不一致”的僵局，聚焦“团队内水平薪酬差距”，致力于在分析现有研究特点和未来研究趋势的基础上，通过找寻和依据员工价值异质性在我国目前组织薪酬分配体系中的两个具有合法性的主要体现——水平薪酬差距的“绩效”形成基础和“人力资本特征性投入要素”形成基础——而进行的团队内水平薪酬差距的“新”类型细分、团队内各细分类型水平薪酬差距分别对团队成员绩效（既包括结果性绩效，也包括行为性绩效）的可能影响和工作场所善意妒忌、恶意妒忌情绪的可能中介作用探讨，来进一步明确薪酬差距影响研究的“不一致”结论和推进薪酬差距影响研究走向成熟。

因此，本书第 2 章“**薪酬差距影响研究的现状与未来趋势分析**”，即在系统梳理薪酬差距影响实证研究的主导支撑理论和新近支撑理论、总结薪酬差距的划分类型及测算方法、回顾薪酬差距对组织层面/团队或部门层面/个体层面重要结果变量影响实证研究的基础上，分析现有研究文献分别在支撑理论基础、结果变量、调节变量、中介变量、薪酬差距的类型划分、研究样本和数据来源等方面的研究特点和未来研究趋势。期望通过第 2 章有关薪酬差距影响研究的现状与未来趋势分析，不仅为后续四个实证研究奠定坚实的理论基础，也能够明确本书的研究出发点、在现有薪酬差距影响研究中所处的位置、重要性以及可能作出的理论贡献。

2.1 理论基础

表 2－1 是对近 20 年来代表性薪酬差距影响实证研究在支撑理论基础方面的梳理和总结结果。表 2－1 十分清晰地显示出，一方面，长期主导薪酬差距影响实证研究的支撑理论，依然是**行为视角观**的社会比较理论、公平理论、期望理论、相对剥削理论和**经济视角观**的锦标赛理论；另一方面，新近出现个别学者开始将权变理论、信号理论、分选理论、社会交换理论和合法性理论等引入薪酬差距影响实证研究，使薪酬差距影响实证研究领域日益呈现出多元理论支撑与融合的局面。

表 2－1　代表性薪酬差距影响研究的支撑理论基础

作者（年份）	支撑理论基础	作者（年份）	支撑理论基础
Levine（1991）	—	Trevor et al.（2012）	薪酬拣选理论、公平理论
Sommers（1998）	—	李绍龙、龙立荣和贺伟（2012）	锦标赛理论、社会比较理论
Bloom（1999）	锦标赛理论、公平理论	Yanadori & Cui（2013）	薪酬权变理论、薪酬拣选理论
Depken（2000）	—	Bucciol, Foss & Piovesan（2014）	—
Henderson & Fredrickson（2001）	锦标赛理论和行为理论	Christie & Barling（2014）	关系模型理论、匹配理论
Bloom & Michel（2002）	锦标赛理论	贺伟和嵩坡（2014）	相对剥削理论、社会比较理论
Shaw, Gupta & Delery（2002）	激励理论、制度理论、新古典经济学理论	张正堂、刘颖和王亚蓓（2014）	锦标赛理论及相关经济理论
Beersma et al.（2003）	竞争与合作的目标依存理论	Dole（2015）	锦标赛理论

续表

作者（年份）	支撑理论基础	作者（年份）	支撑理论基础
Frick, Winkelmann & Prinz (2003)	经济视角和行为视角理论整合	Ridge, Aime & White (2015)	社会比较理论、锦标赛理论
林浚清、黄祖辉和孙永祥（2003）	锦标赛理论	Sanchezmarin & Baixauli-soler（2015）	锦标赛理论
Berri & Jewell（2004）	锦标赛理论、行为理论	Shaw（2015）	薪酬拣选理论
Jewell & Molina（2004）	行为理论	Wang, Zhao & Thornhill (2015)	社会比较理论
Siegel & Hambrick (2005)	锦标赛理论、社会比较理论、公平理论	徐淋、刘春林和杨昕悦（2015）	锦标赛理论、公平理论
Trevor & Wazeter（2006）	社会比较理论、公平理论	Brown et al.（2016）	公平理论
Charness & Kuhn（2007）	公平理论	Connelly et al.（2016）	锦标赛理论、公平理论
Ensley, Pearson & Sardeshmukh（2007）	高阶理论、公平理论和社会比较理论	He, Long & Kuvaas (2016)	相对剥削理论、社会交换理论
张正堂（2007）	锦标赛理论	Dong（2016）	锦标赛理论、公平理论
Lee, Lev & Yeo（2008）	锦标赛理论、公平理论	Perrigino, Dunford & Boss (2016)	公平理论
Ding, Akhtar & Ge (2009)	锦标赛理论、公平理论	Sanchezmarin & Baixauli-soler（2015）	锦标赛理论、公平理论
Kepes, Delery & Gupta (2009)	锦标赛理论、期望理论、公平理论	Urieşi（2016）	公平理论
Aime, Meyer & Humphrey（2010）	制度化理论中的合法性解释机制、匹配理论	Shi, Connelly & Sanders (2016)	锦标赛理论
Fredrickson, Davis-Blake & Sanders（2010）	社会比较理论、公平理论	卫旭华和刘咏梅（2016）	团队子群体理论、薪酬等级分类理论
Franck & Nüesch（2011）	经济视角和行为视角理论整合	Guo, Libby & Liu (2017)	公平理论
Harbring & Irlenbusch (2011)	锦标赛理论	Feng, Chen & Liu (2017)	公平理论、薪酬信号理论

续表

作者（年份）	支撑理论基础	作者（年份）	支撑理论基础
Messersmith et al.（2011）	锦标赛理论	Hill，Aime & Ridge（2017）	公平理论、社会比较理论、相对剥削理论、权变理论
Yang & Klaas（2011）	锦标赛理论、社会比较理论、公平理论	Jaskiewicz et al.（2017）	社会比较理论、信号理论
Bartling & Von Siemens（2011）	社会比较理论、公平理论	Park & Kim（2017）	公平理论、锦标赛理论、薪酬权变理论
Franck & Nüesch（2011）	经济视角和行为视角理论整合	Park，Kim & Sung（2017）	公平理论、薪酬信号理论
鲁海帆（2011）	锦标赛理论	Messersmith，Kim & Patel（2018）	社会交换理论、公平理论、锦标赛理论
Carnahan，Agarwal & Campbell（2012）	社会比较理论、公平理论、人力资本理论	Patel et al.（2018）	锦标赛理论、公平理论、相对剥削理论

注：表 2－1 中内容系本书依据近 20 年来代表性薪酬差距影响实证研究文献，整理所得。

2.1.1　社会比较理论

人们往往通过社会比较来实现诸多功能性目的，例如，通过社会比较可以提供判断个体社会地位的有用信息，有利的社会比较可以让自己感觉良好，再如，通过与他人的社会比较，能够让个体学会如何适应不断变化的外部环境，等等。因此，社会比较十分普遍地存在于人们的工作、生活等诸多领域中，是人类社会生活的重要特征之一（Buunk & Gibbons，2007）。相比于社会比较在人类社会中的悠久实践历史，社会比较理论（*Social Comparison Theory*）却一直到 1954 年才由 Festinger 首次提出，然后，在时间脉络上，依次经历了古典社会比较理论（*Classic Social Comparison Theory*）、基于畏惧—归属的社会比较理论（*Fear－Affiliation Theory*）、下行社会比较理论（*Downward Social Comparison Theory*）、社会认知视角的社会比较理论（*Social Comparison as Social Cognition*）和强调个体差异的社会比较理论（*Individual Differences in Social Comparison*）五个阶段。这五个阶段的社会比较理论，分别从社会比较对象的选择、社会比较的内容范畴、社会比较的方向、社会比较的认知过程和社会比较的个体差异等方面，极大地丰富和完善了社会比较理论。

（1）古典社会比较理论。

古典社会比较理论，主要包括 Festinger（1954）的社会比较过程理论（*A Theory of Social Comparison Processes*）、Wheeler（1966）等为代表的能力上行比较观、Martin（2000）的代理人比较模型以及其他诸多追随者围绕个体能力评价而提出的“高人一等效应”和“低人一等效应”。

Festinger（1954）的社会比较过程理论认为，每个个体都有自我评价的需要，他/她本能地想知道自己的观点是否正确以及自己是否具备从事某项任务的能力；在这种情形下，如果存在客观的信息能够被运用来帮助个体作出上述判断自然非常好，然而，如果不存在这样的客观信息，则个体往往会通过与他人的社会比较来获得相关信息。Festinger（1954）围绕作为社会比较对象的“他人”的选择，提出了如表 2－2 所示的 25 个假设和推论。

表 2－2　Festinger（1954）的社会比较过程理论

序号	观　点
1	假设Ⅰ：人类具有评价自己观点和能力的动机
2	假设Ⅱ：当不具备客观的、非社会的测量手段时，个体将通过与他人进行观点与能力的比较，来评价自己的观点与能力
3	推论Ⅱ A：当不具备实体参照和社会比较时，观点和能力的主观评价是不稳定的
4	推论Ⅱ B：当具备关于观点和能力的客观的、非社会的评价手段时，个体将不会通过与他人的比较来评价自己的观点或能力
5	假设Ⅲ：当个体的观点或能力与比较对象的观点或能力间的差距变大时，个体与该比较对象进行比较的倾向将降低
6	推论Ⅲ A：对于那些可能被选来作为比较对象的个体，与比较主体的能力或观点近似的个体，将更可能被选作比较对象
7	推论Ⅲ B：如果可能的、唯一的比较对象是一个与比较主体在能力或观点上大相径庭的人，那么，比较主体将不可能获得一个关于他/她自身能力或观点的准确评价
8	由假设Ⅰ、Ⅱ、Ⅲ获得的推导 A：当能够与那些持相似观点或具备相似能力的他人进行比较时，关于个体观点或能力的主观评价将是稳定的

续表

序号	观　点
9	由假设Ⅰ、Ⅱ、Ⅲ获得的推导 B：与那些在观点或能力上与比较主体存在一定程度不同的个体进行的比较，将导致比较主体产生改变自己观点或能力的不确定评价
10	由假设Ⅰ和推论ⅢB 获得的推导 C：相比那些在能力或观点上与比较主体相似的情形，那些在能力或观点上与比较主体相去甚远的情形对比较主体不太具有吸引力
11	由假设Ⅰ、Ⅱ、Ⅲ获得的推导 D：当团队中存在观点或能力上的差异时，团队成员自身将采取措施缩小差异
12	假设Ⅳ：能力评价存在单向上行比较的动机，观点的评价则不具备该特征
13	假设Ⅴ：存在非社会的限制，会使改变个体能力十分困难甚至不太可能，但这些非社会的限制，对观点（的改变）几乎不发挥作用
14	推导 D1：当团队中个体的观点或能力间存在差异时，个体会通过改变自己的位置来尽可能接近团队中其他人
15	推导 D2：当团队中个体的观点或能力间存在差异时，个体将可能通过改变他人在团队中的位置以使他们尽可能与自己相近
16	推导 D3：当团队中个体的观点或能力间存在差异时，个体将可能停止与团队中那些与自己有很大不同的个体进行比较
17	假设Ⅵ：依据继续与比较对象进行比较所带来的不愉快结果程度，停止与比较对象的比较的同时将伴随着敌意或破坏
18	推论Ⅵ A：伴随着与他人比较停止的敌意或破坏，将适用于观点比较；通常不适用于能力比较
19	由假设Ⅰ、假设Ⅱ和假设Ⅲ获得的推论 E：任何将提高评价某特定能力或观点驱动力的因素，均将提升将该能力或观点趋于一致的压力
20	假设Ⅷ：任何将提升特定团队作为特定观点或能力比较对象重要性的因素，均将提升该特定观点或能力在那个特定团队中趋于一致的压力
21	由推论 E 获得的推论：某一能力或观点重要性的提升，或某一能力或观点与直接行为相关性的提升，将提升降低该观点或能力差异性的压力
22	推论Ⅶ A：团队的吸引力越大，该团队内能力或观点趋于统一的压力也越大
23	推论Ⅶ B：观点或能力与团队的相关性越大，团队内该观点或能力趋于统一的压力也越大
24	假设Ⅷ：如果那些观点或能力与比较主体显著不同的个体被视为在其他特质方面亦显著不同，那么，缩小比较范畴的倾向将更加强烈
25	假设Ⅸ：团队内存在诸多观点或能力，相比那些与团队模式相去甚远的个体，那些拥有团队近似模式的个体面对团队内观点或能力趋于一致的压力的表现显著不同：拥有与团队近似模式的个体，将具有较强烈的改变他人位置的倾向、相对较弱的缩小比较范畴的倾向以及更为微弱的改变自己位置的倾向

注：表 2 - 2 中的假设和推论系本书依据 Festinger（1954）的论文整理所得。

资料来源：Festinger L. A Theory of Social Comparison Processes [J]. Human Relations, 1954, 7 (2): 117 - 140.

以 Wheeler（1966）等一批学者为代表所进行的研究，主要围绕 Festinger（1954）所强调的“观点或能力”比较中的“能力”比较，探讨能力上行比较（*the Upward Comparison of Abilities*）的比较对象选择及能力上行比较动机强弱的决定因素。前者，例如，Wheeler（1966）的团队内排序实验结果表明，个体通常偏好与那些稍微比他们优秀的团队内的“他人”进行比较；后者，例如，Wilson（1973）、Smith 和 Insko（1987）、Ybema 和 Buunk（1993）、Gibbons 等（2002a）等的研究，探讨了私下进行的能力上行比较和个体期望与能力上行比较对象建立实际联系的上行比较相比，前一情形下个体的能力上行比较倾向更为强烈。

Martin（2000）的代理人比较模型（*Proxy Comparison Model*），则从比较对象的选择方面，进一步对 Festinger（1954）早期社会比较过程理论进行了扩展和丰富。Martin（2000）认为，当个体 A 预测自己即将开始的一项新任务的绩效表现时，常常会依靠从“代理人”（个体 B）处获得的相关绩效信息。“代理人”通常是那些曾经完成过类似任务并在完成任务过程中付出最大努力或在诸如年龄、身体状况等方面与个体 A 具有十分相似特征的个体。个体 A 与作为“代理人”的个体 B，在与完成特定任务相关的特征上越相似，则作为“代理人”的个体 B 就越具有信息价值。Martin（2000）的代理人比较模型，获得了 Martin，Suls 和 Wheeler（2002）实验研究的支持。

关于 Festinger（1954）在其社会比较过程理论中所强调的个体能力比较，追随者们提出了个体关于自身能力评价的“高人一等效应（*the Better - than - Average Effect*）”和“低人一等效应”（*the Worse - than - Average Effect*）。所谓个体对自身能力评价的“高人一等效应”，即描述了人们认为自己往往比大多数人的表现更佳的倾向（Hoorens & Buunk, 1993；Alicke & Govorun, 2005）；所谓个体对自身能力评价的“低人一等效应”，则描述了人们认为自己往往比大多数人的表现要糟糕的倾向（Moore, 2007）。

（2）基于畏惧—归属的社会比较理论。

继 Festinger（1954）提出社会比较过程理论不久，Schachter（1959）提出了基于畏惧—归属的社会比较理论。该理论从社会比较的内容范畴（*观点比较和能力*

比较之外，还存在着十分重要的“情感比较”），进一步丰富了社会比较理论。

具体来说，Schachter（1959）通过实验研究发现，当个体在工作生活中经历不确定感时，常常会倾诉，并通过与具有类似经历的个体的社会比较来缓解由不确定感所带来的压力。Schachter（1959）认为，压力情境下，个体归属的需要是个体进行社会比较的主要动机，此种情形下的社会比较，甚至比个体清晰认知压力威胁的本质更为重要。

Schachter（1959）基于畏惧—归属的社会比较理论，得到了后续许多学者的研究支持。Gerard 和 Rabbie（1961）、Gerard（1963）、Mills 和 Mintz（1972）的实验研究，证实了当个体对自己的反应不确定时，个体的归属需要会被激发。还有一些学者通过调查研究考察了在工作中（Buunk，Schaufeli & Ybema，1994）和婚姻生活中（Buunk et al.，1991）面临不确定的个体，发现他们会表现出强烈的想了解与他们经历相似的他人的情况，并期望与这些经历相似的他人进行交流或向他们倾诉。

（3）下行社会比较理论。

下行社会比较理论是继社会比较过程理论和基于畏惧—归属的社会比较理论之后，出现的第三个推动社会比较理论向前发展的重要理论。Thornton 和 Arrowood（1966）、Hakmiller（1966）、Friend 和 Gilbert（1973）等的研究，标志着社会比较理论开始逐渐转向对威胁情境下下行社会比较作用的探讨。例如，Hakmiller（1966）的研究表明，对于那些在某些方面感受到威胁的个体而言，他们更偏好与那些在受到威胁方面的表现比他们还要差的他人进行社会比较；Friend 和 Gilbert（1973）的研究也发现，那些受到失败威胁的个体，在实验中表现出避免接收比他们成功的他人的信息倾向。

关于下行社会比较理论的发展，Brickman 和 Bulman（1977）、Wills（1981）、Taylor，Wood 和 Lichtman（1983）的研究发挥着十分关键的推动作用。Brickman 和 Bulman（1977）认为，尽管与那些较为优秀的“他人”的社会比较具有信息价值，这种上行比较却也十分具有威胁性，因此，感受到威胁的个体将会尽可能地避免“上行比较”，取而代之的将是与那些比自己差的“他人”进行的“下行比较”。Wills 在其 1981 年发表在 *Psychological Bulletin* 的文章中，十分细致、全面地阐释了下行社会比较。他发现，那些身体状况差的个体常常会将自己的身体状况与那些更差的“他人”进行比较，以能够更好地改善自己的身体状况；在不具备相关医疗设备治疗措施的情形下，这样的下行社会比较尤为常见。Wills（1981）还区分了下行社会比较的两种类型：一种是致力于通过与那些比自己较差个体比较而提升或改善自己主观感觉的下行比较；另一种是致力于通过与那些同自己经历相同或面临相同问题的个体比较而提升自己主观感受的比较（即，水平比较）。此外，Wills（1981）还提出了“主动下行比较（*Active Downward Comparison*）”和“被动下行比较（*Passive Downward Comparison*）”概念，前者主要指通过诋毁、取笑甚至伤害其他人的方式而主动“创造”出比较对象的下行比较，后者则指被动地对那些意味着“他人”比自己表现更差的信息作出反应的下行比较。Taylor，Wood 和 Lichtman（1983）的研究，调查了乳房癌症患者及其丈夫的心理应对策略。他们的调查结果显示，80%的患者认为她们比其他患者的病情要好一些。Taylor，Wood 和 Lichtman（1983）据此推测，在这些患者作出自己病情比其他人的病情要好一些的评价的同时，她们进行了下行比较，不管自身实际病情如何，她们相信有其他人比她们的病情要糟糕得多，即便不存在这样的“其他人”，她们也会想象出某一个具体的“其他人”是存在的，甚至不惜编造出这样的一个下行比较对象，进而有益于她们面对和处理自己的健康问题。表2-3总结了其他代表性下行社会比较研究的观点。

表2-3　　　　其他代表性下行社会比较研究的观点总结

研究范畴	主要观点及其代表性研究
易触发下行社会比较的情形	那些具有行为问题的个体，例如，饮食不规则（Gerrard，Gibbons & McCoy，1993）和吸烟（Gibbons et al.，1991）的个体，更倾向于进行下行社会比较；并且，随着比较主体感受到自身行为问题的严重程度减轻，他们进行下行社会比较的倾向也在削弱（Gibbons et al.，2002a）
	Spencer，Fein 和 Lomore（2001）的研究表明，当面临上行或下行社会比较的选择时，那些自我肯定的个体常常倾向于选择听取上行比较对象的建议，而那些缺乏自我肯定的个体则倾向于选择听取下行比较对象的建议
	Tennen，McKee 和 Affleck（2000）认为，下行社会比较在那些患有严重疾病的群体中尤为突出，例如，患病婴儿的母亲（Affleck et al.，1987）、关节炎患者（Baet al.，1994）、癌症患者（Van der Zee et al.，1996）、心理疾病患者（Gibbons，1985）、对压力无能为力的个体（Buunk & Ybema，1995），等等

续表

研究范畴	主要观点及其代表性研究
下行社会比较的积极影响	Gibbons 和 McCoy（1991）的研究表明，高自尊心的个体更可能投入主动型下行社会比较，低自尊心个体则是被动型下行社会比较；并且，这两种类型的个体，均会从下行社会比较中获得改善情绪的益处
	对于那些面临各种不同类型威胁的个体（*不育夫妇、高危孕妇、癌症患者、童年癌症幸存者及其母亲*，等等）而言，身体健康度（*无论运用何种方法测量*）均与从下行社会比较中获得的良好自我感觉正相关（Stanton，1992；Helgeson & Taylor，2010；Dias & Lobel，1997；Rickabaugh & Tomlinson – Keasy，1997；Van der Zee，Buunk & Sanderman，1998；Eiser & Eiser，2000）
下行社会比较的消极影响以及与上行社会比较的偏好选择	早期研究发现，那些处于压力中的个体会尽可能地避免与那些表现较差的“他人”（*即下行比较对象*）接触（Gerard，1963；Rabbie，1963）
	Buunk 等（2001）的实验研究发现，当向参与实验的个体分别描述表现优异的和表现较差的潜在比较对象时，个体的倦怠水平越高，下行社会比较对象所触发的消极情绪就更多
	Wheeler 和 Miyake（1992）的研究发现，当人们感觉糟糕时，更倾向于进行上行社会比较；当人们感觉良好时，更倾向于进行下行社会比较
	婚姻中承受高强度压力的个体（Buunk et al.，1991）、工作方面显示出无能为力的个体（Buunk，1995）以及癌症患者（Molleman，Pruyn & Knippenberg，1986），均显现出压力处境中相对偏好上行社会比较的倾向
下行社会比较消极/积极影响的调节变量	Kemmelmeier 和 Oyserman（2001）的研究表明，关注与下行社会比较对象之间“相似性”的个体，相比那些关注与下行比较对象之间“不同”的个体，前者的满意度较低；并且，个体关注焦点对下行社会比较影响的调节效应，仅对于女性成立
	Lockwood（2002）的实验研究发现，个体进行下行社会比较是为自己的优势感到高兴（*下行社会比较激发的积极情感*）还是担心自己会陷入与下行社会比较对象相同的处境（*下行社会比较激发的消极情感*），主要取决于个体想象自己在未来可能变成与下行社会比较对象一样糟糕的难易程度：拥有想象机会的个体，下行社会比较将更易激发其积极情感；没有想象机会的个体（已成事实），下行社会比较则更可能激发其消极情感

注：表 2 – 3 中的内容系本书依据相关研究文献，整理所得。

（4）社会认知视角的社会比较理论。

伴随着下行社会比较理论发展过程中社会认知领域中越来越多的理论和方法开始运用到社会比较研究中，社会比较理论逐渐进入了社会认知视角的社会比较理论阶段。

社会认知视角的社会比较理论，十分强调从信息角度审视社会比较过程

（Bargh，1996；Higgins，1996）。具体来说，该理论假定，为了明晰社会比较对自我评价（*Self－evaluation*）和自我认知（*Self－perception*）的意义，个体需要清楚能够从社会比较中获得哪些自我知识（*Self－knowledge*）以及后续如何运用这些知识来评价自己。换句话说，个体需要掌握社会比较中的认知过程。例如，Mussweiler 和 Strack（2000a，2000b）在他们的选择可得性模型（*Selective Accessibility Model*）中即指出，在许多情形中，社会比较均包括“选择性”搜寻那些表明自己与作为比较对象的他人“近似”的证据，这种“选择性”的搜寻，尤为提升了关于自我认知的标准一致性，使自我评价常常趋于该标准。

总之，社会认知视角的社会比较理论，尤为关注运用社会认知领域的理论和方法来探讨社会比较对自我评价的影响，一大批学者围绕社会比较对个体自我评价的“对比效应（*即，个体视自己与比较对象显著不同*）”和“同化效应（*即，个体视自己与比较对象十分相似*）”展开了讨论，代表性研究成果总结如表 2－4 所示。

表 2－4　　　　社会比较对自我评价影响的代表性研究观点总结

作者（年份）	主要观点
Buunk et al.（1990）	与上行比较对象的鲜明差距以及与下行比较对象的相似，会降低情绪和对自我的评价；与下行比较对象的鲜明差距以及与上行比较对象的相似，也会导致同样的影响
Wood（1989）	阐明了社会比较服务于不同的动机或需要：自我强化动机（*self－enhancement motives*）将导致比较主体在下行社会比较中刻意拉开与下行比较对象的差距；自我改善动机（*self－improvement motives*）则致使比较主体在上行社会比较中对上行比较对象的认同
Aspinwall（1997）；Lockwood & Kunda（1997）；Major et al.（1991）	控制感在社会比较中扮演着重要角色：当控制感知水平高时，与上行社会比较对象的“同化”和与下行比较对象的“对比”均十分有可能发生
Buunk & Ybema（1997）	探讨了社会比较情形具备什么特征才能够促进个体自我评价的同化效应
Schwinghammer，Stapel & Blanton（2006）	研究自我类型（*乐观、悲观或中立*）在上行社会比较和下行社会比较激发自我评价的对比效应和同化效应中所扮演的调节作用
Mussweiler（2001）；Mussweiler，Rüter & Epstude（2004）	强调上行社会比较和下行社会比较的关注点（*例如，是关注“相似性”还是“差异性”*）所发挥的调节作用：上行社会比较中，与水平略微高者的比较相比于与水平非常高者的比较，前一情形下两者间更多的相似性将导致个体更高水平的自我评价

续表

作者（年份）	主要观点
Stapel & Koomen（2001）	自我构念的调节作用：当个体冠之以“我”来建构自我概念时，社会比较对自我评价的“对比效应”将发生；当个体冠之以“我们”来建构自我概念时，社会比较对自我评价的“同化效应”将发生
Gardner，Gabriel & Hochschild（2002）	“独立—相互依赖”自我构念的调节作用：独立自我构念的男性，将展现出自我评价维护模型（Tesser，1988）所预测的表现——他们认为他们的朋友在非相关方面的表现会更佳，相互依赖自我构念的男性，则认为他们的朋友将在相关方面表现更佳；对于女性而言，“独立－相互依赖”自我构念的调节作用不存在

注：表 2－4 中的内容系本书依据社会比较对自我评价影响的相关研究文献，整理所得。

另外，社会认知领域对社会比较理论发展所作出的贡献，还体现在 Gilbert，Giesler 和 Morris（1995）所提出的“两阶段社会比较”——“自动比较（*Automatic Comparison*）”阶段和“转换比较（*Decomparison*）”阶段。Gilbert 和他的同事们认为，社会比较过程比大多数研究者所探讨的要复杂得多。例如，当面对非常成功的运动员或企业家时，我们常常会不假思索地比较从而产生对自我的负面评价，然而，这只是最初的“自动”反应；接下来，我们可能投入“转换比较”阶段，理智思考为什么比较对象会具有比较优势，进而释放初期自动比较的负面情绪。值得注意的是，“转换比较”阶段需要比较主体投入认知努力，因此，当比较主体的认知十分“忙碌”时，转换比较阶段所需要投入的信息处理能力将受阻，转换比较及其对初期自动比较阶段所带来的负面自我评价的“中和效应”将不太可能发生。

（5）强调个体差异的社会比较理论。

社会比较无处不在，每个个体无时无刻不在进行社会比较。然而，个体进行社会比较的频率以及社会比较对个体的影响，却存在显著的差异。因此，一批学者开始探讨个体的性格特征变量对社会比较的影响。例如，早期一些研究即零散关注了诸如恐惧负向评价（Wilson，1973）、自我一致性（Morse & Gergen，1970）等个体性格特征与社会比较的关联性。直至 20 世纪 90 年代，学者们才开始系统地探讨社会比较中的个体差异，至此，社会比较理论发展至强调个体差异对社会比较调节作用的第五阶段。

例如，关于“神经质（*Neuroticism*）”在社会比较影响中的调节作用。Van

der Zee，Buunk 和 Sanderman（1998）的研究表明，神经质特质与个体较频繁地将自己与他人进行比较密切相关，并且，神经质特质个体更可能从社会比较中获得较多的消极情绪。再如，关于支配型人格、进取心、竞争型人格等特质变量在社会比较影响中的可能调节作用。Locke 和 Nekich（2000）的研究表明，那些支配型特质较高、富有进取心和偏好竞争的个体，会进行更多的下行社会比较（*相对于“上行社会比较”和“水平社会比较”*），而那些在这些特质维度上得分较低的个体，进行三种类型社会比较（*上行社会比较、水平社会比较和下行社会比较*）的比例几乎持平。

伴随着大部分学者对一般性格特质在社会比较中所扮演角色的关注，近年来，一些学者开始强调个体的社会比较倾向（*Social Comparison Oritentation*）在社会比较影响研究中探讨的必要性，认为个体进行或不进行社会比较的倾向，也是一种具有显著个体差异的性格特质（Hemphill & Lehman，1991；Diener & Fujita，1997）。高社会比较倾向的个体，通常具有三个典型特征：高度自我意识、对他人的感觉或想法十分感兴趣以及一定程度的消极和自我不确定性（Buunk & Gibbons，2007）。因此，高社会比较倾向的个体，会更为频繁地将自己与他人进行比较（Van der Zee et al.，1998；Buunk et al.，2003；Buunk et al.，2005），也在社会比较中更容易受比较结果的负面影响（Gibbons et al.，2002；Buunk，2005；Buunk，Nauta & Molleman，2005；Buunk & Gibbons，2006）。例如，Van der Zee 等（1998）对西班牙医护人员的研究即发现，那些具有高社会比较倾向的医护人员，会更多地与比自己表现优秀的同事以及比自己表现差的同事进行比较。再如，Buunk，Nauta 和 Molleman（2005）通过对 653 位大学生的实验调查，探讨了社会比较倾向和归属需要对大学生归属教育机构的满意度的影响，结果发现，社会比较倾向的个体差异，显著调节了个体归属倾向与满意度之间的影响关系——对于高社会比较倾向的大学生而言，高度归属需要与机构满意度显著负相关，社会比较倾向低的大学生则展现出归属需要与机构满意度之间的显著正相关关系。此外，关于社会比较倾向，学者们还发现，可能是因为高社会比较倾向的个体十分担心自己会变成下行比较对象，所以，他们通常会通过在认知上将自己区别于下行比较对象进而有效消除这种担心（Buunk，Van der Zee & VanYperen，

2001）。

另外，最近 Bamberger 和 Belogolovsky（2017）运用社会比较理论、信息理论以及妒忌研究的相关观点，探讨了个体社会价值定向中的两个核心变量——“个人主义信念”和“亲社会动机”——在薪酬透明实践策略通过妒忌情绪而负向影响员工对获得较高薪酬的同事的帮助行为关系中的可能调节作用。他们的研究显示，薪酬透明实践通过妒忌情绪而对同事帮助行为的负面影响，仅仅对于那些亲社会动机较低的员工个体成立，并且，对于那些个人主义信念和亲社会动机“双低”的员工个体而言，上述间接效应更为显著。

2.1.2　公平理论/期望理论/相对剥削理论/锦标赛理论

（1）公平理论。

1963 年 11 月，比利时著名社会心理学家 Adams 的文章——《关于不公平的认识》（*Toward an Understanding of Inequity*），在 *Journal of Abnormal and Social Psychology* 上正式发表，标志着公平理论（*Equity Theory*）的正式问世（Koppes，2007；Latham & Budworth，2007）。公平理论认为，人们常常将自己的工作投入—工作回报之间的比例与参照对象的工作投入—工作回报之间的比例进行比较，比较的结果将会导致个体的公平感或不公平感；人们将采取措施以缓解因感受到不公平待遇所产生的紧张感，这些措施主要包括改变他们对自己的工作投入与工作回报之间比例关系的感知、改变对参照对象的工作投入与工作回报之间比例关系的感知、直接离开组织等（Adams，1963）。

公平理论，常常被运用来解释人们对薪酬差距的反应（Gupta，Conroy & Delery，2012）。该理论假设，当个体感知到工作投入相同（*此前提条件十分重要*）的情境下薪酬（*即工作回报*）差距却依然存在时，分配的不公平感便产生了（Pfeffer & Davis - Blake，1992；Pfeffer & Langton，1993；Siegel & Hambrick，2005）。工作职位不同，工作投入就不同（*即工作内容和所需的知识、技能和能力均显著不同*）。因此，相同工作职位上的人们（*即对应“水平薪酬差距”*）和不同工作职位上的人们（*即对应“垂直薪酬差距”*），在本质上，公平理论更适用于前者。进一步地，当员工进行各种方向的薪酬比较（*例如，水平薪酬比较和垂直薪酬比较*）时，“水平”方向的薪酬比较与薪酬满意度最密切相关（Major & Forcey，1985；Tremblay，St－Onge & Toulouse，1997）。

另外，运用公平理论来探讨员工对薪酬差距反应的研究，还应注意下述两个重要问题：第一，进行薪酬比较的两个主体的“工作投入相同”这一前提条件是否满足。作为个体投入工作的众多要素，知识、技能、能力、努力水平的不同，也会导致不同的绩效水平，因此，更为有效地运用公平理论，需要研究者首先证明员工工作投入的等同性，否则，将公平理论作为研究的理论解释基础，是欠妥当的。学者 Gerhart 和 Rynes（2003）正是基于上述考虑，在进行薪酬差距影响实证研究中，通过控制基于绩效的薪酬、KSAs（*Knowledge*，*Skills*，*& Abilities*）、人力资本等变量，以使工作投入尽可能等同。尽管这种操作方法在一定程度上确保了工作投入的等同性，然而，它也去除了薪酬差距的一些有意义的基本来源，只能算是一种次优处理办法（Gupta，Conroy & Delery，2012）。第二，公平理论属于典型的知觉理论，与人们的反应密切相关的是人们对工作投入和工作产出的“感知”（*而非“实际”的工作投入和工作产出*），人们并不总能准确感知自己的工作投入和工作产出，因此，公平理论的运用需要评估“感知”到的工作投入和工作产出。

关于公平理论的发展，后续一些学者在 Adams（1963）的“分配公平（*Distributive Justice*）”的基础上，陆续提出了“程序公平（*Procedural Justice*）”（Leventhal，1980；Thibaut & Walker，1975）、“人际公平（*Interpersonal Justice*）”和“信息公平（*Informational Justice*）”（Bies & Moag，1986；Colquitt，2001；Greenberg，1993），进而创建了组织公平理论（*Organizational Justice Theory*）（Latham & Pinder，2005）。

运用公平理论预测或阐释薪酬差距具体影响的代表性实证研究，详见附录 1。

（2）期望理论。

期望理论（Lawler，1973；Vroom，1964），常常被用来支撑薪酬差距对相关结果变量的影响关系预测。期望理论认为，三个因素将决定员工动机的强弱——效价（*Valence，即，结果的吸引力*）、努力—绩效联系（*Effort－to－Performance*，

即，努力将带来期望绩效的可能性）和绩效—结果联系（*Performance - to - Outcome*）（*也称为“工具性”，Instrumentalities，即，不同绩效将导致不同结果的可能性*）。如果员工想获得期望的薪酬水平，只要他们相信自己能够实现规定的绩效水平、相信自己的绩效也会带来期望的结果，那么，他们将有足够的动力去实现规定的绩效水平。据此，可推断，如果“奉承”（*而非高绩效水平*）能够带来员工期望的结果，那么，员工将有动力成为一个奉承别人的人（*而非一个高绩效者*）。期望理论的核心在于，将带来组织期望结果的行为（*往往假设该行为是可行的*）也将是员工要表现出来的行为。

运用期望理论来探讨薪酬差距的影响，往往隐含下述四个方面的考虑。第一（*也是最重要的*），只有“基于绩效的薪酬差距”（*而非笼统的“薪酬差距”自身*）才可能促进员工个体的高绩效。第二，与公平理论一样，期望理论也属于典型的知觉理论，十分强调知觉的重要性。这也就意味着，当薪酬差距“很大”或“足够大”时，绩效—结果之间的联系才更有可能被观察到或被知觉到（Mitra，Gupta & Jenkins，1997），也即，基于绩效的薪酬差距越大，员工对绩效—结果之间联系的期望也就越强烈，采取具体行为以实现较高绩效水平的动力也就越大。第三，拥有（大体）相同岗位的员工之间的薪酬差距，相比于处于不同工作岗位的员工之间的薪酬差距，前者更可能源于个体的绩效差异。换句话说，绩效—结果联系更可能在水平薪酬差距情形中得到增强，并且，基于绩效的较大薪酬差距也更可能提升效价，因为较大幅度的薪酬水平提升往往意味着效价在提升。第四，期望理论还可用于解释绩效之外的其他行为（*例如，晋升*）。对于许多员工而言，晋升往往具有强烈的正向效价（Ostroff & Clark，2001）。当员工感知到晋升与绩效相关联、感知到能够获得晋升的绩效水平是可实现时，薪酬的效价将伴随与晋升相联系的薪酬数量变化而变化。因此，较大的垂直薪酬差距，将提升晋升的效价，进而提升员工的晋升动机。总之，依据期望理论，在本质上，水平薪酬差距可直接增强员工的“绩效”动力，垂直薪酬差距则通过晋升波动而增强绩效激励效应（Gupta，Conroy & Delery，2012）。

运用期望理论阐释或预测薪酬差距具体影响的代表性实证研究，详见附录 1。

（3）相对剥削理论。

人们常常通过社会比较来评价自己的薪酬满意度（Dreher，1981；Goodman，1974；Heneman，1985；Ronen，1986；Scholl，Cooper & McKenna，1987；Weiner，1980），然而，社会比较可能并不是预测员工薪酬满意度的重要变量（Berkowitz et al.，1987），研究者们依然需要构建一个解释员工薪酬满意度的更为普适的理论模型（Berkowitz et al.，1987；Greenberg，1987a，1987b；Scholl，Cooper & McKenna，1987）。在这样的背景下，Crosby（1976）的相对剥削理论（*Relative Deprivation Theory*），逐渐被学者们引入组织情境，并被运用来阐释和预测组织薪酬差距对员工个体薪酬满意度的影响。

依据Crosby（1976）的相对剥削理论，员工的薪酬满意度，并非仅仅取决于员工个体自身的实际薪酬水平，员工个体的主观评价和感受也发挥着十分重要的作用。当下述五个条件均获得满足时，员工个体将产生相对剥削感，进而对当前的薪酬水平心生不满：①员工个体发现他人拥有“较高的薪酬水平”；②员工个体自身需要“较高的薪酬水平”；③员工个体感觉自己应当得到“较高的薪酬水平”；④员工个体认为获得“较高的薪酬水平”是可实现的；⑤员工个体认为他现在并未拥有“较高薪酬水平”的责任不在他自身。

如图2－1所示，相对剥削感的前因变量，通常包括个体的个性特征、个体的过去、直接环境、更宽泛的外部环境和个体的生理需要，这些前因变量将影响

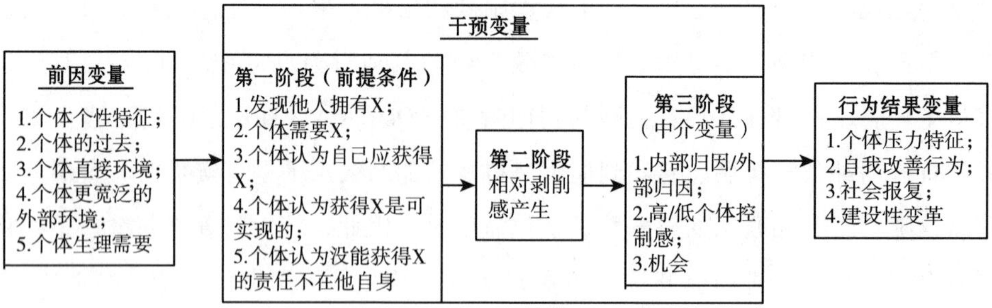

图2－1 相对剥削理论模型

注：该模型图，为本书依据Crosby（1976）的论文整理所得。其中，X指代较高的薪酬水平、晋升等。Crosby（1976）的论文出处：Crosby F. A Model of Egoistical Relative Deprivation［J］. Psychological Review，1976，83（2）：85－113.

上述五个条件是否能够成立。如果五个条件均成立，则个体将产生相对剥削感。个体的相对剥削感会通过高/低个体可控制性感、机会、自责/他责等中介变量，而最终影响个体的压力特征、自我改善行为、社会报复、建设性变革行为等结果变量。

1990年，Sweeney，McFarlin和Inderrieden通过四个研究，证实了相对剥削理论在解释薪酬比较对员工个体薪酬满意度影响中的有效性。近年来，许多研究运用相对剥削逻辑，来探讨薪酬差距对个体态度、情感承诺、合作、团队凝聚力、团队氛围、员工队伍稳定性、集体绩效等结果变量的负面影响（Akerlof & Yellen，1990；Pfeffer & Davis - Blake，1992；Bloom，1999；Ding，Akhtar & Ge，2009；贺伟和嵩坡，2014；He，Long & Kuvaas，2016；Hill，Aime & Ridge，2017）。例如，He，Long和Kuvaas（2016）关于中国情境下团队内员工工资差距对员工个体离职意愿的影响研究，即运用相对剥削理论来阐释和预测团队内员工工资差距分别对高中国传统性员工和低工资员工的离职意愿的跨层影响机制，实证结果证实了相对剥削理论所预测的经济剥削路径（*对于低工资员工而言，"团队薪酬差距→薪酬水平满意度→离职意愿"路径成立*）和情感剥削路径（*对于高中国传统性员工而言，"团队薪酬差距→情感承诺→离职意愿"路径成立*）。

运用相对剥削理论来阐释或预测薪酬差距具体影响的其他代表性实证研究，详见附录1。

（4）锦标赛理论。

锦标赛理论（*Tournament Theory*），常常被用来解释组织管理层薪酬差距及预测组织管理层薪酬差距对组织重要结果变量的影响（Lazear & Rosen，1981；Siegel & Hambrick，2005）。具体来说，锦标赛理论假设，伴随着员工个体在公司层级结构上逐渐向上发展，个体的薪酬水平也将显著提升，阶梯职位间较大的薪酬差距将引导和激励员工为了争取管理层职位对应的较高薪酬水平而竞争和投入最大努力（Lee，Lev & Yeo，2008；张正堂，2007）。组织较高层面职位对应的较高薪酬水平，激励着员工，鼓励他们采取必要的措施以不断地沿着公司设定的职业晋升阶梯向上爬。由于员工们彼此竞争的是与较高薪酬水平对应的组织较高层管理层职位，因此，"相对绩效（*the Relative Performance*）"（*而非"绝对绩效*

(*the Absolute Performance*)”）才是最重要的，即绩效优者才能获得相应的晋升和奖励（Lee，Lev & Yeo，2008）。所以，竞争既会使员工投入最大努力以提升绩效水平，也会导致一些冒险和激进的行为（Becker & Huselid，1992；Siegel & Hambrick，2005）。

锦标赛理论聚焦组织内的上行薪酬比较（*Upward Pay Comparison*），关心跨越组织层级的薪酬差距：获胜者将获得较高职位和较高薪水；失败者则依然处于较低位置并领取较低薪水（Lambert，Larcker & Weigelt，1993；Lazear & Rosen，1981）。关注垂直的发展，使跨越组织层级的薪酬幅度尤为突出。也就是说，组织不同层级间的薪酬差距（*而非处于同一组织层级的人们间的薪酬差异*）将驱动员工的具体行为。毫无争议，员工个体临近区域的薪酬水平比距离员工个体较远区域的薪酬水平，前者对员工个体反应的影响往往更为突出。也即，员工行为常常会受到那些被他们视为竞赛一部分的工作职位所对应的薪酬水平的驱动。这些认知将建立在那份工作职位的可达性以及那份工作职位所需要的知识、技能和能力的可达性的基础之上。例如，一位工厂管理者是不太可能将美国总统这个职位纳入他竞赛的一部分的；再如，一位行政助理也不太可能将教授职位视为可实现的。因此，从锦标赛理论视角来看，行政助理（*或工厂管理者*）是不太可能受到行政助理职位与教授职位（*或工厂管理者职位与美国总统职位*）之间巨大的薪酬差距所激励的（*尽管这些薪酬差距可能会影响员工的满意度*）。总之，锦标赛理论认为，构成竞赛或游戏一部分的那个工作职位所对应的薪酬水平将影响员工的反应。这也就意味着，锦标赛理论大部分的时候适用于“垂直薪酬差距”而非“水平薪酬差距”（Gupta，Conroy & Delery，2012）。

在一些特殊情形中，锦标赛理论也可以应用于“水平薪酬差距”情形。例如，在薪酬分配被设定为一个“零和”游戏时，员工将会为了更高的薪酬水平而竞争，此时，竞赛机制就发挥作用了。但是，竞赛机制只有在零和系统存在时才会运转（Gupta，Conroy & Delery，2012）。再如，只有在绩效“最佳者”才能够获得薪酬水平提升的情形下，员工才会竞争，竞赛机制才会运转起来。因此，这表明，锦标赛理论仅在特定情形下才能应用于“水平薪酬差距”——在薪酬分配蛋糕大小固定的零和情境（*in a Fixed Pie，i. e. a Zero - Sum Setting*）中，并且，是依据“相对绩效”来决定是否应该增加薪酬水平的情形。

此外，针对锦标赛理论的文化适应性，近年来，我国已有学者检验了它在我国“集体主义”文化背景下解释高管团队薪酬差距对公司绩效影响关系中的有限性（张正堂，2007）：高管团队协作需要与薪酬差距对公司绩效的交互影响，支持了锦标赛理论的预测；高管团队薪酬差距对公司绩效的负向影响（主效应）结论，则并未支持锦标赛理论预测。

运用锦标赛理论来阐释或预测薪酬差距具体影响的其他代表性实证研究，详见附录 1。

2.1.3　新近支撑理论

（1）薪酬权变理论。

Gomez – Mejia 和 Balkin（1992）的薪酬权变理论，通常被学者们运用来阐释组织情境因素对薪酬差距影响的调节效应。薪酬权变理论认为，薪酬差距对组织绩效、团队绩效或员工个体绩效的影响，取决于相应时间对应的工作情境和组织情境，并且，工作情境和组织情境主要通过两个机制来改变薪酬差距的具体效应。第一，组织情境因素将改变特定事件对员工的意义，因此，员工对组织薪酬差距的“反应”，将随着组织情境因素的变化而发生改变，继而将导致组织薪酬差距对员工个体绩效、团队绩效或组织绩效的可能差异性影响。第二，由于组织战略等情境性因素致使组织对员工的行为“期望”显著不同，因此，即便某一薪酬分配体系可能会激发各个不同组织内的员工均产生相同的行为，然而，员工行为对各自组织绩效或团队绩效的影响，还要取决于员工行为与各自组织情境性因素间的“匹配度”。

例如，Yanadori 和 Cui（2013）在探讨美国公司研发团队的薪酬差距对公司创新绩效的影响中，即运用薪酬权变理论来阐释“公司成长机会”和“公司财务松弛度”对“研发团队薪酬差距—公司创新绩效”之间影响关系的可能调节效应。他们认为，薪酬差距与公司薪酬预算在员工之间的分配决策密切相关，因此，员工之间的薪酬差距将激发员工致力于确保源自公司薪酬预算收入的行为。

由于大部分员工往往都是避免损失倾向类型（Kahneman & Tversky，1979），因此，员工对薪酬差距的反应，在很大程度上将取决于他们对公司未来薪酬预算的预期。当员工倾向于认为公司未来薪酬预算规模将缩小时，他们也将预期自己未来薪酬水平将可能下降，进而可能对当前的薪酬差距十分敏感，所以，在这种情形下，为了确保自己目前的薪酬收入，员工倾向于更加服务自我而减少合作行为。与之相反，当员工倾向于认为公司未来薪酬预算规模将扩大时，他们也将预期自己未来薪酬水平将可能提升，进而可能对当前较大的薪酬差距不是特别敏感。据此，Yanadori 和 Cui（2013）提出，"公司成长机会"和"公司财务松弛度"是影响员工对公司未来薪酬预算期望的两个重要情境性因素；他们基于员工有关公司未来薪酬预算期望对员工创新行为的上述影响，预测"公司成长机会"和"公司财务松弛度"均将显著调节研发团队薪酬差距与公司创新绩效之间的影响关系——当公司具有较高的成长机会时，或者，当公司的财务松弛度较大时，研发团队薪酬差距对公司创新绩效的负向影响将削弱。

例如，Hill，Aime 和 Ridge（2017）鉴于组织核心员工人力资本和薪酬差距对组织绩效的重要性，提出"薪酬差距与员工贡献差异匹配度"概念，并基于美国棒球联盟的客观数据分析，证实了"薪酬差距与员工贡献差异匹配度"不仅直接正向影响组织绩效，也会增强组织薪酬水平和组织人力资本分别对组织绩效的正向影响。

再如，Park 和 Kim（2017）基于权变理论，探讨了组织薪酬差距与组织文化之间的"匹配"对组织薪酬差距—组织绩效之间影响关系的可能调节作用，并经韩国 436 家公司数据证实，当公司薪酬计划与现行组织文化"匹配"时，薪酬差距与组织绩效之间呈现出显著的正相关关系。

（2）**薪酬信号理论**。

经济领域的"信号理论"，也被学者们引入薪酬差距影响实证研究领域。

薪酬信号理论认为，通常而言，员工个体关于自己未来薪酬水平的预测信息往往十分有限（*尤其在当前许多组织纷纷实施薪酬保密政策的情境下*），因此，其他员工的较高薪酬水平，往往在一定程度上提供了有助于他们预判自己未来薪酬水平的"积极"信号（Hirschman & Rothschild，1973；Manski，2000），所以，当组织内的薪酬差距较大时，其他员工的“较高”薪酬水平所释放的“积极”信号将十分有助于该员工自觉抵制源自较大薪酬差距的任何可能负向情感反应，最终带来薪酬差距对该员工行为和绩效的正向影响。

Park，Kim 和 Sung（2017）有关调节聚焦视角的员工个体薪酬差距公平感研究，即运用薪酬信号理论来阐释和预测薪酬差距（*对员工薪酬*公平感知）具有“正向”影响的代表。该研究聚焦员工个体的“调节聚焦倾向”[①]，在整合公平理论和薪酬信号理论的基础上，认为团队内薪酬差距对团队成员个体的薪酬公平感知既具有“正向”影响又存在“负向影响”；对于成员个体而言，究竟是正向影响还是负向影响，主要取决于个体的调节聚焦倾向类型。具体来说，由于人们的动机将驱使人们更加关注与他们动机相一致的信息（Kteily，Sheehy - Skeffington & Ho，2017），因此，当团队成员个体具有十分强烈的“促进聚焦”倾向时，他/她将更可能关注较大的薪酬差距所释放的“积极”信号，进而促进该团队成员个体的薪酬公平感知；反之，当团队成员个体具有强烈的“防御聚焦”倾向时，他/她则更倾向于关注较大薪酬差距的“合法性”，进而可能削弱该团队成员个体的薪酬公平感知。他们基于韩国 42 家公司中 137 个团队 827 名员工以及中国台湾地区 5 家高技术企业中 46 个团队 186 名员工的实证调查，证实了薪酬信号理论关于“促进聚焦”倾向团队成员的“团队薪酬差距越大，越利于提升团队成员的薪酬公平感”的关系预测。

（3）薪酬分选理论。

薪酬差距影响研究领域，通常从薪酬差距对员工行为的“激励”和“分选”视角来区分薪酬差距的“激励效应”和“分选效应”（Gerhart & Rynes，2003；Lazear，2000）。薪酬差距在促进员工产生组织期望行为中所发挥的角色和作用，即薪酬差距的“激励效应”；薪酬差距在帮助组织吸引和保留优秀人才、促进绩效水平较差员工自动离开组织方面所发挥的积极作用（丁明智、张正堂和程德俊，2013），即薪酬差距的“分选效应”。

---

① 调节聚焦，既是个体的一种特质又是一种可以通过目标设定进行情境激发的状态；它描述了个体追求期望终极状态的战略定位：当人们受到理想状态驱动时，他们则处于促进聚焦状态，会尽可能调整自己的行为以缩小当前状态与理想状态之间的差距；当人们对消极结果的出现时刻保持警惕时，他们则处于防御聚焦状态，会尽可能地采取各种预防措施以避免消极结果的出现。

当员工在某一组织或团队中工作一段时间后，他将会在考虑了各种因素后，综合判断该组织或团队是否与他的能力和偏好相匹配以及该组织或团队是否有益于实现他的目标和需要（Lazear，2000）。薪酬分选理论认为，由于较大的组织薪酬差距情形下，绩效水平优异的员工将通过绩效—薪酬间的紧密关联而享受到较高的薪酬水平，进而获得个体绩效的积极反馈，因此，绩效水平优异的员工通常比绩效表现较差的员工实现了更多的个人目标和需要，他们将具有较高的保留意愿；与之相反，较大的组织薪酬差距情形下，绩效表现较差的员工将更可能因偏低的薪酬水平而选择主动离职。

薪酬差距的分选机制，常常是薪酬差距对组织“集体”层面结果变量（例如，团队绩效或组织绩效）影响的重要解释机制。具体来说，与员工劳动生产率或投入要素密切关联的薪酬差距，能够通过吸引和留住高能力、高绩效员工而为组织创造人力资本优势（Gerhart & Rynes，2003；Lazear，2000），进而十分有利于团队绩效或组织绩效的提升。Trevor，Reilly 和 Gerhart（2012）的研究，即基于薪酬差距分选机制，预测即便是相互依赖的组织工作情境下，团队内“能够被成员工作投入要素解释的薪酬差距”依然将有益于团队绩效水平的提升。Shaw（2015）则通过实证研究，首次证实了薪酬差距的拣选效应：在组织实施高绩效薪酬分配体系情形下，薪酬差距与绩效水平较差者的离职率显著正相关，进而，当绩效薪酬比例较高时，薪酬差距通过绩效水平较差者的离职而对组织绩效的间接正向效应更为强烈；当绩效薪酬比例偏低时，薪酬差距与绩效表现优异者的离职率显著负相关，因此，当薪酬压缩（*即薪酬差距较小*）或不使用绩效薪酬时，绩效表现优异员工的离职率偏高，最终不利于组织绩效水平的提升。

（4）社会交换理论。

社会交换理论（*Social Exchange Theory*），是员工—组织关系研究领域中最具影响力的经典支撑理论，也是理解组织内交换行为的重要理论框架（Cropanzano & Mitchell，2005；Zhang，Wang & Shi，2012）。

社会交换理论假定员工与组织之间存在两种重要的交换关系类型：经济交换关系和社会交换关系。经济交换关系和社会交换关系在交换的资源类型、义务强度和义务类型、互惠性、随时间发展的关系质量等方面显著不同（Blau，1964）。

例如，在交换的资源类型方面，经济交换关系和社会交换关系均涉及“经济资源”的交换，然而，社会交换关系还包括更为重要的“社会情感资源”交换，是一种长期导向型且目的在于互换诸如信任、承诺、归属等社会情感资源的交换关系类型（Shore et al.，2009）。薪酬是连接员工与组织之间社会交换关系的重要纽带（张正堂和刘宁，2016），因此，十分适合引入和运用社会交换理论来阐释和预测组织薪酬差距对员工情感态度、行为和绩效的影响（He，Long & Kuvaas，2016）。

He，Long 和 Kuvaas（2016）在探讨中国情境下团队内工资差距与成员个体离职意愿间影响关系的实证研究中，即整合了社会交换理论的双重交换关系类型和相对剥削理论的主要研究观点，对应于现有薪酬差距影响研究领域中发展成熟的“经济剥削感”概念（Akerlof & Yellen，1990；Cowherd & Levine，1992），提出了“关系剥削感”概念，并将“关系剥削感”界定为当个体感觉到所处的工作团队内总体关系质量比期望质量要低时所产生的一种心理紧张感。他们还预测，工作团队内较大的工资差距将通过削弱高中国传统性员工的组织情感承诺水平而正向影响其离职意愿（*即，关系剥削路径*），工作团队内较大的工资差距也将通过降低低工资员工的薪酬水平满意度而促进其离职（*即，经济剥削路径*），进而构建了一个关于中国情境下团队薪酬差距对团队成员个体离职意愿影响的有中介的调节模型。基于中国 6 个大型城市中 14 家公司的 51 个工作团队 370 位团队成员的客观工资数据和主观问卷调研数据，证实了社会交换理论所阐释和预测的经济剥削路径和关系剥削路径的成立。

（5）合法性理论。

所谓“合法性”，是指主体的行动在社会规范、价值、信念和定义等社会构建体系中广为接受的程度（Suchman，1995）。依据此定义，薪酬差距的合法性，即薪酬差距在团队、部门、组织和社会中被广为接受和认可的程度（Aime，Meyer & Humphrey，2010）。在本质上，薪酬差距的合法性是薪酬差距“有效性”程度和“正当性”程度的综合体现（Zelditch，2006）。

依据新制度学派关于组织结构化的“合法性”解释机制，一直以来，合法性均被视为影响组织和团队行为、结构和稳定性的重要社会因素（Habermas，1975；

张海燕、张正堂和陈传明，2017），不仅如此，作为团队、权力或权威结构、薪酬再分配和文化实践的基本和重要属性的“合法性”（Berger & Luckmann，1966；Walker，Thomas & Zelditch，1986），也是组织或团队情境下薪酬差距是否能够维持员工努力水平和工作动力的重要解释机制（Aime，Meyer & Humphrey，2010）。

现有薪酬差距影响研究领域中，合法性理论一直仅仅停留于理论探讨或直接作为相关实证研究中的理论预测支持。例如，Aime，Meyer 和 Humphrey（2010）认为，员工关于组织薪酬计划的合法性认知，将可能是决定该项薪酬计划有效性和能否在组织内持续存在的重要因素，因此，他们将合法性概念引入组织薪酬差距研究领域中，并在理论层面构建了一个描述团队成员对团队内薪酬差距合法性感知的发展模型，探讨和预测了团队成员薪酬差距合法性感知的可能影响因素及其对团队有效性的可能影响过程。

2.1.4　小结

2.1.1 小节、2.1.2 小节和 2.1.3 小节，分别对现有薪酬差距影响研究领域中的主导支撑理论（*社会比较理论*、*公平理论*、*期望理论*、*相对剥削理论和锦标赛理论*）和新近支撑理论（*薪酬权变理论*、*薪酬信号理论*、*薪酬分选理论*、*社会交换理论*、*合法性理论*等）进行了系统的回顾。无论是主导支撑理论还是新近支撑理论，它们均为薪酬差距影响研究走向成熟作出了重要的贡献。需要说明的是，每个理论在薪酬差距影响实证研究中均有各自的适用范围。例如，锦标赛理论主要运用于解释和推导“垂直”薪酬差距对个体努力水平和各个层面绩效变量的可能影响；作为建立在社会比较理论基础之上的公平理论和相对剥削理论（*均属于典型的个体知觉理论*），主要适用于阐释和预测“水平”薪酬差距对员工个体态度和情感反应的可能影响（*进而对行为的影响*）；期望理论则在解释和预测“垂直”薪酬差距的可能影响和“水平”薪酬差距的可能影响中均适用。

这些重要支撑理论基础，除了在具体适用的薪酬差距类型解释领域方面具有互补性之外，在薪酬差距较大和较小两种情形下对绩效的解释预测力方面也具有互补性。依据社会比较理论，薪酬比较更容易发生在具有“相似性”的员工个体之间，因此，社会比较理论和相对剥削理论关于薪酬差距可能影响的预测，往往建立在存在薪酬差距的两个比较主体之间具有“相似性”的基础之上。由于过大的薪酬差距往往会削弱个体对于比较对象之间的相似性感知，因此，社会比较理论和相对剥削理论在薪酬差距过大情形时的预测力往往有限，它们更适合运用于薪酬差距为“较低”和“中等”水平时的效应预测（Ridge, Aime & White, 2015）。与之相反，锦标赛理论关于薪酬差距影响效应的预测，则更适合于具有“显著”或“较大”的薪酬差距情形（Lazer & Rosen, 1981; Main & Wade, 1993; Siegel & Hambrick, 2005），它在薪酬差距“较小”或“中等”水平时的预测力则往往十分有限。

2. 2

薪酬差距的类型及测量方法研究

2. 2. 1　薪酬差距的类型

薪酬差距，又称薪酬幅度、薪酬全距、薪酬差异、薪酬不平等，通常是指相同或大体相同工作岗位上的员工之间及跨越岗位层级的不同工作岗位上的员工之间的薪酬水平差异，以及组织整体层面的薪酬水平差异（Shaw, Gupta & Delery, 2002）。

2. 2. 1. 1　主流分类范式：水平/垂直/整体薪酬差距

关于薪酬差距的类型划分，现有研究中较为流行和普遍的分类模式，即根据薪酬差距定义界定中的“是否跨越工作岗位所处的层级”而进行的水平、垂直和整体薪酬差距区分。

（1）当组织/团队或部门内员工之间的薪酬水平比较并未跨越工作岗位所处的层级时，换言之，处于同一工作岗位层级的员工之间所进行的薪酬水平比较，即水平比较或横向比较，薪酬比较的结果，即“水平薪酬差距”（*又可依据薪酬水平横向比较是发生在“组织内”还是“团队或部门内”，而划分为“组织内水*

平薪酬差距”和“团队内或部门内水平薪酬差距”）；（2）当组织/团队或部门内员工之间的薪酬水平比较发生在不同的工作岗位层级之间时，换言之，员工之间的薪酬水平比较跨越了工作岗位所处的层级，此时的薪酬比较即垂直比较或纵向比较，薪酬比较的结果即“垂直薪酬差距”（*又可依据薪酬水平纵向比较是发生在“组织内”还是“团队或部门内”，而划分为“组织内垂直薪酬差距”和“团队内或部门内垂直薪酬差距”*）；（3）当组织/团队或部门内“所有”的员工均参与到薪酬水平比较中时，薪酬比较的结果即“整体薪酬差距”（*又可依据薪酬水平比较是发生在组织内还是团队或部门内，而划分为“组织内整体薪酬差距”和“团队内或部门内整体薪酬差距”*）。

2.2.1.2 其他分类模式

水平薪酬差距、垂直薪酬差距和整体薪酬差距的类型划分，是目前薪酬差距影响实证研究领域中的主流分类范式。伴随着薪酬差距影响研究逐渐走向成熟，慢慢开始出现薪酬差距的其他分类模式。这其中，Gerhart 和 Rynes（2003）、Trevor，Reilly 和 Gerhart（2012）的基于薪酬差距是否能够被员工投入要素解释的“能够被员工投入要素解释的薪酬差距”和“未能够被员工投入要素解释的薪酬差距”划分，Downes 和 Choi（2014）的综合考虑薪酬比较方向和薪酬差距形成基础的“基于绩效的水平薪酬差距/非基于绩效的水平薪酬差距/基于绩效的垂直薪酬差距/非基于绩效的垂直薪酬差距”四种类型划分，以及国内学者卫旭华和刘咏梅（2016）的依据团队内的子群体类型而进行的“关系型子群体薪酬差距”和“任务型子群体薪酬差距”划分，非常具有代表性。

（1）“能够被员工投入要素解释的薪酬差距”和“未能够被员工投入要素解释的薪酬差距”。

人力资本的获取与开发是薪酬差距影响组织绩效的主要机制，因此，Gerhart 和 Rynes（2003）以及 Trevor，Reilly 和 Gerhart（2012）认为，“能够被员工投入要素解释的薪酬差距”主要用于确保与组织生产效率相关的员工投入要素，对于分析集体层面（*团队或部门层面、组织层面*）薪酬差距数据的“绩效”意义十分重要。因此，他们站在组织的立场上，从确保员工投入要素的视角，将团队薪酬差距进一步细分为“能够被员工投入要素解释的薪酬差距”和“未能够被员工投入要素解释的薪酬差距”两个部分。Trevor，Reilly 和 Gerhart（2012）进一步通过美国国家曲棍球团队的薪酬数据和绩效数据证实，“能够被员工投入要素解释的薪酬差距”显著正向影响团队绩效，“未能够被员工投入要素解释的薪酬差距”则与团队绩效不相关甚至负相关。

（2）基于绩效的水平和垂直薪酬差距、非基于绩效的水平和垂直薪酬差距。

Downes 和 Choi（2014）认为，尽管能够被员工投入要素解释的薪酬差距和未能够被员工投入要素解释的薪酬差距类型区分对于识别或明确组织薪酬差距的人力资本获取机制十分理想，然而，这种站在组织立场上、为了确保与组织生产效率密切相关的员工投入要素的薪酬差距类型划分，并不会提供站在员工立场上、从员工对薪酬差距情感反应视角的有关薪酬差距影响本质的准确预测：依据锦标赛理论和期望理论，由于绩效变动而导致的薪酬差距应当带来高绩效，而因为绩效之外的其他因素（*例如，年功或政治*）而导致的薪酬差距则并不会促进员工个体的绩效动机，因此，从员工个体对薪酬差距的情感反应视角来看，“基于绩效的薪酬差距”和“非基于绩效的薪酬差距”区分似乎更为重要（Gupta，Conroy 和 Delery，2012）。例如，建立在员工个体技能水平差异基础上的薪酬差距并不属于“基于绩效的薪酬差距”，然而，在 Trevor，Reilly 和 Gerhart（2012）的分类逻辑中，它却属于“能够被员工投入要素解释的薪酬差距”。员工个体对薪酬差距的情感反应研究，将是未来研究的趋势（Shaw，2014），出于考察员工个体对薪酬差距的情感反应需要和提升薪酬差距分类的清晰度需要，Downes 和 Choi（2014）借用了 Gupta，Conroy 和 Delery（2012）的“基于绩效的薪酬差距”和“非基于绩效的薪酬差距”的分类逻辑，并综合考虑薪酬比较的方向而将薪酬差距进一步细分为“基于绩效的水平薪酬差距”“基于绩效的垂直薪酬差距”“非基于绩效的水平薪酬差距”和“非基于绩效的垂直薪酬差距”四种子类型。

（3）“任务型子群体薪酬差距”和“关系型子群体薪酬差距”。

鉴于组织实践中团队内子群体的普遍存在（Carton & Cummings，2012；Thatcher & Patel，2012）以及子群体对团队交互过程和团队绩效的重要影响（Thatcher & Patel，2011；Thatcher & Patel，2012），国内学者卫旭华和刘咏梅

（2016）整合了 Trevor，Reilly 和 Gerhart（2012）的团队薪酬差距分类框架以及 Hutzschenreuter 和 Horstkotte（2013）的团队子群体分类框架，提出团队薪酬差距的“任务型子群体薪酬差距”和“关系型子群体薪酬差距”的划分类型。团队成员的人口统计特征，主要包括以性别、年龄等为代表的传记型人口统计特征和以受教育程度、任期或工龄等为代表的任务型人口统计特征。团队内基于传记型人口统计特征差异所形成的子群体即“关系型子群体”，关系型子群体内成员之间的薪酬差距即“关系型子群体薪酬差距”；团队内基于任务型人口统计特征差异所形成的子群体即“任务型子群体”，任务型子群体内成员之间的薪酬差距即“任务型子群体薪酬差距”。卫旭华和刘咏梅（2016）进一步运用中国上市公司的客观薪酬数据和绩效数据，检验了高管团队内子群体薪酬差距对公司绩效的差异性影响。结果表明，关系型子群体薪酬差距与公司绩效不相关，任务型子群体薪酬差距显著正向影响公司绩效；并且，高管团队内任务型子群体的不均衡性越大，任务型子群体薪酬差距对公司绩效的正向影响越强烈。他们提出的子群体薪酬差距分类逻辑以及进行的实证研究，为明确团队薪酬差距的绩效效应提供了一条新的解决路径。

2.2.2 薪酬差距的测量方法

表 2－5 总结了近 20 年来国内外代表性薪酬差距影响实证研究中所运用到的薪酬差距测量方法。

表 2－5　代表性薪酬差距影响实证研究中薪酬差距测量方法的总结

作者（年份）	类型	具体测量方法
Leonard（1990）	垂直	比值：较低层的平均薪酬/较高层的平均薪酬
Becker & Huselid（1992）	水平	差值：A－Z 名选手的平均奖金减去 Z 名以下选手的平均奖金
Pfeffer & Langton（1993）	水平	差异系数
Bloom（1999）	水平	基尼系数、差异系数、比值、差值
Depken（2000）	水平	赫芬达尔—赫希曼指数
Conyon et al.（2001）	整体	差异系数

续表

作者（年份）	类型	具体测量方法
Bloom & Michel（2002）	整体	基尼系数
Shaw et al.（2002）研究 1	水平	差值法：新司机的平均薪酬水平与老司机的平均薪酬水平的差值
Shaw et al.（2002）研究 2	水平	差异系数、基尼系数、差值法（薪酬最高值与薪酬最低值的差值）
Shaw，Gupta & Delery（2002）	水平	差值、差异系数、基尼系数
Brown et al.（2003）	垂直	基尼系数
Heyman（2005）	整体	残差方差、差异系数、工资率
Siegel & Hambrick（2005）	垂直	比值法：CEO 的薪酬水平/第二层次高管人员的平均薪酬水平、第二层次高管人员的平均薪酬水平/第三层次高管人员的平均薪酬水平、竞赛薪酬
Siegel & Hambrick（2005）	水平	差异系数：第二层次高管人员的薪酬差异系数、第三层次高管人员的薪酬差异系数
Siegel & Hambrick（2005）	整体	差异系数：包含 CEO 的高管团队薪酬差异系数、不包含 CEO 的高管团队薪酬差异系数
DeVaro（2006）	垂直	差值法：晋升前的薪酬水平与晋升后的薪酬水平的差值
Trevor & Wazeter（2006）	水平	差异系数
Ensley，Pearson & Sardeshmukh（2007）	水平	差异系数
Shaw & Gupa（2007）	水平	差异系数
张正堂（2007）	垂直	差值法：对比较对象的薪酬差值进行取对数处理
Grund & Westergaard – Nielsen（2008）	整体	差异系数
Lee et al.（2008）	整体	差异系数
Ding，Akhtar & Ge（2009）	垂直	差异系数
Ding，Akhtar & Ge（2009）	水平	差异系数
Kepes，Delery & Gupta（2009）	水平	差值法：最高工资率与最低工资率之间的差值
Mondello & Maxcy（2009）	水平	差异系数
Fredrickson，Davis – Blake & Sanders（2010）	水平	差异系数
Messersmith et al.（2011）	整体	基尼系数：五年高管团队薪酬基尼系数的平均值

续表

作者（年份）	类型	具体测量方法
Yang & Klaas（2011）	水平	比值：（同一层级中绩效水平最高者的年收入/同一层级中绩效水平最低者的年收入）×100
Carnahan，Agarwal & Campbell（2012）	整体	相对基尼系数
Trevor，Reilly & Gerhart（2012）	水平	方差
李绍龙、龙立荣和贺伟（2012）	垂直	差值法：CEO 的薪酬水平减去非 CEO 成员的平均薪酬水平
李绍龙、龙立荣和贺伟（2012）	水平	差异系数：非 CEO 的高管人员的薪酬标准差/非 CEO 的高管人员的薪酬均值
Yanadori & Cui（2013）	水平	差异系数
Bucciol，Foss & Piovesan（2014）	水平	泰尔指数
Christie & Barling（2014）	水平	差异系数
贺伟、蒿坡（2014）	水平	差异系数
Chizema et al.（2015）	垂直	比值：员工的平均薪酬水平/前三位高管的平均薪酬水平
Dole（2015）	水平	赫芬达尔—赫希曼指数
Ridge，Aime & White（2015）	垂直	比值：CEO 的薪酬水平/前四位高管成员的平均薪酬水平
Sanchezmarin & Baixaulisoler（2015）	垂直	差值法：高管团队中兼任董事会成员者的平均薪酬水平（取对数）与非董事会成员者的平均薪酬水平（取对数）的差值
Shaw（2015）	水平	基尼系数
Wang，Zhao & Thornhill（2015）	整体	基尼系数
徐淋、刘春林和杨昕悦（2015）	水平	差异系数：非 CEO 高管成员的薪酬差异系数
徐淋、刘春林和杨昕悦（2015）	垂直	比值：（CEO 薪酬水平 - 非 CEO 成员的平均薪酬水平）/非 CEO 成员的平均薪酬水平
Brown et al.（2016）	整体	差值法：安装工的净工资与销售人员的净工资的差值
Connelly et al.（2016）	整体	差值法：高管团队的平均薪酬水平 - 所有员工（不含高管团队成员）的平均薪酬水平
Greckhamer（2016）	垂直	比值：CEO 的薪酬水平/员工的平均薪酬水平
He & Fang（2016）	垂直	差值法：CEO 的薪酬水平（取对数） - 高管团队（含 CEO）的平均薪酬水平（取对数）

续表

作者（年份）	类型	具体测量方法
He，Long & Kuvaas（2016）	水平	差异系数
Perrigino，Dunford & Boss（2016）	整体	最大值：每个团队内的最高薪酬水平取对数
Sanchezmarin & Baixaulisoler（2015）	水平	差值法：每一技能类型中的最高薪酬水平 - 最低薪酬水平
Shi，Connelly & Sanders（2016）	垂直	差值：CEO 的薪酬水平（取对数） - 前四位高管成员的平均薪酬水平（取对数）
Urieşi（2016）	水平	差值法：员工的基本薪酬与所在工作类型中最高绩效薪酬的差值
卫旭华、刘咏梅（2016）	整体	基尼系数
Feng，Chen & Liu（2017）	水平	基尼系数
Guo，Libby & Liu（2017）	垂直	比值：上级的固定薪酬/下级的固定薪酬
Hill，Aime & Ridge（2017）	整体	基尼系数
Jaskiewicz，Block & Miller（2017）	水平	变异系数
Park & Kim（2017）	整体	差异系数
Park，Kim & Sung（2017）	整体	差异系数

注：表 2 - 5 中的内容系本书依据国内外代表性薪酬差距影响实证研究文献，整理所得。

表 2 - 5 十分直观地显示出，代表性薪酬差距影响实证研究中所使用的薪酬差距测量方法，普遍区分了水平薪酬差距和垂直薪酬差距，还有一部分研究探讨了整体薪酬差距，并且，无论是水平薪酬差距、垂直薪酬差距还是整体薪酬差距，均存在着多种可替代的测量方法。

2.2.2.1　水平薪酬差距的测量方法

表 2 - 5 显示，水平薪酬差距的测量，主要运用差异系数测量法、差值测量法、方差测量法、基尼系数测量法、赫芬达尔—赫希曼指数测量法以及泰尔指数测量法。

(1) 差异系数测量法。

薪酬差距的“差异系数”测量法，即通过计算研究范围内所有员工的薪酬标准差与薪酬均值的比值，来衡量该研究范围内的薪酬差距（无论是水平、垂直还是整体薪酬差距，使用薪酬差异系数测量法的测算公式均相同，不同仅在于纳入测算的研究范围不同），因此，差异系数测量法进行水平薪酬差距的测算多运用于团队或部门层面（Ensley，Pearson & Sardeshmukh，2007；Pfeffer & Langton，1993；李绍龙、龙立荣和贺伟，2012；Christie & Barling，2014；贺伟和蒿坡，2014；徐淋、刘春林和杨昕悦，2015；He，Long & Kuvaas，2016；Jaskiewicz，Block & Miller，2017）或公司层面（Ding，Akhtar & Ge，2009；Shaw，Gupta & Delery，2002；Yanadori & Cui，2013），而非员工个体层面。例如，贺伟和蒿坡（2014）运用客观薪酬数据和样本员工问卷调查法而对部门内水平薪酬差距对部门内员工情感承诺的跨层影响研究中，即运用差异系数法来测量部门内的水平薪酬差距。再如，Yanadori 和 Cui（2013）在对美国高科技公司研发团队（水平）薪酬差距对公司创新绩效的影响实证研究中，即运用研发团队中非管理层员工的薪酬标准差值与非管理层员工的薪酬均值的比值来测算研发团队的水平薪酬差距。值得一提的是，鉴于标准差可通过正态分布数据的最大值与最小值的差值的四分之一来估计（Sternstein，1994），Ding，Akhtar 和 Ge（2009）在探讨管理层水平薪酬差距与工人层水平薪酬差距分别对公司绩效的影响中，即运用每个层级的薪酬最大值与薪酬最小值的差值的四分之一来代替差异系数测量法中作为分子的薪酬标准差值。

（2）差值测量法。

运用“差值”测量法测算薪酬差距，即运用测算范围内研究关注对象的薪酬水平与比较对象的薪酬水平之间的差值来衡量测算范围内的薪酬差距。例如，Shaw，Gupta 和 Delery（2002）基于卡车运输业和水泥管业公司层面的客观薪酬数据和问卷调查数据，探讨了个体激励、任务互依性对公司薪酬差距—组织绩效之间影响关系的可能作用；该研究，即运用新司机的年薪酬收入与老司机的年薪酬收入的差值来测算公司层面的水平薪酬差距。再如，Sanchezmarin 和 Baixauli-soler（2015）基于锦标赛理论和公平理论，运用美国马里兰州 48 家非营利性医院中 64 个工作技能类型的客观数据，探讨了同一工作技能类型内员工之间的薪酬差距对医院财务绩效的影响；该研究，即运用每一工作技能类型中的最高薪酬与最低薪酬的差值来测算每一工作技能类型内员工之间的水平薪酬差距。

(3) 方差测量法。

薪酬差距的“方差”测量法，即运用一定范围内员工个体的薪酬“方差”来测量该范围内的薪酬差距。薪酬差距的方差测量方法中，Trevor，Reilly 和 Gerhart（2012）的研究最具有代表性。为了能够将团队薪酬差距科学地分解为“能够被员工投入要素解释的薪酬差距”和“未能够被员工投入要素解释的薪酬差距”两个子部分，Trevor，Reilly 和 Gerhart（2012）基于“方差”的统计学原理，运用团队内所有成员的薪酬方差来表示“团队整体薪酬差距”；运用团队内所有成员的工作投入要素“方差”与其薪酬“方差”的相重合部分，来表示“能够被团队成员的工作投入要素解释的薪酬差距”。在具体操作上，即通过团队成员“个体”的工作投入要素对团队成员“个体”的薪酬水平的回归分析，先获得团队成员个体层面“能够被团队成员工作投入要素解释的薪酬”部分的估计值，然后，在团队层面计算每个团队内所有成员个体的“能够被团队成员工作投入要素解释的薪酬”部分估计值的方差，该方差即运用方差测量法获得的团队内“能够被团队成员工作投入要素解释的薪酬差距”估计值。

(4) 基尼系数测量法。

薪酬差距的“基尼系数”测量法，与“差异系数”测量法一样，是学者们普遍使用的适用于团队/部门层面或公司层面薪酬差距的测量方法（Donaldson & Weymark，1980）。许多学者在薪酬差距影响实证研究中，普遍借鉴了 Bloom（1999）研究中使用的基尼系数测量方法。以团队薪酬差距为例，基尼系数法测量薪酬差距的具体计算公式为：

$$G = 1 + \frac{1}{n} - \frac{2}{n^2 \bar{y}} (y_1 + 2y_2 + \cdots + ny_n) \tag{2-1}$$

其中，y_i表示将成员个体薪酬水平在团队内**降序**排序后排序第 i 位成员个体的薪酬水平；i 取值 1，2，…，n，n 为团队内的成员数量；$\bar{y}$ 为团队内所有成员个体薪酬水平的均值。基尼系数为分布于 0～1 间的数值；当基尼系数计算值为 1 时，则意味着团队内薪酬分配的绝对不平等；当基尼系数计算值为 0 时，则意味着团队内薪酬分配的绝对平等。因此，衡量团队薪酬差距的基尼系数值越趋近于

1，则表明团队薪酬差距较大；越趋近于0，则表明团队薪酬差距较小，几乎趋于平均分配。

（5）赫芬达尔—赫希曼指数测量法。

关于薪酬差距的“赫芬达尔—赫希曼指数（*Herfindahl Hirschman Index*，HHI）”测量法，Depken（2000）和Dole（2015）的研究是代表。以Dole（2015）对国家足球队球员之间的薪酬差距（每个球队又划分为防守组和攻击组）对团队绩效的影响实证研究为例，研究者对每个球队内防守组的薪酬差距测算和攻击组的薪酬差距测算即运用“赫芬达尔—赫希曼指数”测量法。该研究中，赫芬达尔—赫希曼指数的具体计算公式为：

$$HHI_{i,t} = \sum \left(\frac{\text{每一位球员的薪酬收入}}{\text{团队总体薪酬收入}}\right)^2 \times 100 \qquad (2-2)$$

其中，i 表示球队编号，t 代表年份。赫芬达尔—赫希曼指数越大，表示薪酬差距越大；赫芬达尔—赫希曼指数越小，表示薪酬差距越小。

（6）泰尔指数测量法。

Bucciol，Foss 和 Piovesan（2014）在对团队构成界定宽与窄情形下团队薪酬差距对团队绩效的影响实证研究中，即运用“泰尔指数”测量法来实现对团队层面薪酬差距的测量。“泰尔指数”测量法测算薪酬差距，即先计算出团队内每个个体的薪酬水平相对于团队平均薪酬水平的比值，再将该比值与该比值取对数处理后的值相乘，然后，将团队内所有个体对应的乘积值进行平均，即可获得运用泰尔指数测量法测算的团队薪酬差距值。运用泰尔指数测量法测算团队薪酬差距的具体计算公式为：

$$T_{x,t} = \frac{\sum_{i=1}^{I}\left[\left(\frac{p_{i,x}}{\bar{p}_{x,t}}\right) \times \ln\left(\frac{p_{i,x}}{\bar{p}_{x,t}}\right)\right]}{I} \qquad (2-3)$$

公式（2－3），即测算团队 x 在第 t 年的薪酬差距。其中，x 表示团队编号，i 表示团队内成员个体的编号，t 代表年份，$p_{i,x}$ 表示团队 x 中编号为 i 的成员个体的薪酬水平，$\bar{p}_{x,t}$ 表示第 t 年团队 x 内所有成员个体的薪酬水平均值。泰尔指数值分布于0～1，越趋近于0，表明所测算范围内的薪酬分配几乎不存在差异；越趋近于1，则意味着所测算范围内的薪酬差距越大。

此外，也有个别研究使用“比值”测量法来测算水平薪酬差距。例如，Yang和Klaas（2011）在探讨非西方文化情境（*具体为韩国集体主义文化*）下公司内中层管理者的水平薪酬差距对公司财务绩效的可能倒“U”形影响关系，以及公司的薪酬竞争力、同一层级员工数量、公司投入绩效考评和反馈的力度对倒“U”形影响关系的可能调节效应中，即运用了同一层级内绩效水平最高者的年收入与绩效水平最低者的年收入的比值，来实现对公司内水平薪酬差距的测量。

2.2.2.2　垂直薪酬差距的测量方法

如表2-5所示，垂直薪酬差距测量主要包括绝对测量（*即差值测量*）法和相对测量（*即比值测量*）法两种。前者，如CEO薪酬水平与高管团队平均薪酬水平之间的差值（He & Fang，2016）或差值取对数（张正堂，2007）、CEO薪酬水平与非CEO高管人员平均薪酬水平之间的差值（李绍龙、龙立荣和贺伟，2012）、员工晋升前薪酬水平与晋升后薪酬水平的差值（DeVaro，2006）、高管团队中位列董事会成员的平均薪酬水平与非位列董事会成员的平均薪酬水平的差值（Sanchezmarin & Baixaulisoler，2015）、CEO薪酬水平（取对数）与前四位高管成员平均薪酬水平（取对数）的差值（Shi，Connelly & Sanders，2016），等等；后者，如企业高管团队平均薪酬水平与普通员工平均薪酬水平的比值（Chizema et al.，2015）、CEO薪酬水平/员工平均薪酬水平（Greckhamer，2016）、上级的固定薪酬/下属的固定薪酬（Guo，Libby & Liu，2017）、较低层员工的平均薪酬水平/较高层员工的平均薪酬水平（Leonard，1990）、CEO薪酬水平/前四位高管成员的平均薪酬水平（Ridge，Aime & White，2015）、CEO薪酬水平与非CEO成员平均薪酬水平的差值除以非CEO成员平均薪酬水平（徐淋、刘春林和杨昕悦，2015），等等。个别研究使用差异系数法（Ding，Akhtar & Ge，2009）和基尼系数法（Brown，Sturman & Simmering，2003；Messersmith et al.，2011）来测量垂直薪酬差距。

值得一提的是，Siegel和Hambrick（2005）的实证研究中，通过三种不同形式的“比值法”来测量高管团队的垂直薪酬差距：CEO薪酬水平/第二层次高管人员平均薪酬水平、第二层次高管人员平均薪酬水平/第三层次高管人员平均薪酬水平和竞赛薪酬。其中，竞赛薪酬（*Tournament Pay*），即测量公司内运用锦标赛报酬计划的程度，先计算 CEO 薪酬水平与第二层次高管人员平均薪酬水平的差值百分比，再计算第二层次高管人员平均薪酬水平与第三层次高管人员平均薪酬水平的差值百分比，然后，将上述两个值相除，即可获得竞赛薪酬值。具体计算公式为：

$$\text{竞赛薪酬}=\frac{(\text{CEO 薪酬}-\text{第二层次平均薪酬})/\text{第二层次平均薪酬}}{(\text{第二层次平均薪酬}-\text{第三层次平均薪酬})/\text{第三层次平均薪酬}} \tag{2-4}$$

竞赛薪酬值越大，即表明高管团队的垂直薪酬差距越大。

2.2.2.3 整体薪酬差距的测量方法

表 2－5 中梳理的代表性薪酬差距影响实证研究运用来测量整体薪酬差距的方法，主要包括差异系数测量法、基尼系数测量法、差值测量法、方差测量法、最大值测量法等。所谓“整体薪酬差距”，即在实证研究中并未区分水平薪酬差距和垂直薪酬差距。上述归纳的适用于“水平薪酬差距”和“垂直薪酬差距”的测量方法，均可以运用来测量整体薪酬差距，不再列举赘述。

附录 1 或表 2－5 中的大部分研究，均关注团队层面（*团队内*）、公司层面（*公司内*）和员工个体层面的薪酬差距的影响，仅有 Carnahan，Agarwal 和 Campbell（2012）的研究，是聚焦**公司之间的整体薪酬差距**的影响。该研究基于美国法律服务行业公司研究样本，从战略管理视角探讨了公司的相对薪酬差距（*与竞争对手相比较*）对极端绩效者离职的异质性影响；他们即使用“相对基尼系数”测量法来测算公司相比于竞争对手的薪酬差距：首先，计算出每一家公司对应的所有员工的薪酬分布基尼系数值；其次，计算出每一家公司所在州所有公司的薪酬分布基尼系数平均值；最后，将公司对应的薪酬分布基尼系数值除以该公司所在州的薪酬分布基尼系数平均值，即获得该公司相比于竞争对手的整体薪酬差距值。

2.2.2.4 薪酬差距测量方法小结

纵观表 2－5 关于近 20 年来代表性薪酬差距影响实证研究中薪酬差距（*不管是水平、垂直还是整体薪酬差距*）的测量方法总结，总体上来说，薪酬差距的测量方法很多，即便是针对某一具体类型的薪酬差距，也存在多种可替代、可选择的测量方法。因此，针对薪酬差距诸多测量方法之间的可替代性和效力，有学者在实证研究中进行了检验。

例如，Shi，Connelly 和 Sanders（2016）基于锦标赛理论，运用 1929 家标准普尔公司的相关数据（1996～2012 年），探讨公司高管团队的垂直薪酬差距对公司遭受证券集团诉讼可能性的影响中，即在运用了“差值”测量法（*即，CEO 薪酬水平与高管团队前四位成员平均薪酬水平的差值*）计算公司高管团队的垂直薪酬差距之后，又运用了“差异系数”测量法（*即，包括 CEO 在内的高管团队前五位成员的薪酬标准差除以对应的薪酬均值*）计算高管团队的垂直薪酬差距，以进行研究结论的稳健性检验。检验结果表明，这两种方法测量高管团队垂直薪酬差距所获得的研究结论是一致的。

又如，Park，Kim 和 Sung（2017）基于公平理论、薪酬信号理论和调节聚焦理论，在探讨团队成员个体的调节聚焦类型对团队薪酬差距—成员个体的薪酬公平感知之间影响关系的调节效应中，即运用“差异系数”测量法和“基尼系数”测量法来计算团队薪酬差距值。他们对两种方法测量获得的团队薪酬差距估计值进行了相关性分析，结果表明，两者之间的相关系数为 0.99；由此，他们总结，薪酬差距的“差异系数”测量法在理论上等同于“基尼系数”测量法。他们还认为，在很多时候，“差异系数”测量法往往更受偏爱（*Park，Kim 和 Sung 在论文中并未给出具体的解释原因，本书认为，一个可能原因是——“差异系数”测量法的计算过程“比基尼系数”测量法的计算过程要相对简单得多*），因此，后续实证分析主要运用差异系数测量法获得的团队薪酬差距值。

再如，Kepes，Delery 和 Gupta（2009）以及 Yang 和 Klaas（2011）认为，尽管员工个体不太可能获得组织内员工薪酬分布的详细信息，然而，他们大多知晓组织内的薪酬极值，因此，从员工反应视角来看，基于薪酬极值比较的测量方法（*例如，薪酬极大值与薪酬极小值之间的差值或比值*）应该更能有效地捕捉到员工的反应。

本书认为，既然上述研究在一定程度上证实了薪酬差距诸多测量方法之间的可替代性以及研究结论的一致性，那么，研究者在进行具体薪酬差距测量方法选择时，可通过对下述三个方面的考虑来辅助决策。

（1）研究主要目的。

正如 Kepes，Delery 和 Gupta（2009）以及 Yang 和 Klaas（2011）所言，如果研究者的主要目的在于探讨员工个体或员工群体对薪酬差距的态度、情感或行为反应（*即更偏重微观视角的研究*），鉴于员工个体对组织内薪酬分配详细信息的“较低”可获得性和研究范围内员工薪酬极值的“较高”可获得性，可考虑运用基于薪酬极值的差值或比值测量方法。如果研究者的兴趣在于考察薪酬差距对组织较高层面绩效结果的影响（*即更偏重宏观视角的研究*），则可参照表2－5中总结的近20年来薪酬差距对组织绩效影响研究中普遍使用的差异系数测量法或基尼系数测量法。

（2）研究所界定的薪酬差距的测算范围。

依据上述各种薪酬差距测量方法的数理原理，方差、差异系数、基尼系数、赫芬达尔—赫希曼指数和泰尔指数，这五种薪酬差距测量方法只能适合于组织较高层面（*而非员工个体层面*）薪酬差距的测量，例如，部门或团队薪酬差距、公司内薪酬差距或公司之间的薪酬差距，而无法运用来测算员工个体层面的薪酬差距。员工个体层面薪酬差距的测量，可主要考虑使用差值法和比值法（当然，*差值法和比值法，既可用于员工个体层面的薪酬差距值测量，又可用于组织较高层面的薪酬差距值测量*）。

（3）研究者能够掌握的薪酬数据信息的精确程度。

依据上述给出的各种薪酬差距测量方法的具体计算公式和示例，每一种薪酬差距测量方法所需要的薪酬数据信息，在精确程度上的要求大不相同。例如，方差、差异系数（*存在简化计算公式*①）、基尼系数、赫芬达尔—赫希曼指数和泰尔指数这五种测量方法，通常需要详细、精确的纳入测算范围内的每一个员工个体的薪酬数据；差值测量法和比值测量法，则并不必然需要提供纳入研究或测算范围内的所有员工个体的精确薪酬数据。

总之，研究者应该依据研究的主要目的、考虑薪酬差距的具体计算范围和详细而

---

① 运用差异系数法来测量薪酬差距，是现有薪酬差距影响实证研究中十分普遍使用的一种测量方法。尽管依据差异系数的具体计算公式，在使用该方法测算某一范围内的薪酬差距时，往往需要获得纳入测算范围内的每一个员工个体的详细而精确的薪酬数据，然而，鉴于员工个体层面详细而精确的薪酬数据获得难度很大，相对而言，纳入测算范围内的员工的最低薪酬、最高薪酬和平均薪酬的精确数据则很容易获得，因此，Sternstein（1994）提出了在测算范围内员工个体薪酬数据呈现正态分布的前提下差异系数法测算薪酬差距的简化计算公式：

某一测算范围内的员工薪酬差异系数＝[（最高薪酬－最低薪酬）/4]/平均薪酬

Ding，Akhtar和Ge（2009）在探讨中国企业管理层与员工层之间的薪酬差距及两个层内的薪酬差距分别对公司绩效的可能影响实证研究中，即使用该简化计算公式来测算管理层与员工层之间的薪酬差距值以及两个层内的薪酬差距值。

精确的薪酬数据信息的可获得性，来综合选择更适合自己研究的薪酬差距测量方法。

2.3 薪酬差距的影响研究

尽管薪酬研究领域至今依然存在诸多问题被忽视或尚未被探讨（Gupta & Shaw，2014），该研究领域中有关薪酬差距对绩效影响的实证考察却在一直不断地向前推进（Shaw，2014）。薪酬差距（*pay differential*），也称为薪酬差异（*pay dispersion*）、薪酬幅度（*pay spread*）、薪酬全距（*pay range*）、薪酬变异（*pay variation*）、薪酬不平等（*pay inequality*）、薪酬变动（*pay changes*），通常是指同一工作岗位内（*即横向或水平薪酬差距*）及跨工作岗位间的员工个体薪酬水平存在差距（*即纵向或垂直薪酬差距*）或组织层面的员工个体薪酬水平存在差异（*即组织整体薪酬差距*）（Shaw，Gupta & Delery，2002）。许多学科（*例如，心理学、组织行为学、人力资源管理、战略管理、经济学、社会学、公共管理、体育、健康科学，等等*）分别从诸多视角，探讨了薪酬差距对员工个体绩效/团队绩效/组织绩效、薪酬公平感知、离职意愿、情感承诺、工作动机、信任、员工个体离职创业、员工个体破坏行为、组织创新等重要结果变量的影响。附录 1，即本书对近 20 年来代表性薪酬差距影响实证研究文献的梳理与总结[①]，它详细归纳了各个实证研究的结果变量、调节变量、中介变量、主要研究结论、支撑理论基础、数据来源及具体研究样本。

附录 1 显示，总体上来说，近 20 年来，现有实证研究关于薪酬差距对组织层面重要结果变量（*尤其是“绩效”*）的影响结论，依然处于很久之前 Pfeffer 和 Langton（1993）在研究中所描述的“理论困境”——一方面，动机理论、公平理论以及（*晚于 Pfeffer 和 Langton 在 1993 年研究的*）锦标赛理论、内部工资路

① 尽管本书主要聚焦“团队内水平薪酬差距”的形成基础对团队成员绩效（既包括结果性绩效，也涵盖行为性绩效）的影响，然而，本书也要从薪酬差距所激发的员工个体情感情绪（即“工作场所妒忌情绪”）视角，来揭示团队内水平薪酬差距的形成基础对团队成员绩效的影响“黑箱”（即实证研究 3 和实证研究 4），因此，本书梳理的近 20 年来薪酬差距影响实证研究，也将薪酬差距对情感、态度等变量的影响研究文献纳入梳理范畴，尽管相关研究文献较为稀缺。

径理论及运用这些理论进行的相关实证研究，均认可“较大薪酬差距将导致较高绩效水平”的观点，并支持竞争型薪酬结构（Adams，1963；Lawler & O'GARA，1967；Kepes，Delery & Gupta，2009；Mitra，Gupta & Jenkins，1997；Shaw，Gupta & Delery，2002；Trevor，Reilly & Gerhart，2012）；另一方面，相对剥削理论则主张高水平薪酬差距将削弱内部公平感、损害合作、弱化员工作为整体的共同目标意识并最终降低绩效水平，因此，这一派支持压缩型或平等型薪酬结构（Crosby，1976；Beaumont & Harris，2003）。薪酬差距对组织各个不同层面重要结果变量影响研究的如此困境，也激发近年来一部分学者开始围绕这个研究困境不断深入地探讨薪酬差距与组织各个层面绩效及其他重要结果变量之间影响关系的可能调节变量及中介变量，以期望进一步突破困境。后续展开的文献回顾中，本书将相关调节变量和中介变量的探讨，纳入薪酬差距对相应层面结果变量影响的研究回顾部分。

2.3.1 薪酬差距对组织层面结果变量的影响研究

为了更为直观地体现出近20年来代表性薪酬差距影响实证研究对组织层面哪些具体的结果变量十分感兴趣，也为了更为清晰地展现出相关实证研究获得的主要结论，本书以研究结果变量是否为组织层面变量为依据，将附录1中薪酬差距对组织层面结果变量影响的代表性研究，单独抽取出来，并按照由近到远的时间顺序，独立为表2-6。

表2-6　薪酬差距对组织层面结果变量影响的代表性实证研究总结

作者（年份）	自变量	结果变量	调节变量	中介变量	研究结论
Messersmith，Kim & Patel（2018）	垂直薪酬差距	公司绩效	高绩效系统及其三个子维度	—	高绩效系统，负向调节垂直薪酬差距—组织绩效之间的影响关系，即，对高绩效系统的较大关注，将稀释垂直薪酬差距对公司绩效的有效性。其中，增强技能的高绩效系统和强化动机的高绩效系统，均显著负向调节垂直薪酬差距—组织绩效之间的影响关系，而强化机会的高绩效系统，则显著正向调节垂直薪酬差距—公司绩效之间的影响关系，对强化机会的高绩效系统的较大关注，将增强垂直薪酬差距对公司绩效的有效性

续表

作者（年份）	自变量	结果变量	调节变量	中介变量	研究结论
Patel et al.（2018）	高管团队薪酬差距	公司风险、公司绩效	外部董事成员的薪酬差距	—	当高管团队薪酬差距较大时，外部董事成员间较大的薪酬差距将显著提升公司战略风险；高管团队薪酬差距与外部董事成员间薪酬差距的高—低组合或低—高组合，均有利于公司绩效的提升
Jaskiewicz et al.（2017）	高管团队薪酬差距	公司绩效	—	—	高管团队薪酬差距负向影响公司绩效
Park & Kim（2017）	公司薪酬差距	公司绩效	薪酬体系与组织文化的匹配度	—	薪酬差距与公司绩效之间呈现出显著的倒“U”形影响关系，并且，当聚焦绩效的组织文化十分突出时，两者之间的影响关系为正相关
Connelly et al.（2016）	公司薪酬差距	公司绩效	—	—	公司薪酬差距，与公司短期绩效正相关、与长期绩效趋势负相关
Dong（2016）	同一技能层次内的薪酬差距	组织财务绩效	技能层次、员工规模	—	对于技能水平较低的医护人员而言，薪酬差距正向影响财务绩效；对于技能水平较高的医护人员而言，薪酬差距负向影响财务绩效。此外，每一种技能类型对应的员工规模，将会抵销或削弱薪酬差距对财务绩效的初始影响
He & Fang（2016）	高管团队薪酬差距	公司绩效	制度性因素	—	薪酬差距与公司绩效显著正相关，并且，两者之间的正相关关系受到制度性因素的调节作用：对于非国有企业或地处发达区域的公司而言，薪酬差距对公司绩效的正向影响更为强烈
卫旭华和刘咏梅（2016）	高管团队内的子群体薪酬差距	企业绩效	子群体的不均衡性	—	关系型子群体薪酬差距与企业绩效不相关；任务型子群体薪酬差距正向影响企业绩效，并且，任务型子群体的不均衡性将增强两者之间的正相关关系

续表

作者（年份）	自变量	结果变量	调节变量	中介变量	研究结论
Ridge, Aime & White (2015)	高管团队薪酬差距	公司绩效	是否有明确的继承人、CEO权力、高管团队成员成为CEO的资格水平	—	高管团队薪酬差距与公司绩效间呈现出“U”形影响关系；当（不）存在明确的继承人时，高管团队薪酬差距与公司绩效间（负相关）呈现出“U”形影响关系；当CEO权力小（大）时，高管团队薪酬差距与公司绩效间呈现出“U”形影响关系（负相关）；高管团队成员具备成为CEO的较高资格水平情形下，高管团队薪酬差距与公司绩效间的“U”形影响关系更突出
Sanchezmarin & Baixauliooler (2015)	高管团队薪酬差距	公司绩效	公司治理有效性：所有权结构、董事会特征	—	薪酬差距与公司绩效正相关；所有者控制（相对于所有者管理）情形下，两者之间的正相关关系更强烈；在所有者控制的公司中，当董事会拥有董事成员的数量越多、独立董事所占比例较大并且双重身份较少时，两者之间的正相关关系增强
Shaw (2015)	组织薪酬差距	组织绩效	绩效薪酬感知	离职率	在高绩效薪酬结构中，薪酬差距与绩差者的离职率正相关，进而当绩效薪酬水平较高时，薪酬差距通过绩差者的离职率而对组织绩效的间接效应更为强烈；当绩效薪酬水平较低时，薪酬差距与绩优者的离职率负相关，因此，当薪酬压缩或不使用绩效薪酬时，绩优者的离职率最高；对于那些强调绩效薪酬的组织而言，薪酬差距与组织绩效直接正相关
Wang, Zhao & Thornhill (2015)	公司薪酬差距	公司创新绩效	相对薪酬差距	员工参与、自愿离职	员工参与，中介薪酬差距—公司创新绩效之间的影响关系：薪酬差距倒“U”形影响员工参与，而员工参与将正向影响公司创新绩效；员工自愿离职，中介薪酬差距—公司创新绩效之间的影响关系：薪酬差距正向影响自愿离职，而自愿离职不利于公司创新绩效

续表

作者（年份）	自变量	结果变量	调节变量	中介变量	研究结论
徐淋、刘春林和杨昕悦（2015）	高管团队薪酬差距	公司绩效	市场环境不确定性、制度环境不确定性	—	中国的高权利距离文化特征，使团队成员更能够接受不同级别间的差别待遇，从而导致高管团队的纵向薪酬差异与绩效呈现出正向影响关系，而水平薪酬差异对绩效则并无显著影响。市场环境的不确定性负向调节纵向薪酬差异与绩效的关系，而制度环境不确定性则正向调节水平薪酬差异与绩效的关系
Yanadori & Cui（2013）	研发团队薪酬差距	公司创新绩效	公司成长机会、财务状况松弛度	—	研发团队薪酬差距与公司创新绩效负相关；公司成长机会的调节作用不成立；公司财务松弛度较大时，研发团队薪酬差距对公司创新绩效的负面影响削弱
李绍龙、龙立荣和贺伟（2012）	高管团队薪酬差距	企业绩效	行业内高管薪酬差异程度、行业内技术密集性	—	（1）高管团队垂直薪酬差异正向影响企业绩效；（2）高管团队水平薪酬差异负向影响企业绩效，但不显著；（3）高管团队垂直薪酬差异和水平薪酬差异显著负向交互影响企业绩效；（4）行业高管薪酬差异程度，削弱垂直薪酬差异与企业绩效间的正相关关系；（5）高管薪酬差异度较大的行业，高管团队水平薪酬差异与企业绩效间呈现出正相关关系；高管薪酬差异度较小的行业，高管团队水平薪酬差异与企业绩效间呈现出负相关关系；（6）行业技术密集性，削弱高管团队水平薪酬差异对企业绩效的负向影响
Yang & Klaas（2011）	公司内水平薪酬差距	公司财务绩效	薪酬竞争力、同一工作层级内的员工数量、公司对绩效评估和反馈的投入力度	—	公司内水平薪酬差距与公司财务绩效，在本质上，呈现出倒“U”形关系，并且，当公司薪酬水平更具有竞争力、公司同一工作层级内的员工数量越多或者公司在组织绩效考评和反馈上的投入力度较大时，两者之间的正相关关系的反转，发生在水平薪酬差距较大时

续表

作者（年份）	自变量	结果变量	调节变量	中介变量	研究结论
Fredrickson, Davis - Blake & Sanders (2010)	高管团队薪酬差距	公司绩效	公司股价波动	—	高管团队薪酬差距（不包括 CEO）负向影响公司绩效；当高管团队成员从公司绩效中获益的差异程度较大时，上述负向影响增强；另外，对于那些股价波动大的公司而言，高管团队成员间的期望薪酬差距与公司绩效正相关，而当公司实际薪酬差距超过正常期望水平时，两者间的影响为负
Ding, Akhtar & Ge (2009)	水平/垂直薪酬差距	公司绩效	—	—	管理人员与员工之间的层级薪酬差距，与公司绩效正相关；管理人员内的薪酬差距和员工层级内的薪酬差距，均与组织绩效负相关
Kepes, Delery & Gupta (2009)	公司薪酬差距	组织有效性（劳动生产率和组织绩效）	绩效薪酬、政治薪酬	—	当较大的薪酬差距是（非）基于绩效时，薪酬差距与劳动生产率正（负）相关；当较大的薪酬差距是（非）基于政治因素时，薪酬差距与劳动生产率负（正）相关
Ensley, Pearson & Sardeshmukh (2007)	高管团队薪酬差距（水平）	组织绩效	—	冲突、凝聚力、效能	高管团队水平薪酬差距，将通过促进团队成员之间的冲突以及破坏团队凝聚力和团队效能，而不利于公司绩效的提升
张正堂（2007）	高管团队薪酬差距	公司绩效	高管团队协作需要、技术复杂性、企业规模	—	高管团队薪酬差距，负向影响公司绩效；高管团队的协作需要，对两者间影响关系的调节效应，得到锦标赛理论的支持；公司技术较为复杂或公司规模较大时，高管团队薪酬差距有益于公司绩效的提升
Siegel & Hambrick (2005)	团队薪酬差距	组织绩效	行业技术密集度		行业技术密集度越大，公司高管团队的垂直/水平/整体薪酬差距越负向影响公司绩效
Shaw, Gupta & Delery (2002)	公司水平薪酬差距	组织绩效	个体激励、任务互依性	—	公司薪酬差距与个体激励体系，交互影响组织绩效：个体激励水平高（低）时，薪酬差距正（负）向影响组织绩效。低任务互依情境下，薪酬差距与个体激励的组合运用与较佳组织绩效相关；当任务互依性高时，薪酬差距负向影响组织绩效，然而，当运用个体激励时，这种负向影响将削弱

注：表 2 - 6 中的内容系本书依据相关研究文献，整理所得。

表 2 -6 十分清晰地显示出，薪酬差距与组织绩效之间的影响关系远比想象中的要复杂得多：薪酬差距对组织绩效的正向影响（Sanchezmarin & Baixaulisoler，2015；Wang，Zhao & Thornhill，2015；Connelly et al.，2016；He & Fang，2016；卫旭华和刘咏梅，2016）、负向影响（Jaskiewicz et al.，2017；卫旭华和刘咏梅，2016；Yanadori & Cui，2013；Fredrickson，Davis - Blake & Sanders，2010；张正堂，2007）和非线性影响（Yang & Klaas，2011；Ridge，Aime & White，2015；Park & Kim，2017）的研究结论，均得到相关实证研究的支持。

表 2 -6 还显示出，针对薪酬差距与组织绩效之间的不明确影响关系，近年来学者们主要通过区分薪酬差距的细分类型、探讨重要调节变量以及揭示影响关系“黑箱”三种途径，来推动薪酬差距对组织层面结果变量的影响研究。具体来说：

一部分学者期望通过对薪酬差距的水平和垂直类型细分，来进一步明确薪酬差距对组织绩效的影响。例如，Ding，Akhtar 和 Ge（2009）基于 395 家中国企业的实证数据发现，垂直薪酬差距与组织绩效正相关，水平薪酬差距与组织绩效负相关；Hunnes（2008）通过对挪威白领员工的雇主—雇员数据（1986 ~ 1997 年）分析发现，无论是水平薪酬差距还是垂直薪酬差距，与组织生产率的相关性均不显著；国内学者李绍龙、龙立荣和贺伟（2012）以及徐淋、刘春林和杨昕悦（2015）的实证研究，则揭示了高管团队垂直薪酬差距正向影响企业绩效、高管团队水平薪酬差距负向影响企业绩效（但不显著）的研究结论。

很显然，通过对薪酬差距的垂直和水平区分来尝试明确薪酬差距的绩效效应，并没有取得期望的结果。或许，仅仅简单地对薪酬差距进行水平和垂直的区分，对于揭示薪酬差距—组织绩效之间复杂的影响关系还远远不够。因此，与此同时，一些学者开始基于薪酬权变理论，尝试通过引入重要的组织情境性调节变量来进一步明确薪酬差距的绩效效应。例如，能够被合理解释的薪酬（如绩效薪酬、政治薪酬）（Kepes，Delery & Gupta，2009；Shaw，Gupta & Delery，2002；Shaw，2015）、工作/任务互依性（Shaw，Gupta & Delery，2002；张正堂，2007）、公司技术复杂性/公司规模（张正堂，2007）、行业技术密集度（Siegel & Hambrick，2005；李绍龙、龙立荣和贺伟，2012）、整体薪酬竞争力/同一层级内的员工数量/公司对绩效评估和反馈的投入力度（Yang & Klaas，2011）、公司战略性特征因素（Yanadori & Cui，2013；徐淋、刘春林和杨昕悦，2015；Sanchezmarin & Baixaulisoler，2015；Ridge，Aime & White，2015；He & Fang，2016）、技能层次和员工规模（Dong，2016）、组织薪酬体系与组织文化间的匹配度（Park & Kim，2017）、组织高绩效工作系统及其三个子维度（Messersmith，Kim & Patel，2018）、外部董事成员间薪酬差距（Patel et al.，2018）等对薪酬差距—组织绩效之间影响关系的可能调节效应。张正堂（2007）通过264家上市公司的实证数据发现，高管团队薪酬差距与组织绩效之间并未呈现出锦标赛理论所预测的正向影响关系；相反，在考虑了高管团队协作需要的情形下，高管团队薪酬差距表现出对组织绩效的显著负向影响关系。此外，公司技术越复杂或公司规模越大，越需要拉大高管团队内部薪酬差距来促进公司绩效的提升。张正堂（2007）的研究是锦标赛理论在我国文化背景下的扩展，也表明锦标赛理论对我国文化背景下高管团队薪酬差距问题的解释力有限（张正堂，2007）。Kepes，Delery和Gupta（2009）的研究证实了绩效薪酬和政治薪酬对薪酬差距—组织绩效之间影响关系的调节效应。他们发现，当较大的薪酬差距是源于绩效薪酬时，薪酬差距对组织绩效具有显著的正向影响；当较大的薪酬差距是源于政治薪酬时，则薪酬差距对组织绩效具有显著的负向影响。Yang和Klaas（2011）以韩国公司为研究样本，探讨了非西方文化情境下公司内的水平薪酬差距对公司财务绩效的可能影响。他们发现，公司内的水平薪酬差距与公司财务绩效在本质上是一种倒“U”形影响关系，并且，当公司的薪酬水平更具有竞争力、公司同一层级内的员工数量越多或者公司在组织绩效考评和反馈上的投入力度较大时，两者之间正相关关系的反转，发生在水平薪酬差距较大时。关于组织情境性因素可能调节效应的其他代表性实证研究，详见表2-6或附录1，不再一一赘述。

另外，还有一小部分学者尝试通过揭示薪酬差距对组织绩效的影响“黑箱”来进一步明确薪酬差距的绩效效应（Ensley，Pearson & Sardeshmukh，2007；Shaw，2015；Wang，Zhao & Thornhill，2015）。例如，Shaw（2015）从薪酬差距的分选视角，探讨了离职率在组织水平薪酬差距—组织绩效之间影响关系中可能扮演的部分中介作用，具体来说，组织水平薪酬差距直接且通过促进绩效表现较差员工的离职而显著正向影响组织绩效。再如，Wang，Zhao 和 Thornhill（2015）基于 1419 家公司层面和员工个体层面的数据分析，揭示了“员工参与”变量和“自愿离职”变量在组织薪酬差距—组织创新绩效之间影响关系中的中介桥梁角色。

2.3.2　薪酬差距对团队或部门层面结果变量的影响研究

依据薪酬差距影响的结果变量是否为团队或部门层面的变量，将附录 1 中薪酬差距对团队或部门层面结果变量影响的代表性实证研究和零星的理论预测研究，单独抽取出来，并按照由近及远的时间顺序，独立为表 2－7。

表 2－7　薪酬差距对团队或部门层面结果变量影响的代表性研究总结

作者（年份）	自变量	结果变量	调节变量	中介变量	研究结论
Feng，Chen & Liu（2017）	团队薪酬差距	团队绩效	薪酬差距的变动趋势、薪酬排序变动程度	—	团队薪酬差距与团队绩效间呈现出倒“U”形影响关系，并且，当薪酬差距的变动趋势为负时或团队内薪酬排序变动程度较高时，两者间的倒“U”形影响关系增强
Hill，Aime & Ridge（2017）	薪酬差距与绩效贡献差异间的匹配度	团队绩效	—	—	团队内薪酬差距与成员个体绩效贡献差异间的匹配程度，正向影响团队绩效
Perrigino，Dunford & Boss（2016）	团队薪酬差距	团队过程、团队绩效	团队内信息公平氛围	薪酬满意度变异	当团队内信息公平氛围水平较低时，团队薪酬差距经团队薪酬满意度变异而间接负向影响团队过程和团队绩效
Super，Li，Ishqaidef & Guthrie（2016）	基于团队绩效的薪酬计划、固定薪酬计划	任务绩效	宜人性、经验开放性	讨论时间、离散型信息共享	基于团队绩效的薪酬计划（相比固定薪酬计划）将提升团队成员的离散型信息共享行为，并且，经验开放性水平较低时，上述效应更强烈；宜人性性格特征的调节效应，不成立。此外，基于团队绩效的薪酬计划，将促使团队成员投入更多时间讨论任务，进而共享更多独特的、离散型信息，最终提升团队任务绩效

续表

作者（年份）	自变量	结果变量	调节变量	中介变量	研究结论
Dole（2015）	团队薪酬差距	团队绩效	—	—	薪酬差距越大，团队绩效水平越高
Bucciol，Foss & Piovesan（2014）	团队薪酬差距	团队绩效	团队构成的宽窄界定	个体绩效	当团队仅包括那些直接为团队绩效作出贡献的成员时，较高薪酬差距将不利于团队绩效；将团队的构成界定在上述情形下扩大，则发现，负效应消失了甚至变为正效应。此外，团队内薪酬差距的负效应，主要归因于较差的个体绩效，而非团队合作的降低
张正堂、刘颖和王亚蓓（2014）	团队薪酬分配方案	团队绩效	任务互依性	—	竞争线性计划的团队绩效激励效应，优于线性预算计划，且在低任务互依情形下更显著；低任务互依情形下，公正型二次分配（即较大的薪酬差距情形）的团队绩效激励效应更强；高任务互依情形下，平等型二次分配（即较小的薪酬差距情形）的团队绩效激励效应更强
Trevor，Reilly & Gerhart（2012）	团队薪酬差距	团队绩效	—	员工投入要素	能够被员工投入要素解释的薪酬差距，正向影响团队绩效；未能够被员工投入要素解释的薪酬差距，则与团队绩效不相关甚至负相关
Franck & Nüesch（2011）	团队薪酬差距	团队绩效	—	—	团队薪酬差距与团队绩效之间呈现出“U”形影响关系
Katayama & Nuch（2011）	团队薪酬差距	团队绩效	—	—	团队薪酬差距不显著影响团队绩效
Aime，Meyer & Humphrey（2010）	团队薪酬差距的合法性认知	团队有效性	—	个体绩效动力、团队成员合作	团队薪酬差距的合法性认知，将通过促进个体绩效动力而正向影响团队有效性；团队内互依性绩效评价的合法性认知，将通过促进团队成员合作而正向影响团队有效性
Jane（2010）	团队薪酬差距	团队绩效	—	—	团队薪酬差距负向影响团队绩效
Mondello & Maxcy（2009）	团队成员工资差距	场上绩效、团队财务绩效	—	—	团队成员工资差距与团队场上绩效表现负相关；团队成员工资差距与团队财务绩效正相关

续表

作者（年份）	自变量	结果变量	调节变量	中介变量	研究结论
白锋和程德俊（2006）	团队薪酬差距	团队绩效	—	—	团队薪酬差距正向影响团队绩效
Berri & Jewell（2004）	团队薪酬差距	团队绩效	—	—	团队薪酬差距与团队绩效不相关
Jewell & Molina（2004）	团队薪酬差距	团队绩效	—	—	团队薪酬差距显著负向影响团队绩效
Beersma et al.（2003）	合作型/竞争型团队薪酬结构	团队绩效	绩效子维度、成员性格倾向构成、成员个体绩效水平	—	竞争型薪酬结构，促进团队绩效的速度子维度；合作型薪酬结构，促进团队绩效的准确性子维度；对于团队内成员的外向性倾向或宜人性倾向较高的团队而言，合作型薪酬结构下的团队绩效水平较高；对于团队内成员的外向性倾向或宜人性倾向较低的团队而言，竞争型薪酬结构下的团队绩效水平较高；团队薪酬结构对团队内较低绩效的成员的影响较大
Frick，Winkelmann & Prinz（2003）	团队薪酬差距	团队绩效	—	—	团队内薪酬差距对团队绩效既可能存在正向影响也可能存在负向影响。行为理论视角和经济理论视角的研究假设，互为补充
Depken（2000）	团队薪酬差距	团队绩效	—	—	团队内较大的薪酬差距将削弱团队绩效
Bloom（1999）	团队薪酬差距	团队绩效	—	—	团队薪酬差距与团队绩效负相关
Sommers（1998）	团队薪酬差距	团队绩效	—	—	团队薪酬差距与团队绩效负相关
Levine（1991）	团队薪酬差距	团队绩效	任务互依性	凝聚力	任务互依情境下，团队薪酬差距通过负向影响团队凝聚力而负向影响团队绩效

注：表 2－7 中的内容系本书依据现有薪酬差距对团队或部门层面结果变量影响的代表性研究文献，整理所得。

（1）从**研究样本和实证数据来源**方面来看，薪酬差距对团队或部门层面结果变量影响的代表性实证研究中，除了个别研究运用“实验法”来获得研究数据外（Beersma et al.，2003；张正堂、刘颖和王亚蓓，2014），大部分研究均是基于体育竞技团队样本的市场公开客观薪酬数据和绩效数据（Sommers，1998；Bloom，1999；Depken，2000；Frick，Winkelmann & Prinz，2003；Berri & Jewell，2004；Jewell & Molina，2004；白锋和程德俊，2006；Mondello & Maxcy，2009；Jane，2010；Franck & Nüesch，2011；Katayama & Nuch，2011；Trevor，Reilly & Gerhart，2012；Bucciol，Foss & Piovesan，2014；Dole，2015；Hill，Aime & Ridge，2017）。另外，近年来，也有一些研究开始采取客观数据结合研究变量量表主观评价法收集实证数据方式，对医护组织（Perrigino，Dunford & Boss，2016）和银行（Feng，Chen & Liu，2017）工作团队薪酬差距对团队绩效或团队过程的影响进行了考察。

如表 2－7 所示，以市场公开薪酬数据和绩效数据的体育竞技团队为研究样本的实证研究，主要包括：Bloom（1999）、Depken（2000）、Jewell 和 Molina（2004）、Jane（2010）以职业棒球队为研究样本，证实了团队薪酬差距与团队绩效之间的负相关关系；Berri 和 Jewell（2004）、Katayama 和 Nuch（2011）以美国职业篮球队为研究样本，发现团队薪酬差距与团队绩效负相关，但不显著；Mondello 和 Maxcy（2009）审视了美国国家足球联盟薪酬差距对团队场上绩效表现和团队财务绩效的影响后发现，团队成员间的薪酬差距与比赛获胜比率（*即，团队场上绩效表现*）显著负相关、与团队财务绩效显著正相关；Franck 和 Nüesch（2011）对职业足球团队的研究则发现，压缩型薪酬结构（*薪酬差距较小*）或竞争型薪酬结构（*薪酬差距较大*）均能实现最佳的团队绩效。由于上述这些研究结论几乎都是在控制了运动员的能力、薪酬水平、奖金等个体投入变量后获得的，所探讨的薪酬差距实质上是尚未被解释的薪酬差距残余量，于是，一些学者（如 Trevor，Reilly & Gerhart，2012）开始考虑将团队薪酬差距进一步细分为“能够被员工投入要素解释的薪酬差距”部分和“未能够被员工投入要素解释的薪酬差距”部分，并经实证研究发现，能够被员工投入要素解释的薪酬差距与团队绩效正相关、未能够被员工投入要素解释的薪酬差距则与团队绩效不显著相关甚至负相关。

关于采用“实验法”获取实证数据的薪酬差距对团队或部门层面结果变量的影响研究。Beersma 等（2003）模仿战争游戏的实验研究（*运用准确性维度和速度维度来综合衡量团队绩效*）表明，强调平等性的合作型薪酬结构，与准确性正相关、与速度负相关，强调公平性的竞争型薪酬结构，则与速度正相关、与准确性负相关。国内学者张正堂、刘颖和王亚蓓（2014）通过他们开发的汉字检索任务实验，不仅对比团队薪酬的一次分配方案（*即，线性预算计划和竞争线性计划*）及二次分配方案（*即，平等型分配和公正型分配*）对团队绩效的差异性影响，还分析了不同任务互依情境下上述影响的差异。他们的实验结果表明，在低任务互依情境下，一次分配方案中的竞争线性计划对团队绩效的积极影响胜过线性预算计划，二次分配方案中的公正型分配（*包含绝对贡献分配法和相对贡献分配法*）对团队绩效的正向影响优于平等型分配（*即，平均分配法*），而在高任务互依情境下，平等型二次分配方案则更利于团队绩效。

关于综合客观数据和量表主观评价数据收集方式获得实证数据的薪酬差距对团队或部门层面结果变量的影响研究。例如，Perrigino，Dunford 和 Boss（2016）的研究，即以美国东南部一家医护集团中 113 个工作团队、676 名员工为研究样本，运用集团提供的客观的团队内最高薪酬水平数据来测算团队薪酬差距，运用量表主观评价法来采集团队内信息公平氛围、薪酬满意度（*在其基础上计算"团队内薪酬满意度差异"*）、团队过程和团队绩效数据。他们的数据分析结果表明，当工作团队内信息公平氛围较低时，团队薪酬差距通过正向影响团队内薪酬满意度差异而间接显著地负向影响团队过程和团队绩效。再如，Feng，Chen 和 Liu（2017）的研究，即以中国一家大型区域性银行中的销售工作团队为研究样本，运用银行提供的客观的薪酬时间序列数据来计算团队内薪酬差距（*使用"基尼系数"测量法*）、团队薪酬差距的变动轨迹和团队内薪酬的相对排序变动，运用量表主观评价法获得团队成员个体绩效数据（*并经汇总，获得团队层面绩效数据*）。他们的实证研究发现，团队薪酬差距与团队绩效之间呈现出倒"U"形影响关系，并且，当薪酬差距的变动趋势为负时或团队内薪酬排序变动程度大时，两者之间的倒"U"形影响关系增强。

（2）从**研究内容**来看，表 2－7 十分清晰地显示出，近年来研究者们并未囿于考察和揭示薪酬差距对团队绩效或团队过程的主效应，更为重要的是探讨主效应的重要调节变量和中介变量。例如，Bucciol，Foss 和 Piovesan（2014）运用意大利足球联盟的客观薪酬数据和绩效数据，实证考察了团队薪酬差距伴随着团队构成范围或构成界定的不断扩大而对团队绩效的差异影响。他们发现，当团队仅包括那些直接为团队绩效作出贡献的成员时，较大的薪酬差距将十分不利于团队绩效的提升；将团队构成界定在上述范围下扩大，则发现团队薪酬差距对团队绩效的负效应消失了，甚至变为正效应。另外，该研究还证实，团队内薪酬差距的负效应主要归因于“较差的个体绩效”（*即中介变量*）而非“团队合作的降低”。再如，Perrigino，Dunford 和 Boss（2016）的研究考察了“团队内薪酬满意度差异”在团队薪酬差距对团队过程和团队绩效影响过程中的可能中介作用，并实证证实该中介效应的确成立。

（3）**关于薪酬差距对团队或部门层面结果变量影响的理论预测研究**，Aime，Meyer 和 Humphrey（2010）的研究视角十分独特。Aime，Meyer 和 Humphrey（2010）基于制度经济理论中的合法性解释机制，提出“团队薪酬差距合法性”概念，并预测，团队薪酬差距合法性认知将通过促进员工个体绩效动力而正向影响团队有效性，以及，团队内互依性绩效评价的合法性认知将通过促进团队成员合作而正向影响团队有效性。此外，他们还基于个体—团队匹配理论，阐释和预测团队内成员之间的“互补型匹配”将促进团队薪酬差距的合法性认知、团队内成员之间的“一致型匹配”将削弱团队薪酬差距的合法性认知。

2.3.3 薪酬差距对员工个体层面结果变量的影响研究

依据研究结果变量是否是员工个体层面的变量，将附录 1 中有关薪酬差距对员工个体层面结果变量影响的代表性实证研究和零星的理论预测研究，单独抽取出来，并按照由近及远的时间顺序汇总如表 2－8 所示。

表 2－8　薪酬差距对员工个体层面结果变量影响的代表性研究总结

作者（年份）	自变量	结果变量	调节变量	中介变量	研究结论
Guo，Libby & Liu（2017）	上下级薪酬差距	上下级决策	—	—	当垂直薪酬差距较大时，下属关于项目成本预算的误报会更多，上级对这样的误报也更为宽容
Park，Kim & Sung（2017）	团队薪酬差距	薪酬公平感知	调节聚焦	—	个体促进聚焦倾向强烈时，团队内薪酬差距将增强团队成员个体的薪酬公平感知

续表

作者（年份）	自变量	结果变量	调节变量	中介变量	研究结论
Brown et al.（2016）	薪酬差距降低	较低水平薪酬获得者的努力、较高水平薪酬获得者的离职意愿	—	较低水平薪酬获得者薪酬公平感知的变化	通过提升较低水平薪酬获得者的薪酬水平而缩小薪酬差距，会促使较低薪酬获得者增强工作努力程度，然而，这一致力于缩小薪酬差距的举措并未预测较高水平薪酬获得者的较高离职率。另外，薪酬差距缩小对较低薪酬获得者努力水平的正向影响，是通过较低薪酬获得者的薪酬公平感知变化（中介变量）而发挥作用的
He，Long & Kuvaas（2016）	团队薪酬差距	离职意愿	中国传统性、薪酬水平	情感承诺、薪酬水平满意度	只有那些高传统性员工或那些工资水平较低的员工，才会展现出薪酬差距与离职意愿间的正相关关系；并且，中国传统性的调节效应通过情感承诺（即，关系剥削路径）解释、工资水平的调节效应通过薪酬满意度（即，经济剥削路径）解释
Urieşi（2016）	薪酬差距（与绩效相关）	工作动机	—	分配公平、程序公平	与绩效相关的薪酬差距，不仅直接正向影响工作动机，也分别通过分配公平和程序公平间接正向影响工作动机
Christie & Barling（2014）	团队薪酬差距	其他成员是否值得信任	个体资源分配的共享偏好	—	只有当团队成员个体关于资源在团队内部分配的共享偏好较低时，团队薪酬差距才会激发个体感知到其他成员是值得信任
贺伟和嵩坡（2014）	部门水平薪酬差距	情感承诺	薪酬水平、多元化、绩效薪酬	—	部门薪酬差距对员工个体的情感承诺，不具有显著的负向影响，两者间的负相关关系仅在部门薪酬水平较低、部门员工队伍多元化程度较小、部门绩效薪酬强度偏低的情形下成立
Carnahan，Agarwal & Campbell（2012）	公司间薪酬差距（与竞争对手比较）	高/低绩效者离职（加入竞争对手公司或自己创业）	—	—	当公司薪酬差距相比竞争对手较大时，那些绩效表现优于同事的员工个体，将不太可能离开公司，然而，一旦这些高绩效者选择离开目前较大薪酬差距的公司了，他们更可能自己创办企业而非加入其他公司。当公司薪酬差距相比竞争对手较大时，那些绩效表现较差的员工，将更可能离开公司，并且，他们是选择加入其他公司而不太可能自己创办企业

续表

作者（年份）	自变量	结果变量	调节变量	中介变量	研究结论
刘颖、张正堂和王亚蓓（2012）	团队薪酬分配方案	团队成员合作行为	—	—	团队预算式一次薪酬分配与合作型二次薪酬分配的组合、锦标赛式一次薪酬分配与竞争型二次薪酬分配的组合，会促进团队成员合作
Bartling & Von Siemens（2011）	团队（水平）薪酬差距	团队成员努力水平和团队生产参与度	—	—	团队内水平薪酬差距，并未显著（负向）影响团队成员的努力水平和团队生产参与度
Harbring & Irlenbusch（2011）	薪酬差距	努力水平、破坏行为	薪酬沟通	—	重复竞赛激励机制下，较大的薪酬差距往往同时伴随着个体较高水平的努力和较高水平的破坏行为，并且，后一种影响程度高于前一种影响程度。雇主与雇员间针对较大薪酬差距薪资结构的沟通，将抑制破坏行为并提升雇员的产出水平
Messersmith et al.（2011）	高管团队薪酬差距	高管成员个体的离职决策	薪酬分配位置、个体薪酬外部市场位置、薪酬形式	—	高管团队薪酬差距正向影响成员的离职；个体成员的薪酬收入（在高管团队总薪酬收入中的）占比越小，越有可能离职；个体成员薪酬水平在市场中的位置相对较高，离职可能较低；个体成员的薪酬中变动薪酬比例越大，离职可能性较大，并且，团队薪酬差距对其离职的正向影响也将增强
Aime，Meyer & Humphrey（2010）	团队薪酬差距合法性认知	个体绩效动力	—	—	团队薪酬差距合法性认知，将促进个体绩效动力。此外，团队成员间的互补型匹配，将促进团队薪酬差距的合法性认知；团队成员间的一致型匹配，将削弱团队薪酬差距的合法性认知
Charness & Kuhn（2007）	薪酬差距	个体努力水平	—	—	薪酬差距并不影响员工努力水平，员工努力水平取决于自己的薪酬水平
Trevor & Wazeter（2006）	薪酬差距（学区层面）	薪酬公平感知	内部薪酬位置	—	内部薪酬位置，调节薪酬差距对薪酬公平感知的影响：内部薪酬位置较低时，薪酬差距负向影响薪酬公平感知；内部薪酬位置较高时，薪酬差距对薪酬公平感知的负向影响变弱，甚至转变为正向影响

续表

作者（年份）	自变量	结果变量	调节变量	中介变量	研究结论
白锋和程德俊（2006）	团队薪酬差距	个体绩效	薪酬地位	—	团队薪酬差距正向影响个体绩效；对于薪酬地位较高的个体而言，较大的薪酬差距利于个体绩效的提升；对于薪酬地位较低的个体而言，较大的薪酬差距不利于个体绩效的提升
Bloom & Michel（2002）	公司薪酬差距	管理者任期和离职	—	—	公司薪酬差距越大，管理者的平均任期越短；公司薪酬差距越大，管理者的离职水平越高
Bloom（1999）	团队薪酬差距	个体绩效	个体在薪酬分配中的位置	—	团队薪酬差距与个体绩效负相关。对于处于薪酬分配中较低位置的个体而言，团队薪酬差距对其绩效具有负向影响；对于处于薪酬分配中较高位置的个体而言，团队内薪酬差距对其绩效具有正向影响

注：表 2-8 中的内容系本书依据薪酬差距对员工个体层面结果变量影响的代表性研究文献，整理所得。

由表 2-8 可以看出，近年来，薪酬差距对员工个体层面结果变量的影响研究，主要集中于探讨较高层面的薪酬差距（*例如，组织薪酬差距和团队薪酬差距*）分别对管理者个体的任期和离职（Bloom & Michel，2002）、团队成员个体的努力水平选择和团队生产参与度（Bartling & Von Siemens，2011）、员工个体努力水平（Charness & Kuhn，2007）和员工个体绩效（Bloom，1999；白锋和程德俊，2006）、员工个体破坏行为（Harbring & Irlenbusch，2011）、高/低绩效者跳槽至竞争对手公司或创业选择（Carnahan，Agarwal & Campbell，2012）、员工个体情感承诺（贺伟和嵩坡，2014）、团队内其他成员是否值得信任（Christie & Barling，2014）、员工个体的离职意愿或决策（He，Long & Kuvaas，2016；Messersmith et al.，2011；Carnahan，Agarwal & Campbell，2012）、员工个体工作动机（Uriesi，2016）、上下级决策（Guo，Libby & Liu，2017）、员工个体的薪酬公平感知（Trevor & Wazeter，2006；Park，Kim & Sung，2017）等重要结果变量的影响，也有学者在理论层面阐释和预测了团队薪酬差距的合法性认知对员工个体绩效动力的可能影响（Aime，Meyer & Humphrey，2010）。

例如，国内学者贺伟和嵩坡（2014）实证探讨了部门内水平薪酬差距对员工个体情感承诺水平的可能影响以及部门层面的薪酬差距对员工个体情感承诺负面效应的可能触发变量（*即，部门薪酬水平、部门多元化程度和部门绩效薪酬强度，分别对薪酬差距—员工个体情感承诺之间影响关系的可能调节效应*）。他们基于我国企业中 59 个工作部门、376 名普通员工的实地调研（*由上级主管提供客观薪酬数据，由员工汇报相关研究变量的主观感受*）获得的实证数据的跨层分析结果表明，部门内水平薪酬差距对员工个体情感承诺并无显著的负向效应，只有当部门薪酬水平偏低、员工队伍多元化程度偏低或部门绩效薪酬强度较低的情境下，部门内水平薪酬差距对员工个体情感承诺的负效应才显著存在。

Christie 和 Barling（2014）运用个体—环境匹配理论，阐释并预测了员工个体关于团队内资源分配的共享偏好对团队内薪酬差距—团队内其他成员是否值得信任之间影响关系的可能调节作用，期望通过实证分析找寻到何种情形下（*即便团队内薪酬差距较大*）成员个体愿意冒着风险信任团队内的其他成员。他们运用加拿大一所中等规模大学中 52 个部门、324 位教员（*有效反馈样本*）的客观薪酬数据和相关调查数据的分析结果表明，当团队成员个体的共享偏好较低时，即便团队内（水平）薪酬差距较大的情形下，员工个体也会觉得团队内其他成员是值得信任的。该研究证实了员工个体特征差异（*即，员工个体关于团队内资源分配的共享偏好*）在理解薪酬差距效应中的重要性，也证实了员工个体偏好与团队薪酬分配情形相匹配时的信任效应。

He，Long 和 Kuvaas（2016）运用相对剥削理论，构建了团队层面薪酬差距对员工个体离职意愿的一个被中介的调节模型。他们基于中国 6 个大型城市 14 家公司中 51 个工作团队、370 位员工的客观薪酬数据和问卷调查数据，实证检验证实，工作团队薪酬差距对员工个体离职意愿的促进效应，只存在于那些中国传统性水平较高的员工或薪酬水平偏低的员工中，并且，中国传统性对薪酬差距—离职意愿之间影响关系的调节效应，通过关系剥削路径（*即“情感承诺”变量的中介作用*）发挥作用，薪酬水平对薪酬差距—离职意愿之间影响关系的调节效应，则通过经济剥削路径（*即“薪酬水平满意度”变量的中介作用*）发挥作用。

再如，Harbring 和 Irlenbusch（2011）运用实验法证实，在重复竞赛机制下，较大的薪酬差距会带来个体努力水平提升的同时增强个体的破坏行为，并且，薪酬差距对个体破坏行为的正向影响要大于对个体努力水平的正向影响，进而综合导致个体产出下降。刘颖、张正堂和王亚蓓（2012）也通过汉字检索任务实验发现，团队预算式一次薪酬分配与合作型二次薪酬分配的组合、锦标赛式一次薪酬分配与竞争型二次薪酬分配的组合，会显著促进团队成员合作。

薪酬差距对员工个体层面重要结果变量影响的其他代表性研究，详见表 2－8 或附录 1。

2.4 相关研究的评价

2.4.1　薪酬差距的测量方法评价

研究目的不同，选择和使用的薪酬差距测量方法也应有所不同。因此，伴随着薪酬差距影响研究逐渐走向成熟，薪酬差距的测量方法也取得了显著的进展，无论是水平薪酬差距、垂直薪酬差距还是整体薪酬差距，均探索出多种有意义的测量方法（详见表2－5）：绝对测量法（即差值测量法）、相对测量法（即比值测量法）、方差测量法、差异系数测量法、基尼系数测量法、赫芬达尔—赫希曼指数测量法、泰尔指数测量法等。不同的测量方法常常导致不同的研究意义，因此，研究者需要结合自己的具体研究慎重考虑究竟选择哪一种薪酬差距测量方法更合适，研究者也可以基于自己的研究需要来科学开发适合自己研究的“新”的薪酬差距测量方法。

另外，关于薪酬差距的测量方法，值得一提的是 Trevor，Reilly 和 Gerhart（2012）的研究。他们依据“方差”的统计学含义，将团队薪酬差距中能够被团队成员工作投入要素解释的部分定义为——团队成员的薪酬方差（或变异量）与团队成员工作投入要素的方差（或变异量）的相重合部分，由此，将团队层面的薪酬差距分解为“能够被员工工作投入要素解释的薪酬差距”和“未能够被员工工作投入要素解释的薪酬差距”两部分，并通过团队成员个体层面的工作投入要素对其个体薪酬水平的回归分析来获得个体层面员工工作投入要素预测员工个体薪酬水平的回归方程，然后，将每一个团队成员个体的实际工作投入要素数据代入相应预测方程，即可获得每个团队成员个体的“能够被员工工作投入要素解释的薪酬水平”估计值和“未能够被员工工作投入要素解释的薪酬水平”估计值，再在团队层面计算每个团队的“能够被员工工作投入要素解释的薪酬”的方差值和“未能够被员工工作投入要素解释的薪酬”的方差值，最终获得团队层面与每个团队相对应的“能够被员工工作投入要素解释的薪酬差距”测算值和“未能够被员工工作投入要素解释的薪酬差距”测算值。他们的实证研究结论十分具有启发性，或许，一直以来，团队薪酬差距的绩效激励效应研究太过于关注并强调“任务互依性”了，而致使研究者们几乎都忽视了“任务互依性”背后的一个更为本质的因素——**团队成员薪酬差距中员工个体工作投入要素（如绩效表现）的“可识别性”**（Shaw，2014）。有关薪酬差距的类型划分与测量研究，的确应该好好思考如何在薪酬差距中有效识别出员工个体工作投入要素或绩效表现，而不应仅仅囿于简单的水平薪酬差距和垂直薪酬差距的传统分类逻辑。这必将从类型划分与测量方法研究方面，丰富现有薪酬差距影响研究。

2.4.2 薪酬差距影响研究的未来趋势分析

图2－2是基于附录1或表2－6、表2－7和表2－8中代表性薪酬差距影响研究文献的主要研究内容（*包含薪酬差距的测量方法*），而构建的一个有关现有薪酬差距影响研究的整合模型。该模型十分清晰地显示出现有薪酬差距影响研究中较为成熟的领域，以及未来需要加强或待研究的领域。

受制于难以获得详细而精确的一手薪酬数据，现有薪酬差距影响研究多依赖市场公开薪酬数据，因此，研究样本多为体育竞技团队或上市公司高管团队，所以，结果变量多聚焦于市场公开数据的组织绩效、团队绩效或高管团队个体成员的离职。图2－2亦清晰显示，薪酬差距影响研究中较为成熟或已获得普遍关注的研究领域，主要是薪酬差距对组织绩效、团队绩效和个体离职（*含离职意愿*）的直接影响。鉴于薪酬差距对这些结果变量的影响（*尤其是薪酬差距的绩效效*

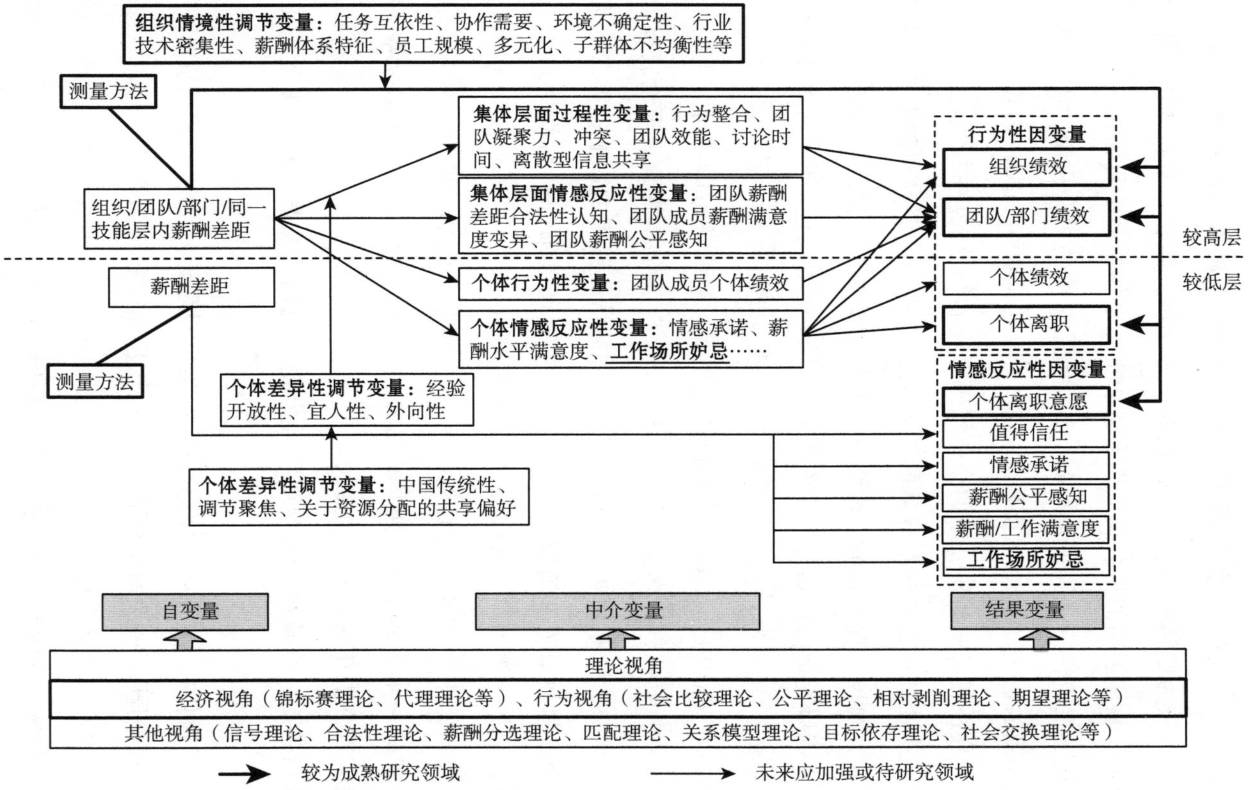

图 2－2　薪酬差距影响研究整合模型

（将本书关注的“工作场所妒忌情绪”纳入其中）

应）并未取得一致的研究结论，大部分学者基于薪酬权变模型（Gomez－Mejia & Balkin，1992），考虑通过组织情境性变量的可能调节作用来进一步明确薪酬差距效应，所以，图2－2显示，组织情境性因素的调节作用探讨也是现有薪酬差距影响研究领域中较为成熟的一块。与此同时，一小部分学者开始尝试从集体层面的过程性变量、集体层面的情感反应性变量、员工个体层面的行为性变量、员工个体层面的情感反应性变量等视角来揭示薪酬差距影响的中介机制，零星研究开始考察薪酬差距的员工个体情感反应和打破“员工同质性”默认假设、开始探讨员工个体差异性变量对薪酬差距的个体情感反应和绩效效应的调节角色，还有一些研究期望通过更有意义的细分薪酬差距类型来进一步明确薪酬差距的影响。这些零星研究，既是对现有薪酬差距影响研究领域的拓展，又反映了学者们在推进薪酬差距影响研究走向成熟过程中作出的尝试和努力，还指明了薪酬差距影响研究的未来趋势。

纵观近20年来国内外薪酬差距影响研究文献，薪酬差距影响研究主要呈现出三个显著特点：第一，大多基于市场公开数据，运用经济视角观理论或行为视角观理论来探讨体育竞技团队或上市公司高管团队薪酬差距的影响；第二，重点考察薪酬差距的绩效效应和离职效应；第三，主要通过细分薪酬差距类型（*但多限于水平薪酬差距和垂直薪酬差距的传统类型区分*）、调节变量探讨（*主要关注组织情境性因素*）以及中介机制揭示（*主要为团队过程性变量解释机制*）三条途径，来进一步明确薪酬差距绩效效应。这三个研究特点，也预示着薪酬差距影响研究存在着下述七个主要趋势。

（1）理论基础：突破经济视角观和行为视角观理论主导，渐现多元理论融合局面。

很长一段时间内，学者们主要运用经济视角观理论（*主要是运用锦标赛理论，来阐释和预测薪酬差距对绩效的可能正向影响*）和行为视角观理论（*主要是运用社会比较理论、公平理论、相对剥削理论等，来阐释和预测薪酬差距对绩效的可能负向影响*）来探讨薪酬差距的可能影响；后来，逐渐开始出现一些学者通过整合经济视角观理论和行为视角观理论来系统考察薪酬差距的非线性影响（Henderson & Fredrickson，2001；Frick，Prinz & Winkelmann，2003；Franck &

Nüesch, 2011; Ridge, Aime & White, 2015)；最近，除了传统的社会比较理论、公平理论、相对剥削理论、期望理论、锦标赛理论、代理理论等之外，目标依存理论（Beersma et al.，2003）、信号理论（Clark, Kristensen & Westergård – Nielsen, 2009）、合法性理论（Aime, Meyer & Humphrey, 2010）、分选理论（Trevor, Reilly & Gerhart, 2012）、匹配理论（Aime, Meyer & Humphrey, 2010; Christie & Barling, 2014）、关系模型理论（Christie & Barling, 2014）、社会交换理论（He, Long & Kuvaas, 2016）等，开始被学者们引入薪酬差距影响实证研究领域，使得该领域在支撑理论基础上越来越呈现出多元理论融合的局面。例如，Clark，Kristensen 和 Westergård – Nielsen（2009）认为，对于处于薪酬比较劣势的主体而言，较大的薪酬差距既具有负面妒忌效应又同时具有正面信号效应，究竟哪一种效应居于主导位置，往往取决于薪酬比较的参照对象。他们基于丹麦的大规模调查数据与官方统计数据间的配对分析证实，当薪酬比较的参照对象为与自己具有相似性的同事时，薪酬差距的正面信号效应将超越负面妒忌效应，最终将因同事较高的薪酬水平所传递出自己未来薪酬收入的正面信息而使员工个体倾向于认可并接受当前的薪酬分配不平等，进而促进员工个体工作满意度的提升。

在组织实践中，薪酬差距对重要结果变量的影响，并非如经济视角观理论所假定的那样一律呈现出纯粹的正效应，也非如行为视角理论所预测的那样统一表现出单纯的负效应。薪酬差距的影响是一个是受诸多因素综合作用的复杂结果体现，因此，全面而系统地揭示薪酬差距影响全貌和本质，需要学者们从更多的理论视角进行全方位的考察和揭示。所以，未来研究应该沿循新近引入的诸多理论，在夯实相关实证研究的同时，考虑引入和运用更多新的、科学合适的理论视角，来科学预测和揭示薪酬差距的影响全貌。

（2）薪酬差距的类型划分：突破传统的水平/垂直分类，愈益强调和关注基于更为本质因素的薪酬差距的“新”类型划分。

很多年以来，薪酬差距影响研究文献要么不区分薪酬差距的具体类型，要么仅限于依据薪酬比较方向而进行简单的“水平薪酬差距”和“垂直薪酬差距”区分。最近，个别学者开始探索薪酬差距“新”细分类型的一个主要动力，在于期望通过更有意义的薪酬差距“新”类型划分，能够为进一步明确薪酬差距影响研究结论作出贡献。这是对现有薪酬差距影响研究相互矛盾或“不一致”结论的一个可行的试探性解决途径。

通过上述文献回顾部分（详见2.2.1小节部分）可以看出，在薪酬差距“新”类型划分的探索方面，Gupta，Conroy和Delery（2012）、Trevor，Reilly和Gerhart（2012）、Downes和Choi（2014）、卫旭华和刘咏梅（2016）作出了重要尝试和努力。无论是站在组织立场上从确保员工工作投入要素视角的“能够被员工投入要素解释的薪酬差距”和“未能够被员工投入要素解释的薪酬差距”区分（Trevor，Reilly & Gerhart，2012）、站在员工立场上考虑员工对薪酬差距的情感反应的“基于绩效的薪酬差距”和“非基于绩效的薪酬差距”区分（Gupta，Conroy & Delery，2012；Downes & Choi，2014），还是基于团队内不同类型子群体的客观存在而区分的“任务型子群体薪酬差距”和“关系型子群体薪酬差距”（卫旭华和刘咏梅，2016），它们均打破了薪酬差距影响研究长期局限于“水平薪酬差距”和“垂直薪酬差距”的传统分类局面，也体现出学者们尝试通过更有意义的薪酬差距新类型划分来进一步明确薪酬差距具体影响的努力和决心。事实证明，薪酬差距的“新”类型探索和划分，的确有助于明确薪酬差距的具体影响：Trevor，Reilly和Gerhart（2012）站在组织立场上从确保员工工作投入要素视角的“能够被员工投入要素解释的薪酬差距”和“未能够被员工投入要素解释的薪酬差距”对团队绩效的影响实证研究，即证实，即便在任务互依情境下，能够被团队成员工作投入要素解释的薪酬差距依然有利于团队绩效水平的提升。这一实证研究结论，几乎推翻了大量文献探讨“任务互依”情境下团队薪酬差距对绩效的负向影响研究结论。正如Shaw（2014）所言，Trevor，Reilly和Gerhart（2012）的研究，让我们具备了十分充分的理由和十足的勇气去预测并相信，“任务互依性”并不是决定薪酬差距影响的本质性因素，未来研究应该超越薪酬差距的“任务互依性”情境限定，而积极大胆地探索决定薪酬差距复杂影响的更为本质的因素。

本书通过回顾和梳理现有研究文献发现，传统相对稳定的组织工作情境下，鉴于员工个体绩效在组织内的“正态分布”，现有薪酬差距影响实证研究几乎都默认员工个体的“同质性”假设前提。然而，21世纪的组织工作情境愈益动态、不确定和充满复杂性，员工个体绩效在组织内的分布也随之逐渐打破“正态分布”而日益呈现出“幂律分布”态势，员工价值“异质性”越来越突出。基于此，本书推测，打破现有薪酬差距影响研究中员工个体“同质性”默认假设前提，考察员工个体价值“异质性”在我国目前组织薪酬分配体系中的具体体现和对薪酬差距影响的可能作用，或许，可以为找寻决定薪酬差距复杂影响的更为本质的因素，提供启示和解决思路。

另外，值得一提的是，尽管现有薪酬差距的测量方法已是相对成熟，然而，已有的薪酬差距测量方法是否适合“新”细分类型薪酬差距？以及，是否需要探索和发展“新”的测量方法？这是由薪酬差距“新”细分类型划分衍生而来的未来研究的一个新方向，也需要加以考虑。

（3）结果变量：超越以绩效或离职为代表的远端行为变量，日益关注员工个体或员工集体对薪酬差距的情感反应类近端动机变量。

表 2－6、表 2－7 和表 2－8 中的“结果变量”列，总结了现有薪酬差距影响研究关注的结果变量；为了更加清晰地体现出结果变量的关注领域和关注度，本书以薪酬差距影响研究文献中的具体结果变量为依据，首先进行文献研究主题归类与数量统计，其次，分别基于英文、中文研究文献各自归纳出的研究主题及其对应数量，进行词云图绘制。绘制结果如图 2－3 和图 2－4 所示。其中，各研究主题对应字体的大小，表示围绕该研究主题的文献数量的多少，意味着该研究主题受到关注程度的高低，字体越大，表示研究文献数量越多，意味着受关注程度越高。

图 2－3 和图 2－4 综合展现了近 20 年来国内外学者对薪酬差距影响研究结果变量的关注主题和关注热度：围绕薪酬差距的具体影响，国内外学者们主要关注和实证探讨了薪酬差距对组织各层面绩效变量（主要表现为图 2－3 中的“organizational performance”“team performance”“individual performance”等，以及图 2－4 中的“组织绩效”“组织创新绩效”“组织未来绩效”等）的可能影响、对员工离职（主要表现为图 2－3 中的“turnover”和图 2－4 中的“离职”）的潜在影响以及对员工态度变量（主要表现为图 2－3 中的“job satisfaction”“pay satisfaction”“pay fairness perception”“group perceptions of pay inequity”“distributive justice” “procedural justice” “company fairness” “affective commitment” “trust perceptions” “loyalty to the company” “willingness to work hard” “employee participation” 等，以及图 2 – 4 中的“情感承诺”和“相对剥夺感”）等的可能影响。

图 2 – 3　薪酬差距影响研究英文核心文献词云图

图 2 – 4　薪酬差距影响研究中文核心文献词云图

因此，现有薪酬差距影响研究文献的重点集中于“绩效”和“离职”。然而，正如前所述，薪酬差距的绩效效应实证研究至今依然未获得明确而一致的研究结论。现有研究已证实，员工个体对薪酬差距的心理感知，与员工个体的关键绩效行为，如努力、合作、信息共享等，具有十分明确的影响关系（Heneman & Judge，2000）。员工个体或员工集体对薪酬差距的感知研究，或关于薪酬差距的员工情感反应类动机变量的探讨，将可能不仅十分利于明确薪酬差距的绩效效应，也将十分益于揭示薪酬差距的绩效效应“黑箱”和推动薪酬差距影响研究走向成熟（Shaw，2014）。因此，越来越多的学者呼吁，应该增强对薪酬差距的情感反应类近端动机性结果变量研究的关注（Trevor & Wazeter，2006；Downes & Choi，2014；Shaw，2014）。

十分可喜的是，近年来，薪酬差距影响研究领域已逐渐显示出超越以绩效和离职为代表的远端行为结果变量的探讨、开始强调和关注薪酬差距的员工情感反应类动机变量的趋势。如前所述，目前，已有学者尝试探讨了薪酬差距对员工个体情感承诺、薪酬公平感知、信任、工作满意度、薪酬满意度等情感反应类动机变量的可能影响。未来研究需要在不断扩展新的、有意义的情感反应类动机变量的基础上，加强员工个体或成员集体对薪酬差距的情感反应的全面理解，并为从员工情感反应视角来揭示薪酬差距绩效效应和离职效应“黑箱”奠定研究基础。

（4）调节变量：由强调组织情境因素，逐渐开始关注员工异质变量。

薪酬差距的影响，是一个受诸多因素综合作用的复杂结果体现，可能存在诸多权变量或调节变量。这些可能的权变量或调节变量，在理论上，既包括组织情境性因素，又包括员工个体差异性特征因素（Fiske，1992）。然而，如图 2－2 所示，现有文献关于薪酬差距影响调节变量的探讨，大多基于薪酬权变理论①（Gomez－Mejia & Balkin，1992）而聚焦组织情境层面的调节变量，主要包括任务互依性、薪酬体系特征（*如薪酬水平、内部薪酬位置、外部薪酬位置、绩效薪酬、激励强度等*）、部门多元化、员工规模、任务协作需要、公司成长机会、公司财务松弛度、制度环境和市场环境不确定性、行业技术密集性等。这些研究文献，大多建立在员工个体“同质性”的默认假设前提下，忽视了员工个体异质性的客观存在及在薪酬差距影响研究中的可能作用（Begley & Lee，2005；Trevor & Wazeter，2006）。尽管早已有证据表明，员工**个体差异**对薪酬差距反应（*如薪酬公平感知*）具有重要影响（Shaw，Duffy，Jenkins & Gupta，1999），然而，如

① Gomez－Mejia 和 Balkin（1992）的薪酬权变理论认为，薪酬分配体系对公司绩效的影响取决于工作情境和组织情境。工作情境和组织情境通常通过两个主要机制来改变薪酬分配体系对公司绩效的影响。第一，由于组织情境因素将改变特定事件对员工的意义，因此，员工对组织薪酬分配体系的情感反应和行为反应将随组织情境因素的变化而发生改变，继而导致薪酬分配体系对公司绩效的差异性影响。第二，由于组织战略等组织情境因素对员工的行为期望不同，因此，即便某一薪酬分配体系激发不同公司的员工均产生相同的行为，然而，这些员工行为对各自公司绩效的影响，还要取决于员工行为与各自组织情境之间的“匹配度”，所以，薪酬分配体系对公司绩效的影响还可能受到员工行为与组织情境之间匹配度的作用。

图2-2所示，现有研究文献十分缺乏对员工价值异质性变量在薪酬差距影响中的可能调节效应的关注。伴随着人类社会进入21世纪，21世纪愈益动态、不确定和充满复杂性的组织工作情境，致使“员工价值异质性”日益凸显，员工个体绩效在组织内的分布也正在逐渐打破“正态分布”而愈益呈现出“幂律分布”态势就是一个典型例证。因此，打破薪酬差距影响研究中员工“同质性”默认假设前提，考察并探讨员工异质变量在薪酬差距影响中的可能调节作用，必将成为薪酬差距影响研究的未来趋势（Shaw，2014）。

可喜的是，最近，个别学者已经开始意识到这一疏忽，在相关实证研究中也考察了团队成员外向性和宜人性性格倾向差异（Beersma et al.，2003）、关于资源分配的共享偏好差异（Christie & Barling，2014）、中国传统性差异（He，Long & Kuvaas，2016）、经验开放性和宜人性性格倾向差异（Super，Li，Ishqaidef & Guthrie，2016）、调节聚焦倾向差异（Park，Kim & Sung，2017）等体现员工个体异质性的变量对薪酬差距影响的潜在调节作用，为揭示员工异质性变量在薪酬差距影响研究中扮演的角色和推动薪酬差距影响研究走向成熟，作出了表率和贡献。未来研究应该继续增强和扩展更多地体现员工异质性的变量对薪酬差距影响研究的潜在作用探讨。

（5）中介变量：突破“团队过程性变量”的主导，愈益关注和强调从员工对薪酬差距的情感反应视角来揭示薪酬差距的影响“黑箱”。

鉴于行为视角观和经济视角观关于薪酬差距绩效效应研究的相互矛盾研究结论，近年来已经有一些实证研究考虑通过整合两个视角观来进一步明确薪酬差距的绩效效应，他们通过实证研究证实了薪酬差距绩效效应的非线性关系（*“U”形和倒“U”形影响关系*）的存在（*“U”形影响关系*：Franck & Nüesch，2011；鲁海帆，2011；Ridge，Aime & White，2015；*倒“U”形影响关系*：Feng，Chen & Liu，2017）。这可认为是对薪酬差距绩效主效应研究的一个突破，十分值得肯定。然而，这一线性影响关系转向非线性影响关系的研究特点，依然局限于薪酬差距“主效应”研究范畴。

导致薪酬差距绩效效应研究结论不一致的一个可能原因在于——不同视角解释薪酬差距绩效效应的机制有很大不同，因此，推进现有薪酬差距影响研究走向成熟，可考虑在主效应探讨的基础上深入挖掘主效应内部的作用“黑箱”（Shaw，2014）。然而，多年来，薪酬差距影响的“中介机制”实证研究一直停留于 Levine（1991）的“团队凝聚力”以及 Ensley，Pearson 和 Sardeshmukh（2007）的“团队内冲突、凝聚力和团队效能”，十分缺乏有关薪酬差距影响中介机制的更多理论视角的实证研究。本书推测，这可能是因为新视角新中介机制探讨不仅需要突破现有理论基础而寻找其他合适的新视角支持理论，还需要突破实证研究对市场公开数据的依赖而采用更具挑战性和极具难度的“非公开客观数据实地收集+其他研究变量测量量表主观评价”的综合采集方法。这两点，既提升了薪酬差距影响中介机制创新的难度，也凸显薪酬差距影响新中介变量探讨对现有理论的可能重大贡献。鉴于员工对薪酬差距的情感反应类动机变量在揭示薪酬差距效应“黑箱”中的重要性（Heneman & Judge，2010），以及学者对增强薪酬差距对员工情感反应类动机变量影响研究的强烈呼吁（Shaw，2014），未来研究可考虑从员工对薪酬差距的情感反应视角科学引入新理论，以深入挖掘薪酬差距效应的新中介机制；与此同时，也号召学者们努力克服实证数据收集困难，在丰富和强化薪酬差距影响新中介机制实证研究的道路上奋勇前进。

（6）研究样本和实证数据采集：由体育竞技团队样本和上市公司高管团队样本，逐渐转向“非上市公司普通员工团队”样本，并运用“非公开客观数据实地收集+其他研究变量测量量表主观评价”的综合采集方法收集实证数据。

受制于组织实施薪酬保密政策情境下非市场公开的员工个体层面客观薪酬数据和绩效数据的收集难度很大，早期研究主要关注薪酬数据和绩效数据市场公开的“体育竞技团队”和“上市公司高管团队”。研究样本的单一化，无疑限制了薪酬差距影响研究结论的外部效度，不仅如此，纯粹的客观实证数据采集方式也阻碍了对薪酬差距影响“黑箱”的揭示。最近，已有一些研究开始关注非上市公司中非高管团队的“普通员工团队”；在实证数据采集方面，也呈现出由早期主要依赖市场公开的薪酬数据和绩效数据到最近的基于客观薪酬数据实地收集结合其他研究变量通过测量量表主观评价收集数据的方式。薪酬差距影响研究走向成熟的过程中，也存在着一些使用能够更加明确因果关系的“实验法”研究（Beersma et al.，2003；Bartling & Von Siemens，2011；张正堂、刘颖和王亚蓓，

2014；Super，Li，Ishqaidef & Guthrie，2016）。总之，薪酬差距影响研究在研究样本和数据采集方面，均呈现出越来越多元化的发展趋势。

毋庸置疑，研究样本的多元化以及客观与主观相结合的实证数据综合采集方式，会有力地推动薪酬差距影响研究走向成熟。然而，研究样本向“非上市公司普通员工团队”的倾斜，以及，在研究内容上越来越强调对薪酬差距影响的调节变量和中介变量探讨趋势，却使实证数据的采集“难上加难”：不仅要突破对市场公开数据的严重依赖，还要尽可能地采用“非公开客观数据实地收集+其他研究变量测量量表主观评价”的综合采集方法。因此，在未来，学者们应克服困难，努力通过研究样本的多元化和实证数据的综合采集方法，来推动薪酬差距影响研究走向成熟。

（7）薪酬差距影响的跨文化比较研究。

现有研究已表明，不同国家、文化和社会背景下，薪酬差距对组织层面、团队或部门层面和员工个体层面重要结果变量的影响，可能会有显著差异（Shaw，2014）。例如，西方国家主张基于规则和契约的薪酬分配方式，强调依据员工潜在贡献来公平分配薪酬（Oc，Bashshur & Moore，2015）；与崇尚个人主义的西方国家不同，以中国为代表的东方国家则普遍强调集体主义及集体内部人际关系的和谐（Chen，Chen & Huang，2013），更重视平均分配（He & Fang，2016；黎文靖和胡玉明，2012）。因此，不同国家、文化和社会背景下的薪酬差距影响比较研究是一个十分值得深入探讨的现实问题，也是成熟薪酬差距影响研究的一个重要组成部分。所以，未来应加强薪酬差距影响的跨文化比较研究。

第 3 章

水平薪酬差距—员工价值异质度间的（不）一致对团队成员个体绩效的差异性影响研究：多项式回归结合三维响应曲面分析法

3.1 研究问题提出

薪酬差距的绩效效应，一直是薪酬差距影响研究领域关注的重点。近年来，经过国内外学者们的共同与持续努力，薪酬差距的绩效效应研究取得了十分丰硕的成果。依据关注的“绩效”变量在组织内的层面差异，薪酬差距的绩效效应可以划分为薪酬差距的组织绩效效应、薪酬差距的团队绩效效应和薪酬差距的员工个体绩效效应三个子领域。在现有研究文献中，一方面，相比于薪酬差距对组织绩效和团队绩效的影响研究，由于员工个体层面客观而准确的薪酬数据和绩效数据的获取难度较大，尤其是近些年越来越多的组织纷纷实施薪酬保密政策，致使员工个体层面薪酬数据的获取更是难上加难，因此，薪酬差距对员工个体绩效的影响研究相对落后而不成熟（Shaw，2014）。并且，现有极少量的薪酬差距对员工个体绩效效应研究，主要局限于运动员个体样本（Ehrenberg & Bognanno，1990a；Ehrenberg & Bognanno，1990b；Becker & Huselid，1992；Gilsdorf & Sukhatme，2008a；Gilsdorf & Sukhatme，2008b）和实验操控情境（Charness & Kuhn，2007；Abeler et al.，2010；Bartling & Von Siemens，2011），十分缺乏宽泛组织情境下普通员工个体样本的实证研究。另一方面，即便现有少量的薪酬差距对员工个体绩效的影响研究，也未取得明确的结论：薪酬差距对员工个体绩效的正向影响（Becker & Huselid，1992）、负向影响（Bloom，1999），甚至不相关（Charness & Kuhn，2007；Bartling & Von Siemens，2011）研究结论均有。员工个体绩效，始终是组织实现和提升更高层面绩效的基础和主要手段（Bloom，1999），因此，无论是在理论层面上还是在组织管理实践层面上，均亟须增强薪酬差距对员工个体绩效的影响研究。那么，如何才能创新地或有效地推进薪酬差距的员工个体绩效效应研究呢？这是摆在薪酬差距影响研究者面前的重要理论难题。

作为组织实施差异性薪酬分配的必然结果，薪酬差距仅仅意味着组织薪酬分配的不平等，然而，“薪酬分配不平等”不等同于、也并非必然意味着“薪酬不公平”或“薪酬公平”（Trevor，Reilly & Gerhart，2012）。换言之，薪酬差距自身没有所谓的好与不好。作为组织“回报”员工“付出”或“产出”的薪酬，薪酬差距是对“组织提供员工差异性回报”的客观数字化度量，理应与员工的“差异性付出”或“差异性产出”趋于一致或相匹配，如此，才真正遵循了或符合组织薪酬分配的内部公平性原则（Adams，1963），进而才可能促使员工产生组织期望的行为和绩效。然而，纵观现有研究文献可以发现，大部分薪酬差距影响实证研究几乎均默认假设——员工的付出或产出趋于“同质性”；他们的理论阐释和推导，也是在员工的付出或产出趋于“同质性”的默认假设前提下进行的。在过去相对稳定、明确、几乎程序化的组织工作任务环境中，由于大部分员工个体的产出往往是围绕“平均产出”进行上下波动的，因此，对几乎没有差异性并吻合“正态分布”的员工个体绩效产出提出趋于“同质性”的假设，自然是可取的。然而，伴随着人类社会进入21世纪，组织日趋动态、不确定和充满复杂性的工作环境，逐渐提升了组织对员工创造性或工作创新性的要求，从而使员工个体的工作职责愈加趋于非程序化（Hunter，Schmidt & Judiesch，1990）以及员工个体的工作产出或绩效越来越凸显差异性。组织绩效也变得不再取决于围绕平均产出进行上下波动或者产出近乎同质化的大部分员工，而更可能决定于组织中极少数作出突出绩效贡献的“明星员工”；员工个体产出或绩效的越来越突出的“异质性”，使员工个体绩效在组织内的分布开始日趋打破传统的正态分布而愈益呈现出“幂律分布”态势（Aguinis & O'Boyle，2014）。在这样的组织情境下，如果依然坚持员工个体付出或产出的趋于“同质性”默认假设，无疑是十分欠妥当的。

基于上述考虑，本章研究认为，在21世纪变化了的组织工作情境下，探讨薪酬差距对员工个体绩效的可能影响不能也不应该忽视组织情境变化所导致的员工个体付出或产出的愈益“异质性”的客观现实，也不可忽略组织薪酬差距与员工个体付出或产出异质性之间的匹配程度或趋于一致程度可能在薪酬差距影响中发挥的作用。因此，本章拟首先基于21世纪组织日趋动态、不确定和充满复杂性的工作环境下员工个体付出或产出的愈益异质性的客观现实，提出并界定“员工价值异质度”概念；其次，将“员工价值异质度”纳入薪酬差距对员工个体绩效的可能影响研究，阐释并预测薪酬差距—员工价值异质度之间“趋于一致”（*又包含两者之间的“高水平—高水平”趋于一致组合情形和“低水平—低水平”趋于一致组合情形两种典型*）和“不一致”（*又包含两者之间的“高水平—低水平”不一致组合情形和“低水平—高水平”不一致组合情形两种典型*）对员工个体绩效的可能差异性影响；再次，将组织管理研究领域运用来检验一致/匹配效应或不一致/不匹配效应的科学分析方法——多项式回归结合三维响应曲面分析法——引入本章研究假设的实证检验；最后，讨论研究结论及管理启示。

3.2 理论基础与研究假设

3.2.1 员工价值异质度

伴随着21世纪全球经济进入知识经济时代，组织内部在悄无声息中发生着一系列重大变化：传统的以控制、命令、中心化等为显著特征的“金字塔”式组织结构，开始逐渐被有机网状结构取代，组织的战略核心资源也正在发生着资本逐渐让位于人才和创新的趋势，组织内工作慢慢超越传统职责规定而变得越来越动态和复杂（张海燕、张正堂和陈传明，2017）。在这样的大背景下，销售、服务、技术、研发、创新创业等诸多高复杂性组织和行业中，员工个体绩效在组织内分布已开始逐渐打破传统“正态分布”而日益呈现出如图 3 - 1 所示的“幂律分布”特征和态势（Aguinis & O'Boyle，2014）。早在很久以前，战略人力资源管理领域即认可了组织人力资源的价值差异性或异质性（Barnard，1938；Drucker，2007）。如图 3 - 1 所示，员工个体绩效在组织内的“幂律分布”态势，在本质上，即战略管理领域组织人力资源价值差异性或异质性在微观层面的典型例证。因此，基于上述背景及员工个体在组织价值增值或组织绩效创造过程中作出贡献的差异性或异质性的客观存在，本章研究提出“员工价值异质度”概念，并借鉴 Shaw 等（2002）有关薪酬差距的概念界定——薪酬差距是对同一或大体相同工作岗位内及跨工作岗位间或组织层面所有岗位间薪酬水平差异的度量，将“员工价值异质度”界定为——一个描述和刻画组织中员工个体在组织价值增值或组织绩效创造过程中作出贡献的差异性以及员工个体价值贡献或绩效贡献差异程度度量的变量①。

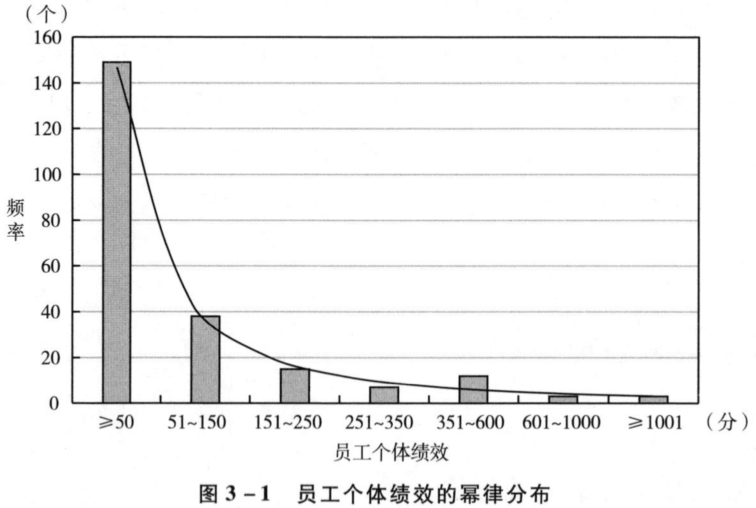

图 3 - 1　员工个体绩效的幂律分布

① 在概念本质上，“员工价值异质度”等同于“员工价值异质性”，两者均描述了员工个体在组织价值增值或组织绩效创造过程中作出的有差异的异质贡献。需要说明的是，由于本章研究重点在于考察水平薪酬差距与员工价值异质贡献之间的一致或不一致对员工个体绩效的差异性影响，因此，为了体现出同“水平薪酬差距”所反映出的组织同一层级或大体相同工作岗位上员工个体薪酬水平差异分布情况，本书在第 3 章中选择使用能够反映员工个体价值异质贡献在组织同一层级或大体相同工作岗位上的差异分布情况的“员工价值异质度”，以在表述上能够与“水平薪酬差距”相对应。后续第 4 章中的“员工价值异质性”变量，则作为体现员工个体重要差异性的调节变量，更加强调的是员工个体的价值异质性，因此，在表述上倾向于使用“员工价值异质性”。

与“水平薪酬差距”是用来衡量员工个体薪酬水平在组织同一层级或大体相同工作岗位内的差异性分布情况类似，“员工价值异质度”是用来反映员工个体的价值贡献或绩效贡献在组织同一层级或大体相同工作岗位内的差异程度或异质程度的。依据“员工价值异质度”关注的层面差异，可将其划分为集体层面的员工价值异质度和个体层面的员工价值异质度。集体层面的员工价值异质度，主要关注的是在组织层面、部门或团队层面度量整个组织内、部门内或团队内成员个体价值贡献或绩效贡献分布的差异程度；个体层面的员工价值异质度，则站在员工个体视角，关注和考察员工个体为组织、部门或团队作出的价值贡献或绩效贡献相比于组织内、部门内或团队内其他成员作出的价值贡献或绩效贡献的差距。本章研究实证探讨的，是个体层面的员工价值异质度。

3.2.2　水平薪酬差距—员工价值异质度间趋于一致和不一致对团队成员个体绩效的差异性影响

Aguinis 和 O'Boyle（2014）主张，未区分相对静态环境下的“传统工作”与当前动态环境下的“复杂工作”，是导致现有研究关于薪酬差距绩效效应研究结论自相矛盾或不一致的一个重要可能原因。他们认为，在相对静态的传统工作环境中，员工个体绩效主要服从正态分布，在这一情形下，为提供几乎“同质”工作绩效的员工提供“异质”薪酬回报无疑会严重违背员工个体的公平判断，必然会导致较大的薪酬差距负面影响员工个体的绩效水平；然而，在日趋动态、不确定和复杂的当前知识经济工作环境中，员工个体在组织价值增值或组织绩效创造过程中作出的贡献是有差别的，尤其是明星员工与一般员工之间的个体价值贡献或绩效贡献具有显著的异质性，员工个体绩效在组织内更倾向于服从“幂律分布”，在这样的背景下，为提供“异质”工作绩效的员工给予“异质”薪酬回报则十分符合员工个体的公平判断，必然会使较大的薪酬差距与较高的个体绩效水平相关。十分可惜的是，许多组织纷纷实施薪酬保密政策，致使员工个体层面客观而准确的薪酬数据和绩效贡献数据十分难以获得，因此，除了个别研究（Hill，Aime & Ridge，2017）外，几乎没有文献关注并实证探讨组织薪酬差距最重要且最具合法性来源的“员工价值异质度”。

本章研究在提出并界定“员工价值异质度”概念的基础上，探讨“员工价值异质度”在水平薪酬差距的员工个体绩效效应中的可能影响。具体来说，本章研究探讨和比较如图 3－2 所示的“水平薪酬差距—员工价值异质度”之间趋于一致和不一致的四种典型情形下员工个体绩效水平的差异性，包括：水平薪酬差距—员工价值异质度之间趋于一致情形与不一致情形下的员工个体绩效水平比较；水平薪酬差距—员工价值异质度之间趋于一致情形下，“高水平—高水平”趋于一致组合情形（*即图3－2 中的第一象限*）与“低水平—低水平”趋于一致组合情形（*即图3－2 中的第三象限*）下的员工个体绩效水平比较；水平薪酬差距—员工价值异质度之间不一致情形下，“低水平—高水平”不一致组合情形（*即图3－2 中的第二象限*）与“高水平—低水平”不一致组合情形（*即图3－2 中的第四象限*）下的员工个体绩效水平比较。

		水平薪酬差距	
		低	高
员工价值异质度	高	水平薪酬差距—员工价值异质度间的“低水平—高水平”不一致组合（**第二象限**）	水平薪酬差距—员工价值异质度间的“高水平—高水平”趋于一致组合（**第一象限**）
	低	水平薪酬差距—员工价值异质度间的“低水平—低水平”趋于一致组合（**第三象限**）	水平薪酬差距—员工价值异质度间的“高水平—低水平”不一致组合（**第四象限**）

图 3－2　水平薪酬差距—员工价值异质度之间趋于一致与不一致的四种典型组合

首先，“水平薪酬差距—员工价值异质度”之间“趋于一致”情形（*即图 3－2中的第一、第三象限*）与“不一致”情形（*即图3－2 中的第二、第四象限*）下的员工个体绩效水平比较。公平理论（Adams，1963）假定，员工个体会计算自己的工作投入（*即* $Input_I$）与工作产出（*即* $Output_I$）的比例（即，$Input_I/Output_I$），并将该比例与同一时期参照对象的工作投入（*即* $Input_O$）与工作产出（*即* $Output_O$）的比例（*即*，$Input_O/Output_O$）进行比较。如果相互比较的两个比例值趋于一致，即，$Input_I/Output_I \approx Input_O/Output_O$，则员工个体会倾向于认为组织薪酬分配是公平的，进而保持甚至提升自己的工作投入水平；如果相互比较的两个比例值未趋于一致，即，$Input_I/Output_I \neq Input_O/Output_O$，则员工个体将倾向于认为组织薪酬分配是不公平的，进而会通过调整工作投入水平或寻找不同工作产出来使比例值趋于一致。这里，工作投入，即对应本章中员工个体的价值贡献或绩效贡献；工作产出，即对应本章中员工个体从组织中获得的薪酬回报。依据数学运算规律，将相互比较的趋于一致或未趋于一致的两个比例分式进行转换后，即获得：

$$\frac{Input_I}{Input_O} \approx \frac{Output_I}{Output_O} \tag{3-1}$$

$$\frac{Input_I}{Input_O} \neq \frac{Output_I}{Output_O} \tag{3-2}$$

在近似等式（公式3-1）和不等式（公式3-2）中，当工作投入具体指代员工在组织价值创造中的个体价值贡献或在组织绩效生产中的个体绩效贡献、工作产出具体指代员工个体从组织中获得的薪酬回报时，依据“水平薪酬差距”和“员工价值异质度”的概念界定，公式（3-1）近似等号与公式（3-2）不等号的左侧部分即对应本章研究中的“员工价值异质度”，右侧部分则对应本章研究中的“水平薪酬差距”。因此，依据公平理论（Adams，1963），本章研究推导，当员工个体的工作投入与工作产出的比例与同一时期参照对象的工作投入与工作产出的比例趋于一致时，即意味着“员工价值异质度”与“水平薪酬差距”趋于一致，此时，员工个体将感受到组织薪酬分配的公平性；相反，当员工个体的工作投入与工作产出的比例与同一时期参照对象的工作投入与工作产出的比例不相一致时，则意味着“员工价值异质度”与“水平薪酬差距”的不相一致，此时，员工个体将感受到组织薪酬分配的不公平性。现有研究已表明，薪酬分配的公平性是影响员工个体工作动机的重要因素，当员工个体认为组织薪酬分配是公平时，将倾向于保持和提升自己的工作投入水平，最终会利于员工个体绩效水平的提升；反之，当员工个体认为组织薪酬分配是不公平时，则更可能降低自身的工作投入水平，进而削弱员工个体绩效水平（Bloom，1999；Uriesi，2016）。综上所述，本章研究推测，水平薪酬差距—员工价值异质度之间趋于一致情形下的员工个体绩效水平，高于两者之间不一致情形下的员工个体绩效水平，即：

H3-1：相比于水平薪酬差距—员工价值异质度之间不一致情形，水平薪酬差距—员工价值异质度之间趋于一致情形下的员工个体绩效水平更高。

其次，比较图3-2中“水平薪酬差距—员工价值异质度”之间“趋于一致”情形下的两个典型组合——“高水平—高水平”趋于一致组合（第一象限）和“低水平—低水平”趋于一致组合（第三象限）——对员工个体绩效水平的可能差异影响。无论是“高水平—高水平”趋于一致组合还是“低水平—低水平”趋于一致组合，它们均属于“水平薪酬差距—员工价值异质度”之间趋于一致情形或两者之间相互匹配类型。由于水平薪酬差距与员工价值异质度趋于一致或彼此相匹配，那么，依据公平理论（Adams，1963），这两种组合均将利于员工个体产生薪酬分配公平感，进而利于员工个体工作动机和绩效水平的提升。然而，“水平薪酬差距—员工价值异质度”之间的“高水平—高水平”趋于一致组合意味着为在组织价值增值或组织绩效创造过程中作出显著异质贡献的员工个体（*即，高水平员工价值异质度*）提供与其异质贡献相匹配的异质薪酬水平（*即，高水平薪酬差距*），两者之间的“低水平—低水平”趋于一致组合则意味着为在组织价值增值或组织绩效创造过程中作出几乎同质贡献的员工个体（*即，低水平员工价值异质度*）提供几乎没有差异薪酬回报（*即，低水平薪酬差距*）。无疑，“高水平—高水平”趋于一致组合更加认可员工个体价值贡献异质性并鼓励“多劳多得”，在这种情形下，员工个体的绩效动力往往会更强，进而更可能创造出更高的员工个体绩效水平。本书第4章研究对明星员工与一般员工在“基于绩效的水平薪酬差距—个体绩效”之间影响关系上的差异性研究结论，即提供了本章研究有关“水平薪酬差距—员工价值异质度”之间“低水平—低水平”趋于一致组合情形与“高水平—高水平”趋于一致组合情形下员工个体绩效水平的差异性推论的证据支持。具体来说，明星员工，即在组织价值增值或组织绩效创造过程中作出突出贡献的员工个体，表现为图3-1幂律分布图中右尾端的极少数员工（Aguinis & O'Boyle，2014），他们的员工价值异质性极高；一般员工，即在组织价值增值或组织绩效创造过程中贡献一般的个体，对应图3-1幂律分布图中左端高柱部分的、大多数绩效水平一般且彼此间绩效几乎“同质”或无差异的员工个体，他们的员工价值异质性较低。本书第4章研究证实，相比于一般员工而言，基于绩效的水平薪酬差距越大，明星员工的个体绩效水平越高。本章研究认为，“水平薪酬差距—员工价值异质度”之间的“高水平—高水平”趋于一致组合，十分类似于组织为“明星员工”提供高差异化的薪酬结构，而两者之间的“低水平—低水平”趋于一致组合，则近似于组织为绩效表现一般的普通员工提供几乎没有差异的薪酬水平；依据期望理论（Lawler，1973；Vroom，1964），很显然，较高的水平薪酬差距将激发明星员工更强烈的个体绩效动力，进而使“高水平—高水平”趋于一致组合情形下的员工个体绩效水平高于“低水平—低水平”趋于一致组合情形下的员工个体绩效水平，即：

H3-2：相比于水平薪酬差距—员工价值异质度之间的“低水平—低水平”趋于一致组合情形，两者之间的“高水平—高水平”趋于一致组合情形所对应的员工个体绩效水平更高。

最后，关于图3-2中“水平薪酬差距—员工价值异质度”之间不一致情形下的两个典型组合——“高水平—低水平”不一致组合（第四象限）和“低水平—高水平”不一致组合（第二象限）——对员工个体绩效水平的可能差异影响。“相似性”是社会比较理论的核心和重要前提（Festinger，1954）；员工个体之间绩效差异大小，则是员工个体彼此之间“相似性”认知或“不相似性”认知的重要来源（Finkelstein，1992）。当员工个体感知到与参照对象之间存在显著不同的绩效贡献差距或价值贡献差距时，员工个体彼此之间的“相似性”认知将显著降低（Hill，Aime & Ridge，2017）；反之，当员工个体之间的绩效贡献或价值贡献不存在显著差异时，员工个体彼此之间的“相似性”认知将增强。显然，水平薪酬差距—员工价值异质度之间的“低水平—高水平”不一致组合情形下，由于员工个体的价值异质性较高，即员工个体之间的绩效贡献差距或价值贡献差异较大，因此，这种情形将使员工个体趋于认为彼此之间是“不相似”的，进而利于减少甚至避免个体之间的薪酬水平比较，从而降低甚至使员工个体在（*不利*）薪酬比较中可能经历的相对剥削感、痛苦等负面情绪消失，由此，（*不利*）薪酬比较可能给员工个体带来的诸多负面影响，将可能因员工个体彼此之间的“不相似性”认知而降低甚至消失。相反，水平薪酬差距—员工价值异质度之间的“高水平—低水平”不一致组合情形下，较低水平的员工价值异质性将可能增强员工个体之间的“相似性”认知，进而提升员工个体之间的薪酬比较频率和增强他们对薪酬比较结果的关注，从而可能放大（不利）薪酬比较可能给个体带来的痛苦、相对剥削感、不公平感以及其他可能的负面影响。总之，水平薪酬差距—员工价值异质度之间的“低水平—高水平”不一致组合情形，将因较高的员工个体价值异质性而显著改变员工个体之间的“相似性”认知，进而降低薪酬水平比较频率甚至避免彼此之间的薪酬水平比较以及对薪酬水平比较结果——水平薪酬差距——的关注，从而降低甚至避免源于（不利）薪酬比较的诸多负面情绪和负面影响；然而，相比于“低水平—高水平”不一致组合情形，水平薪酬差距—员工价值异质度之间的“高水平—低水平”不一致组合情形下，将可能因员工个体之间近似而几乎无差异的价值异质性而增强彼此之间的“相似性”认知，进而提升彼此之间进行薪酬水平比较的频率和对薪酬水平比较结果的关注，与此同时，实际的水平薪酬差距又较大，则进一步放大或恶化源自（不利）薪酬比较的相对剥削感、痛苦和不公平感。因此，水平薪酬差距—员工价值异质度之间的“高水平—低水平”不一致组合情形下，源于频繁薪酬水平比较的负面情绪可能更为强烈，从而会占用员工个体过多的资源、时间和精力，致使其分配或投入工作中的资源、时间和精力相对有限，最终导致员工个体绩效水平低于两者之间的“低水平—高水平”不一致组合情形所对应的员工个体绩效水平。综上所述，本章研究预测：

H3－3：相比于水平薪酬差距—员工价值异质度之间的“高水平—低水平”不一致组合情形，水平薪酬差距—员工价值异质度之间的“低水平—高水平”不一致组合会带来更高水平的员工个体绩效。

本章研究构建的理论模型，总结如图3－3所示。

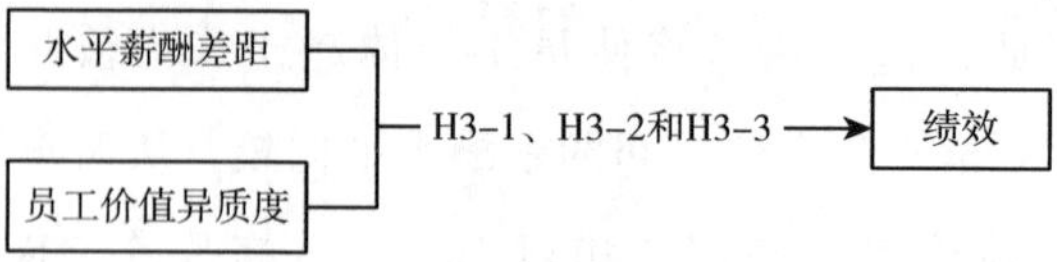

图3－3　水平薪酬差距—员工价值异质度之间的（不）一致对员工个体绩效影响模型

3.3 研究方法

3.3.1 研究样本

本章研究以某一长期实施稳定薪酬分配政策的高校一学院教师个体为研究样本，通过收集他们在2014~2017年员工个体层面客观而精确的薪酬数据、绩效数据和人口统计特征变量，来获得本章研究的实证数据。由于是基于时间序列数据进行实证检验，因此，为了有效控制研究变量的自相关性和更科学地检验研究变量之间的因果关系，本章研究自变量1——工作团队内个体层面的“水平薪酬差距”数据、自变量2——工作团队内成员个体的“员工价值异质度”数据和因变量——工作团队内成员个体的“绩效”数据，在年份上的对应关系如表3-1所示。按照表3-1中的年份顺序匹配后，共获得227个员工个体研究样本，他们的基本情况总结如表3-2所示。

表3-1　本章研究变量实证数据在时间点上的匹配情况

年份	客观数据采集时间点	自变量1：水平薪酬差距	自变量2：员工价值异质度	因变量：绩效
2014	2015.01	✓	✓	
2015	2016.01	✓	✓	✓
2016	2017.01	✓	✓	✓
2017	2018.01			✓

表3-2　研究样本的基本情况（N=227）

变量	选项	频数	比例（%）	变量	选项	频数	比例（%）
性别	男	151	66.520	工龄	20年以上	29	12.775
	女	76	33.480		15~20年	77	33.921
受教育程度	博士	96	42.291		5~15年	86	37.885
	硕士	95	41.850		5年以下	35	15.419
	学士	36	15.859	年薪	20万元以上	20	8.811
职称	教授	19	8.370		15万~20万元	43	18.943
	副教授	79	34.802		12万~15万元	72	31.718
	讲师	129	56.828		12万元以下	92	40.529

3.3.2 测量工具

工作团队内成员个体层面的“水平薪酬差距（第t年）”和“员工价值异质度（第t年）”，是本章研究模型中的两个自变量。水平薪酬差距（第t年），是指第t年员工个体的薪酬水平与所在工作团队的平均薪酬水平之间的差距；本章研究运用薪酬差距的“差值”测量法，通过对员工个体的年薪与所在工作团队的平均年薪之间的差值绝对值进行取对数处理（Bloom，1999），来获得员工个体层面在相应年份的“水平薪酬差距”测量值。员工价值异质度（第t年），主要衡量第t年员工个体在工作团队价值增值或工作团队绩效创造中作出贡献的差异程度（Hill，Aime & Ridge，2017）。由于“员工价值异质度”在统计含义上与“薪酬差距”相同，均为衡量员工在某一领域的个体差异程度——“薪酬差距”衡量员工个体在组织薪酬分配领域的薪酬水平差异程度，“员工价值异质度”衡量员工个体在组织价值增值或组织绩效创造中的贡献差异程度，因此，本章研究借鉴薪酬差距的“比值”测量法（Bloom，1999）来实现对“员工价值异质度”的测量。具体来说，通过计算员工个体绩效水平（第t年）与所在工作团队的平均绩效水平（第t年）的比值，来实现对第t年该员工个体的“员工价值异质度”的操作化。

团队成员个体的“绩效（第t+1年）”，是本章研究关注的因变量。具体到本章研究中的高校教师研究样本，员工个体绩效包括教学绩效和科研绩效两部分。如表3-1所示，提供本章研究实证数据的高校学院在第t+2年的年初，会统计每一位员工个体在过去一年（第t+1年）中实际完成的教学任务和科研任务，然后，依据学校和学院实施的绩效量化计分政策，将每一位员工个体在第t+1年中实际完成的教学绩效和科研绩效折合成一个具体的分数，最后将每一位员工个体在第t+1年实际完成的教学绩效分和科研绩效分加总，即获得该员工在第t+1年的个体绩效数据。

在本章研究中，控制变量主要包括员工个体的性别（第t年）、受教育程度（第t年）、职称（第t年）、工龄（第t年）和年薪（第t年）。其中，性别变量取值0表示女性、取值1表示男性；受教育程度变量取值1表示学士、取值2表示硕士、取值3表示博士；职称变量取值1表示讲师、取值2表示副教授、取值3表示教授；工龄，即样本员工在组织中的实际工作年限；年薪，即样本员工在第t年从组织中获得的全部收入，为了消除年薪数据的右偏分布，本章研究将样本员工个体层面的年薪数据进行取自然对数处理。

3.3.3 多项式回归结合三维响应曲面分析法

近年来，在组织管理的匹配/一致效应或不匹配/不一致效应研究领域中，由于相比“差异分数”基础上的传统多元线性回归分析，多项式回归结合三维响应曲面分析不仅能够放松对回归方程的诸多限制，也能够充分挖掘出差异分数基础上的传统回归分析无法探索和揭示的研究变量之间的复杂三维影响关系（张海燕和张正堂，2017a；张海燕和张正堂，2017b），因此，该方法备受学者们的认可和推崇。

运用多项式回归结合三维响应曲面分析法进行匹配/一致效应或不匹配/不一致效应研究，需要满足一个非常重要的前提条件——两个预测变量必须是彼此“相称”的（张海燕和张正堂，2017a）。具体到本章研究，工作团队内员工个体层面的“水平薪酬差距”和“员工价值异质度”，是本章研究运用来预测团队成员个体绩效的两个重要的自变量。“员工价值异质度”，是用来反映员工个体的工作投入——员工个体的价值贡献或绩效贡献——在组织内/工作团队内/部门内的差异程度或异质程度；“水平薪酬差距”，是用来衡量组织提供员工工作回报（*也是员工个体的工作产出*）的薪酬水平在组织内/工作团队内/部门内的差异性。因此，本章研究模型中的两个预测变量，分别是来自“工作产出”和“工作投入”这两个彼此具有紧密关联性和理应具有匹配性或一致性的概念领域，所以，它们符合进行多项式回归分析的“相称性”要求。综上所述，十分适合将多项式回归结合三维响应曲面分析法引入本章来科学考察和揭示“水平薪酬差距—员工价值异质度”之间趋于一致和不一致对团队成员个体绩效水平的可能差异性影响。

遵循国内学者张海燕和张正堂（2017a）梳理和归纳的多项式回归结合三维响应曲面分析的详细操作步骤，首先，将本章研究的控制变量（性别 C_1、受教育程度 C_2、职称 C_3、工龄 C_4 和年薪 C_5）及“水平薪酬差距（X）”“员工价值异质度（Y）”“水平薪酬差距的平方项（XX）”“水平薪酬差距”与“员工价值异质度”的乘积项（XY）和“员工价值异质度”的平方项（YY），均纳入对团队成员个体“绩效（Z）”的多项式回归方程，即：

$$Z = b_0 + b_1 \times C_1 + b_2 \times C_2 + b_3 \times C_3 + b_4 \times C_4 + b_5 \times C_5 + b_6 \times X + b_7 \times Y + b_8 \times XX + b_9 \times XY + b_{10} \times YY + e \quad (3-3)$$

其次，基于该多项式回归方程的非标准回归系数，运用 OriginPro 2015 软件，绘制“水平薪酬差距—员工价值异质度”之间趋于一致和不一致对团队成员个体绩效差异性影响三维响应曲面图。

再次，基于 Bootstrap 法抽取的 10000 个非标准回归系数样本，估计该三维响应曲面的重要特征数据值。

最后，基于该三维响应曲面及重要特征数据的估计值，综合检验本章提出的研究假设是否能够获得实证数据的支持。

3.4 研究结果

3.4.1 均值、标准差和相关系数

表 3-3 中的相关系数表明，团队成员个体的绩效水平，与受教育程度（$r=0.277$，$p<0.01$）、职称（$r=0.136$，$p<0.05$）、工龄（$r=-0.229$，$p<0.01$）、年薪（$r=0.149$，$p<0.05$）、水平薪酬差距（$r=0.529$，$p<0.01$）和员工价值异质度（$r=0.589$，$p<0.01$）均显著相关；团队成员个体的水平薪酬差距，与性别（$r=0.131$，$p<0.05$）和年薪（$r=0.132$，$p<0.05$）显著正相关；员工价值异质度，与受教育程度（$r=0.285$，$p<0.01$）、职称（$r=0.151$，$p<0.05$）、工龄（$r=-0.226$，$p<0.01$）、年薪（$r=0.166$，$p<0.05$）和水平薪酬差距

（$r=0.519$，$p<0.01$）均显著相关。

表3-3 研究变量的均值、标准差和相关系数情况（N=227）

变量	均值	标准差	1	2	3	4	5	6	7	8
1. C_1	0.665	0.473	1.000							
2. C_2	2.264	0.717	-0.077	1.000						
3. C_3	1.515	0.647	0.349**	-0.066	1.000					
4. C_4	12.991	7.212	0.214**	-0.326**	0.445**	1.000				
5. C_5	11.824	0.301	0.347**	-0.104	0.904**	0.449**	1.000			
6. X	8.331	0.940	0.131*	0.045	0.123	0.038	0.132*	1.000		
7. Y	1.005	1.934	0.081	0.285**	0.151*	-0.226**	0.166*	0.519**	1.000	
8. Z	100.579	205.546	0.076	0.277**	0.136*	-0.229**	0.149*	0.529**	0.589**	1.000

注：**表示在0.01水平（双侧）上显著相关；*表示在0.05水平（双侧）上显著相关。C_1表示性别，C_2表示受教育程度，C_3表示职称，C_4表示工龄，C_5表示年薪；X表示水平薪酬差距（第t年），Y表示员工价值异质度（第t年），Z表示团队成员个体的绩效（第t+1年）。

3.4.2 水平薪酬差距—员工价值异质度之间趋于一致与不一致的样本比例分析

依据Shanock等（2010）、张海燕和张正堂（2017a，2017b）的建议，运用多项式回归分析进行“水平薪酬差距—员工价值异质度”之间趋于一致和不一致对团队成员个体绩效水平的差异性影响研究假设实证检验之前，非常有必要先计算研究样本中“水平薪酬差距—员工价值异质度”之间“趋于一致”与“不一致”的样本比例分布，以确保“水平薪酬差距—员工价值异质度”之间趋于一致和不一致对团队成员个体绩效的差异性影响研究更具有实践价值。按照国内学者张海燕和张正堂（2017a）梳理和归纳的具体计算步骤，本章研究中“水平薪酬差距—员工价值异质度”之间“趋于一致”和“不一致”的样本比例分布情况如表3-4所示。

表 3 - 4　　水平薪酬差距—员工价值异质度之间趋于一致与不一致的样本比例分布情况（N = 227）

类　型	数量（个）	比例（%）	均值		
			水平薪酬差距	员工价值异质度	绩效
水平薪酬差距—员工价值异质度趋于一致	98	43.172	8.374	1.048	108.612
高水平薪酬差距—低员工价值异质度	78	34.361	8.724	0.069	6.827
低水平薪酬差距—高员工价值异质度	51	22.467	7.645	2.355	228.529

具体来说，43.172% 的样本员工（98 个）的实际水平薪酬差距与员工价值异质度趋于一致，56.828% 的样本员工（129 个）的实际水平薪酬差距与员工价值异质度之间存在差距，其中，34.361% 的样本员工（78 个）的实际水平薪酬差距高于他们的员工价值异质度，22.467% 的样本员工（51 个）的实际水平薪酬差距低于他们的员工价值异质度。因此，"水平薪酬差距—员工价值异质度"之间不一致的样本比例（56.828%）远远超过 10% 的评判标准（Shanock et al.，2010；张海燕和张正堂，2017a），充分表明本章研究运用多项式回归结合三维响应曲面分析法来探讨和检验"水平薪酬差距—员工价值异质度"之间"趋于一致"与"不一致"对团队成员个体绩效的差异性影响非常具有实践意义。

3.4.3　研究假设检验

研究假设 H3 - 1 ~ H3 - 3 是否成立，不仅取决于多项式回归分析结果，也取决于三维响应曲面重要特征数据估计结果。表 3 - 5，即水平薪酬差距—员工价值异质度之间趋于一致和不一致对团队成员个体绩效可能差异性影响的多项式回归分析结果，以及，基于 Bootstrap 法（10000 次）抽取多项式回归系数样本获得的三维响应曲面重要特征数据估计结果；图 3 - 4，即基于表 3 - 5 中模型 3 对应的多项式回归的非标准回归系数，运用 OriginPro 2015 软件绘制的"水平薪酬差距—员工价值异质度"对团队成员个体绩效影响三维响应曲面图。

表3-5 “水平薪酬差距—员工价值异质度”对团队成员个体绩效的多项式回归分析结果（N=227）

变　量	模型1	模型2	模型3
截距	-10.488	-8.117	-1.526
性别	0.118	0.011	0.010
受教育程度	0.296**	0.255**	0.016
职称	0.045	0.049	-0.006
工龄	-0.042***	-0.041***	-0.003+
年薪	0.864+	0.676+	0.130
水平薪酬差距		0.500***	0.031+
员工价值异质度			0.702***
水平薪酬差距平方项			0.023
水平薪酬差距与员工价值异质度乘积项			0.459***
员工价值异质度平方项			-0.208***
F	9.362***	26.288***	1033.739***
R^2	0.175	0.418***	0.980***
ΔR^2		0.243***	0.805***
三维响应面重要特征	估计值	95% 置信区间	
第一主轴斜率	0.616	[-0.150，1.082]	
第一主轴截距	0.977	[-0.803，2.757]	
沿水平薪酬差距—员工价值异质度一致线的斜率	0.733	[0.609，0.857]	
沿水平薪酬差距—员工价值异质度一致线的曲率	0.274	[0.069，0.479]	
沿水平薪酬差距—员工价值异质度不一致线的斜率	-0.671	[-0.782，-0.560]	
沿水平薪酬差距—员工价值异质度不一致线的曲率	-0.644	[-1.121，-0.167]	

注：+表示 $p<0.10$；*表示 $p<0.05$；**表示 $p<0.01$；***表示 $p<0.001$。ΔR^2：模型2、模型3均是与模型1比较。三维响应曲面的重要特征数据估计值，是基于Bootstrap法抽取10000个非标准回归系数样本进行线性组合估计检验和非线性组合估计检验获得，另外，第一主轴斜率估计值的显著性检验是与1进行比较，第一主轴截距估计值的显著性检验是与0进行比较，沿水平薪酬差距—员工价值异质度一致线或不一致线的三维响应曲面的横截线曲率估计值和在（0，0）处的斜率估计值的显著性检验均是与0进行比较。

表3-5中的模型3显示，在控制了性别、受教育程度、职称、工龄和年薪对团队成员个体绩效的影响后，水平薪酬差距、员工价值异质度、水平薪酬差距

平方项、水平薪酬差距与员工价值异质度乘积项、员工价值异质度平方项对绩效的多项式回归方程拟合良好（$F=1033.739$，$p<0.001$），R^2 显著提升（$\Delta R^2=0.805$，$p<0.001$），并且，水平薪酬差距与员工价值异质度乘积项（$\beta=0.459$，$p<0.001$）、员工价值异质度平方项（$\beta=-0.208$，$p<0.001$）的回归系数均显著，综合表明图 3－4 基于模型 3 中非标准回归系数所绘制的“水平薪酬差距—员工价值异质度”对团队成员个体绩效影响三维响应曲面图、表 3－5 中下半部分运用 Boostrap 法（10000 次）抽取非标准回归系数样本并估计三维响应曲面重要特征数据以及后续基于三维响应曲面重要特征数据估计值进行的结果解读，均是十分有意义的。

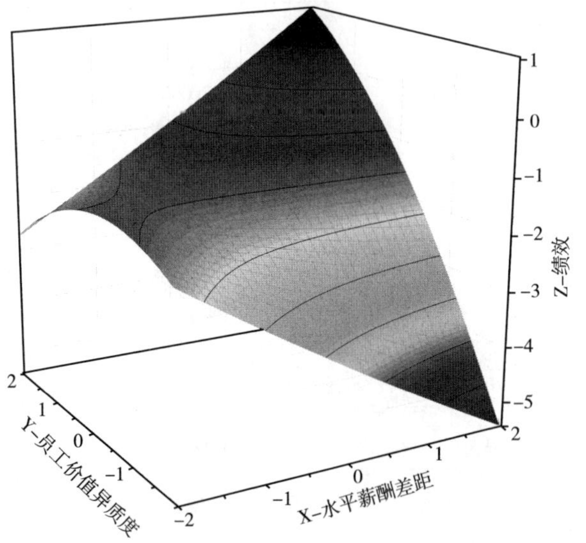

图 3－4 “水平薪酬差距—员工价值异质度”对团队成员个体绩效影响三维响应曲面图

注：从水平薪酬差距—员工价值异质度平面（X－Y 平面）的左下角向右上角方向延伸的对角线，为水平薪酬差距—员工价值异质度一致线；从该平面的左上角向右下角方向延伸的对角线，为水平薪酬差距—员工价值异质度不一致线。

首先，通过图 3－4 中的“水平薪酬差距—员工价值异质度”对团队成员个体绩效影响三维响应曲面图，来直观地判断研究假设 H3－1 ~ H3－3 是否成立。图 3－4 清晰地显示出，第一，该三维响应曲面沿水平薪酬差距—员工价值异质度不一致线的倒“U”形横截线十分明显，似乎意味着团队成员个体层面的水平薪酬差距与员工价值异质度出现不一致时，无论是水平薪酬差距—员工价值异质度之间的“高水平—低水平”不一致组合还是“低水平—高水平”不一致组合，相比两者之间趋于一致情形，团队成员的个体绩效水平均出现下降趋势，直观表明水平薪酬差距—员工价值异质度之间趋于一致情形所对应的团队成员个体绩效水平高于两者之间不一致情形所对应的团队成员个体绩效水平，因此，三维响应曲面图直观而初步地支持了研究假设 H3－1。第二，沿着水平薪酬差距—员工价值异质度一致线，伴随着两者之间趋于一致程度的逐步提高，水平薪酬差距—员工价值异质度之间的“高水平—高水平”趋于一致组合所对应的团队成员个体绩效水平在直观上高于两者之间“低水平—低水平”趋于一致组合所对应的团队成员个体绩效水平，所以，提供了关于研究假设 H3－2 成立的初步证据支持。第三，水平薪酬差距—员工价值异质度不一致线的两个端点对应的不一致组合情形下，团队成员的个体绩效水平在直观上有差异，即水平薪酬差距—员工价值异质度之间“低水平—高水平”不一致组合情形下的团队成员个体绩效水平高于两者“高水平—低水平”不一致组合情形对应的团队成员个体绩效水平，初步支持了研究假设 H3－3。由此，图 3－4 提供了关于研究假设 H3－1 ~ H3－3 成立的初步证据支持。

接着，需要通过表 3－5 偏下部分的三维响应曲面重要特征数据估计值及其显著性检验结果，来进一步判断获得图 3－4 直观与初步支持的研究假设 H3－1 ~ H3－3 是否在统计上显著成立。研究假设 H3－1 涉及水平薪酬差距—员工价值异质度之间趋于一致情形下的团队成员个体绩效水平与两者之间不一致情形下的团队成员个体绩效水平的比较效应，该研究假设预测前一情形下的团队成员个体绩效水平较高。研究假设 H3－1 是否成立，主要取决于三维响应曲面的两个重要特征数据估计值——三维响应曲面沿水平薪酬差距—员工价值异质度不一致线的横截线的曲率估计值，以及，三维响应曲面的第一主轴是否与水平薪酬差距—员工价值异质度一致线相重合。如果三维响应曲面沿水平薪酬差距—员工价值异质度不一致线的横截线的曲率估计值为显著负值，并且，三维响应曲面的第一主轴斜率估计值与 1、第一主轴截距估计值与 0 均没有显著差异，则意味着研究假设

H3－1获得了实证数据的支持。表3－5中的数据显示，三维响应曲面沿水平薪酬差距—员工价值异质度不一致线的横截线的曲率估计值为－0.644，该估计值的95%置信区间为［－1.121，－0.167］，未包含0，即表明三维响应曲面沿不一致线的横截线的曲率估计值为显著负值，意味着该三维响应曲面沿水平薪酬差距—员工价值异质度不一致线的倒“U”形横截线的直观推断获得了实证数据的支持；并且，该三维响应曲面的第一主轴斜率估计值与1没有显著差异（*估计值为0.616，该估计值的95%置信区间为［－0.150，1.082］，包含1，不显著*）、第一主轴截距估计值与0也没有显著差异（*估计值为0.977，该估计值的95%置信区间为［－0.803，2.757］，包含0，不显著*），因此，表明该三维响应曲面的第一主轴的确与水平薪酬差距—员工价值异质度一致线相重合。综上所述，研究假设H3－1成立需要满足的两个条件均得到满足，所以，研究假设H3－1获得了实证数据的证实。

研究假设H3－2是关于水平薪酬差距—员工价值异质度之间趋于一致情形下的“高水平—高水平”趋于一致组合与“低水平—低水平”趋于一致组合分别对应的团队成员个体绩效水平的比较效应，该研究假设推断水平薪酬差距—员工价值异质度之间的“高水平—高水平”趋于一致组合所对应的团队成员个体绩效水平更高。研究假设H3－2是否成立，主要取决于三维响应曲面沿水平薪酬差距—员工价值异质度一致线的横截线在（0，0）处的斜率估计值是否为显著正值。如果三维响应曲面沿水平薪酬差距—员工价值异质度一致线的横截线在（0，0）处的斜率估计值是一个显著正值，则意味着研究假设H3－2获得了实证数据证实，否则，研究假设H3－2在统计上不成立。表3－5中偏下部分的数据显示，三维响应曲面沿水平薪酬差距—员工价值异质度一致线的横截线在（0，0）处的斜率估计值为0.733，该估计值的95%置信区间为［0.609，0.857］，未包含0，表明该三维响应曲面沿水平薪酬差距—员工价值异质度一致线的横截线在（0，0）处的斜率估计值的确是一个显著正值，因此，研究假设H3－2获得了实证数据的支持。

研究假设H3－3涉及水平薪酬差距—员工价值异质度之间不一致情形下的两个典型组合——“高水平—低水平”不一致组合和“低水平—高水平”不一致

组合——分别对应的团队成员个体绩效水平的比较效应，该研究假设预测水平薪酬差距—员工价值异质度之间的“低水平—高水平”不一致组合情形所对应的团队成员个体绩效水平相对更高。研究假设 H3－3 是否成立，主要取决于三维响应曲面沿水平薪酬差距—员工价值异质度不一致线的横截线在（0，0）处的斜率估计值是否为一个显著负值。如果该斜率估计值为一个显著负值，则意味着研究假设 H3－3 获得了实证数据的支持，否则，研究假设 H3－3 不成立。表 3－5 中偏下部分的数据显示，该三维响应曲面沿水平薪酬差距—员工价值异质度不一致线的横截线在（0，0）处的斜率估计值，的确是一个显著负值（*估计值为 －0.671，该估计值的95% 置信区间为［－0.782，－0.560］，未包含0，显著*），所以，研究假设 H3－3 获得了实证数据的证实。

3.5 研究结论与启示

3.5.1 研究结论

员工个体绩效，始终是实现组织更高层面绩效的基础和关键手段（Bloom，1999）。然而，囿于组织纷纷实施薪酬保密政策背景下员工个体层面客观而精确的薪酬数据和绩效数据十分难以获得，薪酬差距对员工个体绩效的影响研究依然落后而欠成熟（Shaw，2014）。现有极少数的薪酬差距对员工个体绩效影响实证研究至今没有获得明确的结论，固然有很多原因，本书认为，忽视当前动态、不确定和充满复杂性组织工作情境下员工个体工作付出或工作产出的“异质性”以及忽略（水平）薪酬差距与员工个体工作付出或工作产出异质性间是否趋于“一致”或“不一致”在（水平）薪酬差距对员工个体绩效影响中的可能作用，是导致薪酬差距的员工个体绩效效应研究结论不明确的一个重要可能原因。因此，可以考虑将动态、不确定和充满复杂性的组织工作情境下员工个体工作付出或工作产出的“异质性”以及（水平）薪酬差距与其是否趋于一致或不一致，纳入薪酬差距对员工个体绩效的影响研究，进而创新性地推动薪酬差距的员工绩效效应研究。在上述思路的引导下，本章研究提出并界定“员工价值异质度”概念，探讨水平薪酬差距—员工价值异质度之间趋于一致和不一致对团队成员个体绩效水平的可能差异性影响，并引入和运用“多项式回归结合三维响应曲面分析法”来进行本章研究假设的实证检验。本章研究取得的结论，主要包括：

第一，基于当前愈益动态、不确定和充满复杂性的组织工作环境所导致的员工个体工作职责日趋非程序化和要求创新性以及员工个体工作付出或工作产出的愈益异质性，提出“员工价值异质度”概念；借鉴薪酬差距的概念界定（Shaw，Gupta & Delery，2002），将“员工价值异质度”定义为一个描述和刻画组织中员工个体在组织价值增值或组织绩效创造过程中作出贡献的差异性以及度量员工个体价值贡献或绩效贡献差异程度的变量，反映在组织和员工个体两个层面，即既包括组织集体层面的“员工价值异质度”又包括员工个体层面的“员工价值异质度”（*本章研究关注的是员工个体层面的“员工价值异质度”*）。

第二，借鉴组织管理领域有关匹配/一致效应或不匹配/不一致效应的研究思路，将“水平薪酬差距—员工价值异质度”之间趋于一致情形和不一致情形细分为“高水平—高水平”趋于一致组合、“低水平—低水平”趋于一致组合、“低水平—高水平”不一致组合和“高水平—低水平”不一致组合四种典型；运用公平理论、社会比较理论以及明星员工的相关研究观点，构建“水平薪酬差距—员工价值异质度”之间的（不）一致对团队成员个体绩效水平的可能差异影响研究模型；收集高校教师 2014～2017 年员工个体层面的客观薪酬数据、绩效数据和人口统计特征变量，引入并运用“多项式回归结合三维响应曲面分析法”来实证检验研究模型是否成立。本章研究提出的三个研究假设，均获得了实证数据的支持：相比于“水平薪酬差距—员工价值异质度”间不一致情形，两者之间趋于一致情形所对应的团队成员个体绩效水平更高；在“水平薪酬差距—员工价值异质度”之间趋于一致情形下，相比于两者之间的“低水平—低水平”趋于一致组合，“高水平—高水平”趋于一致组合情形下的团队成员个体绩效水平更高；在“水平薪酬差距—员工价值异质度”之间不一致情形下，相比于两者之间的“高水平—低水平”不一致组合，“低水平—高水平”不一致组合情形下的团队成员个体绩效水平更高。

3.5.2　理论贡献与实践意义

本章研究的理论贡献，主要体现在下述三个方面。

第一，基于当前愈益动态、不确定和充满复杂性的组织工作情境所导致的员工个体工作职责日趋非程序化和要求创新性以及员工个体工作付出或工作产出的愈益异质性，提出“员工价值异质度”概念，并将其纳入（水平）薪酬差距对员工个体绩效影响研究，这是本章研究顺应变化的组织情境要求而作出的对传统薪酬差距影响研究有关员工个体工作付出或工作产出趋于“同质性”默认假设的突破，将更利于揭示薪酬差距对员工个体绩效的真实影响。

第二，将组织管理领域有关匹配/一致效应或不匹配/不一致效应的科学研究方法——多项式回归结合三维响应曲面分析法——引入本章实证检验。在现有文献中，仅有Hill等（2017）关注并探讨了组织人力资源价值差异与薪酬差距之间的匹配度对组织绩效的可能影响，他们主要运用“差值分数法”（*即1 - ｜组织人力资源价值差异系数 - 薪酬差异系数｜*）来度量两者之间的匹配度。然而，Hill等（2017）的“差值分数法”并不适合运用来检验本章研究构建的理论模型：首先，本章研究关注的是员工个体层面的“水平薪酬差距—员工价值异质度”之间趋于一致和不一致，Hill等（2017）探讨的则是组织层面的“人力资源价值差异—薪酬差距”之间匹配度；其次，本章研究并非笼统地考察“水平薪酬差距—员工价值异质度”对团队成员个体绩效的可能影响，还十分详细地比较了“水平薪酬差距—员工价值异质度”之间趋于一致情形和不一致情形下的团队成员个体绩效水平差异、两者趋于一致情形下“高水平—高水平”趋于一致组合和“低水平—低水平”趋于一致组合所对应的团队成员个体绩效水平差异、两者不一致情形下“低水平—高水平”不一致组合和“高水平—低水平”不一致组合所对应的团队成员个体绩效水平差异。对比而言，“多项式回归结合三维响应曲面分析法”十分适合运用来检验本章研究围绕三组比较效应而提出的三个研究假设，不仅如此，基于多项式回归系数绘制出的三维响应曲面图还能十分清晰、直观地反映出“水平薪酬差距—员工价值异质度”之间的诸多复杂组合所对应的团队成员个体绩效水平的差异。因此，“多项式回归结合三维响应曲面分析法”的引入和运用，扩展并丰富了薪酬差距影响的实证研究方法。

第三，作为薪酬差距影响研究的传统主导支撑理论，公平理论（Adams，1963）一直是学者们运用来阐释和推导薪酬差距对组织重要结果变量具体影响的重要理论依据。本章研究基于数学运算规律，将公平理论中工作投入与工作回报的比例计算公式，进行了转换处理，并将“工作投入”具体化为员工个体的“价值贡献”或“绩效贡献”，“工作回报”具体化为员工个体的“薪酬”，进而将公平理论中进行比较的两部分相应转变为员工个体层面的“员工价值异质度”和“水平薪酬差距”，然后，实证探讨了两者之间趋于一致与不一致的四种典型组合所对应的团队成员个体绩效水平的差异性，不仅实证检验了公平理论，也丰富和拓展了公平理论。

本章研究结论具有重要的实践指导价值。

第一，作为组织实施差异性薪酬分配的必然结果，薪酬差距本身并无所谓的好与不好，它仅仅意味着组织薪酬分配的不均等或不平等，然而，“不均等”或“不平等”并不必然等同于或意味着“不公平”，科学衡量和评价组织薪酬差距对员工个体绩效的影响需要将（水平）薪酬差距与员工个体的价值贡献或绩效贡献结合考虑（*而非仅仅只是单独考虑薪酬差距*），尤其在当前愈益动态、不确定和充满复杂性的21世纪组织工作情境下，为组织价值增值或组织绩效创造作出显著异质贡献的“明星员工”在各行各业的各个组织中不断涌现，致使“员工价值异质度/性”越来越成为一种客观存在而愈益受到组织管理实践的关注，组织在进行薪酬分配体系设计与调整中，务必要考虑员工价值异质度/性以及（水平）薪酬差距与员工价值异质度/性之间的匹配度。第二，若想发挥“水平薪酬差距—员工价值异质度”之间的组合对员工个体绩效的积极影响，组织也应该考虑如何科学设计能够反映员工个体真实价值贡献或绩效贡献的考评体系，不仅应该对组织层面和员工个体层面的员工价值异质度/性了然于胸，也要能够依据员工个体层面的员工价值异质度/性为员工**个体**安排与其员工价值异质度/性相匹配的薪酬结构。例如，绩效考评体系衡量出组织个体层面的员工价值异质度/性较高，则依据本章研究结论该组织应该为员工设计与其较高员工价值异质度/

性相匹配的“金字塔”式的薪酬结构（*即，较大的薪酬差距*），以发挥“水平薪酬差距—员工价值异质度”之间的“高水平—高水平”趋于一致组合对员工个体绩效的激励作用。第三，长远考虑，组织可以实施合适的人力资源部署与配置政策，通过调整组织内的员工价值异质度/性来实现“水平薪酬差距—员工价值异质度”之间趋于一致对员工个体绩效的积极影响。

3.5.3 研究不足与未来研究展望

第一，本章研究的实证样本为高校教师，高校教师相对量化、明确的绩效考评标准，十分益于本章研究获取真实有效的员工个体绩效贡献数据和验证本章研究假设；事实上，这也意味着本章研究结论可能更适合实施客观绩效考评的组织，这是本章研究的局限性。所以，未来研究应该考虑进一步探讨员工个体绩效的“可识别性”及其在水平薪酬差距—员工价值异质度之间（不）一致对员工个体绩效影响中的可能作用。

第二，由于不同理论视角的中介机制解释薪酬差距绩效效应可能推导出显著不同的研究结论，因此，薪酬差距绩效效应中介机制的揭示已被视为一条能够进一步明确薪酬差距绩效效应的有效与可行途径（Shaw，2014），然而，本章研究并未尝试通过该途径的探讨来明确薪酬差距的员工绩效效应，这是本章研究的第二个局限。所以，未来研究应该考虑进一步揭示“水平薪酬差距—员工价值异质度”之间趋于一致和不一致对员工个体绩效差异性影响“黑箱”。

第 4 章

团队内水平薪酬差距的“绩效”形成基础及其对个体绩效的影响研究：薪酬分配位置及员工价值异质性的调节效应

4.1 研究问题提出

过去几十年来，一方面，组织复杂性日益提升；另一方面，技术性知识和管理性知识越来越专业化，组织越来越需要具有各种差异化技术性知识和管理性知识员工之间的“共同努力”，来有效应对组织日益提升的复杂性（Aime，Meyer & Humphrey，2010）。在这样的背景下，具有潜在“生产协同效应”的“工作团队”（Hamilton，Nickerson & Owan，2003）越来越成为组织流行且主要的工作方式和工作单元（Cohen & Bailey，1997；Ilgen，1999；Rau，2006；Stewart，2006；Lazear & Shaw，2007；Park，Spitzmuller & Deshon，2013），组织也期望通过“工作团队”来实现较高水平的员工个体绩效并最终提升团队绩效和组织绩效（Bloom，1999；Bucciol，Foss & Piovesan，2014）。然而，正如组织拥有高质量的知识员工并不意味着组织会“自动”产生创新绩效（Yanadori & Cui，2013）一样，工作团队并不会“自发”或“自动”产生“生产协同效应”，组织需要通过激励机制设计以促进工作团队生产协同效应的实现（Gupta，Tesluk & Taylor，

2007）。组织成功实现工作团队生产协同效应的许多重要决策，均将薪酬体系视为核心机制（Aime，Meyer & Humphrey，2010），其中，强调较小薪酬差距的“合作型”薪酬结构和强调较大薪酬差距的“竞争型”薪酬结构，即是许多组织常常运用来激励团队生产协同效应实现的主要管理实践之一（Hambrick，1995；Carpenter & Sanders，2002；Beersma et al.，2003；Aime，Meyer & Humphrey，2010）。组织期望通过团队成员个体之间不同程度的薪酬差距设计和调整，不仅激发团队成员个体较高水平的工作投入和工作努力，也能够增强团队成员个体之间的合作行为，进而通过员工个体绩效水平的提升和团队成员个体之间的合作而最终促进团队绩效水平和组织绩效水平的改进（Milgrom & Roberts，1992；Aime，Meyer & Humphrey，2010）。

然而，在组织管理实践中，工作团队内的薪酬差距设计是否对组织各个层面的绩效水平的确发挥了组织所期望的正向影响呢？十分遗憾的是，现有薪酬差距对绩效影响方面的实证研究文献却显示，两者之间的影响关系至今依然尚不十分明确：一部分学者基于公平理论、期望理论、锦标赛理论、薪酬分选理论等，证实了薪酬差距对员工个体绩效（Becker & Huselid，1992；Urieşi，2016）、团队绩效（Trevor，Reilly & Gerhart，2012；Dole，2015）和组织绩效（Brown，Sturman & Simmering，2003；Ding，Akhtar & Ge，2009；Eriksson，1999；Sanchezmarin & Baixaulisoler，2015）的积极影响；另一部分学者则主要运用社会比较理论、公平理论、相对剥削理论等，预测并实证支持了较大的薪酬差距对员工个体绩效（Bloom，1999；Pfeffer & Langton，1993）、团队绩效（Bloom，1999；Bucciol，Foss & Piovesan，2014）和组织绩效（Siegel & Hambrick，2005；张正堂，2007；Fredrickson，Davis - Blake & Sanders，2010；Yanadori & Cui，2013；He & Fang，2016；Shi，Connelly & Sanders，2016；Jaskiewicz et al.，2017）的消极影响；还有一部分学者，实证研究证实了薪酬差距与绩效之间的非线性影响关系（Yang & Klaas，2011；Ridge，Aime & White，2015；Feng，Chen & Liu，2017；Park & Kim，2017）甚至不相关关系（Berri & Jewell，2004；Conyon，Peck & Sadler，2001；Leonard，1990）。

忽视薪酬差距绩效效应成立的边界条件（Shaw，2014），以及，尚未明确薪酬差距的形成基础并依据形成基础进行相应的薪酬差距类型细分（Gupta，Conroy & Delery，2012），是导致现有实证研究关于两者之间影响关系不明确的重要可能原因。因此，一方面，一些学者开始基于薪酬权变模型（Gomez - Mejia & Balkin，1992），实证探讨了重要的组织情境性调节变量对薪酬差距—绩效之间影响关系的可能调节效应，这些组织情境性调节变量主要包括薪酬基础（Shaw，Gupta & Delery，2002；Kepes，Delery & Gupta，2009；Messersmith et al.，2011）、薪酬水平（Brown，Sturman & Simmering，2003；Pfeffer & Davis - Blake，1992；Trevor & Wazeter，2006）、薪酬体系沟通（Lazear & Shaw，2007；Harbring & Irlenbusch，2011；Yang & Klaas，2011）、任务互依性（Shaw，Gupta & Delery，2002；张正堂，2007；张正堂、刘颖和王亚蓓，2014）、外部市场薪酬位置（Trevor & Wazeter，2006；Messersmith et al.，2011）、行业技术密集度（Siegel & Hambrick，2005；李绍龙、龙立荣和贺伟，2012）、员工规模（Yang & Klaas，2011；Sanchezmarin & Baixaulisoler，2015）、绩效—薪酬关联（Shaw，2015）、信息公平氛围（Perrigino，Dunford & Boss，2016）、薪酬差距与贡献差异的匹配度（Hill，Aime & Ridge，2017）、组织薪酬体系与组织文化的匹配度（Park & Kim，2017）等；另一方面，个别学者意识到"细分薪酬差距类型"对薪酬差距影响实证研究中获取"明确"研究结论的重要性，他们在研究中清晰界定了研究对象是"水平薪酬差距"还是"垂直薪酬差距"（Siegel & Hambrick，2005；李绍龙、龙立荣和贺伟，2012；徐淋、刘春林和杨昕悦，2015），或是区分了"能够被解释的薪酬差距"和"未能够被解释的薪酬差距"（Kepes，Delery & Gupta，2009；Mahy，Rycx & Volral，2011；Trevor，Reilly & Gerhart，2012），甚或是进一步细分工作团队内不同类型子群体薪酬差距[①]。

薪酬差距的"形成基础"，始终是影响薪酬差距绩效效应的最为关键因素（Shaw & Gupta，2007；Kepes，Delery & Gupta，2009；Downes & Choi，2014）。近年来，一些学者在这方面进行了相关的理论探索：Gupta，Conroy 和 Delery（2012）探讨了垂直薪酬差距和水平薪酬差距的可能形成来源，并整合薪酬差距

① 例如，卫旭华和刘咏梅（2016）研究中所划分的"任务型子群体薪酬差距"和"关系型子群体薪酬差距"。

的不同理论视角（*锦标赛理论*、*公平理论和期望理论*），从理论上预测了它们分别对组织重要结果变量的可能影响路径；Downes 和 Choi（2014）也依据薪酬差距的绩效形成基础和薪酬比较是否跨越层级而对薪酬差距类型进行了整合性细分（*即，基于绩效的水平薪酬差距*、*基于绩效的垂直薪酬差距*、*非基于绩效的水平薪酬差距*、*非基于绩效的垂直薪酬差距*），并运用相关理论推导了薪酬差距细分类型的可能激励效应和分选效应。上述这些学者们的理论探索，的确推动了薪酬差距“新”细分类型划分研究工作，为进一步明确薪酬差距影响研究结论作出了重要贡献。然而，关于薪酬差距的形成基础、基于形成基础进行的薪酬差距细分类型划分的系统实证研究，依然十分滞后。因此，在推动现有薪酬差距影响研究走向成熟的当前（Shaw，2014），亟须首先科学探寻薪酬差距的具体“形成基础”，然后基于该形成基础进行薪酬差距的类型细分以及薪酬差距细分类型对绩效影响关系预测和实证研究。

为了科学探寻薪酬差距的具体形成基础，本书第 3 章突破传统薪酬差距影响研究文献对员工个体价值作出的趋于“同质性”的默认假设，并鉴于 21 世纪日益动态、不确定和充满复杂性的组织工作情境中员工个体价值的愈益“异质性”和员工个体绩效在组织内的“幂律分布”态势，提出并界定了“员工价值异质度”概念，并通过引入和运用“多项式回归结合三维响应曲面分析法”，实证揭示了“员工价值异质度”在薪酬差距对团队成员个体绩效影响中扮演的重要角色。本书第 3 章研究，为本书找寻薪酬差距的具体形成基础并从基于形成基础的薪酬差距类型细分途径来考察和揭示薪酬差距对员工个体绩效的影响，提供了研究基础和研究思路启示：第 3 章研究证实，员工个体层面的“水平薪酬差距”与“员工价值异质度”之间的匹配或趋于一致，将十分益于员工个体绩效水平的提升，因此，可以沿循员工个体层面“员工价值异质度”这一逻辑分析方向，找寻员工个体层面“员工价值异质度”在我国目前组织薪酬分配体系中的具体体现，进一步判断这些具体体现是否在员工个体层面的薪酬差距中有所体现，或者，员工个体层面“员工价值异质度”的具体体现是否是组织进行薪酬分配的重要依据。沿循如此逻辑方向探索下去，必将益于进一步明确薪酬差距对员工个体绩效的具体影响。

此外，鉴于“水平薪酬差距”对组织绩效具有最为广泛的影响① (Baron & Pfeffer, 1994)、员工个体对“水平薪酬差距”的较低忍耐度② (Bloom, 1999) 以及伴随着组织结构扁平化而导致“水平薪酬差距”越来越受到普遍关注③ (Shaw, Gupta & Delery, 2002)，本章研究拟聚焦“水平薪酬差距”。首先，在明确水平薪酬差距的可能形成基础上，综合考虑我国目前组织薪酬分配实践对员工个体“绩效异质性”的普遍认可，重点关注水平薪酬差距的“绩效”形成基础；其次，依据团队内水平薪酬差距的形成是否源于团队成员个体的“绩效水平”差异，将其进一步细分为“基于绩效的水平薪酬差距”和“非基于绩效的水平薪酬差距”两种类型；最后，通过收集工作团队内员工个体层面的客观薪酬差距数据和客观绩效数据，实证探讨团队内“基于绩效的水平薪酬差距”和“非基于绩效的水平薪酬差距”分别对员工个体绩效的影响以及员工个体在组织薪酬分配中的位置对上述影响关系的调节效应。另外，本章还研究探讨了“员工价值异质性”对细分类型水平薪酬差距—绩效之间影响关系的可能调节作用。

---

① 依据定义，水平薪酬差距重点关注组织同一层级内或（大体）相同工作岗位上员工个体之间的薪酬水平差距，因此，水平薪酬差距能够使那些被认为合理解释员工个体之间不同薪酬水平的诸多因素（如工作头衔、工作地位、社会阶层等）保持不变（*因为对于处于同一层级或（大体）相同工作岗位的员工个体而言，这些因素几乎是相同的*），而更加强调薪酬比较主体之间的个体异质性，例如，员工个体绩效差异、员工个体能力/技能/知识差异、员工个体自身的人力资本投入性要素差异等，而这些员工个体之间的异质性或人力资本投入性要素差异，对组织绩效的影响至关重要，因此，从这个视角来看，水平薪酬差距对组织绩效具有广泛而重要的影响。

② 尤其在东方（*如中国*）文化背景（*具有典型的高权力距离特征*）下，人们对薪酬水平在组织层级间的差距（*即“垂直薪酬差距”*）常常较为宽容，而对薪酬水平在同一层级内或（大体）相同工作岗位上员工个体之间的差距（*即“水平薪酬差距”*）则往往较难以忍受。

③ 组织层级结构的去除或弱化趋势，将使越来越多的员工个体开始追求“技术”职业发展路径（*而非传统金字塔式组织结构下的“管理”晋升路径*），于是，越来越多的组织将采用“宽带薪酬”设计策略，在这一情境下，由于越来越多的员工将在组织同一层级内工作以及“宽带薪酬”的推行而使得“水平薪酬差距”越来越普遍和受到关注。

4.2

理论基础与研究假设

4.2.1　基于绩效的水平薪酬差距

（1）水平薪酬差距和垂直薪酬差距。

员工在组织内所从事的“工作”，在本质上，即员工在组织安排的工作岗位上所承担和实施的“一系列职责活动的集合”（Nelson & Quick，2007）。员工所处的工作岗位相同或大体相同，即意味着员工在组织内承担和从事着一系列相同或大体相同的职责活动；而当员工在组织内所承担和从事的一系列职责活动不相同时，则意味着他们是处在组织中不同的工作岗位上。薪酬差距的“水平”和“垂直”区分标准，即在于薪酬水平比较是发生于组织中相同或大体相同工作岗位上的员工个体之间还是不同工作岗位上的员工个体之间。其中，“水平薪酬差距”即指在组织中处于相同或大体相同工作岗位上的员工个体之间的薪酬水平差异（Kepes，Delery & Gupta，2009；Siegel & Hambrick，2005）。例如，同一班组中均为流水线上的普通工人之间的薪酬水平差距，即为典型的“水平薪酬差距”。“垂直薪酬差距”则指在组织中处于不同工作岗位上的员工个体之间的薪酬水平差异（Siegel & Hambrick，2005）。例如，同一班组内班组长的薪酬水平与其他普通工人的薪酬水平之间的差距，即为典型的“垂直薪酬差距”。

现有薪酬差距影响实证研究文献中，大部分学者普遍采用基于薪酬水平比较是否跨越工作岗位的“水平薪酬差距”和“垂直薪酬差距”类型区分（Bloom，1999；Ding，Akhtar & Ge，2009；Kepes，Delery & Gupta，2009；Shaw & Gupta，2007）。

（2）水平薪酬差距和垂直薪酬差距的可能形成基础。

尽管组织内员工之间薪酬差距的大小是由组织内、外部因素（*例如，经济压力、法律和政府政策、利益相关者、文化和习俗、组织战略、人力资本、人力资源政策、员工对薪酬的接受度等*）综合决定的，然而，由于水平薪酬差距和垂直薪酬差距在薪酬比较对象上的显著差异性，而致使两者的主要形成基础能够得以显著区分和识别。具体来说，垂直薪酬差距，常常与组织中基于“工作岗位”的薪酬结构（*例如，岗位薪酬体系*）密切相连；水平薪酬差距，则主要取决于组织中基于“员工”的薪酬结构（*例如，绩效薪酬体系*、*技能薪酬体系*、*年功薪酬体系*等）（Gupta，Conroy & Delery，2012）。如果组织中的工作岗位差异较大，并且，组织主要实施基于工作岗位的薪酬分配结构，则往往意味着组织中存在着较大的垂直薪酬差距；如果组织主要实施的是源于员工个体绩效差异、技能差异、年功差异的绩效薪酬结构、技能薪酬结构或年功薪酬结构，则意味着组织中可能存在着较大的水平薪酬差距（Bloom，1999；Shaw & Gupta，2007）。因此，“垂直薪酬差距”主要来源于组织中的“工作岗位价值差异”；“水平薪酬差距”主要源于相同或大体相同工作岗位上的“员工个体差异（*如，绩效差异*、*技能差异*、*能力差异*、*知识差异*、*年功差异*、*政治行为差异*等）”（Gupta，Conroy & Delery，2012）。例如，前述示例中，班组长薪酬水平与普通工人薪酬水平之间的“垂直薪酬差距”，通常是因为班组长和普通流水线操作工这两类工作岗位对员工个体技能、努力水平、职责、工作条件的要求明显不同（*由此，这两类工作岗位的内部市场价值也明显不同*），以及，这两类工作岗位在外部劳动力市场上的显著岗位价值差异；而具体到普通流水线操作工之间的“水平薪酬差距”，由于他们的工作岗位大体相同、工作职责大体相同，由此，便排除了水平薪酬差距来源于工作岗位或工作职责差异的可能，导致他们薪酬水平之间之所以依然存在差异或差距的主要原因，更可能是诸如员工个体之间的绩效贡献差异、年功差异、性别差异、知识/能力/技能差异、政治行为差异等体现员工价值异质性的因素。

（3）“基于绩效的水平薪酬差距”和“非基于绩效的水平薪酬差距”。

前面已经提及，本章研究主要关注“水平薪酬差距”，并将在第3章实证研究的基础上，遵循员工个体层面“员工价值异质性”的逻辑分析方向，找寻员工个体层面“员工价值异质性”在我国目前组织薪酬分配体系中的主要体现，并依据该主要体现对薪酬差距进行类型细分。前面也已经总结出，体现员工价值异质性的员工个体之间的绩效贡献差异、年功差异、性别差异、知识/能力/技能差异、政治行为差异等因素，是“水平薪酬差距”的主要可能形成基础。鉴于体现员工价值异质性的“绩效贡献”差异在我国当前组织薪酬分配体系中的较为普遍的认可度（即具有较高的合法性），本章将主要关注水平差距薪酬差距的“绩效”形成基础，将水平薪酬差距中主要源于员工个体“绩效”差异部分归入“基于绩效的水平薪酬差距”，把源于非个体绩效差异（*可能是员工个体的知识/能力/技能差异、年功差异、性别差异、政治行为差异等员工个体自身可以控制的人力资本特征性投入要素差异，也可能是绩效评价过程中主管个人偏好、随机因素等独立于员工个体自身之外的、员工个体难以控制的因素*）的其他部分统称为“非基于绩效的水平薪酬差距”。因此，所谓“基于绩效的水平薪酬差距”，即从事组织中相同或大体相同层级工作且主要源于员工个体绩效水平差异的员工个体之间的薪酬水平差距；所谓“非基于绩效的水平薪酬差距”，即从事组织中相同或大体相同层级工作且主要源于诸如年功差异、技能差异、知识差异、能力差异、性别差异、政治行为差异、绩效评价过程中的主管个人偏好、随机因素等非员工个体绩效水平差异的员工个体之间的薪酬水平差距。

非常值得一提的是，早在 Gupta，Conroy 和 Delery（2012）提出“基于绩效的薪酬差距”和“非基于绩效的薪酬差距”的类型区分之前，Gerhart 和 Rynes（2003）及 Trevor，Reilly 和 Gerhart（2012）已站在组织立场上从确保组织人力资本投入要素视角，提出了基于更为宽泛的薪酬差距形成基础的“能够被员工工作投入要素解释的薪酬差距”和“未能够被员工工作投入要素解释的薪酬差距”类型区分。本章研究认为，当解释薪酬差距的变量（*与工作投入相关的员工个体绩效，以及知识、技能、学历等人力资本特征变量*）具体指代“绩效”时，他们有关薪酬差距新类型的划分几乎是一致的，然而，Gerhart 和 Rynes（2003）及 Trevor，Reilly 和 Gerhart（2012）的薪酬差距新类型划分，是站在“组织”的立场上，考虑的是为“组织”确保人力资本投入要素，因此，难以准确反映本章以及本书研究所要考察的“员工”（*即，站在员工的立场上*）对组织薪酬差距的可能“反应”。因此，从这一点来说，Gupta，Conroy 和 Delery（2012）基于“绩效”形成基础的薪酬差距类型划分更利于从员工个体对薪酬差距的“反应”视角来探讨和揭示薪酬差距影响本质（Downes & Choi，2014）。因此，本章即在

Gupta, Conroy 和 Delery (2012) 关于薪酬差距分类的基础上，仅仅聚焦"水平薪酬差距"，重点考察其可能形成基础中反映员工价值异质性的"绩效"形成基础，进而将"水平薪酬差距"进一步细分为"基于绩效的水平薪酬差距"和"非基于绩效的水平薪酬差距"两种子类型。

4.2.2 基于绩效的水平薪酬差距与非基于绩效的水平薪酬差距对个体绩效的影响

期望理论（Vroom, 1964）假定，员工个体提升绩效动机的强弱，主要取决于结果效价（*本章研究中即具体为"薪酬效价"*）、努力—绩效之间的联系以及绩效—结果（*本章研究中的"结果"即具体为"薪酬"*）之间的关联程度。如果结果效价越大、努力—绩效之间的联系越密切、绩效—结果之间的关联度越大，则员工个体提升绩效的动机也更可能越强。对于那些在组织中履行相同或大体相同工作职责或在组织中承担相同或大体相同工作岗位且十分看重薪酬收入的员工个体而言，绩效—薪酬之间的正相关联系尤其关键（Gupta, Conroy & Delery, 2012），因为，当员工个体十分看重高薪酬（*即，结果效价大*）并相信自己增加工作努力必将提升工作绩效水平（*即，员工个体感知到努力—绩效之间的强联系*）时，若组织实施基于绩效差异的薪酬分配结构，或是将高绩效与高薪酬紧密挂钩，在此种情形下，在组织中履行相同或大体相同工作职责或在组织中承担大体相同工作岗位的员工个体之间较大的水平薪酬差距（*本质上即"基于绩效的水平薪酬差距"*）将可能具有较强的绩效激励效应。具体来说，基于绩效的水平薪酬差距，一方面将通过较大的水平薪酬差距（*进而较高的薪酬水平*）而提升薪酬效价，进而可能带来较高的员工个体绩效激励效应；另一方面也基于绩效与薪酬之间的密切正关联性而提升绩效—薪酬的"工具性"，进而促进员工个体绩效激励效应（Van Eerde & Thierry, 1996）。值得一提的是，期望理论属于典型的知觉理论（Gupta, Conroy & Delery, 2012），十分强调员工个体知觉的重要性，因此，这也就意味着，只有当源于绩效的水平薪酬差距较大或相当大时，绩效—薪酬之间的联系才更可能被员工个体观察到或知觉到，员工个体采取具体行为以提升绩效水平的动力也才会越大。依据公平理论，也可以推导出上述类似结论。公平理论认为，当薪酬差距能够准确地反映出员工个体绩效贡献时，较大的薪酬差距将会增强员工个体的薪酬公平感知，而薪酬公平感知则是确保员工个体工作努力的重要因素（Adams，1963），因此，基于绩效的水平薪酬差距越大，员工个体越有动机和可能来提升自己的绩效水平，员工个体的绩效水平也就越可能提升。运用代理理论，也能得出前述相似结论：由于组织和员工关于员工个体的工作努力/工作投入和能力往往存在着信息不对称，因此，组织实施基于绩效贡献差异的薪酬分配体系，将会因绩效—薪酬之间的密切关联性而可能激发员工个体的工作努力/工作投入（Ian，Lamar & Francesca，2012），最终使建立在员工个体绩效差异基础上的水平薪酬差距会因员工个体工作努力/工作投入水平的提升而可能促进员工个体绩效水平的提高。

另外，尽管现有文献关于（水平）薪酬差距对员工个体绩效影响的实证研究，在成熟度方面，较（水平）薪酬差距对组织绩效或团队绩效的影响研究欠缺（Shaw，2014），然而，这方面较少的实证研究文献却也探讨了奖金幅度对运动员个体努力和绩效的影响（Ehrenberg & Bognanno，1990a；Ehrenberg & Bognanno，1990b；Becker & Huselid，1999；Gilsdorf & Sukhatme，2008a；Gilsdorf & Sukhatme，2008b；Simmons & Berri，2011）、运用实验研究对比了平等型薪酬结构和公平型薪酬结构对员工个体绩效（生产率、努力水平等）的差异性影响（Charness & Kuhn，2007；Abeler et al.，2010；Bartling & Von Siemens，2011）以及实证检验了员工个体绩效薪酬与薪酬差距对员工个体绩效行为的交互作用（Shaw，Gupta & Delery，2002）。这些研究几乎均支持，当源于员工个体绩效差异的水平薪酬差距较大时，员工个体绩效水平往往较佳。Clark，Kristensen 和 Westergård - Nielsen（2009）基于丹麦的大规模调查与官方统计之间的配对数据及实证分析结果证实，对于处于薪酬比较劣势的主体而言，薪酬水平比较所形成的薪酬差距既具有负面的妒忌效应也具有正面的信号效应。具体来说，当薪酬比较对象为与自己具有相似性的同事时，薪酬差距的正面信号效应将超越其负面妒忌效应，最终使员工个体将可能因同事较高薪酬水平所传递出的关于自己未来薪酬水平的正面信息，而倾向于认可并接受当前组织薪酬分配的不平等，进而促进员工个体工作满意度的提升。Uriesi（2016）基于罗马尼亚实施短期绩效薪酬计划的16家企业中的285位员工个体的调查研究，证实了与绩效相关的薪酬差距对员工个体工作动机的积极影响。Han，Bartol 和 Kim（2015）运用期望理论，通过45家公司中194个工作团队和912名员工个体的实证分析，证实了基于员工个体绩效的薪酬计划不仅提升员工个体的绩效奖励期望，也将通过员工个体绩效奖励期望的传递作用而促进员工个体绩效水平的提升。前述这两个研究（Uriesi，2016；Han，Bartol，& Kim，2015），尽管并未直接探讨基于绩效的水平薪酬差距对员工个体绩效的影响，却也提供了本章关于两者间影响关系预测的间接支持。Hill，Aime 和 Ridge（2017）关于美国棒球联盟中276个团队的薪酬差距与其成员对团队绩效贡献差异的匹配度对绩效的正向影响实证研究，也提供了本章研究关于基于绩效的水平薪酬差距与个体绩效之间正向影响关系预测的间接证据支持：作为薪酬差距与员工个体绩效贡献差异对绩效联合作用衡量的替代变量，团队薪酬差距与其成员对团队绩效贡献差异间匹配度对绩效的正向影响，也表明薪酬差距与员工个体绩效贡献对绩效的正向交互作用。

因此，关于基于绩效的水平薪酬差距与员工个体绩效之间的可能影响关系，综合上述理论推导和实证研究支持，提出研究假设 H4－1。

H4－1：基于绩效的水平薪酬差距正向影响员工个体绩效，基于绩效的水平薪酬差距越大，员工个体的绩效水平将越高。

组织薪酬差距形成基础的决策过程，属于组织“程序公平”的范畴。组织薪酬分配决策程序公平与否，也将影响薪酬差距的具体绩效效应（Ensley，Pearson & Sardeshmukh，2007）。大量关于薪酬差距影响的实证研究文献，均十分认可薪酬差距的“绩效”形成基础（Kepes，Delery & Gupta，2009；Shaw，2014；Williams，Mcdaniel & Nguyen，2006）。并且，伴随着人类社会进入21世纪知识经济时代，愈益动态、不确定和充满复杂性的组织工作情境在日益凸显员工个体价值的“异质性”，员工个体绩效在组织中越来越明显的“幂律分布”态势，即一个有力的例证。在这样的大背景下，薪酬差距的“绩效”形成基础将有很大可能成为组织认可员工个体价值异质性的一个重要体现，或者是员工运用来判断组织是否承认员工个体价值异质性的一个重要评价标准，进而可能显著地提升薪酬差距“绩效”形成基础的合法性。因此，若员工个体绩效与薪酬水平紧密联系，这将促进员工个体对组织薪酬分配的程序公平感知（Kepes，Delery & Gupta，2009）；而当薪酬差距并非源于公认的员工个体的“绩效”差异时，无论是源于年功、技能、知识、能力（*这些人力资本特征性投入要素，尽管是员工个体价值异质性的典型体现，然而，它们往往代表着员工“过去”或“历史”行为表现，而非如绩效性投入因素那样代表着员工“当前”行为表现*）、政治行为甚至绩效评价过程中的主管个人偏好、随机决策因素等，依据相对剥削理论（Crosby，1976），均会导致一部分不具有这方面比较优势的员工个体产生相对剥削感和薪酬分配不公平感，十分不利于员工个体绩效的提升。尤其在“相似”员工个体之间的薪酬水平比较（*即，水平/横向薪酬比较*）中，非源于员工个体绩效差异的薪酬差距所导致的薪酬不公平感往往更为强烈，因为，在公平感评价过程中，水平/横向比较相比垂直/纵向比较更为关键（Buunk & Gibbons，2007；Gupta，Conroy & Delery，2012；Major & Forcey，1985；Tremblay，St－Onge & Toulouse，1997）。Shaw，Gupta 和 Delery（2002）在研究中指出，当薪酬差距源于绩效差异时，薪酬差距是能够被普遍接受和认可的；当薪酬差距是源于合法性[①]“较弱”的因素，或者，薪酬差距的形成基础并十分不明确时，薪酬差距有很大可能会产生负向影响，并且，这种负向影响会因薪酬差距形成基础的较弱合法性或薪酬差距形成基础的模糊不明确性而放大。本章将水平薪酬差距中能够被员工个体绩效差异识别和解释部分之外的部分，全部归入“非基于绩效的水平薪酬差距”。尽管本章并未深入剖析“非基于绩效的水平薪酬差距”的具体形成基础是否为非合法性因素，然而，可以十分肯定的一点是，“非基于绩效的水平薪酬差距”的形成基础并不似“基于绩效的水平薪酬差距”的形式基础（*即绩效*）那样十分明确，它可能是源于年功、资历等同样具有较强合法性的人力资本特征

① 合法性，是制度经济理论中的一个重要概念，也是组织薪酬分配体系的重要特征之一。组织中，一项薪酬分配计划的有效性及可持续性，往往取决于员工集体关于该项薪酬分配计划的合法性认知（Aime，Meyer & Humphrey，2010）。依据 Suchman（1995）对合法性的界定，薪酬差距的合法性是指组织薪酬分配体系中有关员工个体薪酬水平的差异性安排受到外部社会和组织内规则、价值观、信念等方面接受或认可的程度。本章将“薪酬差距合法性”视为一个中性概念，存在较强合法性和较弱合法性的“程度”之分，而非具备合法性和不具备合法性的“性质”区分，因此，在行文表述中，更多使用的是基于“程度”之分的较强合法性或较弱合法性。

性因素，也可能是源于绩效评价过程中主管或考评者的个人主观偏好等具有较弱合法性的因素。总之，相比于“基于绩效的水平薪酬差距”，“非基于绩效的水平薪酬差距”的形成基础并不十分明确，由此，“非基于绩效的水平薪酬差距”可能会产生程序上的不公平感，进而不利于员工个体绩效水平的提升。另外，许多认知和行为激励方面的理论均假定，员工个体通常会表现出组织薪酬分配体系所奖励或鼓励的行为（Lawler，1973；Skinner，1974；Vroom，1964）。因此，“非基于绩效的水平薪酬差距”将引导员工个体产生指向薪酬水平提升的“非绩效性行为”。例如，当组织中“非基于绩效的水平薪酬差距”主要来源于绩效评价过程中的上级主管个人偏好时，非基于绩效的水平薪酬差距越大，越有可能激发或鼓励员工个体对上级主管的阿谀奉承、讨好巴结等行为，在这种情形下，期望获得较高薪酬水平的员工将有十足的动力成为一个阿谀奉承、讨好上级的人而非一个高绩效者（Gupta，Conroy & Delery，2012），因此，“非基于绩效的水平薪酬差距”可能十分不利于员工个体绩效水平的提升。

现有研究文献中，一部分学者有关水平薪酬差距对员工个体绩效影响的实证研究尽管未明确水平薪酬差距的具体形成基础是否是绩效或非绩效性因素，他们有关“未能够被解释的水平薪酬差距”对员工个体绩效的负面影响研究结论，以及员工个体绩效激励与水平薪酬差距对员工个体绩效的复杂交互作用，却也提供了本章研究有关“非基于绩效的水平薪酬差距”与个体绩效之间可能负向影响关系预测的间接支持。例如，Pfeffer 和 Langton（1993）以大学教员为研究样本，验证了未能够被解释的薪酬差距对大学教员发表论文数量（*即员工个体绩效的衡量指标*）的负向影响；Shaw，Gupta 和 Delery（2002）以卡车运输司机为研究样本，实证检验了员工个体绩效激励与水平薪酬差距对员工个体绩效的交互影响，证实了当员工个体绩效激励水平较低时，较大的水平薪酬差距将不利于员工个体绩效水平的提升（*水平薪酬差距中员工个体绩效激励比例小，则可能意味着非源于绩效差异的水平薪酬差距比例较大，因此，此时较大的水平薪酬差距，在本质上，即对应较大的“非基于绩效的水平薪酬差距”，研究所证实的“当员工个体绩效激励水平较低时，较大的水平薪酬差距将不利于员工个体绩效水平的提升”，准确而言，即非基于绩效的水平薪酬差距越大，越不利于员工个体绩效水*

平的提升）。再如，基于期望理论和行为理论，Kepes，Delery 和 Gupta（2009）预测，当组织薪酬分配是基于员工个体的政治行为时，组织薪酬差距对员工生产率的影响将可能是负向的；他们的实证研究亦证实，源于工作场所政治行为的较大薪酬差距对员工生产率具有显著的消极影响。

综合上述理论推导和实证研究结论，本章研究推测，当较大的水平薪酬差距中源于员工个体绩效差异的部分比例较低时，即意味着非绩效性因素导致的水平薪酬差距部分的比例较高，在这种情形下，“非基于绩效的水平薪酬差距”可能因为薪酬分配不公平感或组织薪酬分配体系对员工非绩效性行为的激励，而最终对员工个体绩效水平提升十分不利。因此，关于非基于绩效的水平薪酬差距对员工个体绩效水平的可能影响，提出研究假设 H4 – 2。

H4 – 2：非基于绩效的水平薪酬差距负向影响员工个体绩效，非基于绩效的水平薪酬差距越大，越不利于员工个体绩效水平的提升。

4.2.3　员工个体薪酬分配位置、员工价值异质性的调节作用

（1）员工个体薪酬分配位置对“（非）基于绩效的水平薪酬差距—个体绩效”之间影响关系的调节作用。

员工个体在组织薪酬分配中所处的位置，是决定个体对薪酬差距将会作出如何反应的一个重要因素（Pfeffer & Langton，1993）。因此，对于在组织薪酬分配中处于较高位置的员工个体而言，无论薪酬差距是源于绩效性因素还是非绩效性因素，均会因其拥有较高的薪酬水平而在组织薪酬分配中处于比较优势，进而倾向于满意当前存在较大水平薪酬差距的薪酬分配结构。尤其是，当薪酬差距是源于员工个体之间的绩效水平差异时，这种因薪酬分配优势而带来的较高薪酬满意度，将会促进员工个体保持或继续提升薪酬分配优势而产生较强的绩效动机，最终提升员工个体的绩效水平。另外，依据期望理论，本章研究也可以推导出前述类似结论：对于在组织薪酬分配中处于较高位置的员工个体而言，努力—绩效之间的联系和绩效—薪酬之间的联系相对更为清晰，当员工个体与同事之间的水平薪酬差距是源于彼此之间的绩效水平差异时，员工个体将感知到更为紧密的努力—绩效之间的联系和绩效—薪酬之间的联系；为了获得期望的较高薪酬水平（即

高效价)，员工个体的绩效动机就会更为强烈，在强烈动机驱使下的绩效行为和绩效结果也可能会更高。因此，相比较于在组织薪酬分配中处于较低位置的员工个体，基于绩效的水平薪酬差距越大，处于组织薪酬分配中较高位置的员工个体的绩效动机往往会更为强烈、绩效水平也将会越高。综上所述，关于员工个体的薪酬分配位置对“基于绩效的水平薪酬差距—个体绩效”之间影响关系的可能调节作用，提出研究假设 H4－3。

H4－3：员工个体在组织薪酬分配中的位置，调节基于绩效的水平薪酬差距—个体绩效之间影响关系，员工个体在组织薪酬分配中所处的位置越高，基于绩效的水平薪酬差距对个体绩效的正向影响越强烈。

依据公平理论及相关研究观点，当组织薪酬分配并非建立在公平和合法的基础之上时，员工个体有关薪酬分配的不公平感会尤为强烈（Greenberg，1987a)。尽管人们关于公平的解读有很大差异，然而，薪酬分配公平感知的“绩效”基础却得到了许多学者和管理实践者的普遍认可（Ian，Lamar & Francesca，2012；Kepes，Delery & Gupta，2009)。相比较而言，源于非绩效性因素（例如，年功、知识、能力、技能、政治行为等员工个体特征差异，或绩效评价中的上级主管个人偏好、随机决策等员工个体难以控制的因素）的薪酬差距形成基础，在公平性和合法性方面均相对欠缺，会导致员工个体产生较为强烈的薪酬不公平感。例如，与员工个体政治行为密切关联的组织薪酬分配，往往不为社会规范所接受(Suchman，1995)，从而合法性程度较弱，将进一步激发员工个体的分配不公平感并导致个体努力水平下降、报复、蓄意破坏等行为，这些行为将会危及员工个体生产率和绩效水平（Kepes，Delery & Gupta，2009)。本章研究认为，对于处于薪酬分配中较低位置的员工个体而言，由于不具备薪酬比较优势，他们将难以从现有组织薪酬分配体系中看到提升自身薪酬水平或改变目前薪酬比较劣势的“机会”和“途径”，转而更加关注组织薪酬分配基础的“合法性”，因此，源于非绩效性因素差异的薪酬差距将因非绩效性因素的较弱合法性而导致他们产生更为强烈的薪酬分配不公平感，最终可能使非基于绩效的水平薪酬差距对员工个体绩效的负向影响也将会更强烈。此外，依据相对剥削理论，组织薪酬分配不平等（即较大薪酬差距分配结构）也会使处于组织薪酬分配中较低位置的员工个体产生相对剥削感，进而增强他们对组织薪酬分配不公平的感知，十分不利于他们自身绩效水平的提升。

综上所述，关于员工个体在组织薪酬分配中所处的位置对"非基于绩效的水平薪酬差距—个体绩效"之间影响关系的可能调节作用，提出研究假设 H4－4。

H4－4：员工个体在组织薪酬分配中的位置，调节非基于绩效的水平薪酬差距—个体绩效之间的负向影响关系，员工个体在组织薪酬分配中所处的位置越低，非基于绩效的水平薪酬差距对员工个体绩效的负向影响越强烈。

（2）员工价值异质性对"基于绩效的水平薪酬差距—个体绩效"之间影响关系的调节作用：明星员工和一般员工。

伴随着全球经济进入知识经济时代，组织内部在悄无声息中发生了一系列重大变化：传统的以控制、命令、中心化等为显著特征的金字塔式组织结构开始逐渐被有机网式结构取代，组织战略核心资源也正在发生着资本逐渐让位于人才和创新的趋势，组织内工作开始慢慢超越传统明确而固定的职责规定而变得越来越动态、复杂和要求创新性（张海燕、张正堂和陈传明，2017）。在这样的大背景下，尤其是对于知识密集型组织而言，组织绩效水平高低不再取决于占组织员工数量主体的"平均绩效者"的绩效水平，而是取决于一小部分"精英"员工的绩效水平（Ready，Conger & Hill，2010；Aguinis & O'Boyle，2014）。之所以如此，主要原因在于：知识经济时代背景下，员工个体绩效在组织内的分布正在由传统"正态分布"（*A Normal Distribution*）主导逐渐转变为如图 4－1 所示的、允许明星员工出现的"幂律分布"（*A Power Law Distribution*）主导（O'Boyle & Aguinis，2012）。目前，在销售、服务、技术、研发、创新创业等高复杂性岗位和行业中，员工个体绩效分布已呈现出如图 4－1 所示的"幂律分布"态势（Hunter，Schmidt & Judiesch，1990；Toliver & Constable，1998；Scherer & Harhoff，2000；Marsili & Salter，2005；Audretsch，Dagnino，Faraci & Hoskisson，2010；O'Boyle & Aguinis，2012）。因此，鉴于组织中员工个体绩效的"幂律分布"态势越来越明显、越来越普遍以及"明星员工"对组织绩效水平高低的主导贡献作用，十分有必要探讨员工对组织价值增值的贡献差异或组织绩效创造的贡献差异（*即本书第3章提出并界定的"员工价值异质度/性"概念*）在（水平）薪酬差距—绩效之间影响关系中可能扮演的角色。

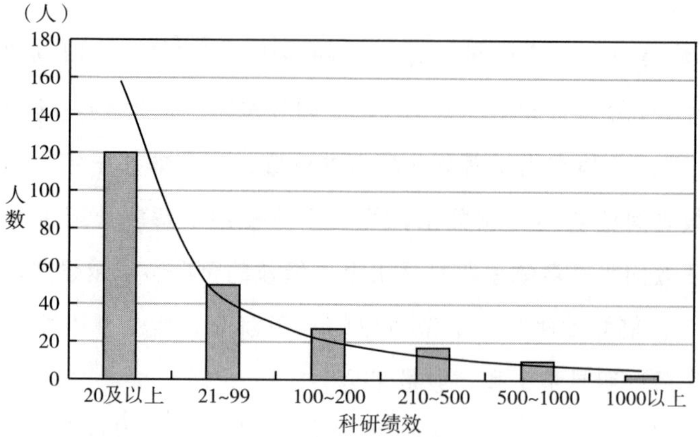

图 4－1　21 世纪员工个体绩效在组织中的幂律分布

注：图 4－1，为本章研究实证样本员工的个体绩效在组织内的分布示例，与 20 世纪传统行业员工个体绩效在组织内的“正态分布”形成鲜明对比。

针对当前薪酬差距绩效效应研究领域的不明确和不一致的研究结论，不同于许多学者基于 Gomez－Mejia 和 Balkin（1992）的薪酬权变模型而倡导的组织情境性因素调节效应的解释逻辑和研究思路，Aguinis 和 O'Boyle（2014）则主张——未区分相对静态环境下的“传统工作”与当前 21 世纪知识经济背景下愈益动态、不确定组织情境下的“复杂工作”，是导致薪酬差距绩效影响研究结论不明确和不一致的一个重要可能原因。他们认为，在相对静态、稳定的传统工作环境中，员工个体绩效在组织内主要服从正态分布，因此，为提供几乎“同质”绩效贡献的大部分员工提供“异质”薪酬回报，无疑严重违背了人们的公平判断，必然会使较大的薪酬差距负面影响员工个体绩效水平。然而，在相对动态、不确定和充满复杂性的 21 世纪知识经济工作环境中，员工个体绩效在组织内更倾向于服从幂律分布，并且，个别作出突出贡献的明星员工将主导组织绩效水平，因此，为提供“异质”绩效贡献的员工提供“异质”薪酬回报，十分符合人们的公平判断，必然会使较大的薪酬差距与较高的绩效水平相关。

本章研究认为，动态、不确定和充满复杂性组织工作情境下员工个体绩效在组织内的“幂律分布”态势，就是员工价值异质性的典型体现；Aguinis 和

O'Boyle（2014）关于员工个体绩效贡献异质性的观点，在本质上，也是对战略管理领域中人力资源价值贡献异质性的认可。然而，现有薪酬差距绩效影响研究文献普遍默认员工个体价值趋于"同质性"的假设前提，除了个别研究（Hill，Aime & Ridge，2017）[①] 和本书第 3 章实证研究外，几乎没有文献关注薪酬差距最重要且最具合法性的来源——"员工价值异质性"。

依据公平理论（Adams，1963）和相对剥削理论（Crosby，1976），员工个体的痛苦或相对剥削感，来自与相似"他人"关于薪酬收入—绩效贡献之间比值的比较结果。因此，对于为组织绩效创造或组织价值增值作出杰出贡献的"明星员工"而言，当较大的水平薪酬差距是建立在个体绩效差异的基础上时，他们将在薪酬水平比较中不仅因具有薪酬比较优势而不太会产生源于薪酬水平比较的痛苦或相对剥削感，还会激发出强烈的薪酬分配公平感（Kepes，Delery & Gupta，2009），进而产生强大的个体绩效动力。对于为组织绩效创造或组织价值增值作出一般贡献的"一般员工"而言，由于在当前员工个体绩效在组织中的幂律分布中，他们不仅不能够主导或决定组织绩效水平，对组织价值增值或组织绩效创造作出的贡献相比"明星员工"也要小许多，当较大的水平薪酬差距是建立在个体绩效贡献差异的基础上时，他们在薪酬比较中无疑处于严重的弱势地位，源于薪酬比较劣势的痛苦或相对剥削感便会随之而来；尽管薪酬差距的"绩效"形成基础已获得普遍的认可和接受（Williams，Mcdaniel & Nguyen，2006；Kepes，Delery & Gupta，2009；Shaw，2014），然而，明星员工与一般员工在组织绩效创造或组织价值增值中作出贡献的"悬殊"，将使与明星员工突出绩效贡献相关联的较高薪酬水平往往与一般员工较低薪酬水平之间存在着"过大"的薪酬差距，这种"过大"薪酬差距的存在，往往会让处于薪酬比较劣势的一般员工产生强烈的不公平感（Kepes，Delery & Gupta，2009），进而十分不利于一般员工个体绩效水平的提升。

综上所述，"员工价值异质性"将可能调节"基于绩效的水平薪酬差距—个体绩效"之间的影响关系。具体来说，对于那些为组织绩效作出杰出贡献的明星

---

① Hill，Aime 和 Ridge（2017）的研究，首次实证探讨了薪酬差距与人力资源价值差异间"匹配度"可能具有的绩效意义。

员工而言，较大的基于绩效的水平薪酬差距将可能促进他们不断提升个体绩效水平，而对于那些为组织绩效作出普通且几乎无差异贡献的一般员工而言，“过大”的基于绩效的水平薪酬差距的存在，则可能不利于他们个体绩效水平的提升。因此，关于“员工价值异质性”对“基于绩效的水平薪酬差距—个体绩效”之间影响关系的可能调节作用，提出研究假设 H4－5。

H4－5：员工价值异质性，调节基于绩效的水平薪酬差距与个体绩效之间的影响关系。具体来说，对于明星员工而言，基于绩效的水平薪酬差距正向影响个体绩效；对于一般员工而言，基于绩效的水平薪酬差距负向影响个体绩效。

综合前述提出的五个研究假设，本章研究构建的理论模型总结如图 4－2 所示。

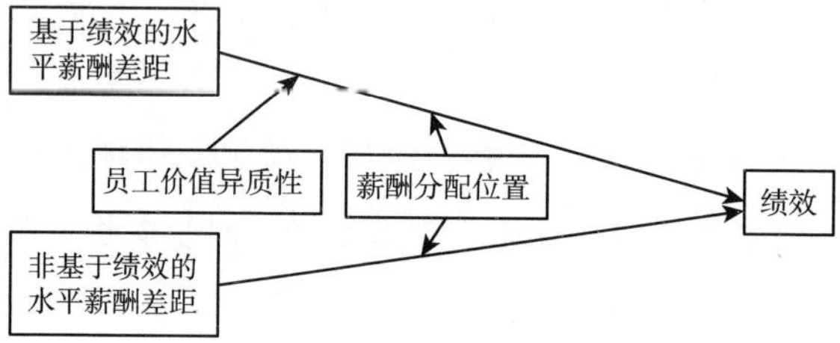

图 4－2 （非）基于绩效的水平薪酬差距对个体绩效影响研究模型

4.3 研究样本及变量测量

4.3.1 研究样本

本章实证研究数据，即本书第 3 章实证研究所使用的客观时间序列数据。

具体来说，本章以某一长期实施稳定薪酬分配政策的高校一学院教师个体为研究样本，通过收集他们在 2014～2017 年员工个体层面客观而精确的薪酬数据、绩效数据和人口统计特征变量来获得本章研究实证数据。由于是基于时间序列数据进行实证检验，因此，为了有效控制研究变量的自相关性和更科学地检验研究变量之间的因果关系，本章研究自变量（*即图4－2 中的“基于绩效的水平薪酬差距”和“非基于绩效的水平薪酬差距”*）、因变量（*即图4－2 中的员工个体的“绩效”*）和调节变量（*即图4－2 中的“薪酬分配位置”和“员工价值异质性”*）在年份上的对应关系，如表 4－1 所示。按照表 4－1 中相应年份顺序匹配后，共获得 227 个员工个体研究样本，他们的基本情况为：男性员工占 66.520%，女性员工占 33.480%；讲师占 56.828%，副教授占 34.802%，教授占 8.370%；工龄低于 5 年的占 15.419%，工龄为 5～10 年的占 24.229%，工龄为 10～15 年的占 13.656%，工龄为 15～20 年的占 33.921%，工龄 20 年以上的占 12.775%。

表 4－1　　　　本章研究变量实证数据在时间点上的匹配情况

年份	客观数据采集时间点	基于绩效的水平薪酬差距	非基于绩效的水平薪酬差距	绩效	薪酬分配位置	员工价值异质性
2014	2015.01	✓	✓		✓	✓
2015	2016.01	✓	✓	✓	✓	✓
2016	2017.01	✓	✓	✓	✓	✓
2017	2018.01			✓		

4.3.2　变量及测量

(1) 自变量。

本章研究中的自变量，是指“基于绩效的水平薪酬差距（第 t 年）”和“非基于绩效的水平薪酬差距（第 t 年）”。

现有实证研究中，仅有 Trevor，Reilly 和 Gerhart（2012）在研究中考虑到将薪酬差距分解为“能够被员工工作投入性要素解释的薪酬差距”和“未能够被员工工作投入性要素解释的薪酬差距”两部分；他们有关上述这两种类型薪酬差距的分解思路与使用的“方差”测量方法，的确可以为本章研究有关“基于绩效的水平薪酬差距（第 t 年）”和“非基于绩效的水平薪酬差距（第 t 年）”的测量提供借鉴价值。然而，本章研究认为，Trevor，Reilly 和 Gerhart（2012）的分解思路与使用的“方差”测量方法，是对难以获得详细、客观而精确的员工个体层面薪酬数据及包含客观绩效在内的员工个体工作投入性要素数据的“无奈之举”，并且，他们分解与测量的是组织集体层面的“团队薪酬差距”。在本章研究中，两个自变量均为员工个体层面的水平薪酬差距，还是要依据它们的定义从实证调研样本员工个体的客观薪酬数据和客观绩效数据中实现对它们的操作化。

“基于绩效的水平薪酬差距（第t年）”中的“绩效”，即对应本章实证调研个体样本（*即高校教师*）的“科研绩效”。由于可以直接获取每一位调研个体样本在第t年的基于科研绩效的科研薪酬（*即，科研绩效薪酬*）数据和在第t+1年科研绩效数据，因此，“基于绩效的水平薪酬差距（第t年）”，可考虑通过第t年每一位高校教师基于科研绩效的科研薪酬与当年平均科研绩效薪酬的差值绝对值取自然对数来实现测量（张正堂，2007）；“非基于绩效的水平薪酬差距（第t年）”，则可考虑通过第t年每一位高校教师不包含科研绩效薪酬的年薪酬水平与当年所有个体样本的平均年薪酬水平（*不含科研绩效薪酬*）的差值绝对值取对数处理来实现测量。其中，科研绩效薪酬（第t年），即第（t+1）年初或第t年年末统计和测算出的每一位教师在第t年的基于科研绩效的科研奖励分配。

（2）因变量。

本章研究中的因变量，即员工个体的绩效水平（第t+1年），准确来讲，即每一位高校教师在第t+1年完成的科研绩效水平。依据实证调研学院科研奖励分配政策中的详细计分规则，将每一位高校教师在第t+1年内发表的论文、承担的课题等情况，统计、量化并汇总为一个具体的科研分数，该科研分数，就是对每一位高校教师在第t+1年实现的科研绩效水平的测量。

（3）调节变量。

本章研究中的调节变量，即员工个体的薪酬分配位置（第t年）和员工价值异质性（第t年）。

员工个体的薪酬分配位置（第t年），是指第t年每一位高校教师在学院薪酬分配中所处的位置。可借鉴 Pfeffer 和 Davis - Blake（1992）、贺伟和龙立荣（2011）在研究中运用的测量方法，通过每一位高校教师第t年薪酬水平与当年学院所有教师平均年薪酬水平的比值，来测算出第t年该员工个体的薪酬分配位置。该比值越大，则意味着该员工个体在学院薪酬分配中处于的位置越高。

员工价值异质性（第t年），是一个衡量员工个体在组织价值增值过程中或在组织绩效创造过程中作出贡献差异性的变量（Hill, Aime & Ridge, 2017）。在统计学意义上，"员工价值异质性"十分类似于衡量员工个体层面薪酬水平差异的"薪酬差距"。本章研究运用"员工价值异质性"主要是来区分"明星员工"和"一般员工"。依据现有研究对"明星员工"基于产出或绩效的定义界定（Aguinis & O'Boyle, 2014）以及员工价值异质性含义，本章研究借鉴员工个体层面薪酬差距的比值测量法（Bloom, 1999），通过运用每一位高校教师在第t年的科研绩效分数与当年学院平均科研绩效分数的比值，来实现对"员工价值异质性（第t年）"的测量。

(4) 控制变量。

本章研究中的控制变量，即性别、工龄（第t年）、职称（第t年）、年薪酬水平（含科研薪酬）（第t年）。其中，性别：0-女、1-男；工龄：即每一位高校教师进校参加工作年数；职称：1-讲师、2-副教授、3-教授；年薪酬水平，即每一位高校教师一年的工资收入（*包括岗位工资、薪级等、岗位津贴、生活补贴、临时性补贴、交通补贴及住房公积金、养老保险、医保等*）、业绩津贴和年底基于科研绩效的科研薪酬分配加总。

另外，由于本章研究涉及的科研薪酬数据和年薪酬水平数据均属于典型的右偏分布（*偏度系数分别为4.07和2.09*），因此，在进行回归分析检验本章研究假设之前，将对它们先进行取自然对数处理（贺伟和蒿坡，2014）。

4.4 研究结果

4.4.1 均值、标准差和相关系数

表4-2给出了本章所有研究变量的描述性统计分析结果和相关性分析结果。

表 4-2　研究变量的均值、标准差和相关系数（N=227）

变量	均值	标准差	1	2	3	4	5	6	7	8	9
1. 性别	0.665	0.473	1.000								
2. 工龄	12.991	7.212	0.214**	1.000							
3. 职称	1.515	0.647	0.349**	0.445**	1.000						
4. 年薪	11.824	0.301	0.347**	0.449**	0.904**	1.000					
5. M_1	0.999	0.372	0.306**	0.366**	0.874**	0.980**	1.000				
6. X_1	8.331	0.940	0.131*	0.038	0.123	0.132*	0.107	1.000			
7. X_2	10.020	1.228	-0.048	-0.275**	0.028	0.191**	0.300**	-0.034	1.000		
8. M_2	1.000	1.937	0.080	-0.242**	0.087	0.080	0.104	0.237**	0.150*	1.000	
9. 绩效	100.579	205.546	0.076	-0.229**	0.136*	0.149**	0.169*	0.529**	0.106	0.483**	1.000

注：** 表示在 0.01 水平（双侧）上显著相关；* 表示在 0.05 水平（双侧）上显著相关。性别：0-女，1-男。职称：1-讲师，2-副教授，3-教授。M_1，表示第 t 年员工个体在薪酬分配中的位置；X_1，表示第 t 年基于绩效的水平薪酬差距；X_2，表示第 t 年非基于绩效的水平薪酬差距；M_2，表示第 t 年员工价值异质性。另外，表 4-2 系本章依据在 SPSS 19.0 软件中运行描述性统计分析和相关性分析获得的结果，整理所得。

由表 4-2 中的相关系数可以得到，基于绩效的水平薪酬差距与个体绩效显著正相关（$r=0.529$，$p<0.01$）；非基于绩效的水平薪酬差距与个体绩效不相关（$r=0.106$，$p>0.05$，n. s.）；员工个体在薪酬分配中所处的位置与个体绩效显著正相关（$r=0.169$，$p<0.05$）；员工价值异质性与工龄显著负相关（$r=-0.242$，$p<0.01$）；员工价值异质性与性别（$r=0.080$，$p>0.05$，n. s.）、职称（$r=0.087$，$p>0.05$，n. s.）、年薪（$r=0.080$，$p>0.05$，n. s.）、员工个体在薪酬分配中所处的位置（$r=0.104$，$p>0.05$，n. s.）均不显著相关；员工价值异质性与基于绩效的水平薪酬差距（$r=0.237$，$p<0.01$）、非基于绩效的水平薪酬差距（$r=0.150$，$p<0.05$）和个体绩效（$r=0.483$，$p<0.01$）均显著正相关。

另外，由于高校教师的年薪主要取决于职称，薪酬分配位置又主要依据年薪而确定，因此，职称、年薪、薪酬分配位置彼此之间均显示出高度的显著正相关性（r 值分别为 0.904、0.874 和 0.980，$p<0.01$）。十分值得一提的是，表 4-2 中的相关系数也表明，员工个体的年薪与个体绩效（$r=0.149$，$p<0.01$）、工龄（$r=0.449$，$p<0.01$）、职称（$r=0.904$，$p<0.01$）均显著正相关；基于年薪基础上的

薪酬分配位置与个体绩效（$r = 0.169$，$p < 0.05$）、工龄（$r = 0.366$，$p < 0.01$）和职称（$r = 0.874$，$p < 0.01$）均显著正相关。它们综合显示出，员工个体的绩效、工龄、职称等诸要素，是样本高校进行员工薪酬分配决策的重点考虑，本章研究也可据此推断，高校教师个体之间水平薪酬差距的主要形成基础，既体现在员工个体之间的“绩效”差异，也反映在员工个体之间的各种“人力资本特征性投入要素”（*例如，性别、年龄、工龄、职称等*）差异。此外，表 4 - 2 还清晰地表明，“基于绩效的水平薪酬差距”和“非基于绩效的水平薪酬差距”不显著相关（$r = -0.034$，$p > 0.05$，n. s.），意味着基于“绩效”形成基础而划分的这两种类型水平薪酬差距是彼此独立存在的。

4.4.2　研究假设检验

(1) 基于绩效的水平薪酬差距、非基于绩效的水平薪酬差距、个体薪酬分配位置与个体绩效。

基于绩效的水平薪酬差距、非基于绩效的水平薪酬差距、员工个体薪酬分配位置及两个交互项对个体绩效的层级回归分析结果，总结如表 4 - 3 所示。

表 4 - 3　(非) 基于绩效的水平薪酬差距与个体薪酬分配位置对个体绩效水平的层级回归分析结果 (N = 227)

变量	个体绩效				
	模型 1	模型 2	模型 3	模型 4	模型 5
性别	0.047	0.006	0.011	0.047	0.043
工龄	-0.383***	-0.336***	-0.334***	-0.398***	-0.398***
职称	0.077	0.086	0.120	0.036	0.066
年薪酬水平	0.295	-0.118	-0.157	0.201	0.472
个体薪酬分配位置 M_1	-0.061	0.275	0.269	0.093	-0.348
基于绩效的水平薪酬差距 X_1		0.516***	0.536***		
非基于绩效的水平薪酬差距 X_2				-0.069	-0.054
$X_1 \times M_1$			0.136**		
$X_2 \times M_1$					0.158

续表

变量	个体绩效				
	模型 1	模型 2	模型 3	模型 4	模型 5
F	6.909 ***	23.510 ***	21.597 ***	5.858 ***	5.027 ***
R^2	0.135 ***	0.391 ***	0.408 **	0.138	0.138
ΔR^2		0.255 ***	0.017 **	0.003	0.001

注：+表示 $p<0.10$；*表示 $p<0.05$；**表示 $p<0.01$；***表示 $p<0.001$。M_1，表示调节变量“个体薪酬分配位置”；X_1 和 X_2，分别表示基于绩效的水平薪酬差距和非基于绩效的水平薪酬差距；$X_1\times M_1$，表示“基于绩效的水平薪酬差距”与“个体薪酬分配位置”的交互项；$X_2\times M_1$，表示“非基于绩效的水平薪酬差距”与“个体薪酬分配位置”的交互项。ΔR^2：模型 2 和模型 4，均是与模型 1 进行比较；模型 3，是与模型 2 进行比较；模型 5，是与模型 4 进行比较。另外，表 4－3 系本章依据各变量对个体绩效水平的层级回归分析结果，整理所得；其中的回归系数，为标准回归系数。

①首先，关于“基于绩效的水平薪酬差距”对“个体绩效”的可能影响及“薪酬分配位置”的可能调节效应研究假设检验。表 4－3 中的数据显示，在控制变量回归模型中（*即模型 1 中*），高校教师的工龄与个体的科研绩效水平显著负相关（$\beta=-0.383$，$p<0.001$），表明相比工龄较短的年轻教师，工龄较长的高校教师个体的科研绩效水平相对较低；高校教师的性别、职称、年薪酬水平、个体薪酬分配位置，均与个体科研绩效水平不显著相关（β 依次为 0.047、0.077、0.295 和 －0.061，$p>0.10$，n. s.）。控制了这些干扰变量后，将“基于绩效的水平薪酬差距”纳入对“个体绩效”的回归分析后，模型 2 清晰地显示出，基于绩效的水平薪酬差距对个体科研绩效水平的确具有显著的正向影响（$\beta=0.516$，$p<0.001$），因此，研究假设 H4－1 得到验证，表明基于科研绩效的水平薪酬差距越大，高校教师个体的科研绩效水平也将越高。进一步地，在模型 2 的基础上，模型 3 将“个体薪酬分配位置”与“基于绩效的水平薪酬差距”的“交互项”（即 $X_1\times M_1$）引入对高校教师个体科研绩效水平的回归分析，结果表明，两者的交互项对高校教师个体科研绩效水平的影响显著（$\beta=0.136$，$p<0.01$），意味着员工个体薪酬分配位置对基于绩效的水平薪酬差距与高校教师个体科研绩效水平之间影响关系的可能调节效应成立，所以，研究假设 H4－3 得到初步支持。

为了进一步检验研究假设 H4－3 关于“**员工个体在组织薪酬分配中所处的位置越高，基于绩效的水平薪酬差距对个体绩效的正向影响越强烈**”的调节效应预测，本章研究基于模型 3 中具体回归系数，绘制了如图 4－3 所示的个体薪酬分配位置对“基于绩效的水平薪酬差距—个体绩效水平”间影响关系的二维平面调节效应图。

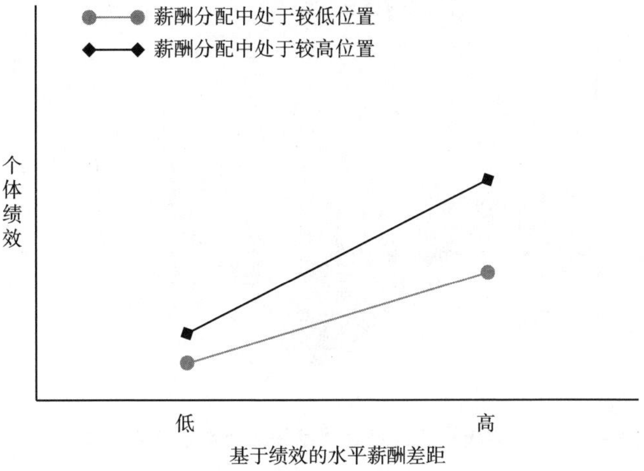

图 4－3　个体薪酬分配位置对“基于绩效的水平薪酬差距—个体绩效”之间影响关系的二维平面调节效应图

进一步地，本章基于模型 3 中具体回归系数，运用 OriginPro2015 软件，绘制出个体薪酬分配位置对“基于绩效的水平薪酬差距—个体绩效”之间影响关系的三维立体调节效应图①，具体如图 4－4 所示。

无论是图 4－3 所示的二维调节效应平面图，还是图 4－4 所示的三维调节效应立体图，均十分清晰和直观地表明：对于在薪酬分配中处于较高位置的高校教师个体而言，基于绩效的水平薪酬差距对个体科研绩效水平的正向影响斜率值较大（*基于非标准回归系数计算出的斜率值为 156.346，$t=7.602$，$p=0.000$*），与两者之间影响关系相对应的直线亦较为陡峭（*详见图 4－3*）；对于在薪酬分配中处于较低位置的高校教师个体而言，基于绩效的水平薪酬差距对个体科研绩效水平的正向影响斜率值相对较小（*基于非标准回归系数计算出的斜率值为 135.764，$t=9.267$，$p=0.000$*），与两者之间影响关系相对应的直线则相对平缓

① 具体绘制方法，详见张海燕和张正堂（2017a）以及张海燕和张正堂（2017b）。

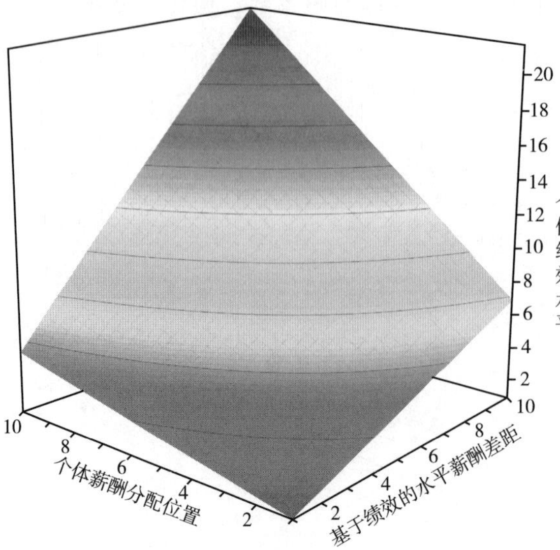

图 4 -4　个体薪酬分配位置对“基于绩效的水平薪酬差距—个体绩效”之间影响关系的三维调节效应立体图

注：三维调节效应立体图中，垂直方向轴表示“个体绩效水平”，平面中右侧轴表示“基于绩效的水平薪酬差距”、左侧轴表示“个体薪酬分配位置”；图 4 -4，为本章借鉴 Shi，Connelly 和 Sanders（2016）研究中运用三维立体图来表示调节效应的示例，基于表 4 -3 模型 3 中具体回归系数，运用 OriginPro2015 软件，绘制整理所得。

(*详见图4 -3*)；薪酬分配位置较低且基于绩效的薪酬差距较小时，个体的绩效水平则较低（*详见图4 -4*)；薪酬分配位置较高且基于绩效的薪酬差距较大时，个体的绩效水平也较高（*详见图4 -4*)。因此，员工个体在薪酬分配中的位置，显著增强了基于绩效的水平薪酬差距对个体绩效水平的正向影响，所以，研究假设 H4 -3 关于个体薪酬分配位置的调节作用预测获得了实证数据的支持，研究假设H4 -3成立。

②其次，关于“非基于绩效的水平薪酬差距”对“个体绩效”的可能影响及“薪酬分配位置”的可能调节效应。表 4 -3 中数据清晰地显示出，在模型 1 控制了性别、工龄、职称、年薪酬水平、个体薪酬分配位置对个体绩效影响的基础上，模型 4 进一步引入了“非基于绩效的水平薪酬差距”，模型 4 中的回归系数检验结果显示，“非基于绩效的水平薪酬差距”对个体科研绩效水平的负向影

响不显著（β = -0.069，$p > 0.10$，n.s.），因此，表明研究假设 H4-2 关于“非基于绩效的水平薪酬差距”对个体科研绩效水平的负向影响关系预测不显著，所以，研究假设 H4-2 未得到实证数据的证实。本章研究推测，两者之间负向影响关系不显著，可能是存在一些重要调节变量的调节作用，因此，在模型 4 的基础上，进一步地在模型 5 中引入个体薪酬分配位置与非基于绩效的水平薪酬差距的交互项（即 $X_2 \times M_1$），回归分析结果表明，两者的交互项对个体科研绩效水平的影响也不显著（β = 0.158，$p > 0.10$，n.s.），意味着个体薪酬分配位置对“非基于绩效的水平薪酬差距—个体绩效”间影响关系的可能调节效应预测不成立，所以，研究假设 H4-4 未得到验证。

（2）基于绩效的水平薪酬差距、员工价值异质性与个体绩效。

基于绩效的水平薪酬差距、员工价值异质性及两者的交互项对个体绩效的层级回归分析结果，总结如表 4-4 所示。

表 4-4　基于绩效的水平薪酬差距、员工价值异质性及交互项对个体绩效的层级回归分析结果（N = 227）

变量	个体绩效		
	模型 6	模型 7	模型 8
性别	0.049	-0.019	-0.022
工龄	-0.378***	-0.253***	-0.260***
职称	0.079	0.032	-0.019
年薪酬水平	0.230	0.157	0.243*
员工价值异质性 M_2		0.303***	0.079***
基于绩效的水平薪酬差距 X_1		0.444***	0.347***
$X_1 \times M_2$			0.414***
F	8.667***	31.930***	41.114***
R^2	0.135***	0.465***	0.568***
ΔR^2		0.330***	0.102***

注：+表示 $p < 0.10$；*表示 $p < 0.05$；**表示 $p < 0.01$；***表示 $p < 0.001$。M_2，表示调节变量“员工价值异质性”；X_1，表示基于绩效的水平薪酬差距；$X_1 \times M_2$，表示“基于绩效的水平薪酬差距”与“员工价值异质性”的交互项。ΔR^2：模型 7 和模型 8，均是与模型 6 进行比较。另外，表 4-4 系本章依据各变量对个体绩效的层级回归分析结果，整理所得；其中的回归系数，为标准回归系数。

表 4-4 中，模型 6 是各控制变量对个体绩效的可能影响回归分析，模型 6

中的回归系数显示，工龄越长，员工的个体绩效水平越低（$\beta = -0.378$，$p < 0.001$）；在模型6控制了性别、工龄、职称和年薪酬水平对个体绩效的可能影响后，模型7将“基于绩效的水平薪酬差距”和“员工价值异质性”均纳入对个体绩效的回归分析，结果显示，“基于绩效的水平薪酬差距”显著正向影响个体绩效（$\beta = 0.444$，$p < 0.001$），再一次支持了研究假设H4－1，此外，员工价值异质性显著正向影响个体绩效水平（$\beta = 0.303$，$p < 0.001$）；模型8是在模型7的基础上，继续将员工价值异质性与基于绩效的水平薪酬差距的交互项（即$X_1 \times M_2$）纳入对个体绩效的回归分析，结果显示，交互项的回归系数显著（$\beta = 0.414$，$p < 0.001$），验证了“员工价值异质性”对“基于绩效的水平薪酬差距—个体绩效”之间影响关系可能调节作用的存在，初步支持了研究假设H4－5。

为了进一步检验研究假设H4－5中关于“**对于明星员工而言，基于绩效的水平薪酬差距正向影响个体绩效；对于一般员工而言，基于绩效的水平薪酬差距负向影响个体绩效**”的具体调节效应预测，本章研究基于表4－4中模型8的回归系数，绘制出如图4－5所示的“员工价值异质性”对“基于绩效的水平薪酬差距—个体绩效”之间影响关系的调节效应图。

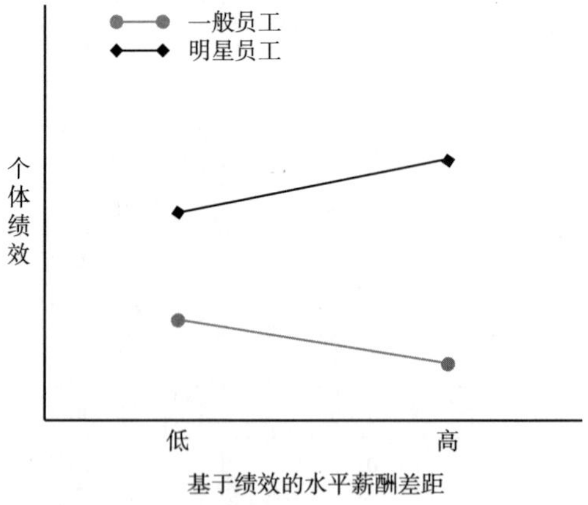

图4－5　员工价值异质性对“基于绩效的水平薪酬差距—个体绩效”之间影响关系的调节效应图

图4－5十分清晰、直观地显示出，对于明星员工而言，基于绩效的水平薪酬差距越大，个体绩效水平越高（*基于非标准回归系数计算出的斜率估计值为*

250.256，$t=10.633$，$p=0.000$）；对于一般员工而言，基于绩效的水平薪酬差距并未显著削弱他们的个体绩效水平（*基于非标准回归系数计算出的斜率估计值*为 -20.354，$t=1.385$，$p=0.167$，n. s.）。由此，研究假设 H4－5 关于“员工价值异质性”对“基于绩效的水平薪酬差距—个体绩效”之间影响关系的可能调节效应，获得了实证数据的支持，所以，研究假设 H4－5 成立。

4.5 研究结论与讨论

4.5.1 研究结论与理论意义

一直以来，薪酬差距研究领域有关薪酬差距对绩效影响的研究结论并不明确和一致，造成这种结果的主要原因可能在于忽视了员工个体价值异质性的客观存在、尚未明确所探讨的薪酬差距的具体形成基础以及没有考虑薪酬差距绩效效应成立的边界条件。本章研究聚焦“水平薪酬差距”，沿循本书第3章实证研究证实的“员工价值异质性”在薪酬差距对团队成员个体绩效的影响中扮演着无比重要角色的分析逻辑，关注“员工价值异质性”在我国目前组织薪酬分配体系中最具认可度和合法性以及最主要体现的薪酬差距的“绩效”形成基础，将水平薪酬差距细分为“基于绩效的水平薪酬差距”和“非基于绩效的水平薪酬差距”两种子类型，并通过搜集高校教师个体2014～2017年的客观薪酬分配数据和客观科研绩效数据，实证探讨了基于“绩效”形成基础划分的水平薪酬差距的两种细分类型分别对个体绩效的可能影响，以及，个体在薪酬分配中所处的位置和员工价值异质性对上述影响关系的可能调节作用。本章研究发现，水平薪酬差距并非一定会促进个体绩效，水平薪酬差距是否源于个体的“绩效”差异，或者，水平薪酬差距是否认可并能够反映出员工个体在绩效贡献方面的异质性，是关键的决定因素。具体来说，基于绩效的水平薪酬差距显著正向影响员工个体绩效，非基于绩效的水平薪酬差距对员工个体绩效的负向影响不显著；员工个体在组织薪酬分配中所处的位置，显著调节基于绩效的水平薪酬差距对员工个体绩效的正向影响，员工个体在薪酬分配中所处的位置越高，基于绩效的水平薪酬差距对个体绩效的激励效应越强烈；员工价值异质性，也显著调节“基于绩效的水平薪酬差距—个体绩效”之间影响关系，对于明星员工而言，基于绩效的水平薪酬差距对个体绩效水平具有显著的激励效应，对于一般员工而言，基于绩效的水平薪酬差距对个体绩效水平的削弱效应不显著。

相比薪酬差距现有研究文献迫于客观数据收集难度大而不得已通过使用统计分析方法来分解并推算出“能够被员工投入要素解释的水平薪酬差距”值和“未能够被员工投入要素解释的水平薪酬差距”值（Trevor，Reilly & Gerhart，2012），或者，使用绩效薪酬与薪酬差距对个体绩效交互作用的检验方法（Kepes，Delery & Gupta，2009），由于本章研究能够直接获得基于绩效的客观薪酬数据（即，*基于高校教师个体的实际科研绩效测算出的客观而精确的科研绩效薪酬数据*），因此，本章基于客观而精确时间序列数据而获得的研究结论也更为有效。此外，现有薪酬差距对绩效影响的研究中，除了个别研究（Hill，Aime & Ridge，2017；本书第3章）外，几乎没有研究打破员工个体价值趋于“同质性”的默认假设前提，也鲜有研究关注薪酬差距最重要、最具合法性来源的“员工价值异质性”。在本书第3章实证研究的基础上，本章研究沿循“员工价值异质性”的逻辑分析方向，找寻到我国当前组织薪酬分配体系中最能够获得认可也是“员工价值异质性”最主要体现的“绩效”形成基础，不仅依据薪酬差距是否源于“绩效”差异区分了水平薪酬差距的“基于绩效的水平薪酬差距”部分和“非基于绩效的水平薪酬差距”部分，也实证探讨了“员工价值异质性”对两种细分类型水平薪酬差距影响个体绩效关系的可能调节效应，为明确水平薪酬差距的员工个体绩效效应作出了贡献，也丰富了薪酬差距绩效效应的现有研究文献。

然而，“非基于绩效的水平薪酬差距”的员工个体绩效效应研究预测和个体薪酬分配位置对“非基于绩效的水平薪酬差距—个体绩效”之间影响关系的调节效应预测，均未得到实证研究的支持。本章研究认为，这可能是本章研究所选择研究样本（*即高校教师*）的局限性导致。高校教师个体之间的薪酬水平差异，除了源于个体绩效差异外（*表4-2 显示，绩效与年薪之间的相关系数为0.149，$p<0.01$*），员工个体的职称和工龄也是他们薪酬水平的重要决定因素（*表4-2*

显示，职称和工龄分别与年薪的相关系数为0.449和0.904，$p<0.01$），也即，对于本章实证研究样本来说，“非基于绩效的水平薪酬差距”主要形成于高校教师个体之间的“职称差异”和“工龄差异”。在组织薪酬分配体系中，由员工个体之间的“职称差异”和“工龄差异”所导致的水平薪酬差距，不仅是能够被合理解释的（Trevor，Reilly & Gerhart，2012），在我国目前组织分配体系中也被认为是合理、合法和可接受的（贺伟和嵩坡，2014），因此，不仅不会显著削弱员工个体对组织薪酬分配的公平感知，还可能会进一步“弱化”非基于绩效的水平薪酬差距对个体绩效的负向影响，最终导致本章实证研究中非基于绩效的水平薪酬差距并未对个体绩效产生“显著”的负向影响。关于“个体薪酬分配位置”对“非基于绩效的水平薪酬差距—个体绩效”之间影响关系的可能调节效应未成立，关键的原因可能在于本章实证研究样本的“非基于绩效的水平薪酬差距”主要源于员工个体之间的“工龄差异”和“职称差异”。对于处于薪酬分配中较低位置的员工个体而言，尽管他们在薪酬水平比较中由于工龄和职称上的比较劣势而获得较低的薪酬水平，然而，一方面，“工龄差异”和“职称差异”是我国目前组织薪酬分配体系中被普遍接受和认可的、合理且合法的薪酬差距的重要来源之一，另一方面，依据经济学中的信号理论（Hirschman & Rothschild，1973；Manski，2000）及其在薪酬比较中的实证研究结论（Clark，Kristensen & Westergård - Nielsen，2009），同事源于工龄差异和职称差异的较高薪酬水平往往意味着自己未来工龄增长或职称提升后能够获得的较高薪酬水平，并且，依据期望理论（Vroom，1964），工龄和职称与薪酬水平之间的密切关联性也为员工个体提供了除绩效提升之外的其他可能提升自身薪酬水平的合理与合法途径，因此，员工个体不太可能会因为源于“工龄差异”和“职称差异”的较大的水平薪酬差距而感到不公平、相对剥削感和痛苦，高校教师员工个体的绩效水平也不太可能受到“非基于绩效的水平薪酬差距”的显著负向影响。

4.5.2 管理实践启示

本章研究揭示，只有源于员工个体“绩效”差异的水平薪酬差距（即“基于绩效的水平薪酬差距”）才具有显著的个体绩效激励效应，并且，对于处于薪酬分配中较高位置的员工个体和为组织作出突出异质贡献的“明星员工”来说，这种绩效激励效应尤为明显（*不可将两者混为一谈：明星员工是对组织绩效作出杰出贡献的个体；处于薪酬分配中较高位置的个体并非必然是因为杰出的“绩效”贡献，也可能是因为工龄、职称、政治行为等非绩效性因素导致*），然而，非基于绩效的水平薪酬差距对员工个体绩效的负向影响并不显著。这一研究结论意味着，水平薪酬差距本身并不必然会促进或削弱员工个体绩效水平，水平薪酬差距的“形成基础”是否是员工个体之间的“绩效差异”以及“员工价值异质性”水平和员工个体的“薪酬分配位置”，将综合决定水平薪酬差距的个体绩效效应。这对如何确保组织薪酬分配能够有效实现员工个体绩效激励效应的管理实践，具有重要启示。

第一，提高水平薪酬差距与员工个体绩效水平的关联程度，并构建客观、公正的绩效考评体系。尽管在我国文化背景下，以岗位价值或技能等级（*对于本章研究样本而言，即“职称”*）为主的固定工资体系和基于员工个体绩效的变动薪酬体系相结合的薪酬分配体系，是广泛被认可的组织薪酬分配价值观（贺伟和嵩坡，2014），然而，在员工个体的薪酬收入构成中，固定薪酬部分所占的比例依然非常大（*例如，本章实证研究样本所对应的固定薪酬部分的比例，平均为96.54%*）、绩效变动薪酬部分所占的比例依然非常低（*例如，本章实证研究样本所对应的绩效变动薪酬部分的比例，平均为3.46%*），并且，“水平薪酬差距”并非等同于“基于绩效的水平薪酬差距”，它包括“基于绩效的水平薪酬差距”和“非基于绩效的水平薪酬差距”两个子类型，其中，只有“基于绩效的水平薪酬差距”才具有显著的个体绩效激励效应。因此，组织若想发挥薪酬分配的个体绩效激励效应，应当努力在组织薪酬分配体系中体现和反映出对员工个体在“绩效”方面“异质性”的认可与支持，并努力提升个体薪酬水平与个体绩效水平的关联程度，以提高“基于绩效的水平薪酬差距”在水平薪酬差距中的比例。另外，由于基于绩效差异的薪酬分配体系也会通过将员工个体薪酬水平与客观绩效水平的关联而反映和体现出组织薪酬分配的“过程公平”或“程序公平”（Gerhart & Rynes，2003），因此，为了确保基于绩效的水平薪酬差距能够更好地发挥对员工个体绩效的正向影响，组织也应该考虑通过构建一套客观、公平的绩效考评体系来确保组织薪酬分配的过程公平性或程序公平性。

第二，差异化地制定组织薪酬分配政策。本章研究证实，对于在组织薪酬分配中处于“较高位置”的员工个体而言，基于绩效的水平薪酬差距对员工个体绩效的激励效应更强烈，以及对于处于员工个体绩效幂律分布尾端、却为组织绩效作出杰出异质贡献的“明星员工”而言，基于绩效的水平薪酬差距对个体绩效具有显著的正向影响，而对于为组织绩效作出一般贡献的“一般员工”而言，基于绩效的水平薪酬差距对其个体绩效的负面影响不显著。因此，基于上述研究结论，组织可以考虑针对薪酬分配中处于“较高位置”的员工个体和处于“较低位置”的员工个体或者“明星员工”和“一般员工”，分别制订差异化和具有针对性的薪酬分配激励政策。例如，对于薪酬分配中处于“较高位置”的员工个体和为组织绩效创造或组织价值增值作出杰出异质贡献的“明星员工”，他们的薪酬水平与绩效水平挂钩的比例要“更大”，并且，基于绩效的彼此之间的薪酬差距幅度设计也应“更大”；而对于薪酬分配中处于“较低位置”的员工个体和为组织绩效创造或组织价值增值作出相对较低贡献的“一般员工”，由于他们在组织薪酬分配中处于劣势而更可能对薪酬分配不公平十分敏感，因此，组织应该在确保薪酬水平与绩效水平挂钩的前提下（*以确保能够发挥基于绩效的水平薪酬差距对员工个体绩效的激励效应*），以尽可能缩小这些员工个体之间基于绩效的水平薪酬差距幅度，不可使之“过大”。

4.5.3　研究不足与展望

首先，由于员工个体层面客观而精确的薪酬数据获取具有很大难度，因此，本章研究选择的样本为相对较容易获得实证数据的高校教师，然而，正是这一单一而特殊的实证研究样本，限制了本章研究结论的外部效度。所以，未来研究应当考虑尽可能纳入更多类型的、多元化的研究样本，以提升研究结论的外部效度。

其次，员工个体对薪酬差距的态度、情感、情绪的反应（*例如，源于薪酬比*

较的“工作场所妒忌情绪”），是薪酬差距作用于员工个体行为有效性或绩效的重要过程性变量（Shaw，2014），所以，未来研究可考虑通过对员工态度、情感、情绪反应的量表主观评价与客观薪酬数据、客观绩效数据的结合，来综合挖掘它们在薪酬差距绩效效应中的可能中介作用（*这也是本书第5章和第6章致力于要解决的主要研究问题*）。

最后，沿循本书第3章提出的“员工价值异质性”逻辑分析方向，本章研究重点关注了“员工价值异质性”在我国目前组织薪酬分配体系中最具广泛认可度也是最主要体现的“绩效贡献异质性”，初步考察了“基于绩效的水平薪酬差距”和“非基于绩效的水平薪酬差距”对员工个体绩效的差异性影响，获得了一些十分有价值的研究结论。然而，除了“绩效贡献异质性”之外，“员工价值异质性”在我国目前组织薪酬分配体系中的具体表现还包括员工个体的性别差异、年龄差异、年功或工龄差异、知识/技能/能力差异、职称差异等人力资本特征性投入要素差异，这些员工价值异质性的具体体现如同“绩效贡献异质性”一样在我国目前组织薪酬分配体系中是合理合法的。因此，未来研究应该在本章研究的基础上，进一步挖掘薪酬差距的“人力资本特征性投入要素”形成基础在薪酬差距绩效效应中可能扮演的角色。

总之，未来研究应当关注“员工价值异质性”，并沿循员工价值异质性的逻辑分析方向，不但明确薪酬差距的具体形成基础并基于具体形成基础细分薪酬差距新类型，也应该在此基础上纳入更多具有代表性的研究样本，通过进一步探讨细分类型薪酬差距对绩效影响的作用机制和边界条件，来推动薪酬差距绩效效应研究走向成熟。

第 5 章

团队内水平薪酬差距对员工工作场所妒忌情绪的触发效应研究

针对 21 世纪愈益动态、不确定和充满复杂性的组织工作情境越来越凸显、强调和认可“员工价值异质性”的客观事实，本书第 3 章突破传统研究文献对员工个体价值趋于“同质性”的默认假设前提，通过引入和运用“多项式回归结合三维响应曲面分析法”，实证考察了“薪酬差距—员工价值异质度”之间趋于一致和不一致对团队成员个体绩效的差异性影响，揭示了“员工价值异质性”在薪酬差距绩效效应研究中扮演的重要角色。沿循第 3 章“员工价值异质性”逻辑分析方向，本书第 4 章找寻到“员工价值异质性”在我国目前组织薪酬分配体系中最普遍受到认可和接受亦是最主要体现的员工个体的“绩效”贡献异质性，依据水平薪酬差距的“绩效”形成基础，将水平薪酬差距划分为“基于绩效的水平薪酬差距”和“非基于绩效的水平薪酬差距”，然后，实证考察了基于“绩效”异质性的水平薪酬差距两种细分类型分别对员工个体绩效的差异性影响。本书第 4 章的研究结论表明，关注“员工价值异质性”在我国目前组织薪酬分配体系中的认可和主要体现的确是一条可以进一步明确薪酬差距绩效效应的有效途径，为本书后续综合考察薪酬差距的更多具有合法性也是员工价值异质性主要体现的形成基础在薪酬差距绩效效应中的重要作用（*即本书第6 章研究*）奠定了研究基础。由于本书不仅致力于沿循“员工价值异质性”逻辑分析方向找寻并探讨薪酬差距的重要形成基础对员工个体绩效的可能影响，还十分渴望揭示具体的影响机制，因此，本章将在第 3 章和第 4 章研究结论的基础上，从工作场所妒忌情绪视角，进一步探讨水平薪酬差距的员工个体情绪反应（即，工作场所妒忌情绪触发效应），为第6章从工作场所善意妒忌情绪和工作场所恶意妒忌情绪视角来进一步揭示团队内水平薪酬差距的“绩效”形成基础和“人力资本特征性投入要素”形成基础对团队成员个体行为性绩效影响“黑箱”奠定研究基础。

5.1 研究问题提出

无论薪酬差距是源于员工个体的绩效差异、年功差异、职称或技能等级差异，还是员工个体的政治行为差异、组织绩效评价过程中的上级主管个人偏好、薪酬分配中的随机决策等因素，作为组织实施差异性薪酬分配的必然结果，它是组织薪酬结构的基本要素（Ehrenberg & Milkovich，1987；Gerhart & Rynes，2003），将通过吸引和留住优秀员工、激励员工实现更高水平的绩效而最终影响组织有效性：在组织宏观层面，薪酬差距被假定为能够通过有效吸引和留住优秀员工以及鼓励绩效水平较差员工的自愿离职，从而有效提升组织人力资本积累水平、提高组织整体劳动生产率和绩效（Bishop，1987；Gerhart & Rynes，2003；Shaw，Gupta & Delery，2002）；在组织微观层面，许多认知方面的理论和行为激励理论（Lawler，1973；Skinner，1974；Vroom，1964）均假定，将薪酬水平与绩效水平挂钩会提升绩效水平，并且，较大的薪酬差距会增强这一效应；在组织实践层面，“宽带薪酬”（*Broadband Pay*）一直被认为是一种能够有效提升员工个体绩效水平和组织绩效水平的科学手段（Abosch，1995；Abosch，1998）。因此，在当前组织研究略显单薄的薪酬研究文献中，薪酬差距研究却一直是一个重要且充满活力的领域，尤其是薪酬差距的影响研究。附录1中有关近20年来代表性薪酬差距影响研究文献的总结，也十分清晰地显示出，近年来，国内外大量的学者们围绕薪酬差距对“绩效”（Bloom，1999；Shaw，Gupta & Delery，2002；Siegel & Hambrick，2005；Kepes，Delery & Gupta，2009；Trevor，Reilly & Gerhart，2012；Yanadori & Cui，2013；Dole，2015；Ridge，Aime & White，2015；Sanchezmarin & Baixaulisoler，2015；Shaw，2015；Hill，Aime & Ridge，2017；Messersmith，Kim & Patel，2018；Patel et al.，2018）和“离职”决策（含离职意愿）（Bloom & Michel，2002；Messersmith et al.，2011；Carnahan，Agarwal & Campbell，2012；Brown et al.，2016；He，Long & Kuvaas，2016）的影响，进行了深入的探讨，取得了十分丰硕的成果。然而，与之形成鲜明对比的是，关于员工对薪酬差距的情感反应研究，仅有个别学者实证检验了薪酬差距对“薪酬公平感知”（Trevor & Wazeter，2006；Brown et al.，2016；Park，Kim & Sung，2017）、“薪酬满意度”（Pfeffer & Langton，1993）、“情感承诺”（贺伟和嵩坡，2014）、“团队内其他成员是否值得信任”（Christie & Barling，2014）等员工个体情感反应类近端动机性变量的影响。正如 Shaw（2014）所言，较之于薪酬差距的“绩效”影响研究，薪酬差距的近端动机性结果变量研究（*即，薪酬差距的情感反应性影响研究*）则相对落后而欠成熟。探讨薪酬差距对员工近端情感动机性结果变量的影响，将不仅十分有益于全面而深入地理解薪酬差距效应的本质（*尤其是薪酬差距的“绩效”效应*）（Christie & Barling，2014），还可能是揭示薪酬差距绩效效应或离职效应“黑箱”的一个非常好的视角和途径（Shaw，2014），因此，Shaw（2014）呼吁应当增强对薪酬差距的情感动机性结果变量方面的理论探讨和实证研究。

鉴于工作场所妒忌情绪的普遍存在（Miner，1990；Duffy & Shaw，2008；Tai，Narayanan & Mcallister，2012；Shu & Lazatkhan，2017）以及工作场所妒忌情绪对员工态度和行为造成的影响范围之广和影响程度之大（Duffy et al.，2012；Tai，Narayanan & Mcallister，2012；Van de Ven et al.，2015；Van de Ven & Zeelenberg，2015；Van de Ven，2016；Dineen et al.，2017；Shu & Lazatkhan，2017），本章研究认为，十分有必要在现有薪酬差距影响研究的结果变量探讨中纳入“工作场所妒忌情绪”，以实证揭示薪酬差距对员工工作场所妒忌情绪的可能触发效应、扩展和丰富现有薪酬差距影响研究中的员工情感反应类动机性结果变量，为从员工对薪酬差距的情感反应视角来进一步揭示薪酬差距对行为性远端结果变量（*例如，绩效、离职等*）的影响“黑箱”（Shaw，2014）奠定基础。

另外，由于我国是一个典型的尊重权力距离的国家，因此，相比于“垂直薪酬差距”（*即较大权力距离在组织薪酬分配中的体现*），组织中的员工往往普遍难以接受和忍耐较大的“水平薪酬差距”，所以，相比于“垂直薪酬差距，水平薪酬差距”更可能触发员工个体的情感反应（Baron & Pfeffer, 1994; Ding, Akhtar & Ge, 2009; He, Long & Kuvaas, 2016）。因此，本章研究依然聚焦“水平薪酬差距”（*但会控制并比较“垂直薪酬差距”和“实际薪酬水平—期望薪酬水平间差距”*对工作场所妒忌情绪的可能影响），期望通过探讨水平薪酬差距对员工个体工作场所妒忌情绪的可能触发效应，为第6章能够揭示工作场所善、恶意妒忌情绪在团队内水平薪酬差距的“绩效”形成基础和“人力资本特征性投入要素”形成基础对“团队成员工作角色绩效”（*即团队成员个体行为绩效的代理变量*）的影响关系中可能扮演的“桥梁”或“中介”角色，奠定基础。

5.2

理论基础与研究假设

妒忌，包括特质性妒忌（*Dispositional Envy*）和情境性妒忌（*Episodic Envy*）两种类型。特质性妒忌，描述了个体在各种不同情形下所表现出的一种稳定的性格倾向（Smith et al., 1999）；情境性妒忌，则主要关注工作场所中个体与其直接工作环境中的他人进行比较时所引发的一种痛苦情绪（Vecchio, 1995; Vecchio, 2005）。本章研究关注的是作为“情境性妒忌”重要体现的“工作场所妒忌情绪”。

在工作场所或组织生活中，妒忌情绪十分普遍（Miner, 1990; Duffy & Shaw, 2008; Tai, Narayanan & Mcallister, 2012; Shu & Lazatkhan, 2017），它源于与处于比较优势地位的相似个体在他们极为看重的组织资源分配方面（*如薪酬、晋升、奖励、上下级关系、组织领导的时间分配和注意力分配等*）所进行的社会比较（Gilbert, Giesler & Morris, 1995; Tai, Narayanan & Mcallister, 2012），是员工个体在对自我概念构成和自我评价需要十分重要领域的社会比较中（Festinger, 1954; Smith, 2004; Vidaillet, 2007; Duffy et al., 2012），意识到自己不仅缺乏而且十分渴望得到他人在该领域拥有的优势、能力或成就时混含羡慕、自卑、敌意、抱怨等在内的一种复杂而痛苦的社会情绪（Parrott & Smith, 1993; Smith & Kim, 2007; Tai, Narayanan & Mcallister, 2012）。

依据工作场所妒忌情绪的上述定义，十分明确的有两点：第一，工作场所妒忌情绪，常常源于“上行”社会比较，具有“社会比较”的本质；第二，工作场所妒忌情绪产生的关键，在于比较主体之间具有“相似性”以及比较内容对比较主体的“重要性”，因此，当社会比较发生在与“自我”高度相关的领域，并且，社会比较是发生在两个十分具有“相似性”的主体之间时，妒忌情绪十分有可能产生（Salovey & Rodin，1984；Tesser & Collins，1988）。作为组织提供给员工劳动付出的一种补偿和回报，员工个体薪酬水平的高与低，通常代表着员工个体在组织价值增值或组织绩效创造过程中作出贡献的大小和在组织中所处地位的高低（Frank，1985；Folger，1993；张正堂和刘宁，2016）。毋庸置疑，员工个体的薪酬分配水平是员工个体自我概念构成的一个十分重要的领域，员工个体的自我评价需要也会促使员工个体在组织中频繁地与他人进行薪酬水平比较，尤其是与那些与自己十分具有“相似性”的同一部门或同一个团队甚至处于组织同一层级的“同事”进行薪酬水平比较（Festinger，1954）。发生在组织相同层级内大体相同工作岗位上相似主体之间的薪酬水平比较，即“水平薪酬比较”；水平薪酬比较的结果，即“水平薪酬差距”。所以，依据工作场所妒忌情绪的定义和社会比较理论，本章研究预测，作为组织同一层级的或大体相同工作岗位上十分具有“相似性”的员工个体之间薪酬水平比较结果的“水平薪酬差距”，将十分有可能触发在薪酬水平比较中处于劣势的员工个体的工作场所妒忌情绪，并且，水平薪酬差距越大，处于薪酬水平比较劣势的员工个体的工作场所妒忌情绪可能越强烈。

截至目前，尽管尚未有实证研究文献直接探讨水平薪酬差距与工作场所妒忌情绪之间的可能影响关系，然而，一些学者有关宽泛意义上的“差距感知”或组织薪酬分配体系所塑造的竞争性氛围可能触发员工个体工作场所妒忌情绪的理论探讨和实证研究，却也提供了本章研究关于水平薪酬差距与工作场所妒忌情绪之间可能影响关系预测的间接证据支持。例如，早在 1938 年，Barnard 即指出，高管团队成员会通过薪酬水平比较来判断组织薪酬分配是否公平，当薪酬水平比较结果不尽如人意时（*即，员工个体处于薪酬水平比较劣势时*），高管团队成员则会产生妒忌情绪。例如，Parrott 和 Smith（1993）从工作场所妒忌情绪的概念出发，推测社会比较中的“差距感知”与工作场所妒忌情绪的产生高度相关；一些学者通过心理实验，证实了该宽泛意义上的“差距感知”能够有效预测工作场所妒忌情绪的产生（Tesser & Collins，1988；Fiske et al.，2002；Crusius & Mussweiler，2012）。此外，零和、富有竞争性的组织情境也常常是工作场所妒忌情绪产生的“温床”（Smith，2000），因此，组织实施“竞争型”薪酬体系（*例如，市场化薪酬体系，或者，基于员工个体绩效的薪酬体系*）将催生员工个体之间大量的薪酬比较（Nickerson & Zenger，2008），进而导致较高程度的工作场所妒忌情绪（Vecchio，2000；Vecchio，2005）。例如，Vecchio（2000，2005）通过两个实证研究发现，竞争型薪酬结构与较高程度的妒忌情绪密切相关；Fiske等（2002）、Mishra（2009）等的实证研究，也证实了高度竞争性的组织情境将导致员工工作场所妒忌情绪的产生。

综合上述理论预测和实证研究结论，关于水平薪酬差距与员工工作场所妒忌情绪之间的可能影响关系，提出如下研究假设：

H5－1：水平薪酬差距正向影响员工工作场所妒忌情绪，水平薪酬差距越大，员工工作场所妒忌情绪水平越高。

5.3 研究样本及变量测量

5.3.1 研究样本

本章研究聚焦水平薪酬差距的工作场所妒忌情绪触发效应，将通过员工个体自我汇报对所在工作团队内薪酬差距的主观感知（*不仅包括员工主观感知到的团队内“水平薪酬差距”，也包括员工主观感知到的团队内“垂直薪酬差距”以及员工自身的“实际薪酬水平—期望薪酬水平间的差距”*）和回顾工作场所妒忌情绪体验或经历，进而获得本章研究的实证数据。

本章研究未对研究样本加以限制，只要是在组织中工作半年以上并且是组织工作团队中的一员即可；主要通过问卷调研网站（*即问卷星*）发放和收集调研问卷。本章研究共计收集了324份调研问卷，剔除无效问卷25份后获得有效调研问卷299份。研究样本在地域上涉及全国41个城市，主要以江苏省城市为主

（占比 53.512%）。299 个有效研究样本的基本特征信息，总结如表 5 – 1 所示。

表 5 – 1　　研究样本的基本特征信息情况（N = 299）

变量	选项	频数	比例（%）	变量	选项	频数	比例（%）
性别	男	138	46.154	年龄	18 ~ 25 岁	177	59.197
	女	161	53.846		25 ~ 30 岁	53	17.726
学历	硕士及以上	19	6.355		30 ~ 40 岁	41	13.712
	本科	200	66.890		40 岁以上	28	9.365
	大专/职高	56	18.729	工龄	低于 2 年	128	42.809
	高中及以下	24	8.027		2 ~ 5 年	89	29.766
婚姻状况	已婚	86	28.763		5 ~ 10 年	43	14.381
	未婚	213	71.237		10 年以上	39	13.043

注：表 5 – 1 系本章研究依据对 299 位有效调研样本个体基本特征信息的频率统计分析结果，整理所得。

如表 5 – 1 所示，在性别方面，男性样本员工占比 46.154%，女性样本员工占比 53.846%；在学历方面，高中及以下的样本员工占比 8.027%，大专/职高学历的样本员工占比 18.729%，本科学历的样本员工占比 66.890%，硕士及以上学历的样本员工占比 6.355%；在年龄方面，18 ~ 25 岁样本员工占比 59.197%，25 ~ 30 岁样本员工占比 17.726%，30 ~ 40 岁样本员工占比 13.712%，40 岁以上样本员工占比 9.365%；在组织中任职年限（即，工龄）方面，低于 2 年工龄的样本员工占比 42.809%，2 ~ 5 年工龄的样本员工占比 29.766%，5 ~ 10 年工龄的样本员工占比 14.381%，10 年以上工龄的样本员工占比 13.043%。

5.3.2　变量及测量

（1）自变量。

本章研究的自变量，即“水平薪酬差距”。鉴于收集来自多个地域员工个体研究样本的客观薪酬数据十分困难，本章主要通过由员工个体研究样本自我汇报所在工作团队或部门内的水平薪酬差距感知来获得水平薪酬差距测量值。具体来说，要求参与调研的样本员工个体利用里克特五点量表法（1 分表示“非常不同意”，2 分表示“不同意”，3 分表示“无所谓或不确定”，4 分表示“同意”，5 分表示“非常同意”），来评价“单位实际给予我的薪酬水平与给予同事（即同一工作部门内位于大体相同工作岗位上的其他员工）的薪酬水平，几乎没有差异”，进而实现对本章研究自变量“水平薪酬差距”的操作化。

（2）因变量。

本章研究的因变量，即“工作场所妒忌情绪”。借鉴 Van de Ven 等（2015）通过首先让被调研样本员工个体回忆工作场所中曾经经历过的引发其产生妒忌情绪的事件或情境，然后由被调研样本员工个体提供在该事件或情境中妒忌情绪发生的频率，来实现对“工作场所妒忌情绪”的测量。具体来说，首先要求被调研样本员工个体回顾所在工作团队或工作部门中与其处于大体相同工作岗位上、薪酬水平却高于其的同事，然后提供其在与该同事进行薪酬水平比较情形中的下述感受（即4 个测量题项）发生的频率（0 分表示“从来没有”，1 分表示“很少有”，2 分表示“有时有”，3 分表示“经常有”，4 分表示“总是有”）：羡慕具有薪酬比较优势的同事；为自己感到惋惜；内心产生一种专注于**自身**并渴望拥有该同事所拥有的薪酬比较优势的痛苦感受；内心产生一种专注于该**同事**及其所拥有的薪酬比较优势的痛苦感受。

（3）控制变量。

本章研究聚焦“水平薪酬差距”的工作场所妒忌情绪触发效应，因此，除了传统的人口统计特征变量（即性别、年龄、婚姻、工龄、学历）外，将年薪酬水平、垂直薪酬差距和实际薪酬水平—期望薪酬水平间差距也纳入本章研究的控制变量范畴。其中，性别：1 – 男、2 – 女；年龄，即被调查样本员工个体的实际年龄；婚姻：1 – 已婚、2 – 未婚；工龄：即被调查样本员工个体在当前组织中的工作年限；学历：1 – 硕士及以上、2 – 本科、3 – 大专/职高、4 – 高中及以下；年薪：要求被调查样本员工个体自我汇报在当前组织中每月的实发薪酬收入，然后，乘以 12 个月，即获得被调查样本员工个体的年薪酬水平，再进行取自然对数处理以消除年薪数据的右偏分布；垂直薪酬差距：同水平薪酬差距一样，均采取由被调查样本员工个体运用里克特五点量表法（1 分表示“非常不同意”，2 分表示“不同意”，3 分表示“无所谓或不确定”，4 分表示“同意”，5 分表示

“非常同意”）来自我评价所在工作团队或工作部门中上级与下属员工之间薪酬水平差距的主观感知；实际薪酬水平—期望薪酬水平间差距：采取由被调查样本员工个体自我汇报月实际薪酬水平和月期望薪酬水平，再各自乘以 12 个月，进而获得以年为计量单位的实际薪酬水平和期望薪酬水平，然后，对两者之间的差值绝对值进行取自然对数处理（张正堂，2007），即获得“实际薪酬水平—期望薪酬水平间差距”的测量值。

由上述研究变量相对应的测量题项构成的调研问卷，详见附录 2。

5.4 研究结果

5.4.1 均值、标准差和相关系数

表 5－2 给出了本章研究涉及的所有研究变量的描述性统计分析结果和相关性分析结果。该表十分清晰地显示出：本章研究实证调查的样本员工个体的水平薪酬差距感知，与年龄（$r = 0.105$，$p < 0.10$）、婚姻（$r = -0.111$，$p < 0.10$）、工龄（$r = 0.126$，$p < 0.01$）、学历（$r = 0.137$，$p < 0.05$）、年薪（$r = 0.126$，$p < 0.05$）和垂直薪酬差距感知（$r = 0.234$，$p < 0.01$）均显著相关；员工工作场所妒忌情绪，与其性别（*1 表示男，2 表示女*）显著负相关（$r = -0.106$，$p < 0.10$），与水平薪酬差距感知显著正相关（$r = 0.168$，$p < 0.05$），与员工年龄（$r = -0.021$，$p > 0.10$，n. s.）、婚姻（$r = 0.037$，$p > 0.10$，n. s.）、工龄（$r = -0.005$，$p > 0.10$，n. s.）、学历（$r = -0.018$，$p > 0.10$，n. s.）、年薪（$r = -0.054$，$p > 0.10$，n. s.）、垂直薪酬差距（$r = -0.001$，$p > 0.10$，n. s.）和实际薪酬水平—期望薪酬水平间差距（$r = 0.070$，$p > 0.10$，n. s.）均未呈现出显著相关性。另外，表 5－2 也清晰显示出，被调查样本员工个体的年薪与性别（$r = -0.125$，$p < 0.05$）、年龄（$r = 0.309$，$p < 0.01$）、婚姻（*1 表示已婚，2 表示未婚*）（$r = -0.232$，$p < 0.01$）、工龄（$r = 0.264$，$p < 0.01$）和学历（*1 表示硕士及以上、2 表示本科、3 表示大专/职高、4 表示高中及以下*）（$r = -0.116$，$p <$

0.05）均显著相关，表明在我国目前组织薪酬分配体系中，如性别、年龄、婚姻状况、工龄和学历等代表员工个体人力资本特征性投入要素的变量，是组织薪酬分配中普遍受认可的员工价值异质性体现，也是员工个体薪酬水平的重要决定基础。

表 5-2　　研究变量的均值、标准差和相关系数（N=299）

变量	均值	标准差	1	2	3	4	5	6	7	8	9	10
1. 性别	1.538	0.499	1.000									
2. 年龄	26.633	7.314	-0.030	1.000								
3. 婚姻	1.712	0.453	-0.114 *	-0.754 **	1.000							
4. 工龄	4.281	6.186	0.020	0.704 **	-0.573 **	1.000						
5. 学历	2.284	0.702	-0.074	0.348 **	-0.248 **	0.242 **	1.000					
6. 年薪	10.568	0.467	-0.125 *	0.309 **	-0.232 **	0.264 **	-0.116 *	1.000				
7. PDV	3.538	1.034	-0.011	-0.008	-0.026	-0.029	0.024	-0.040	1.000			
8. PDE	-2.460	29.373	0.063	0.010	-0.034	-0.009	-0.059	0.007	-0.026	1.000		
9. PDH	2.870	1.013	-0.066	0.105 +	-0.111 +	0.126 **	0.137 *	0.126 *	0.234 **	0.051	1.000	
10. Y	2.511	0.839	-0.106 +	-0.021	0.037	-0.005	-0.018	-0.054	-0.001	0.070	0.168 *	1.000

注：+表示 $p<0.10$；*表示 $p<0.05$；**表示 $p<0.01$；***表示 $p<0.001$。PDV，表示垂直薪酬差距；PDE，表示实际薪酬水平—期望薪酬水平间差距；PDH，表示水平薪酬差距；Y，表示工作场所妒忌情绪。“年薪”，为对数处理后的年薪；垂直薪酬差距和水平薪酬差距，均是使用里克特五点量表法进行评价；实际薪酬水平—期望薪酬水平间差距，是实际薪酬水平和期望薪酬水平均基于各城市最低工资标准修正处理后的差值绝对值取自然对数后的值。另外，表 5-2 系本章依据描述性统计分析结果和相关性分析结果，整理所得。

5.4.2　共同方法偏差检验

由于本章研究由被调查样本员工个体自我汇报薪酬差距感知和自我提供实际薪酬水平数据和期望薪酬水平数据，并且，在回顾工作团队或工作部门内与同事薪酬比较情形后的工作场所妒忌情绪测量，也是由被调查样本员工个体自我评价完成，因此，本章实证研究数据全部来自被调查样本员工个体自身，存在共同方法偏差问题，需要在进行研究假设检验之前先运用统计控制方法来检验和确保实证研究数据的共同方法偏差问题是否严重和得到控制。

本章研究在将相应测量条目负载到相应测量构念因子的同时，将所有测量题项均负载到一个假设的共同方法因子上，接着，再运行该测量模型的 CFA 检验（Podsakoff et al.，2003；张海燕和张正堂，2017d）；然后，基于包含共同方法因子的测量模型 CFA 检验结果中各测量题项的因子载荷值，计算假设的共同方法因子解释的方差贡献率占所有因子总解释方差贡献率的比值。如果该比值不高于 25%，则可判断，本章实证研究数据的共同方法偏差问题不严重（Williams, Cote & Buckley, 1989），得到了控制，可以运用来进行后续的研究假设检验；否则，则表明本章实证研究数据的共同方法偏差问题很严重，不可以用来进行后续研究假设检验。基于上述操作程序和检验标准，本章研究最终计算出假设的共同方法因子解释的方差贡献率占所有因子（*即薪酬差距因子、工作场所妒忌情绪因子和共同方法因子*）总解释方差贡献率的比值为 8.23%，未高于 25% 的评价标准，表明本章实证研究数据不存在严重的共同方法偏差问题，可以运用来进行后续的研究假设检验。

5.4.3　研究假设检验

水平薪酬差距、垂直薪酬差距和实际薪酬水平—期望薪酬水平间差距，对员工个体工作场所妒忌情绪的层级回归分析结果，总结如表 5－3 所示。

表 5－3　水平薪酬差距对员工个体工作场所妒忌情绪的层级回归分析结果（N＝299）

变量	工作场所妒忌情绪					
	模型 1	模型 2	模型 3	模型 4	模型 5	模型 6
性别	－0.118^{+}	－0.108^{+}	－0.118^{+}	－0.122*	－0.122*	－0.112^{+}
年龄	0.000	0.021	0.000	－0.002	－0.002	0.018
婚姻	0.017	0.033	0.016	0.020	0.020	0.032
工龄	0.038	0.022	0.038	0.041	0.041	0.022
学历	－0.041	－0.067	－0.041	－0.036	－0.036	－0.063
年薪	－0.080	－0.103	－0.080	－0.080	－0.080	－0.105^{+}
垂直薪酬差距			－0.003		－0.001	－0.046
实际薪酬水平—期望薪酬水平间差距				0.077	0.077	0.064
水平薪酬差距		0.181**				0.188**
F	0.894	2.155*	0.764	1.020	0.889	1.890^{+}
R^2	0.018	0.049**	0.018	0.024	0.024	0.056**
ΔR^2	0.000	0.031**	0.000	0.006	0.006	0.032**

注：＋表示 $p<0.10$；＊表示 $p<0.05$；＊＊表示 $p<0.01$；＊＊＊表示 $p<0.001$。ΔR^2：模型 2、模型 3、模型 4 和模型 5，均是与模型 1 进行比较；模型 6，是与模型 5 进行比较。另外，表 5－3 系本章依据各变量对工作场所妒忌情绪的层级回归分析结果，整理所得；其中的回归系数，为标准回归系数。

表 5 - 3 中，模型 1 是关于各控制变量对员工个体工作场所妒忌情绪的可能触发效应检验，回归系数表明，员工个体的年龄（$\beta = 0.000$，$p > 0.10$，n. s.）、婚姻（$\beta = 0.017$，$p > 0.10$，n. s.）、工龄（$\beta = 0.038$，$p > 0.10$，n. s.）、学历（$\beta = -0.041$，$p > 0.10$，n. s.）和年薪（$\beta = -0.080$，$p > 0.10$，n. s.）对其工作场所妒忌情绪的触发效应，均不显著；员工个体的性别（*1 表示男性、2 表示女性*），则显著负向影响其工作场所妒忌情绪（$\beta = -0.118$，$p < 0.10$），意味着男性员工的工作场所妒忌情绪水平显著高于女性员工工作场所妒忌情绪水平。模型 2 是在模型 1 控制了性别、年龄、婚姻、学历和年薪对员工工作场所妒忌情绪的可能影响后，将员工水平薪酬差距感知纳入对工作场所妒忌情绪的回归分析，回归系数显示，水平薪酬差距不仅显著提升了模型 2 对工作场所妒忌情绪的解释水平（$\Delta R^2 = 0.031$，$p < 0.01$），也显著正向影响员工个体的工作场所妒忌情绪（$\beta = 0.181$，$p < 0.01$），意味着员工个体的水平薪酬差距感知显著正向影响其工作场所妒忌情绪，表明水平薪酬差距越大，员工个体的工作场所妒忌情绪越强烈。因此，本章研究关于水平薪酬差距对员工个体工作场所妒忌情绪的可能触发效应预测，获得实证数据的支持，所以，本章研究提出的研究假设 H5 - 1 成立。

为了进一步检验本章研究所提出研究假设 H5 - 1 “成立” 的 “稳健性”，模型 3 至模型 6 又逐一检验了员工个体的垂直薪酬差距感知（*见模型3*）、实际薪酬水平—期望薪酬水平间差距（*见模型4*）以及控制了这两种薪酬差距类型（*见模型5*）后水平薪酬差距对员工个体工作场所妒忌情绪的可能影响（*见模型6*），检验结果均支持了本章研究假设 H5 - 1。具体来说，在模型 1 的基础上，模型 3 进一步将员工个体的“垂直薪酬差距感知”纳入对工作场所妒忌情绪的回归分析，结果表明，员工个体的垂直薪酬差距感知并未显著影响其工作场所妒忌情绪（$\beta = -0.003$，$p > 0.10$，n. s.）；在模型 1 的基础上，模型 4 进一步将员工个体的“实际薪酬水平—期望薪酬水平间差距”纳入对工作场所妒忌情绪的回归分析，结果表明，员工个体的实际薪酬水平—期望薪酬水平间差距的确正向影响其工作场所妒忌情绪，但是不显著（$\beta = 0.077$，$p > 0.10$，n. s.）；在模型 5 控制了员工个体特征变量、年薪、垂直薪酬差距感知和实际薪酬水平—期望薪酬水平间差距对工作场所妒忌情绪的可能影响的基础上，模型 6 进一步将“水平薪酬差距感知”纳入对工作场所妒忌情绪的回归分析，结果表明，在控制了员工个体的垂直薪酬差距感知和实际薪酬水平—期望薪酬水平间差距对个体工作场所妒忌情绪的可能影响的基础上，员工个体的水平薪酬差距感知依然显著正向影响其工作场所妒忌情绪（$\beta = 0.188$，$p < 0.01$）。

综上所述，本章研究有关水平薪酬差距对员工个体工作场所妒忌情绪的正向影响关系预测成立，充分表明，员工个体的水平薪酬差距感知越强烈，其工作场所妒忌情绪越强烈、水平越高。

5.5 研究结论与讨论

5.5.1 研究结论与理论意义

近年来，薪酬差距影响实证研究领域主要关注薪酬差距对组织各个层面的绩效（*组织层面的组织绩效、部门或团队层面的团队绩效、个体层面的员工绩效*）以及员工离职决策的影响（*详见附录 1* ），关于员工个体对薪酬差距的员工情感反应研究，或者，薪酬差距的员工情感反应类动机性结果变量探讨，则相对落后而欠成熟。本章研究聚焦“水平薪酬差距”，通过 299 位被调查样本员工个体自我汇报工作团队内与处于同一层级的同事进行薪酬水平比较的“水平薪酬差距感知”和经历/体验的“工作场所妒忌情绪”，实证考察了水平薪酬差距对员工工作场所中普遍存在的妒忌情绪的可能影响。实证检验结果发现，第一，男性员工的工作场所妒忌情绪体验，显著强烈于女性员工的工作场所妒忌情绪体验；第二，员工个体的垂直薪酬差距感知，未能够有效预测其工作场所妒忌情绪；第三，员工个体的实际薪酬水平—期望薪酬水平间差距，也未能够有效预测其工作场所妒忌情绪；第四，员工个体的水平薪酬差距感知，显著正向影响其工作场所妒忌情绪。

本章研究不仅通过探讨水平薪酬差距对员工工作场所妒忌情绪的可能触发效应而在薪酬差距影响的结果变量考察方面拓展并丰富了现有薪酬差距影响研究，

也为后续研究从员工个体对薪酬差距的情感反应视角（对于本书来讲，即“工作场所善意妒忌情绪”和“工作场所恶意妒忌情绪”视角）揭示薪酬差距的绩效效应“黑箱”，奠定了前期研究基础。此外，本章研究通过直接实证探讨“水平薪酬差距”对工作场所妒忌情绪的可能影响，而丰富了现有工作场所妒忌情绪的“前因变量”实证研究。

5.5.2 管理实践启示

第一，本章研究证实，“水平薪酬差距”具有显著的工作场所妒忌情绪“触发效应”，因此，组织管理者在进行组织薪酬体系设计时，不可忽视水平薪酬差距的可能潜在结果变量——员工工作场所妒忌情绪。

第二，本章研究表明，员工个体的“垂直薪酬差距感知”和“实际薪酬水平—期望薪酬水平间差距”均未能够有效预测员工个体的工作场所妒忌情绪，仅有“水平薪酬差距感知”才能够显著正向预测员工个体的工作场所妒忌情绪。这意味着，当组织管理者开始致力于通过薪酬差距设计和调整来实现员工工作场所妒忌情绪管理①的目的时，调控员工个体的垂直薪酬差距感知或调整员工个体的实际薪酬水平—期望薪酬水平间差距的相关措施可能难以奏效；只有科学调整员工个体的“水平”薪酬差距感知，才能够更为有效地管理其工作场所妒忌情绪。

第三，本章实证研究也发现，“男性”员工的工作场所妒忌情绪体验显著强烈于“女性”员工的工作场所妒忌情绪体验，这与以往研究发现的男性员工相比女性员工更看重工作领域的利益、事业和影响力的结论（Hagström & Kjellberg，2007；霍娜和李超平，2009）十分趋于一致，基于此，组织管理者在薪酬管理实践中应该关注工作场所妒忌情绪的“性别”差异。

① 鉴于工作场所妒忌情绪对员工个体的态度和行为既有消极影响也存在积极影响（Duffy et al.，2012；Tai，Narayanan & Mcallister，2012；Van de Ven et al.，2015；Van de Ven & Zeelenberg，2015；Van de Ven，2016；Dineen et al.，2017；Shu& Lazatkhan，2017），因此，本书在行文中主要使用“控制”或“管理”工作场所妒忌情绪，而非带有主观倾向性的“削弱”或“增强”工作场所妒忌情绪。

5.5.3　研究不足与展望

尽管本章研究在探索水平薪酬差距的员工情感反应类动机性结果变量方面作出了贡献，然而，本章研究还存在以下几点不足：

第一，本章研究采取由被调查样本员工个体自我汇报薪酬差距感知和自我提供实际薪酬水平数据和期望薪酬水平数据方式，来实现对“水平薪酬差距”、“垂直薪酬差距”以及“实际薪酬水平—期望薪酬水平间差距”的测量，并且，在被调研样本员工个体回顾了工作团队或工作部门内与同事进行薪酬水平比较情形后的工作场所妒忌情绪测量，也是由被调查样本员工个体通过自我评价方式来完成，因此，本章实证研究数据全部来自被调查样本员工个体自身。尽管在进行研究假设检验之前本章首先进行了实证数据的共同方法偏差检验，并且，检验结果已表明本章实证研究数据不存在严重的共同方法偏差问题，然而，同源数据依然是本章实证研究部分的最大缺陷。所以，未来研究应该考虑在实证数据收集方面作出改进。

第二，本书第 4 章依据“员工价值异质性”在我国目前组织薪酬分配体系中最具合法性也是最主要体现的——水平薪酬差距的“绩效”形成基础，将水平薪酬差距区分为“基于绩效的水平薪酬差距”和“非基于绩效的水平薪酬差距”，并经实证数据检验，证实了“基于绩效的水平薪酬差距”对员工个体绩效水平的正向影响以及“非基于绩效的水平薪酬差距”对员工个体绩效水平的负向影响（尽管不显著），这似乎意味着打破员工个体价值趋于“同质性”的默认假设前提和依据“员工价值异质性”在我国目前组织薪酬分配体系中的具体体现（*从薪酬差距视角来看，这些具体体现即薪酬差距的具体形成基础*）进行薪酬差距类型细分在探讨水平薪酬差距影响研究中的重要性。因此，未来研究应该在本章研究和本书第 4 章研究结论的基础上，综合探讨水平薪酬差距中“员工价值异质性”的具体体现是否会对工作场所妒忌情绪产生不同的影响，以及，继而又可能对员工个体绩效产生什么影响。这将为从薪酬管理视角来有效控制或管理员工工作场所妒忌情绪，提供具体而宝贵的指导建议。

第三，依据情绪功能性分析方法（Arnold，1960；Frijda，1986；Cosmides &

Tooby，2000）和情绪评价理论（Roseman，Wiest & Swartz，1994；Roseman，1996），员工个体的工作场所妒忌情绪又可划分为“工作场所善意妒忌（*Workplace Benign Envy*）情绪”和“工作场所恶意妒忌（*Workplace Malicious Envy*）情绪”两个独立的类型和研究构念（Van de Ven，2016）；它们在情感成分和行为倾向成分方面显著不同：员工个体的“工作场所善意妒忌情绪”，常常与喜欢、羡慕等积极情感相关，并将触发或激活员工个体聚焦自我改善与提升的“挑战型”行为倾向；员工个体的“工作场所恶意妒忌情绪”，则常常与怀疑、敌意等消极情感相关，并将触发或激活员工个体将妒忌对象从比较优势位置拉下来的“威胁型”行为倾向（Van de Ven，Zeelenberg & Pieters，2009；Van de Ven，2016）。然而，本章研究并未对工作场所妒忌情绪进行善、恶意属性区分。将员工工作场所妒忌情绪纳入薪酬差距影响研究的挑战在于，员工工作场所妒忌情绪的行为结果仅在有限的特定情形下是“负面”的（Duffy et al.，2012）。例如，当员工工作场所妒忌情绪特指“工作场所恶意妒忌情绪”时，通常会带来负向影响。因此，未来研究应关注水平薪酬差距分别对员工“工作场所善意妒忌情绪”和“工作场所恶意妒忌情绪”的可能影响，尤其是，在何种情形下水平薪酬差距将触发员工“工作场所恶意妒忌情绪”，以及，在何种情形下水平薪酬差距又将触发员工“工作场所善意妒忌情绪”。此外，鉴于员工“工作场所善意妒忌情绪”和“工作场所恶意妒忌情绪”所包含的行为倾向分别指向“自我改善”和“破坏被妒忌对象的比较优势”这两种截然不同的行为结果，未来研究可以尝试探讨和挖掘它们是否在薪酬差距对绩效影响的过程中扮演着中介角色。

第 *6* 章

团队内水平薪酬差距的形成基础对团队成员工作角色绩效的影响机制研究：工作场所善、恶意妒忌情绪的中介作用

本书第 4 章，沿循第 3 章提出的“员工价值异质性”逻辑分析方向，基于“员工价值异质性”在我国目前组织薪酬分配体系中最具合法性也是最主要体现的员工个体“绩效”异质性（*站在组织薪酬分配视角，即水平薪酬差距的“绩效”形成基础*），将团队内水平薪酬差距细分为“基于绩效的水平薪酬差距”和“非基于绩效的水平薪酬差距”两种类型，并实证考察了它们分别对团队成员个体绩效的差异性影响。第 4 章研究证实，关注“员工价值异质性”在我国目前组织薪酬分配体系中的具体体现和依据水平薪酬差距的“绩效”形成基础对团队内水平薪酬差距进行类型细分，的确有助于明确薪酬差距的员工个体绩效效应。在第 4 章验证了水平薪酬差距的“绩效”形成基础对团队成员个体绩效主效应成立的前提下，本书第 5 章初步探讨了水平薪酬差距对员工工作场所妒忌情绪的可能触发效应，并证实水平薪酬差距的确具有显著的员工工作场所妒忌情绪触发效应。在第 4 章和第 5 章的研究结论基础之上，本章将综合考虑“员工价值异质性”在我国目前组织薪酬分配体系中的两个均具有合法性的重要体现——水平薪酬差距的“绩效”形成基础和“人力资本特征性投入要素”形成基础，进一步将团队内水平薪酬差距划分为“基于绩效的水平薪酬差距”“基于人力资本特征性投入要素的水平薪酬差距”和“非基于绩效和人力资本特征性投入要素的水

平薪酬差距”三种类型，并尝试从工作场所善意妒忌情绪和工作场所恶意妒忌情绪视角，来揭示团队内水平薪酬差距的三种细分类型如何经由触发或抵制团队成员“工作场所善意妒忌情绪”和“工作场所恶意妒忌情绪”而对团队成员行为性绩效产生不同的影响。

鉴于当前愈益动态、不确定和充满复杂性的组织工作情境下，衡量员工不仅作为“个体”也作为“团队成员”而完成自己**个体工作角色要求**以及**与其他成员之间协调性工作**的“**团队成员精通性工作角色行为**”、作为团队一员对团队内外变化作出建设性反应的“**团队成员适应性工作角色行为**”和作为团队一员而主动发起能够改变工作团队未来所处情境或工作团队未来工作方式的“**团队成员主动性工作角色行为**”对团队效能的提升具有越来越重要的决定性作用，本章研究拟以涵盖和反映“团队成员精通性工作角色行为”“团队成员适应性工作角色行为”和“团队成员主动性工作角色行为”的“团队成员工作角色绩效”变量，作为团队成员个体“行为性绩效”的代理变量。

6.1 研究问题提出

由于工作团队所处的情境性因素将“形成”并“限制”组织或工作团队所看重和激励的员工行为（Griffin，Neal & Parker，2007），因此，当前工作团队情境中工作系统越来越凸显的“不确定性”“任务互依性”和“复杂性”（Howard，1995）毋庸置疑地成为当前许多组织进行工作团队管理工作的重点。不仅如此，“不确定性”“任务互依性”和“复杂性”在组织工作团队情境中的普遍存在，也挑战了传统理论视角对员工个体“工作绩效”的内涵界定。当组织所处的工作情境较为静态和稳定时，由于几乎不存在工作情境的“不确定性”和“复杂性”，因此，员工个体的工作职责相对明确和具体，可以通过工作分析而详细、规范地罗列出每个员工在相应工作岗位上应该承担和完成的工作职责和工作流程，进而可以通过该员工个体对这份具体、明确而又详细的“工作说明书”的执行情况，来评价员工个体的工作有效性或工作绩效表现。这即，传统理论视角所界定的员工个体的“工作绩效”观。然而，当组织工作系统开始变得越来越具有动态性、不确定性、复杂性和任务互依性时，传统视角所界定的员工个体“工作绩效”内涵，则难以体现并反映出动态、不确定和复杂的组织工作系统对员工个体行为有效性“超越”完成“规定”工作职责的多元化和创新性要求：相应于团队工作情境变得越来越具有“不确定性”，团队成员个体工作角色将越来越超越传统视角的“程序性”工作角色而将出现越来越多的“非程序性”甚至要求“创新性”的工作角色，因此，员工个体工作行为有效性将不仅取决于实现工作说明书上所明确规定的基本工作职责要求，更多地取决于能否通过适应变革或主动发起变革而提升工作行为的有效性（Griffin，Neal & Parker，2007）；相应于工作团队内成员个体工作目标和工作任务的越来越具有“互依性”，团队成员个体的工作角色也将超越传统视角“规定的”个体工作任务行为而将更强调个体与个体之间工作行为协调的“社会嵌入式行为”（Griffin，Neal & Parker，2007），因此，员工个体工作行为有效性将不仅取决于单纯地视自己为组织或工作团队中一个独立存在而仅仅完成自己“分内”的工作职责或工作角色，也将取决于员工个体作为组织或工作团队网络中的有机构成而对其他成员工作行为有效性的“协作与支持”。在这样的背景下，衡量团队成员个体完成自己所在工作岗位基本工作要求以及与其他成员间协调工作的“团队成员精通性工作角色行为（*Team Member's Proficiency Work Role Behaviour*）”、衡量团队成员个体对工作团队内外变化作出建设性反应的“团队成员适应性工作角色行为（*Team Member's Adaptivity Work Role Behaviour*）”和衡量团队成员主动发起能够改变工作团队未来所处情境或工作团队未来工作方式的“团队成员主动性工作角色行为（*Team Member's Proactivity Work Role Behaviour*）”的“**团队成员工作角色绩效**（*Team Member's Work Role Performance*）”[①] 概念，应运而生。

本书第 2 章对近 20 年来国内外学者有关薪酬差距绩效效应代表性研究文献的梳理和总结结果（*详见附录 1* ）显示，现有薪酬差距绩效效应研究均是探讨薪酬差距对传统视角的“结果性绩效”的影响。本书的第一个实证研究（*即，第 3*

---

① 对应于本书第 3 章实证研究和第 4 章实证研究关注和强调员工个体工作行为结果的“结果性绩效”，本章研究中的因变量——团队成员工作角色绩效，则是一个描述和概括了当前日益动态、不确定、复杂和具有任务互依性的工作团队情境下团队成员精通性工作角色行为、适应性工作角色行为和主动性工作角色行为的多维度综合性行为变量，属于典型的“**行为性绩效**”。

章水平薪酬差距—员工价值异质度间的（不）一致对团队成员个体绩效的差异性影响研究）和第二个实证研究（*即，第4 章团队内水平薪酬差距的“绩效”形成基础及其对个体绩效的影响研究：薪酬分配位置及员工价值异质性的调节效应*）所探讨的结果变量——“个体绩效”，也是强调传统视角员工个体工作任务完成结果的“结果性绩效”。因此，可以认为，现有薪酬差距绩效效应研究领域十分缺乏对当前愈益动态、不确定、复杂和具有任务互依性组织工作情境下薪酬差距对表现为团队成员精通性工作角色行为、适应性工作角色行为和主动性工作角色行为的员工个体行为性绩效——“团队成员工作角色绩效”——可能影响的系统考察和探讨。本章研究（*即本书的第四个实证研究*），将考虑不仅在本书第 3 章实证研究（*即，第3 章水平薪酬差距—员工价值异质度间的（不）一致对团队成员个体绩效的差异性影响研究：多项式回归结合三维响应曲面分析法*）和第 4 章实证研究（*即，第4 章团队内水平薪酬差距的“绩效”形成基础及其对个体绩效的影响研究：薪酬分配位置及员工价值异质性的调节效应*）的基础上，尝试综合考察工作团队内水平薪酬差距的“绩效”形成基础和“人力资本特征性投入要素”形成基础[①]分别对团队成员行为性绩效的代理变量——“团队成员工作角色绩效”——的可能影响，在本书第 5 章实证研究（*即，第5 章团队内水平薪酬差距对员工工作场所妒忌情绪的触发效应研究*）的基础上，亦期望能够从员工个体的“工作场所善意妒忌情绪”和“工作场所恶意妒忌情绪”视角，来实证探讨并揭示工作团队内水平薪酬差距的“绩效”形成基础和“人力资本特征性投入要素”形成基础分别对“团队成员工作角色绩效”的影响“黑箱”。

期望通过本书第 6 章研究，不仅能够填补当前薪酬差距绩效效应研究领域缺乏对“团队成员工作角色绩效”结果变量关注与探讨的空白，也能够通过从员工“工作场所善意妒忌情绪”和“工作场所恶意妒忌情绪”视角揭示薪酬差距绩效效应“黑箱”，来丰富薪酬差距绩效效应“中介机制”研究以及工作场所妒

---

① 在我国当前组织薪酬分配体系中，员工个体的诸如性别、受教育程度、职称或技能等级、工龄、年龄等人力资本特征性投入要素分配基础，已然受到组织和员工的共同认可和接受（贺伟和嵩坡，2014）。因此，同“员工价值异质性”在我国目前组织薪酬分配体系中的最主要体现——水平薪酬差距的“绩效”形成基础——一样，“人力资本特征性投入要素”既是“员工价值异质性”在我国目前组织薪酬分配体系中的具体体现，也是具有合法性的水平薪酬差距的重要形成基础之一。

忌情绪的“积极影响”研究。

6.2 理论基础与研究假设

6.2.1 团队内水平薪酬差距的主要形成基础及类型划分：基于“员工价值异质性”

(1) 依据形成基础细分团队内水平薪酬差距的必要性：员工价值异质性的客观存在及在组织薪酬分配中具有的合法性。

作为当前组织流行的工作单元，工作团队内部存在着鲜明的层级之分，团队内薪酬差距的传统类型划分即主要基于薪酬比较是否跨越团队层级：当团队内成员之间的薪酬水平比较并未跨越层级时，团队成员所进行的薪酬水平比较即水平薪酬比较或横向薪酬比较，比较的结果即“团队内水平薪酬差距”；当团队内成员之间的薪酬水平比较跨越了层级时，团队内成员所进行的薪酬水平比较即垂直薪酬比较或纵向薪酬比较，比较的结果即“团队内垂直薪酬差距”。

团队内水平薪酬差距和垂直薪酬差距的类型划分，是目前团队薪酬差距影响实证研究领域中的主流分类范式。伴随着团队薪酬差距影响研究逐渐走向成熟，慢慢开始出现团队薪酬差距的其他类型划分。十分具有代表性的即 Gerhart 和 Rynes（2003）以及 Trevor，Reilly 和 Gerhart（2012）的基于薪酬差距是否能够被员工投入要素解释的“能够被员工投入要素解释的薪酬差距”和“未能够被员工投入要素解释的薪酬差距”划分，以及 Downes 和 Choi（2014）的综合考虑薪酬比较方向和薪酬差距的“绩效”形成基础而进行的“基于绩效的水平薪酬差距”“非基于绩效的水平薪酬差距”“基于绩效的垂直薪酬差距”和“非基于绩效的垂直薪酬差距”四种类型划分。

薪酬差距的分选机制，是“能够被员工投入要素解释的薪酬差距”和“未能够被员工投入要素解释的薪酬差距”类型划分的主要理论依据。依据薪酬差距的分选机制，人力资本的获取与开发是薪酬差距能够有效影响组织绩效的主要机制，因此，“能够被员工投入要素解释的薪酬差距”主要被运用来确保与组织生产效率密切相关的员工投入要素，对于分析集体层面薪酬差距的绩效意义十分关键（Gerhart & Rynes，2003；Trevor，Reilly & Gerhart，2012）。然而，薪酬差距的“能够被员工投入要素解释”和“未能够被员工投入要素解释”的类型区分，终归是站在组织的立场上，考虑的是为组织确保一支高质量的人力资源队伍，它并不会提供“员工个体反应”视角有关薪酬差距绩效效应“本质”的准确预测（Downes & Choi，2014），因为，依据竞赛理论和期望理论，由于绩效变动而导致的薪酬差距应当带来高绩效，而由其他因素（*例如，年功或政治行为*）导致的薪酬差距则并不会促进员工个体的绩效动机，但是，建立在年功或政治行为差异基础上的薪酬差距却属于Trevor，Reilly和Gerhart（2012）所区分的“能够被员工投入要素解释的薪酬差距”，所以“能够被员工投入要素解释的薪酬差距”和“未能够被员工投入要素解释的薪酬差距”的类型划分，并不似依据薪酬差距的形成基础是否为绩效差异的“基于绩效的薪酬差距”和“非基于绩效的薪酬差距”区分那样，能够更好地从员工个体对薪酬差距的反应视角来预测薪酬差距绩效效应。综上所述，站在员工个体立场上，从团队成员个体对团队内水平薪酬差距的“反应”视角来看，依据团队内水平薪酬差距的主要形成基础（*不仅是本书第4章实证研究关注的“绩效”形成基础*）而对团队内水平薪酬差距进行新类型细分，则更为重要（Gupta，Conroy & Delery，2012），它是未来研究的趋势（Shaw，2014）。

此外，更为重要的一点是，本书第3章实证研究（*即，第3章水平薪酬差距—员工价值异质度间的（不）一致对团队成员个体绩效的差异性影响研究：多项式回归结合三维响应曲面分析法*）和第4章实证研究（*即，第4章团队内水平薪酬差距的“绩效”形成基础及其对个体绩效的影响研究：薪酬分配位置及员工价值异质性的调节效应*）已证实，“员工价值异质性”在薪酬差距影响研究中扮演着十分重要的角色。尤其是，21世纪愈益动态、不确定、复杂和具有任务互依性的组织工作情境已正在逐渐打破员工个体价值趋于“同质”默认假设成立的前提条件——传统的相对稳定和静态的组织工作系统，因此，在新组织工作情境下进行薪酬差距的具体影响探讨，务必应该尊重并遵循“员工价值异质性”的客观事实，因为，它不仅已是一种无可争辩的客观存在，也在我国当前组织薪酬分配体系中获得了普遍的接受和认可。

本书依据水平薪酬差距具体“形成基础”所进行的新类型细分，背后遵循的逻辑恰恰是找寻“员工价值异质性”在我国目前组织薪酬分配体系中能够获得普遍认可的主要体现，因为，从薪酬差距视角来看，水平薪酬差距的形成基础或来源主要是大体相同工作岗位上的“人”的差异（*而非“垂直薪酬差距”主要源于组织中不同岗位的岗位价值差异*），而这“人”的差异，恰恰是员工个体“异质性”的具体表现。并且，本书在我国目前组织薪酬分配体系中找寻到的“员工价值异质性”的主要体现，也是我国当前组织薪酬分配体系中获得组织和员工普遍认可的水平薪酬差距的具有合法性的来源。

（2）团队内水平薪酬差距的主要“形成基础”及其类型划分。

团队内水平薪酬差距，是指工作团队内处于相同层级、承担大体相同工作职责的成员个体之间的薪酬水平差异。由于团队内水平薪酬差距主要存在于相同层级而并未跨越不同层级的团队成员个体之间，因此，团队内水平薪酬差距的主要来源已排除了不同层级不同工作岗位的岗位价值差异，而主要源自于相同层级上承担大体相同工作岗位上成员之间的“个体异质性差异”。例如，绩效差异、技能差异、能力差异、知识差异、年功差异、政治行为差异等（Gupta，Conroy & Delery，2012；Downes & Choi，2014）；再如，我国当前组织情境下员工个体之间的性别差异、年龄差异、工龄差异、受教育程度差异、职称或技能等级差异等（贺伟和嵩坡，2014）。当然，除了成员间“个体异质性差异”外，导致团队内水平薪酬差距存在的因素还可能是上级主管的绩效评价偏好、薪酬分配中的随机决策、测算误差等。

在我国目前组织薪酬分配体系中，水平薪酬差距中“员工价值异质性”的主要体现，即组织薪酬分配对员工个体“绩效”贡献差异的认可，以及接受如员工个体之间的性别差异、年龄差异、工龄差异、受教育程度差异、职称或技能等级差异等人力资本特征性投入要素也作为薪酬分配的主要依据之一（贺伟和嵩坡，2014）。因此，从组织薪酬差距的视角来看，无论是“绩效”差异还是上述列举出的“人力资本特征性投入要素”差异，它们均是我国目前组织薪酬分配体系中水平薪酬差距的合理又合法的主要形成基础和来源。

薪酬差距的“形成基础”，是决定薪酬差距绩效效应的本质性因素（Shaw & Gupta，2007；Kepes，Delery & Gupta，2009；Downes & Choi，2014）；依据薪酬差距的主要“形成基础”而进行的薪酬差距新类型细分，将是从员工个体对薪酬差距的“反应”视角来探寻和揭示薪酬差距绩效效应本质研究的必然趋势（Shaw，2014）。因此，本章基于第 4 章重点考察了团队内水平薪酬差距的“绩效”形成基础对团队成员个体绩效可能影响的基础上，鉴于性别、年龄、工龄、受教育程度、职称或技能等级、婚姻状况等人力资本特征性投入要素在我国目前组织薪酬分配体系中的广泛被认同而具有合法性，综合考察团队内水平薪酬差距的“绩效”形成基础和“人力资本特征性投入要素”形成基础，进而将团队内水平薪酬差距细分为图 6－1 所示的“基于绩效的水平薪酬差距”“基于人力资本特征性投入要素的水平薪酬差距”和“非基于绩效和人力资本特征性投入要素的水平薪酬差距”三种类型。

由工作团队内处于相同层级的团队成员个体之间的“绩效”水平差异而导致的薪酬差距，即团队内“基于绩效的水平薪酬差距”。如图 6－1 所示，团队内“基于绩效的水平薪酬差距”在统计学意义上表现为团队成员个体的绩效“方差”与团队成员个体的薪酬“方差”的重叠部分。工作团队内，处于相同层级的团队成员个体之间源于性别、年龄、工龄、受教育程度、职称或技能等级、婚姻状况等人力资本特征性投入要素差异的薪酬差距，即团队内“基于人力资本特征性投入要素的水平薪酬差距”。如图 6－1 所示，团队内“基于人力资本特征性投入要素的水平薪酬差距”在统计学意义上表现为团队成员个体的人力资本特征性投入要素“方差”与团队成员个体的薪酬“方差”的重叠部分。由于团队成员个体的绩效水平与个体的人力资本特征投入要素密切相关，因此，图 6－1 显示出，“基于绩效的水平薪酬差距”与“基于人力资本特征性投入要素的水平薪酬差距”也存在相重叠的部分。如图 6－1 所示，团队成员个体的“薪酬方差”中非源于绩效差异也非源于人力资本特征性投入要素差异的部分（*可能是员工个体的政治行为差异、主管绩效评价偏好，也可能是薪酬分配中的随机决策、测算误差等因素所导致*），即“非基于绩效和人力资本特征性投入要素的水平薪酬差距”。

值得一提的是，“基于绩效的水平薪酬差距”与“非基于绩效和人力资本特征性投入要素的水平薪酬差距”，在理论上应是互为独立关系；“基于人力资本特征性投入要素的水平薪酬差距”和“非基于绩效和人力资本特征性投入要素的水平薪酬差距”，在理论上也应是互为独立关系。

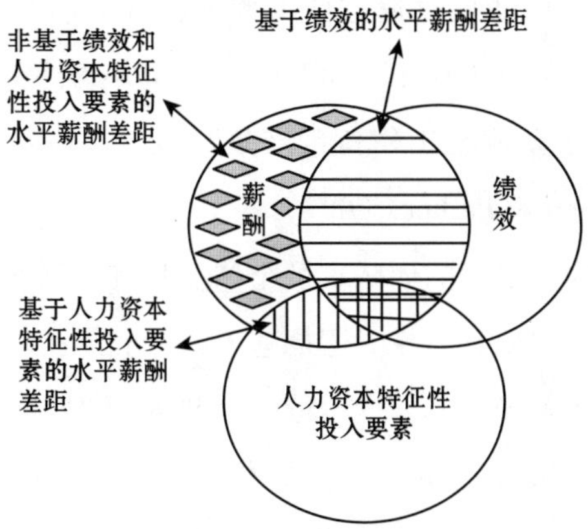

图6－1　水平薪酬差距的主要形成基础及细分类型之间的关系

注：图6－1中的圆圈，分别表示团队内成员个体的“薪酬方差”“绩效方差”和“人力资本特征性投入要素方差”，圆圈大小不具有含义，仅作图示。“绩效方差”与“薪酬方差”的相重叠部分，即图6－1中水平横线标注的部分，为“基于绩效的水平薪酬差距”；“人力资本特征性投入要素方差”与“薪酬方差”的相重叠部分，即图6－1中垂直竖线标注的部分，为“基于人力资本特征性投入要素的水平薪酬差距”；“薪酬方差”中，去除“基于绩效的水平薪酬差距”部分和“基于人力资本特征性投入要素的水平薪酬差距”部分，剩余的菱形标注部分，为“非基于绩效和人力资本特征性投入要素的水平薪酬差距”。另外，图6－1为本章研究依据三种细分类型水平薪酬差距的统计学内涵，绘制整理所得。

6.2.2　团队内水平薪酬差距细分类型对团队成员工作角色绩效的影响

伴随着组织工作情境动态性和复杂性的日趋凸显，当前工作团队情境中普遍存在的工作系统的“不确定性”和“任务互依性”（Howard，1995），毋庸置疑地成为组织中工作团队管理工作的重点。不仅如此，“不确定性”和“任务互依性”在组织工作团队情境中的普遍存在，也挑战了传统理论视角对员工个体“工作绩效”仅仅局限于工作说明书上清晰、明确的工作职责界定。在这样的背景下，能够全面衡量组织工作情境“任务互依性”特征下团队成员个体完成自己的工作角色要求和与其他成员之间协调工作程度的“团队成员精通性工作角色行为”，以及组织工作情境“不确定性”特征下团队成员对工作团队内外变化作出建设性反应程度的“团队成员适应性工作角色行为”和团队成员主动发起能够改变工作团队未来所处情境或工作团队未来工作方式程度的“团队成员主动性工作角色行为”的“**团队成员工作角色绩效**”概念，应运而生，并获得了学者们的关注（Griffin，Neal & Parker，2007）。

作为团队内处于同一层级的团队成员个体之间有差别薪酬分配的结果（*无论薪酬分配是基于员工个体绩效差异，还是基于员工个体在性别、年龄、工龄、受教育程度、职称或技能等级等人力资本特征性投入要素方面的差异*），团队内水平薪酬差距是团队薪酬分配体系的一个基本要素和重要特征体现（Ehrenberg & Milkovich，1987；Gerhart & Rynes，2003），被期望能够发挥诸多功能：工作团队层面，团队内水平薪酬差距被寄予能够有助于工作团队有效分选出绩效表现优秀者和绩效表现较差者、吸引和留住绩效表现优秀者、驱动绩效表现较差者自愿离职进而为工作团队积累和构建一支高质量人力资源队伍的期望；团队成员个体层面，以期望理论、行为强化理论等为代表的激励理论均假定，将团队成员个体的薪酬水平与个体绩效水平密切关联，将能够有效提升团队成员个体的绩效水平，并且，期望较大的薪酬差距能够进一步强化两者之间的正相关效应；组织薪酬实践层面，薪酬宽带制（*即薪酬宽幅，从薪酬差距视角来看，也为较大的水平薪酬差距结构*）被认为是一种在组织结构愈益扁平化的当前能够帮助员工有效打破晋升“天花板”而实现个体绩效激励的重要实践工具。

本章研究感兴趣的是，在组织工作情境变得越来越动态、不确定、复杂和具有任务互依性的情形下，团队内水平薪酬差距是否能够发挥有助于增强“团队成员工作角色绩效”的激励功能。鉴于薪酬差距的“形成基础”是决定薪酬差距绩效效应的关键（Shaw & Gupta，2007；Kepes，Delery & Gupta，2009；Downes & Choi，2014），以及本书第4章研究证实了团队内“基于绩效的水平薪酬差距”对团队成员个体结果性绩效的显著正向影响和“非基于绩效的水平薪酬差距”对团队成员个体结果性绩效的不显著的负向影响，本章研究将继续遵循“员工价值异质性”的逻辑分析方向，综合考察我国目前组织薪酬分配体系中“员工价值异质性”的两大主要且具有合法性的体现——水平薪酬差距的“绩效”形成基础和“人力资本特征性投入要素”形成基础，探讨工作团队内“基于绩效的水平薪酬差距”“基于人力资本特征性投入要素的水平薪酬差距”和“非基于绩效和人力资本特征性投入要素的水平薪酬差距”分别对“团队成员工作角色绩效”的可能影响和具体的影响机制。

工作团队情境下，团队成员个体的绩效水平（*即结果性绩效*），不仅取决于团队成员个体完成自己的工作职责，也取决于工作团队“整体”的绩效水平；而工作团队“整体”绩效水平的实现，则主要依赖于团队成员个体之间的合作与互助（*即，“团队成员精通性工作角色行为”*）、团队成员个体能够积极适应工作团队内外的变化（*即，“团队成员适应性工作角色行为”*）以及团队成员能够积极主动地提出有效改进团队有效性的方法与建议（*即，“团队成员主动性工作角色行为”*）等。因此，团队成员精通性工作角色行为、适应性工作角色行为和主动性工作角色行为，是动态、不确定、复杂和具有任务互依性的工作团队情境下能够确保团队“整体”绩效水平提升的重要行为性因素（Griffin，Neal & Parker，2007）。依据期望理论（Lawler，1973；Vroom，1964），当团队内的水平薪酬差距主要源于团队成员个体的绩效水平差异时，“绩效—薪酬”之间的密切联系，将提供团队成员个体提升薪酬水平的明确路径，意味着团队成员只有提升个体的绩效水平方才能实现提升薪酬水平的目的；而团队成员精通性工作角色行为、适应性工作角色行为和主动性工作角色行为，又是当前愈益动态、不确定、复杂和具有任务互依性的组织工作情境下团队成员有效提升个体绩效水平的有效途径。由此，本章研究预测，团队内“基于绩效的水平薪酬差距”将有助于促进团队成员工作角色绩效；并且，由于期望理论属于典型的知觉理论（Gupta，Conroy & Delery，2012），十分强调个体知觉的重要性，所以，只有工作团队内基于绩效的水平薪酬差距较大或相当大，以至于团队成员个体能够明显感觉到绩效—薪酬之间的密切联系时，团队成员的精通性、适应性和主动性工作角色行为的动力才越大，基于绩效的水平薪酬差距对团队成员工作角色绩效的可能正向影响也才越明显。综上所述，关于团队内基于绩效的水平薪酬差距对团队成员工作角色绩效的可能影响，提出研究假设 H6－1a。

H6－1a：团队内基于绩效的水平薪酬差距，正向影响团队成员工作角色绩效。

依据薪酬差距的合法性理论（Aime，Meyer & Humphrey，2010），薪酬差距形成基础的“合法性”是薪酬差距绩效效应的一个重要影响因素。在我国当前组织薪酬分配体系中，团队成员个体之间的“绩效”异质性已是广泛被接受和认可的团队内水平薪酬差距的主要与“合法”来源；除此之外，员工个体在性别、工龄、受教育程度、职称或技能等级、婚姻状况等“人力资本特征性投入要素”方面的异质性，也是许多组织进行薪酬分配的重要依据（贺伟和嵩坡，2014）。所以，鉴于基于性别、工龄、受教育程度、职称或技能等级、婚姻状况等“人力资本特征性投入要素”异质性的水平薪酬差距在组织实践中的普遍存在和同“基于绩效的水平薪酬差距”一样具有合法性（*即，被组织和员工普遍接受和认可*），考察“基于人力资本特征性投入要素的水平薪酬差距”对“团队成员工作角色绩效”的可能影响，也具有重要的实践价值。

本章研究认为，工作团队内“基于绩效的水平薪酬差距”，奖励的是团队成员个体实现“目前”绩效结果的“当前”绩效行为表现，并且，由于团队成员个体改变自身的绩效行为表现往往具有“较高”的控制感，因此，“基于绩效的水平薪酬差距”通常能够发挥鼓励团队成员个体“未来”绩效行为表现的功能。相对而言，“基于人力资本特征性投入要素的水平薪酬差距”，则是对团队成员个体“过去”贡献的肯定和奖励，尽管它也提供了团队成员个体提升薪酬水平的清晰路径（*即改变个体的人力资本特征性投入要素*），并且，依据人力资本理论，员工个体的性别、工龄、受教育程度、职称或技能等级等人力资本特征性投入要素，的确在一定程度上意味着员工个体未来绩效水平或未来绩效行为表现的“潜力”；然而，由于如性别、年龄、工龄等人力资本特征性投入要素几乎是不可人为控制或只能随时间而自然改变的“自然”属性，以及如受教育程度、职称或技能等级的可以改变却改变难度较大的特征，因此，对于大部分团队成员个体而言，通过改变自身的人力资本特征性投入要素而提升薪酬水平的“控制感”

往往相对较低。更为重要的是，如性别、工龄、受教育程度、职称或技能等级等人力资本特征性投入要素，只是表明团队成员个体对团队或组织的“过去”贡献以及作出“未来”贡献的“潜力”或“可能”，与团队成员个体“当前”以及“未来”的工作团队内精通性工作角色行为、适应性工作角色行为和主动性工作角色行为并不必然具有“直接”的激励效应。另外，依据资源分配理论，员工个体的认知和注意力资源是稀缺而有限的，专注于某一目标将会削弱投入其他目标的精力（Shah & Kruglanski，2002），因此，当团队内水平薪酬差距主要是源于团队成员个体彼此之间的人力资本特征性投入要素异质性时，团队成员个体对人力资本特征性投入要素的关注以及在改变自身人力资本特征性投入要素方面作出的努力与尝试，将大大消耗团队成员个体可能投入团队内精通性、适应性和主动性工作角色行为的认知和注意力资源（Marr & Cable，2014），最终，可能导致团队成员精通性、适应性和主动性工作角色行为受阻，即团队内“基于人力资本特征性投入要素的水平薪酬差距”可能不利于团队成员精通性工作角色行为、适应性工作角色行为和主动性工作角色行为。综上所述，关于团队内“基于人力资本特征性投入要素的水平薪酬差距”对“团队成员工作角色绩效”的可能影响关系，提出研究假设 H6 – 1b。

H6 – 1b：团队内基于人力资本特征性投入要素的水平薪酬差距，负向影响团队成员工作角色绩效。

本章研究将工作团队内处于同一层级或承担大体相同工作岗位的团队成员个体之间薪酬水平差距的“绩效”形成基础和“人力资本特征性投入要素”形成基础之外的、由其他可能来源所导致的水平薪酬差距部分，统称为“非基于绩效和人力资本特征性投入要素的水平薪酬差距”。因此，从团队内水平薪酬差距的可能来源来看，这部分薪酬差距可能源自团队成员个体的政治行为差异、团队主管的绩效评价偏好、薪酬分配中的随机决策、薪酬测算误差等（Gupta，Conroy & Delery，2012；Downes & Choi，2014）。然而，“非基于绩效和人力资本特征性投入要素的水平薪酬差距”的形成基础究竟是其中的哪一个或哪几个，并不明确。

依据目标设定理论（Locke & Latham，2002），目标的明确性将直接影响目标对人们行为的激励强度。一般来说，目标越明确，则目标对人们实现目标的“行为”的激励强度会越大，反之，目标越模糊，则目标越难以发挥激励人们行为的功能。因此，关于团队内“非基于绩效和人力资本特征性投入要素的水平薪酬差距”对“团队成员工作角色绩效”的可能影响，尽管本章研究已明确“非基于绩效和人力资本特征性投入要素的水平薪酬差距”可能来源于团队成员个体的政治行为差异、团队主管的绩效评价偏好、薪酬分配中的随机决策、薪酬测算误差等，但是，究竟是其中哪一个或哪几个并不清晰，由此，“非基于绩效和人力资本特征性投入要素的水平薪酬差距”所看重和奖励的团队成员个体的行为表现也不明确，所以，“非基于绩效和人力资本特征性投入要素的水平薪酬差距”对团队成员精通性、适应性和主动性工作角色行为可能难以发挥出期望的激励效应。不仅如此，本章研究关注的团队成员个体的绩效行为表现——“团队成员工作角色绩效”，它强调的是动态、不确定、复杂和具有任务互依性的组织工作团队情境下团队成员个体之间的合作与协调、团队成员个体积极应对和适应团队内外变化以及团队成员个体主动提出改进团队效能的方法和建议，因此，无论“非基于绩效和人力资本特征性投入要素的水平薪酬差距”是源于团队成员个体的政治行为差异、团队主管的绩效评价偏好、薪酬分配中的随机决策还是薪酬测算误差，十分明确的一点是，它所看重或鼓励的团队成员行为表现，并非本章研究所关注的团队成员精通性、适应性和主动性工作角色行为。例如，如果“非基于绩效和人力资本特征性投入要素的水平薪酬差距”主要源于团队成员个体的政治行为差异，则它看重和鼓励的是团队成员个体“政治行为”。并且，依据资源分配理论，上述这些可能的薪酬差距形成基础，也可能消耗团队成员投入精通性、适应性和主动性工作角色行为的注意力资源和认知努力，进而可能不利于团队成员工作角色绩效。

综上所述，关于工作团队内“非基于绩效和人力资本特征性投入要素的水平薪酬差距”对“团队成员工作角色绩效”的可能影响，本章研究预测，工作团队内“非基于绩效和人力资本特征性投入要素的水平薪酬差距”可能负向影响“团队成员工作角色绩效”。所以，提出研究假设 H6 - 1c。

H6 -1c：团队内非基于绩效和人力资本特征性投入要素的水平薪酬差距，

负向影响团队成员工作角色绩效。

6.2.3 工作场所善意妒忌情绪和工作场所恶意妒忌情绪视角的团队内水平薪酬差距的形成基础对团队成员工作角色绩效的影响机制

现有薪酬差距影响实证研究文献中，除了个别研究探讨了团队冲突、凝聚力和团队效力作为团队薪酬差距对组织绩效影响的中介变量外（Ensley，Pearson & Sardeshmukh，2007），大量研究均未探讨和揭示薪酬差距与组织绩效/团队绩效/团队成员个体绩效之间影响关系背后的可能中介机制。作为团队成员对在团队内薪酬水平比较中不具有薪酬比较优势或处于不利薪酬比较情境时的最直接情感反应的“工作场所妒忌情绪”，不仅在工作团队中普遍存在，也成为大部分员工工作生活中的重要事件（Miner，1990），将直接威胁团队成员个体的专业认同感，使团队成员个体有十足的动力来采取相关行为策略以恢复内心的痛苦和不平衡感。这些可能的行为策略，既包括专注妒忌对象的“薪酬比较优势”并致力于自我提升和改善的“挑战型”行为倾向，也包括专注“妒忌对象”并致力于将妒忌对象由薪酬比较优势地位拉下来的“威胁型”行为倾向。因此，有学者认为，应该加强对“工作场所妒忌情绪”作为薪酬差距的员工情感反应类结果变量的实证探讨研究（Shaw，2014）。本书第三个实证研究（*即，第5章团队内水平薪酬差距对员工工作场所妒忌情绪的触发效应研究*），即响应该呼吁，初步实证探索了水平薪酬差距对员工工作场所妒忌情绪的可能触发效应。近期，也有学者响应呼吁，探讨了团队薪酬差距如何经妒忌中介作用而影响团队成员的合作行为、工作绩效和社会阻抑（Sung & Park，2016）。

然而，作为试探性研究，本书第三个实证研究只是一个初步探索，并未系统考察基于具体“形成基础”的细分类型水平薪酬差距对员工工作场所妒忌情绪的可能影响，也未在区分员工工作场所妒忌情绪的善、恶意属性的基础上深入揭示工作团队内不同细分类型水平薪酬差距对员工“工作场所善意妒忌情绪”和“工作场所恶意妒忌情绪”的可能影响以及工作场所善意妒忌情绪和工作场所恶意妒忌情绪可能扮演的中介角色；Sung和Park（2016）的实证研究模型，也未识别团队内薪酬差距的具体“形成基础”，并且，他们仅是从妒忌研究的传统视角关注了妒忌的“消极”影响，忽视了团队内薪酬差距也可能触发团队成员“工作场所善意妒忌情绪”并产生“积极”工作角色行为而对团队合作和绩效可能产生“积极”影响。

基于团队内水平薪酬差距的具体“形成基础”而对团队内水平薪酬差距进行类型细分的重要性，已在前面进行了详细的阐释（*详见本章研究6.2.1小节依据形成基础细分团队内水平薪酬差距的必要性：员工价值异质性的客观存在及在组织薪酬分配中具有的合法性*）；“工作场所善意妒忌情绪”与“工作场所恶意妒忌情绪”的属性与类型区分，将不仅益于在清晰界定妒忌情绪内涵的基础上明晰工作场所妒忌情绪的积极影响和消极影响，也将有益于工作场所妒忌情绪研究领域产生一些“新”的理论预测（Van de Ven，2016）。因此，本章拟通过将员工工作场所妒忌情绪区分为“工作场所善意妒忌情绪”和“工作场所恶意妒忌情绪”两种独立类型，来详细阐释、预测并检验两者分别在团队内“基于绩效的水平薪酬差距”“基于人力资本特征性投入要素的水平薪酬差距”和“非基于绩效和人力资本特征性投入要素的水平薪酬差距”分别对“团队成员工作角色绩效”影响过程中可能发挥的中介效应。

（1）工作场所妒忌情绪的善意、恶意属性与类型区分。

作为本章研究假设的可能中介变量，工作场所妒忌情绪特指“**情境性妒忌（*Episodic Envy*）**”（*显著区分于“特质性妒忌”（Dispositional Envy）*），即当个体员工A观察到与自己十分相近或相似的同事B拥有A目前没有却十分渴望拥有的、对自我概念构成或自我评价需要十分重要的事物时，个体员工A所经历的这种不利社会比较给A所带来的一种复杂而痛苦的情绪（Parrott & Smith，1993；Cohen - Charash & Mueller，2007）。这是对宽泛意义上的工作场所妒忌情绪的概念界定。本章则将**工作场所妒忌情绪**置于组织薪酬分配情境，**特指团队成员在团队薪酬分配中意识到自己在与处于同一层级或承担大体相同工作职责的其他成员的薪酬水平比较中处于不利比较位置或不具有薪酬水平比较优势时而产生的一种复杂而痛苦的情绪**。

上述关于工作场所妒忌情绪的定义界定十分清晰地表明，**工作场所妒忌情绪**

在本质上是一种令妒忌主体感到“痛苦”的社会化“情绪”（Van de Ven，2016）。情绪是个体对重要事件的反应，而个体的“情绪”往往也意味着个体已经为处理或应对该重要事件作好了“行动准备”（Frijda，1986）。员工工作场所妒忌情绪，源自对个体自我概念构成或自我评价需要造成“威胁”的工作场所不利社会比较；作为一种典型的消极情绪，它将会引导和驱动妒忌情绪主体产生致力于解决“威胁”的各种可能行为倾向。这些可能的行为倾向，既可能是专注于妒忌对象所拥有的“比较优势”而期望通过改善和提升自身的比较劣势的“挑战型”行为倾向，也可能是专注于“妒忌对象”并致力于通过将妒忌对象从比较优势位置拉下来的“威胁型”行为倾向。这就涉及工作场所妒忌情绪的“善意”属性和“恶意”属性区分。

情绪功能性分析法（*A Functional Approach to Emotions*）（Arnold，1960；Frijda，1986；Cosmides & Tooby，2000）主张，可以通过员工个体感受到的行为倾向来界定和区分情绪。具体来说，当员工个体的情绪所包含的员工个体应对重要事件的“行动准备”明显不同时，则意味着它们可能是两种截然不同的情绪类型。因此，前面所提及的“将妒忌对象从比较优势位置上拉下来”的行为倾向和“改善与提升自我”的行为倾向很显然是两种显著不同的行为倾向，是不太可能由同一种情绪引致的。情绪评价理论（*Emotions Appraisal Theory*）（Roseman，Wiest & Swartz，1994；Roseman，1996）也指出，个体的特定情绪是由个体关于所处情形的诸多评价要素的特定组合引发的，因此，个体对所处情形评价迥异而引发的情绪，应该是截然不同的两种类型。例如，当员工个体感觉到结果将比预期还要糟糕时，“失望”和“后悔”这两种情绪均可能产生。然而，只有当员工个体将糟糕的结果归因于“自身”时，“后悔”情绪才更可能会产生；只有当员工个体将糟糕的结果归因于“外部环境”时，“失望”情绪才更可能会产生。所以，依据情绪评价理论，“后悔”和“失望”是因员工个体对结果归因评价的不同而引发的两种不同类型的情绪（Van Dijk & Zeelenberg，2002）。以此类推，同一情绪是不太可能导致“将妒忌对象从比较优势位置拉下来”以及“改善与提升自我”这两种显著不同的行为倾向的；这两种显著不同的行为倾向所对应的“情绪”，应当是员工个体关于所处情形的显著不同的评价结果所导致，因此，理应是两种截然不同的情绪类型。

正是基于情绪功能性分析法和情绪评价理论，许多学者均主张将员工工作场所妒忌情绪划分为“工作场所善意妒忌情绪”和“工作场所恶意妒忌情绪”这两种截然不同的子类型（Van de Ven，Zeelenberg & Pieters，2009；Tai，Narayanan & Mcallister，2012；Van de Ven，2016），并认为，工作场所善意妒忌情绪和工作场所恶意妒忌情绪均是源自员工个体认识到自己缺乏他人所拥有的优秀品质、成就或财产等时的一种沮丧、不愉快的消极情绪体验或经历，两者的区别在于所包含的情感成分和行为倾向成分显著不同。具体来说，员工“工作场所善意妒忌情绪”常常与喜欢、羡慕等积极情感相关，将驱使妒忌主体倾向于产生强烈的获得比较优势的动机，并最终触发或激活妒忌主体专注于自我改善与自我提升的“挑战型”行为倾向；员工“工作场所恶意妒忌情绪”则常常与怀疑、敌意等消极情感相关，将致使妒忌主体倾向于产生强烈的希望拥有比较优势的主体失去比较优势的动机，并最终触发或激活妒忌主体将妒忌对象从比较优势位置拉下来的“威胁型”行为倾向（Van de Ven，Zeelenberg & Pieters，2009；Van de Ven，2016）。

（2）团队内水平薪酬差距的“绩效”形成基础和“人力资本特征性投入要素”形成基础对成员工作场所善、恶意妒忌情绪的影响。

上述关于员工工作场所妒忌情绪的定义界定，不仅清晰表明工作场所妒忌情绪的“情绪”本质，也充分显示出**工作场所妒忌情绪源于“社会比较”**和**具有“社会比较”的本质**。因此，可以运用社会比较理论及其相关研究观点，来识别员工工作场所妒忌情绪的可能前因变量（Van de Ven，2016）。具体来说：

①社会比较理论认为，人们倾向于与那些与自己十分具有“相似性”的个体进行社会比较（Festinger，1954），因此，这些十分具有“相似性”的个体之间的“比较差距”，很可能是个体妒忌情绪产生的重要源头。具体到本章研究，本章研究关注的是团队内处于“同一层级”或“承担大体相同工作职责”的成员个体之间的薪酬水平比较。相比于“跨越层级”或跨越不同工作岗位的成员个体之间的相似性，处于团队内“同一层级”的成员个体或者“承担大体相同工作职责”的成员个体之间则通常更具有相似性，他们也倾向于将彼此作为薪酬

水平比较的重要参考对象而频繁地进行薪酬水平比较，因此，团队内处于“同一层级”或“承担大体相同工作职责”的成员个体之间的薪酬水平比较结果——“团队内水平薪酬差距”，将有可能成为触发团队成员工作场所善、恶意妒忌情绪的重要前因变量。事实上，早已有研究表明，对于那些十分具有“相似性”的个体而言，社会比较所引发的妒忌情绪尤为强烈（Salovey & Rodin，1984）。综上所述，本章研究推测，作为团队内最具“相似性”且处于同一层级内或承担大体相同工作职责的团队成员个体之间薪酬水平的比较结果，团队内水平薪酬差距可能是触发团队内成员工作场所善、恶意妒忌情绪的**“主要”**或**“重要”**前因变量之一。

②依据社会比较理论，员工个体十分倾向于在那些对自我概念构成或自我评价需要十分看重的领域进行社会比较（Festinger，1954），因此，当比较的结果让员工个体感受到自我概念构成或自我评价需要受到“威胁”时，他/她将可能产生工作场所妒忌情绪（Smith et al.，1999；Lange & Crusius，2015），并且，员工个体投入社会比较的频率与经历妒忌情绪的频率密切相关（Lange & Crusius，2015；Smith et al.，1999；White，Langer，Yariv & Welch，2006）。关于究竟哪些领域对于大部分员工个体而言属于自我概念构成或自我评价需要的重要领域，尽管极少有文献进行了相关实证探讨，然而，在极少有的相关实证探讨文献中，Hill，DelPriore 和 Vaughan（2011）的研究却提供了本章研究有关“薪酬水平”是团队成员个体自我概念构成或自我评价需要的一个十分重要领域推导的充分例证。Hill，DelPriore 和 Vaughan（2011）的研究，实证考察了“个体财富”和“长相吸引力”作为触发男女妒忌情绪可能来源的差异性；他们的实证结果显示，无论是对于男性还是对于女性而言，“财富”均是个体妒忌情绪触发的一个十分重要的来源。本章研究关注的“团队内水平薪酬差距”，是工作团队内处于同一层级或承担大体相同工作职责的团队成员个体在他们从工作中获得的“财富”资源——“薪酬水平”——方面进行比较的结果。作为组织提供给团队成员劳动付出的一种补偿和回报，团队成员个体薪酬水平的高低通常代表着团队成员对组织或工作团队价值创造作出贡献的大小和在组织或工作团队中所处地位的高低（Frank，1985；Folger，1993；张正堂和刘宁，2016）。因此，本章研究推

导，团队成员个体的“薪酬水平”是团队成员个体自我概念构成的一个十分重要的领域，团队成员个体的自我评价需要也会驱使其在团队中频繁地与其他成员进行薪酬水平比较，尤其是与那些与自己十分具有相似性的团队内同一层级的同事或在团队内承担大体相同工作职责的同事进行薪酬水平比较（Festinger，1954）。所以，就社会比较发生的领域视角而言，无论是基于“绩效”形成基础，还是基于“人力资本特征性投入要素”形成基础，抑或基于其他的可能形成基础，团队内水平薪酬差距均源于对团队成员个体自我概念构成或自我评价需要十分重要的“薪酬水平”比较；无论是基于何种或何些形成基础的水平薪酬差距的存在，均在时刻提醒着团队成员个体在与其他成员进行薪酬水平比较中的弱势地位，进而直接威胁到团队成员个体的自我概念或自我评价，因此，均可能触发团队成员个体的工作场所善意妒忌情绪或工作场所恶意妒忌情绪。

综上所述，依据社会比较理论及其相关研究观点，可以初步预测，工作团队内的水平薪酬差距将可能是触发团队成员工作场所善意妒忌情绪和工作场所恶意妒忌情绪的一个重要的前因变量。至于究竟是哪种类型的团队内水平薪酬差距将更可能触发团队成员个体的“工作场所善意妒忌情绪”以及哪种类型的团队内水平薪酬差距又倾向于触发团队成员个体的“工作场所恶意妒忌情绪”，则需要综合考虑团队内水平薪酬差距的具体“形成基础”、团队成员个体关于薪酬水平比较结果的“应得感”评价以及改变薪酬水平比较结果的“控制感”评价来进行综合判断。因此，接下来，本章研究将对上述三个因素进行综合考虑，并预测它们对工作场所善意妒忌情绪和工作场所恶意妒忌情绪的可能影响。

现有研究已证实，员工个体关于“应得感（*the perception of deservedness*）”的评价或判断，以及，员工个体关于改变自我的“控制感（*the perception of control potential*）”的评价或判断，是触发员工个体工作场所善意妒忌情绪和工作场所恶意妒忌情绪的关键要素（Van de Ven，Zeelenberg & Pieters，2009；Van de Ven，Zeelenberg & Pieters，2012；Crusius & Lange，2016）。

“应得感”评价，即指员工个体对自身的某一结果或他人的某一结果是否与获取该结果的方式或情形相一致的认知判断。如果最终结果与获取该结果的方式或情形相一致，则该结果倾向于被评判为“应得”；如果最终结果与获取该结果的方式或情形不相一致，则该结果倾向于被认定为“不应得”（Feather，1999）。例如，销售团队内某一个体成员工作努力、积极适应团队内的各种变化、主动提出了许多有效改进团队效率的工作建议，不仅个体销售业绩十分出色，也带动团队整体销售业绩的上升，该成员最终获得了加薪和升职。在这种情形中，该个体成员最终获得加薪和升职通常被认为是“应得”的，因为，在工作场所中，员工普遍认可并接受“工作努力、积极适应团队内的各种变化、主动提出了许多有效改进团队效率的工作建议”与“获得加薪和升职”之间的相一致性，它符合公平理论中工作投入与工作产出趋于一致的原则。相反，“阿谀奉承、溜须拍马”与“获得的加薪和升职”之间，则通常被认为是不相一致而违背公平性原则的，因此，因为阿谀奉承、溜须拍马而获得的加薪和升职则常常被认定为是“不应得”的。

“控制感”评价，则描述的是员工个体对改变不利比较结果的控制能力的自我感知（Van de Ven，Zeelenberg & Pieters，2012）。“控制感”评价，尤为强调从“自身”角度改变不利比较结果的控制能力评价，尽管还存在着一条通过改变社会比较中“另一比较主体”来改变不利比较结果的路径。当员工个体认为自我改变不利比较结果的难度较大时，即意味着员工个体的控制感评价较低，反之，当员工个体认为自我改变不利比较结果较为容易时，即意味着员工个体的控制感评价较高。

员工个体对组织内或工作团队内资源分配结果的“应得感”评价，以及员工个体对自身改变不利比较结果的“控制感”评价，是影响员工个体工作场所善意妒忌情绪触发或工作场所恶意妒忌情绪触发的重要因素（Crusius & Lange，2016；Smith，1999；Van de Ven，Zeelenberg & Pieters，2012）。具体来说，员工个体的“应得”判断倾向以及较高的“控制感”评价，更可能引发员工个体“工作场所善意妒忌情绪”，反之，员工个体的“不应得”判断倾向，或者，较低的“控制感”评价，则更可能引发员工个体“工作场所恶意妒忌情绪”。具体到本章研究，工作团队内处于同一层级的成员个体或承担大体相同工作职责的成员个体之间的薪酬水平差距，通常会导致成员个体（*尤其是处于薪酬水平比较劣势的成员个体*）同时启动关于处于同一层级内的其他成员或承担大体相同工作职责的其他成员获得的“较高薪酬水平”是否“应得”以及改变自己不利薪酬水平比较地位是否“可控”的认知评价过程。员工个体对其他成员获得的“较高薪酬水平”的“应得”判断倾向和对改变自己不利薪酬水平比较地位的“较高控制感”评价，则容易促使员工个体自觉抵制“工作场所恶意妒忌情绪”甚至激发员工个体产生“工作场所善意妒忌情绪”；员工个体对其他成员获得的“较高薪酬水平”的“不应得”评价，或者，员工个体对改变自己不利薪酬水平比较地位的“较低控制感”评价，则均可能驱使员工个体产生“工作场所恶意妒忌情绪”或者抵制“工作场所善意妒忌情绪”。

那么，究竟是什么因素导致团队成员个体对其他成员获得的“较高薪酬水平”的“应得感”判断倾向于“应得”或“不应得”，以及对改变自身不利薪酬水平比较地位的“控制感”评价倾向于“较高控制感”或“较低控制感”呢？

现有研究已证实，“应得感”是公平感或公正感评价的核心要素（Feather，2006），而薪酬差距形成基础的“合法性”又是薪酬分配公平感评价的关键（Aime，Meyer & Humphrey，2010），因此，本章研究推测，团队内水平薪酬差距“形成基础”的“合法性”，可能在团队成员个体对其他成员获得的“较高薪酬水平”的“应得感”判断过程中，发挥着关键的决定作用；员工个体改变自身不利薪酬水平比较地位的“控制感”判断，可能取决于薪酬差距的具体“形成基础”。具体来说：

①源于成员个体“绩效”异质性的团队内水平薪酬差距（*即，“基于绩效的水平薪酬差距”*），因薪酬分配的“绩效”形成基础广受认可和接受而具有较高的合法性（Kepes，Delery & Gupta，2009；Shaw，2014；Williams，Mcdaniel & Nguyen，2006），由此，使团队成员个体在面对同一层级内或承担大体相同工作职责的其他成员获得的“较高薪酬水平”时，倾向于将其判断为“应得”，并且，“绩效—薪酬”之间的密切联系，提供了团队成员个体改变自身不利薪酬水平比较地位的可行路径，因此，“控制感”评价水平往往也较高。鉴于“基于绩效的水平薪酬差距”情形下团队成员对同一层级内或承担大体相同工作职责的其他成员由于“绩效”异质性而获得的“较高薪酬水平”的“应得”判断倾向，以及对改变自身不利薪酬比较地位的“较高控制感”评价，本章研究预测，“基

于绩效的水平薪酬差距”倾向于“触发”团队成员“工作场所善意妒忌情绪”（*即，研究假设 H6－2a*）和“抵制”团队成员“工作场所恶意妒忌情绪”（*即，研究假设 H6－2b*）。所以，提出研究假设 H6－2a 和研究假设 H6－2b。

H6－2a：团队内基于绩效的水平薪酬差距，倾向于触发团队成员工作场所善意妒忌情绪。

H6－2b：团队内基于绩效的水平薪酬差距，倾向于抵制团队成员工作场所恶意妒忌情绪。

②员工性别、年龄、受教育程度、工龄、职称或技能等级等代表性人力资本特征性投入要素变量，是我国目前许多组织薪酬分配体系中除了“绩效”之外决定员工个体薪酬水平的被组织和员工普通认可与接受的基本依据之一（贺伟和嵩坡，2014），因此，源于团队成员个体之间在人力资本特征性投入要素方面异质性或差异的水平薪酬差距（*即，“基于人力资本特征性投入要素的水平薪酬差距”*），与“基于绩效的水平薪酬差距”类似，因广受组织和员工的接受和认可而具有较高水平的合法性。然而，由于性别、年龄、工龄几乎不具有可控制性，以及尽管受教育程度、职称或技能等级具有一定程度的可控制性，但是，对于大部分员工而言，提升受教育程度或提高职称或技能等级的难度通常较大甚至不现实，因此，可以认为“基于人力资本特征性投入要素的水平薪酬差距”情形下，团队成员对从自身角度改变自己目前不利薪酬比较地位的“控制感”评价倾向于“较低控制感”。综上所述，“基于人力资本特征性投入要素的水平薪酬差距”情形下，团队成员对其他成员源于人力资本特征性投入要素异质性或差异的“较高薪酬水平”的“应得”判断倾向，以及对从自身角度改变自己目前不利薪酬比较地位的“较低控制感”评价，可能综合使团队成员个体在面对其他成员源于人力资本特征性投入要素异质性或差异的“较高薪酬水平”时，不仅是“眼馋”或止步于思考如何从自身角度改变自己目前不利薪酬比较地位，可能会改变视角，考虑如何通过改变具有薪酬比较优势的其他成员来进一步改变自己目前不利薪酬比较地位。由此，本章研究预测，“基于人力资本特征性投入要素的水平薪酬差距”可能倾向于“抵制”团队成员“工作场所善意妒忌情绪”（*即，研究假设H6－3a*）和“触发”团队成员“工作场所恶意妒忌情绪”（*即，研究假设 H6－3b*）。所以，

提出研究假设 H6 –3a 和研究假设 H6 –3b。

H6 –3a：团队内基于人力资本特征性投入要素的水平薪酬差距，倾向于抵制团队成员工作场所善意妒忌情绪。

H6 –3b：团队内基于人力资本特征性投入要素的水平薪酬差距，倾向于触发团队成员工作场所恶意妒忌情绪。

③本章研究重点考察团队内水平薪酬差距的“绩效”形成基础和“人力资本特征性投入要素”形成基础对团队成员“工作场所善意妒忌情绪”和“工作场所恶意妒忌情绪”的影响，而将“绩效”异质性、“人力资本特征性投入要素”差异之外的员工个体异质性（*例如，员工个体的政治行为差异*）和其他可能因素（*例如，团队主管个体的绩效评价偏好*、*薪酬分配中的随机决策*、*薪酬测算误差等*）所导致的团队内水平薪酬差距统一归入“非基于绩效和人力资本特征性投入要素的水平薪酬差距”范畴。考虑到团队内“水平”薪酬差距的可能来源（Gupta，Conroy & Delery，2012；Downes & Choi，2014），本章研究判断，“非基于绩效和人力资本特征性投入要素的水平薪酬差距”的形成基础，可能是团队成员个体的政治行为异质性、团队主管个体的绩效评价偏好，也可能是薪酬分配中的随机决策、薪酬测算误差等因素。尽管“非基于绩效和人力资本特征性投入要素的水平薪酬差距”的形成基础并不似“基于绩效的水平薪酬差距”和“基于人力资本特征性投入要素的水平薪酬差距”那般具体而明确，然而，就可能来源而言，无论是成员个体的政治行为异质性、团队主管个体的绩效评价偏好，它们的合法性认知水平均较低（Aime，Meyer & Humphrey，2010），团队成员倾向于将源于员工个体政治行为差异或团队主管个体的绩效评价偏好的其他成员的“较高薪酬水平”判断为“不应得”，进而使团队成员个体在“非基于绩效和人力资本特征性投入要素水平薪酬差距”情形下更可能产生“工作场所恶意妒忌情绪”或不自觉地抵制“工作场所善意妒忌情绪”。此外，尽管从提升团队成员个体政治行为视角来改变自身目前不利薪酬比较地位的“控制感”评价相对较强（*只是相比于该种情形下改变团队主管个体的绩效评价偏好*、*控制薪酬分配中的随机决策或薪酬测算误差而言，因为，对于马基雅维利主义倾向较低的员工个体而言，提升员工个体的政治行为和技巧通常也十分困难*），然而，团队主

管个体的绩效评价偏好、薪酬分配中的随机决策、薪酬测算误差等因素则是团队成员个体自身难以控制的，这将易于“触发”团队成员“工作场所恶意妒忌情绪”和“抵制”团队成员“工作场所善意妒忌情绪”。

综上所述，本章研究预测，团队内“非基于绩效和人力资本特征性投入要素的水平薪酬差距”倾向于“抵制”团队成员“工作场所善意妒忌情绪”（*即，研究假设 H6－4a* ）和“触发”团队成员“工作场所恶意妒忌情绪”（*即，研究假设 H6－4b* ）。所以，提出研究假设 H6－4a 和研究假设 H6－4b。

H6－4a：团队内非基于绩效和人力资本特征性投入要素的水平薪酬差距，倾向于抵制团队成员工作场所善意妒忌情绪。

H6－4b：团队内非基于绩效和人力资本特征性投入要素的水平薪酬差距，倾向于触发团队成员工作场所恶意妒忌情绪。

（3）团队成员工作场所善意妒忌情绪和工作场所恶意妒忌情绪分别对团队成员工作角色绩效的影响。

古希腊哲学家倾向于将妒忌视为一种对他人好运气的“痛苦”感受（Plato，2007），神经科学领域的近期研究也证实妒忌情绪会触发大脑“疼痛”神经元区（Lieberman & Eisenberger，2009；Takahashi et al.，2009）。受上述这些观点的启发，Tai，Narayanan 和 Mcallister（2012）进一步提出，“痛苦”感受（*而非“怀有敌意”*）是“工作场所善意妒忌情绪”与“工作场所恶意妒忌情绪”的核心共同点。所以，既涵盖工作场所善意妒忌情绪又包括工作场所恶意妒忌情绪的完整意义上的工作场所妒忌情绪概念，应该界定为“一种对他人好运的痛苦感受”（Tai，Narayanan & Mcallister，2012），是一种将触发员工个体对消极情境（*即，不利社会比较*）作出适应性行为反应的自我平衡情绪（Craig，2003）。

行为科学认为，人类本能地避免痛苦和追求快乐（Gray，1987；Higgins，1997）。因此，作为员工工作场所中的一种消极情绪和认知紧张来源（Festinger，1954；Vecchio，1995），工作场所妒忌情绪将促进员工个体采取一系列行为策略以降低妒忌情绪（*不管是“工作场所善意妒忌情绪”还是“工作场所恶意妒忌情绪”*）给他/她带来的痛苦（Baumeister，Heatherton & Tice，1994；MacDonald & Leary，2005）。这些行为策略，即员工个体对不利社会比较作出的适应性行为反应，主要包括两种类型：当员工个体倾向于将触发工作场所妒忌情绪的不利社会比较视为纯粹的“威胁”时，他/她将可能对妒忌对象充满敌意甚至会报复妒忌对象（Cohen – Charash & Mueller，2007；Vecchio，1997；Vecchio，2007）；当妒忌主体从不利社会比较中看到了提升自我的“机会”时，他/她倾向于作出通过努力改变自身比较劣势以追赶上妒忌对象的适应性行为反应（Van de Ven，Zeelenberg & Pieters，2009）。由此，源于工作场所不利社会比较的妒忌情绪，不仅给妒忌主体带来了痛苦感受也破坏了妒忌主体的心理平衡，将促使妒忌主体采取适应性行为以恢复心理平衡和减少痛苦感受，他/她既可能倾向于采取聚焦妒忌对象、削弱和破坏妒忌对象比较优势等威胁型行为，即“威胁型行为倾向（*Threat – oriented Action Tendencies*）”，也可能倾向于选择聚焦自我、改进自我和提升自我的挑战型行为，即“挑战型行为倾向（*Challenge – oriented Action Tendencies*）”，以最终实现恢复心理平衡和减轻痛苦感受的目的。具体来说：

①尽管“工作场所善意妒忌情绪”在情感成分上表现为喜欢、羡慕等积极情感，然而，这种源于不利社会比较的喜欢或羡慕，对于妒忌主体而言依然是一种“痛苦”感受，将刺激和驱使妒忌主体采取一定的行为策略来改变或削弱这种痛苦感受。不同于工作场所恶意妒忌情绪所内含的“威胁型行为倾向”，工作场所善意妒忌情绪主体更倾向于从不利社会比较中（*在本章研究中特指“薪酬水平比较”*）看到改变自己目前痛苦感受的“机会”和专注于“自我挑战”，他们会充分利用“机会”并通过目标设定，来努力构建自身的比较优势以追赶上妒忌对象（Van de Ven，Zeelenberg & Pieters，2009）。尤其是，当引发团队成员“工作场所善意妒忌情绪”的是团队内“基于绩效的水平薪酬差距”（*即本章研究提出的研究假设 H6 – 2a*）时，上述效应将更加明显。本章研究重点关注的是“工作场所善意妒忌情绪”对“工作团队”情境下团队成员个体行为性绩效——“团队成员工作角色绩效”——的可能影响。21 世纪日益动态、不确定、复杂和具有任务互依性的组织工作情境下，团队成员个体绩效水平不仅取决于个体努力完成工作说明书所规定工作任务职责的“传统绩效”，更为重要的是考察团队成员个体是否能够与团队内其他成员有效合作（*即，“团队成员精通性工作角色行*

为”）、是否能够迅速适应团队内外的各种变化（*即，“团队成员适应性工作角色行为”*）和是否能够主动提出有益于提升团队工作有效性的方法建议（*即，“团队成员主动性工作角色行为”*）。因此，在工作团队情境变得愈益动态、不确定、复杂和具有任务互依性的情形下，团队成员“工作场所善意妒忌情绪”将倾向于激发团队成员启动目标设定机制（Locke & Latham，2002；Lange & Crusius，2015），努力通过提升自己作为团队一员的精通性、适应性和主动性工作角色行为，来改善和提高自身的绩效水平，进而追赶上甚至超越妒忌对象的绩效水平。此外，作为触发团队成员“工作场所善意妒忌情绪”重要事件的工作团队内“基于绩效的水平薪酬差距”，也将通过“绩效提升→薪酬水平提高”间的密切关联性，来增强团队成员提升精通性、适应性和主动性工作角色行为的动机，并提供团队成员提升自身薪酬水平的明确路径，进而将有效促进团队成员工作角色绩效。本章研究关于“工作场所善意妒忌情绪”与“团队成员工作角色绩效”之间的前述可能影响关系预测，也得到了现有研究文献的间接支持。例如，Crusius 和 Lange（2016）的研究表明，“工作场所善意妒忌情绪”具有社会适应性功能，将激励员工个体努力工作，通过提高业绩表现来缩小与妒忌对象之间的差距甚至超越妒忌对象的绩效水平，从而在激烈的竞争环境中获得生存和发展。综上所述，本章研究预测，团队成员“工作场所善意妒忌情绪”倾向于促进“团队成员工作角色绩效”，团队成员的工作场所善意妒忌情绪水平越高，团队成员工作角色绩效水平可能越高。所以，提出研究假设 H6 -5a。

H6 -5a：团队成员工作场所善意妒忌情绪，正向影响团队成员工作角色绩效。

②“工作场所恶意妒忌情绪”，往往意味着团队成员个体倾向于视团队内的薪酬水平比较为“威胁”，表明团队内薪酬水平比较的结果（*即，团队水平薪酬差距*）已经威胁到成员个体的自我概念构成或未满足其自我评价需要，将激发成员个体对妒忌对象的敌意甚至产生报复妒忌对象的动机（Cohen - Charash & Mueller，2007；Vecchio，1997；Vecchio，2007）。由于社会规范不允许员工公开表现出妒忌情绪（尤其是“恶意妒忌情绪”）（Parrott & Smith，1993），员工常常使用“隐蔽”的方式来降低工作场所恶意妒忌情绪所导致的内心痛苦和不平衡感。工作场所中，妒忌主体（*即，工作团队内处于薪酬水平比较劣势的成员*）

对妒忌对象（*即，工作团队内处于薪酬水平比较优势的其他成员*）的“隐蔽”报复方式，通常表现为不愿意与妒忌对象进行有效沟通（Dunn & Schweitzer，2004）、不愿意与妒忌对象合作、不会与妒忌对象有效协调工作、不会向妒忌对象提供工作上的帮助行为（Gino & Pierce，2010）、对妒忌对象在工作中遇到的阻碍幸灾乐祸（Cikara & Fiske，2012；Krizan & Johar，2012；Van Dijk et al.，2006）等间接行为。上述这些“隐蔽”的间接报复行为，主要对应本章研究关注的员工个体行为性变量——“团队成员工作角色绩效”——中的“团队成员精通性工作角色行为”（Griffin，Neal & Parker，2007）。因此，从“团队成员精通性工作角色行为”视角来看，团队成员“工作场所恶意妒忌情绪”将可能不利于团队成员工作角色绩效的提升。这一可能影响关系预测，也得到相关研究的支持：有研究表明，作为情境性情绪反应的妒忌（*即，本章研究关注的“情境性妒忌”而非“特质性妒忌”*），不仅能够有效预测妒忌主体对妒忌对象的敌意态度并削弱对其友情需要（Salovey & Rodin，1984）、降低与其信息共享意愿（Dunn & Schweitzer，2004）、增强伤害妒忌对象的较强烈需要（Cohen - Charash & Mueller，2007）甚至直接指向妒忌对象的反生产行为（Cohen - Charash，2009），还能预测诸如不诚实行为（Gino & Pierce，2009a）、不帮助妒忌对象（Gino & Pierce，2010）、故意夸大个体成就（Gino & Pierce，2009b）、道德脱离和社会阻抑（*例如，故意贬低妒忌对象、八卦、知情不报、沉默等行为*）（Duffy et al.，2012）等不道德行为以及对妒忌对象幸灾乐祸（Cikara & Fiske，2012；Krizan & Johar，2012；Van Dijk et al.，2006）。

关于团队成员“工作场所恶意妒忌情绪”对团队成员工作角色绩效的“团队成员适应性工作角色行为”维度和“团队成员主动性工作角色行为”维度的可能影响，本章研究认为，可以依据“工作场所恶意妒忌情绪”对妒忌主体认知过程的影响和认知资源的自我损耗理论来进行科学推测。进化论的相关研究认为，为了有效地适应环境，人类有限的注意力资源和记忆资源将倾向于投入对特定环境具体特征的关注（McArthur & Baron，1983；Klein et al.，2002；Nairne et al.，2009）。因此，作为团队成员应对与其他成员不利社会比较的一种适应性自我平衡情绪（Craig，2003），“工作场所恶意妒忌情绪”将可能引导团队成员个体（即，妒忌主体）将稀缺、有限的认知资源（主要为低阶的注意力和记忆资源）转移到与妒忌对象（即，拥有比较优势的其他成员）相关的信息处理上（Hill，DelPriore & Vaughan，2011）；作为妒忌主体的团队成员个体，对作为妒忌对象的团队内其他成员相关信息的“过度”关注和记忆，无疑将损耗团队成员个体投入更为复杂工作领域（例如，有助于提升团队有效性的“团队成员适应性工作角色行为”和“团队成员主动性工作角色行为”）的自我调节资源（相应于注意力和记忆资源的“低阶”特征，自我调节资源属于“高阶”认知资源范畴，是员工个体有效应对和处理复杂情境中工作任务的必需），进而可能会削弱团队成员个体在动态、不确定和复杂工作情境下的“团队成员适应性工作角色行为”和“团队成员主动性工作角色行为”。因此，本章研究预测，团队成员的“工作场所恶意妒忌情绪”可能与“团队成员适应性工作角色行为”和“团队成员主动性工作角色行为”均负相关。Tai，Narayanan 和 Mcallister（2012）依据归因理论和平衡理论，对妒忌情绪（主要为怀有敌意的“工作场所恶意妒忌情绪”）与员工个体工作绩效之间的可能负相关关系预测，提供了本章研究关于团队成员“工作场所恶意妒忌情绪”与“团队成员适应性工作角色行为”和“团队成员主动性工作角色行为”之间可能负向影响关系预测的有力支持。

综上所述，本章研究预测，团队成员的“工作场所恶意妒忌情绪”倾向于削弱团队成员精通性、适应性和主动性工作角色行为，最终不利于“团队成员工作角色绩效”的提升。所以，提出研究假设 H6－5b。

H6－5b：团队成员工作场所恶意妒忌情绪，负向影响团队成员工作角色绩效。

（4）工作场所善意妒忌情绪和工作场所恶意妒忌情绪的可能中介效应预测。

鉴于“基于绩效的水平薪酬差距”情形下团队成员个体对其他成员获得的“较高薪酬水平”的“应得”判断倾向和对从自身角度改变当前不利薪酬比较地位的“较高控制感”评价，工作团队内基于绩效的水平薪酬差距不仅可能会促使工作团队内处于不利薪酬比较或具有薪酬比较劣势的团队成员个体产生“工作场所善意妒忌情绪”，也将通过“绩效—薪酬”之间的密切关联性提供团队成员个体恢复工作场所善意妒忌情绪所带来的内心不平衡和减少痛苦感受的具体路径，进而激活团队成员“工作场所善意妒忌情绪”所内含的致力于提升自我的“挑战型”行为倾向。由于当前日益动态、不确定、复杂和具有任务互依性的组织工作情境下，团队成员个体绩效水平不仅取决于努力完成工作说明书所规定工作任务职责的“传统绩效”，更为重要的是考察团队成员是否能够与团队内其他成员有效合作（即，“团队成员精通性工作角色行为”）、是否能够迅速适应团队内外的各种变化（*即，“团队成员适应性工作角色行为”*）和是否能够主动提出益于提升团队工作有效性的方法建议（*即，“团队成员主动性工作角色行为”*）。因此，在日益动态、不确定、复杂和具有任务互依性的组织工作情境下，团队成员个体被“基于绩效的水平薪酬差距”触发并激活的工作场所善意妒忌情绪所内含的“挑战型”行为倾向，便进一步明确为强化团队成员精通性、适应性和主动性工作角色行为。由此，团队内“基丁绩效的水平薪酬差距”可能通过触发团队成员“工作场所善意妒忌情绪”而间接正向影响“团队成员工作角色绩效”。所以，提出研究假设 H6 - 6a。

H6 - 6a：团队内基于绩效的水平薪酬差距，通过触发工作场所善意妒忌情绪而间接正向影响团队成员工作角色绩效。

此外，“基于绩效的水平薪酬差距”情形下，团队成员对处于同一层级内或承担大体相同工作职责的其他成员获得的“较高薪酬水平”的“应得”判断倾向，以及对从自身角度改变自己当前不利薪酬水平比较地位的“较高控制感”评价，也会益于工作团队内处于不利薪酬比较的团队成员个体自觉抵制“工作场所恶意妒忌情绪”，进而避免员工个体稀缺的认知资源损耗在对具有薪酬水平比较优势的团队内其他成员的过度关注上，转而将有限的认知资源投入通过提升自我绩效水平而改变自我不利薪酬水平比较地位的“挑战型”行为，即团队成员的精通性、适应性和主动性工作角色行为，它们是当前日益动态、不确定、复杂和具有任务互依性的组织工作情境下提升员工个体薪酬水平的有效行为策略。所以，团队内“基于绩效的水平薪酬差距”也可能通过“抵制”团队成员的“工作场所恶意妒忌情绪”而间接正向影响“团队成员工作角色绩效”。因此，提出研究假设 H6 - 6b。

H6－6b：团队内基于绩效的水平薪酬差距，通过抵制工作场所恶意妒忌情绪而间接正影响团队成员工作角色绩效。

由前面关于研究假设 H6－3a 和研究假设 H6－3b 的提出部分可知，在我国当前组织实施的薪酬分配体系中，诸如性别、年龄、工龄、受教育程度、职称或技能等级等重要人力资本特征性投入要素异质性，也是组织或工作团队进行员工薪酬分配的重要考虑依据。工作团队内具有人力资本特征性投入要素比较优势的团队成员的“较高薪酬水平”，也会因“人力资本特征性投入要素”形成基础具有“合法性”而使处于薪酬水平比较劣势的团队成员个体倾向于将其认定为“应得”。然而，由于性别、年龄、工龄的几乎不可控制性，以及，受教育程度、职称或技能等级等虽然具有可控制性但是自我改变的难度通常较大，因此，处于薪酬水平比较劣势的团队成员个体试图通过改变自身人力资本特征性投入要素而提升薪酬水平的“控制感”评价水平常常偏低，进而使“基于人力资本特征性投入要素的水平薪酬差距”倾向于“触发”处于薪酬水平比较劣势的团队成员的“工作场所恶意妒忌情绪”和“抵制”其“工作场所善意妒忌情绪”。进一步地，一方面，“基于人力资本特征性投入要素的水平薪酬差距”因倾向于抵制团队成员的“工作场所善意妒忌情绪”，进而可能抵制了“工作场所善意妒忌情绪”所内含的、致力于提升自我绩效水平的“挑战型”行为倾向，最终可能削弱“团队成员工作角色绩效”；另一方面，“基于人力资本特征性投入要素的水平薪酬差距”因倾向于触发团队成员的“工作场所恶意妒忌情绪”，进而使“工作场所恶意妒忌情绪”所内含的“敌意”成分将可能启动工作场所恶意妒忌情绪主体内心的“道德脱离”机制（Duffy et al.，2012），从而为工作场所恶意妒忌情绪主体不愿意向作为妒忌对象的其他团队成员提供帮助行为、不与其友好合作等与团队规范背道而驰的行为找寻到合理的解释理由，最终可能弱化“团队成员精通性工作角色行为”。与此同时，“工作场所恶意妒忌情绪”所导致的妒忌主体对作为妒忌对象的其他成员信息的过度关注与记忆，也将损耗妒忌主体投入“团队成员适应性工作角色行为”和“团队成员主动性工作角色行为”的自我调节认知资源，最终可能削弱团队成员适应性和主动性工作角色行为。

综上所述，工作团队内“基于人力资本特征性投入要素的水平薪酬差距”，一方面，将可能通过“抵制”团队成员的“工作场所善意妒忌情绪”而对“团队成员工作角色绩效”产生负向影响；另一方面，也可能通过“触发”团队成员的“工作场所恶意妒忌情绪”而对“团队成员工作角色绩效”产生负向影响。因此，团队成员的“工作场所善意妒忌情绪”和“工作场所恶意妒忌情绪”均可能在“基于人力资本特征性投入要素的水平薪酬差距”影响“团队成员工作角色绩效”的过程中发挥着中介变量的角色。所以，关于“工作场所善意妒忌情绪”和“工作场所恶意妒忌情绪”在“基于人力资本特征性投入要素的水平薪酬差距—团队成员工作角色绩效”之间影响关系中的可能中介效应，提出研究假设H6－7a和研究假设 H6－7b。

H6－7a：团队内基于人力资本特征性投入要素的水平薪酬差距，通过抵制工作场所善意妒忌情绪而间接负向影响团队成员工作角色绩效。

H6－7b：团队内基于人力资本特征性投入要素的水平薪酬差距，通过触发工作场所恶意妒忌情绪而间接负向影响团队成员工作角色绩效。

由前面关于研究假设 H6－4a 和研究假设 H6－4b 的提出部分可知，依据水平薪酬差距的可能来源，团队内“非基于绩效和人力资本特征性投入要素的水平薪酬差距”的形成基础可能是团队成员个体的政治行为异质性、团队主管个体的绩效评价偏好，也可能是团队薪酬分配中的随机决策、薪酬测算误差等因素（Gupta，Conroy & Delery，2012；Downes & Choi，2014）。无论是其中哪一种或哪几种，可以肯定的是，相比于水平薪酬差距的“绩效”形成基础和“人力资本特征性投入要素”形成基础，它们在组织薪酬分配体系中的合法性认知程度均较低。因此，源于这些可能因素（*尤其是其中的“团队成员个体的政治行为异质性”和“团队主管个体的绩效评价偏好”*）的团队内其他成员的“较高薪酬水平”倾向于被认定为“不应得”，进而使“非基于绩效和人力资本特征性投入要素的水平薪酬差距”可能更倾向于“触发”团队内处于薪酬水平比较劣势的团队成员的“工作场所恶意妒忌情绪”和“抵制”其“工作场所善意妒忌情绪”，最终通过“工作场所恶意妒忌情绪”启动的“道德脱离”机制和认知资源自我损耗机制，以及，通过抵制“工作场所善意妒忌情绪”所内含的自我改善绩效的挑战型行为倾向而负向影响“团队成员工作角色绩效”。

综上所述，关于“工作场所善意妒忌情绪”和“工作场所恶意妒忌情绪”在“非基于绩效和人力资本特征性投入要素的水平薪酬差距—团队成员工作角色绩效”之间影响关系中的可能中介效应，本章研究预测，团队内“非基于绩效和人力资本投入的水平薪酬差距”，可能通过“抵制”团队成员“工作场所善意妒忌情绪”（*即研究假设 H6 – 8a* ）和“触发”团队成员“工作场所恶意妒忌情绪”（*即研究假设 H6 – 8b* ）而负向影响“团队成员工作角色绩效”。因此，提出研究假设 H6 – 8a 和研究假设 H6 – 8b。

H6 – 8a：团队内非基于绩效和人力资本特征性投入要素的水平薪酬差距，通过抵制工作场所善意妒忌情绪而间接负向影响团队成员工作角色绩效。

H6 – 8b：团队内非基于绩效和人力资本投入的水平薪酬差距，通过触发工作场所恶意妒忌情绪而间接负向影响团队成员工作角色绩效。

关于工作场所善、恶意妒忌情绪视角的团队内水平薪酬差距的“绩效”形成基础和“人力资本特征性投入要素”形成基础对团队成员个体行为性绩效——“团队成员工作角色绩效”——的可能影响和影响机制，本章研究构建的理论模型概括如图 6 – 2 所示，相应提出的研究假设汇总如表 6 – 1 所示。

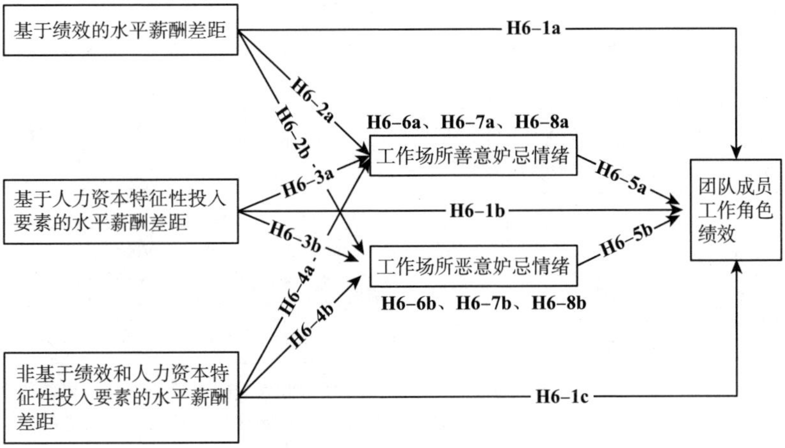

图 6 – 2　理论模型

表 6－1　研究假设

研究内容	具体研究假设
基于团队内水平薪酬差距形成基础的三种细分类型（自变量）分别对“团队成员工作角色绩效”（结果变量）的直接影响（主效应）	H6－1a：团队内基于绩效的水平薪酬差距，正向影响团队成员工作角色绩效
	H6－1b：团队内基于人力资本特征性投入要素的水平薪酬差距，负向影响团队成员工作角色绩效
	H6－1c：团队内非基于绩效和人力资本特征性投入要素的水平薪酬差距，负向影响团队成员工作角色绩效
团队内“基于绩效的水平薪酬差距”对团队成员工作场所善意妒忌情绪和工作场所恶意妒忌情绪的影响	H6－2a：团队内基于绩效的水平薪酬差距，倾向于触发团队成员工作场所善意妒忌情绪
	H6－2b：团队内基于绩效的水平薪酬差距，倾向于抵制团队成员工作场所恶意妒忌情绪
团队内“基于人力资本特征性投入要素的水平薪酬差距”对团队成员工作场所善意妒忌情绪和工作场所恶意妒忌情绪的影响	H6－3a：团队内基于人力资本特征性投入要素的水平薪酬差距，倾向于抵制团队成员工作场所善意妒忌情绪
	H6－3b：团队内基于人力资本特征性投入要素的水平薪酬差距，倾向于触发团队成员工作场所恶意妒忌情绪
团队内“非基于绩效和人力资本特征性投入要素的水平薪酬差距”对团队成员工作场所善意妒忌情绪和工作场所恶意妒忌情绪的影响	H6－4a：团队内非基于绩效和人力资本特征性投入要素的水平薪酬差距，倾向于抵制团队成员工作场所善意妒忌情绪
	H6－4b：团队内非基于绩效和人力资本特征性投入要素的水平薪酬差距，倾向于触发团队成员工作场所恶意妒忌情绪
工作场所善意妒忌情绪（中介变量1）和工作场所恶意妒忌情绪（中介变量2）对“团队成员工作角色绩效”（结果变量）的影响	H6－5a：团队成员工作场所善意妒忌情绪，正向影响团队成员工作角色绩效
	H6－5b：团队成员工作场所恶意妒忌情绪，负向影响团队成员工作角色绩效
工作场所善意妒忌情绪（中介变量1）的可能中介效应	H6－6a：团队内基于绩效的水平薪酬差距，通过触发工作场所善意妒忌情绪而间接正向影响团队成员工作角色绩效
	H6－7a：团队内基于人力资本投入的水平薪酬差距，通过抵制工作场所善意妒忌情绪而间接负向影响团队成员工作角色绩效
	H6－8a：团队内非基于绩效和人力资本特征性投入要素的水平薪酬差距，通过抵制工作场所善意妒忌情绪而间接负向影响团队成员工作角色绩效

续表

研究内容	具体研究假设
工作场所恶意妒忌情绪（中介变量2）的可能中介效应	H6－6b：团队内基于绩效的水平薪酬差距，通过抵制工作场所恶意妒忌情绪而间接正影响团队成员工作角色绩效
	H6－7b：团队内基于人力资本投入的水平薪酬差距，通过触发工作场所恶意妒忌情绪而间接负向影响团队成员工作角色绩效
	H6－8b：团队内非基于绩效和人力资本投入的水平薪酬差距，通过触发工作场所恶意妒忌情绪而间接负向影响团队成员工作角色绩效

注：表6－1系本章研究依据所提出的具体研究假设，整理所得。

6.3 研究设计

6.3.1 变量测量

本章实证研究部分涉及的研究变量，主要包括依据水平薪酬差距的“绩效”形成基础和“人力资本特征性投入要素”形成基础而划分的团队内水平薪酬差距的三种细分类型变量（*本章实证研究的自变量，即“基于绩效的水平薪酬差距”“基于人力资本特征性投入要素的水平薪酬差距”和“非基于绩效和人力资本特征性投入要素的水平薪酬差距”*）、团队成员工作场所善意妒忌情绪和工作场所恶意妒忌情绪（*本章实证研究的两个假定中介变量*）以及团队成员工作角色绩效（*本章实证研究的结果变量*）。其中，基于水平薪酬差距的“绩效”形成基础和“人力资本特征性投入要素”形成基础而划分的团队内水平薪酬差距的三种细分类型变量，需要运用工作团队所提供的团队内每一个成员个体的薪酬数据、绩效数据以及人力资本特征性投入要素信息，来进行分解和测算；团队成员工作场所善意妒忌情绪、工作场所恶意妒忌情绪和团队成员工作角色绩效，则是通过修正或借鉴以往研究中的经典成熟量表来进行测量。

（1）自变量：基于“绩效”形成基础和“人力资本特征性投入要素”形成基础的团队内水平薪酬差距的三种细分类型。

薪酬差距的形成基础或来源，是决定薪酬差距绩效效应的重要而关键因素（Shaw & Gupta，2007；Kepes，Delery & Gupta，2009；Downes & Choi，2014），因此，如图 6－1 所示，本章研究依据我国目前组织薪酬分配体系中最能够体现员工个体价值异质性而且是水平薪酬差距的两个十分具有合法性的来源——“绩效”形成基础和“人力资本特征性投入要素”形成基础，将团队内水平薪酬差距详细分解为“基于绩效的水平薪酬差距”“基于人力资本特征性投入要素的水平薪酬差距”和“非基于绩效和人力资本特征性投入要素的水平薪酬差距”三种子类型，对于揭示和明确团队内水平薪酬差距对当前愈益动态、不确定、复杂和具有任务互依性的组织工作情境下团队成员精通性、适应性和主动性工作角色行为（*即本章研究感兴趣的结果变量——“团队成员工作角色绩效”*）的可能影响，十分有益。

借鉴 Trevor，Reilly 和 Gerhart（2012）有关团队内“能够被员工投入要素解释的薪酬差距”和“未能够被员工投入要素解释的薪酬差距”的分解思路与测算方法，基于被调查工作团队主管或所在组织人力资源管理者提供的被调查工作团队成员个体年总薪酬收入数据以及与该薪酬收入相关联的个体绩效数据、被调查团队成员自我汇报个体人力资本特征性投入要素信息，运用回归分析预测方法和“差值”测量法[①]，完成对团队内三种细分类型水平薪酬差距的具体测算。详细测算步骤，总结如图 6－3 所示。

第一步，由被调查工作团队的主管或所在组织的人力资源管理者，提供所调查工作团队内处于同一层级内或承担大体相同工作职责的成员个体在 2015 年的客观结果性绩效数据[②]和在 2016 年的薪酬收入数据；由被调查团队成员自我汇报

---

① Trevor，Reilly 和 Gerhart（2012）有关团队内“能够被员工投入要素解释的薪酬差距”和“未能够被员工投入要素解释的薪酬差距”的分解思路与测算方法，是针对团队层面的薪酬差距进行分解与测算。本章研究分解与测算的是团队成员“个体层面”的水平薪酬差距，主要借鉴的是他们的分解测算思路（*即基于回归分析方法，预估和分解团队成员个体薪酬水平中“能够被员工投入要素解释的薪酬水平”和“未能够被员工投入要素解释的薪酬水平”*），因此，最终运用于测量团队内三种细分类型水平薪酬差距的方法并非 Trevor，Reilly 和 Gerhart（2012）研究中使用的适用于集体层面薪酬差距测量的“方差”测量法，而是适用于员工个体层面薪酬差距测量的“差值”测量法。

② 由于被调查工作团队跨越多个行业，员工个体的客观结果性绩效的计量标准难以统一，因此，在调查中，要求工作团队主管或所在组织的人力资源管理者将员工个体的结果性绩效数据统一转换为使用货币计量单位表示。

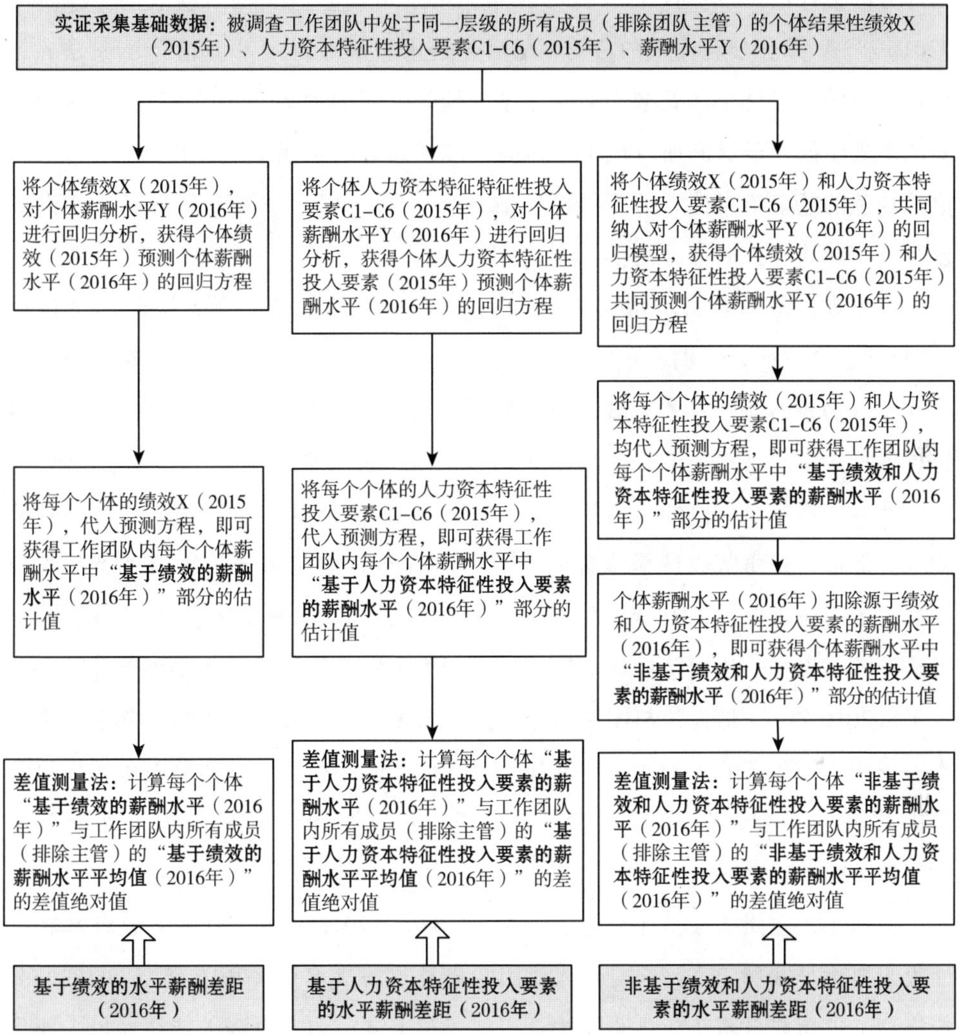

图 6－3　团队内三种细分类型水平薪酬差距的分解思路与测算过程

自己在 2015 年的人力资本特征性投入要素数据。

第二步，在团队成员个体层面，将所有有效个体样本的“绩效（2015 年）”（*取自然对数处理后的数据*）对其“薪酬水平（2016 年）”（*取自然对数处理后的数据*）进行回归分析，进而获得个体绩效水平（第 t 年）预测个体薪酬水平（第 t＋1 年）的回归方程；接着，将每个个体的实际绩效水平（2015 年）代入该回归预测方程，即可获得该个体薪酬水平（2016 年）中源于绩效异质性的薪酬部分的估计值，该估计值也实现了将个体薪酬水平中“基于绩效的薪酬水平（2016年）”部分分解出来的目的；然后，运用薪酬差距的“差值”测量法，计算每一位团队成员个体薪酬水平中“基于绩效的薪酬水平（2016年）”估计值与团队内处于同一层级的所有成员个体的“基于绩效的薪酬水平（2016年）”估计值平均值的差值绝对值，即获得团队成员“个体”层面“基于绩效的水平薪酬差距（2016年）”的估计值。

第三步，运用第二步中同样的操作方法，将团队成员个体层面的“绩效（2015年）”替换为性别、年龄、受教育程度、工龄、职称或技能等级、婚姻状况等“人力资本特征性投入要素（2015年）”，进而获得团队成员个体人力资本特征性投入要素（第t年）预测团队成员个体薪酬水平（第t+1年）的回归方程；然后，将每个个体的人力资本特征性投入要素（2015年）代入该回归预测方程，即可获得团队成员个体薪酬水平（2016年）中“基于人力资本特征性投入要素的薪酬水平（2016年）”部分的估计值；再运用薪酬差距的“差值”测量法，计算出每一位团队成员个体的“基于人力资本特征性投入要素差异的薪酬水平（2016年）”估计值与团队内处于同一层级的所有成员个体的“基于人力资本特征性投入要素的薪酬水平（2016年）”估计值平均值的差值绝对值，即可获得团队成员“个体”层面“基于人力资本特征性投入要素的水平薪酬差距（2016年）”的估计值。

第四步，在团队成员个体层面，将“绩效（2015年）”和“人力资本特征性投入要素（2015年）”同时纳入对团队成员“薪酬水平（2016年）”的回归分析模型，进而获得团队成员个体绩效表现（第t年）和人力资本特征性投入要素（第t年）共同预测个体薪酬水平（第t+1年）的回归方程；将每一位团队成员个体的绩效（2015年）和人力资本特征性投入要素（2015年）同时代入上述回归预测方程，即可获得每一位团队成员个体薪酬水平（2016年）中“基于绩效和人力资本特征性投入要素的薪酬水平（2016年）”部分的估计值；从每一位团队成员个体的薪酬水平（2016年）中，扣除“基于绩效和人力资本特征性投入要素的薪酬水平（2016年）”部分的估计值，即可获得每一位团队成员个体的“非基于绩效和人力资本特征性投入要素的薪酬水平（2016年）”估计值；最后，运用薪酬差距的“差值”测量法，计算出每一位团队成员个体薪酬水平中“非基于绩效和人力资本特征性投入要素差异的薪酬水平（2016年）”估计值与团队内处于同一层级的所有成员个体薪酬水平中“非基于绩效和人力资本特征性投入要素的薪酬水平（2016年）”估计值平均值的差值绝对值，即可获得团队成员“个体”层面“非基于绩效和人力资本特征性投入要素的水平薪酬差距（2016年）”的估计值。

本章实证研究中，团队成员的个体绩效（第t年）、人力资本特征性投入要素（第t年）以及两者共同解释其薪酬水平（第t+1年）的回归预测方程情况，总结如表6-2所示。

表6-2　团队成员个体绩效（X_t）、个体人力资本特征性投入要素（$C_{1,t} \sim C_{6,t}$）对个体薪酬水平（Y_{t+1}）的预测（N=362）

自变量	预测方程	R	R^2	F
个体绩效（X_t）	$Y_{t+1} = 9.206 + 0.218 \times X_t$	0.616	0.380	195.884***
个体人力资本特征性投入要素（$C_{1,t} \sim C_{6,t}$）	$Y_{t+1} = 10.582 + 0.132 \times C_{1,t} - 0.007 \times C_{2,t} + 0.058 \times C_{3,t} + 0.000 \times C_{4,t} + 0.362 \times C_{5,t} - 0.053 \times C_{6,t}$	0.598	0.357	32.896***
个体绩效+人力资本特征性投入要素（X_t、$C_{1,t} \sim C_{6,t}$）	$Y_{t+1} = 8.920 + 0.071 \times C_{1,t} - 0.004 \times C_{2,t} + 0.089 \times C_{3,t} + 0.006 \times C_{4,t} + 0.201 \times C_{5,t} - 0.046 \times C_{6,t} + 0.191 \times X_t$	0.783	0.613	70.904***

注：X_t 表示团队成员个体在2015年的绩效水平；$C_{1,t} \sim C_{6,t}$ 分别表示团队成员个体在2015年的性别、年龄、受教育程度、工龄、职称或技能等级、婚姻状况。* 表示 $p<0.10$；** 表示 $p<0.05$；*** 表示 $p<0.01$。另外，表6-2系本章研究依据在Spss 19.0软件中运行相应回归分析结果，整理所得。

（2）中介变量：工作场所善意妒忌情绪和工作场所恶意妒忌情绪。

表6-3展示的是Van de Ven，Zeelenberg和Pieters（2009）开发的善意妒忌情绪和恶意妒忌情绪的具体测量题项，尽管这些测量题项是针对“情境性妒忌”，然而，他们开发的测量量表却是对实验研究中“泛化情境”下的善意妒忌情绪和恶意妒忌情绪的测量；不仅如此，他们运用相同的8个测量题项来同时测量善意妒忌情绪和恶意妒忌情绪，会使后续的数据分析较为烦琐。表6-4是

Lange 和 Crusius（2015）通过探索性因子分析分别获得的 5 个善意妒忌测量题项和 5 个恶意妒忌测量题项，然而，这些测量题项却是定位“特质性妒忌”中的善意妒忌特质和恶意妒忌特质。

本章关注的是团队薪酬分配情境下团队成员的工作场所善意妒忌情绪和工作场所恶意妒忌情绪，属于“情境性妒忌”范畴。考虑到实证调研的便利和数据整理方便，借鉴学者 Lange 和 Crusius（2015）有关特质性妒忌中善意妒忌特质和恶意妒忌特质的测量题项内容，采用“翻译—回译”程序（Brislin，1980），并将它们置于团队薪酬分配和薪酬比较情境进行修正，然后经过试调研进而获得本章研究模型中工作场所善意妒忌情绪和工作场所恶意妒忌情绪的最终测量题项，修正后的测量题项如表 6－5 所示。

表 6－3　Van de Ven 等（2009）关于泛化情境下的善意妒忌情绪和恶意妒忌情绪的测量

When I experienced envy （当我经历妒忌时）	Benign Envy 善意妒忌	Malicious Envy 恶意妒忌
1. it felt pleasant（它让我感觉愉快）	✓	✓
2. I felt inspired by the person whom I envied（我从妒忌对象那里获得鼓舞）	✓	✓
3. I tried harder to achieve my goals（为了实现我的目标，我会更加努力）	✓	✓
4. I complimented the other for his or her success（我会表扬他人的成功）	✓	✓
5. I felt cold toward the person whom I envied（我对妒忌对象态度冷淡）	✓	✓
6. it felt frustrating（它让我备受沮丧）	✓	✓
7. I hoped that the person whom I envied would fail something（我希望我妒忌的那个人失败）	✓	✓
8. I complained to someone else about the person whom I envied（我向其他人抱怨我妒忌的那个人）	✓	✓

资料来源：Van de Ven N，Zeelenberg M，Pieters R. Leveling Up and Down：the Experiences of Benign and Malicious Envy [J]. Emotion，2009，9（3）：419－429.

表6－4 Lange和Crusius（2015）关于善意妒忌特质和恶意妒忌特质的测量

Benign Envy Scale 善意妒忌量表
1. when I envy others，I focus on how I can become equally successful in the future （当我妒忌他人时，我关注的是我如何才能在未来取得相同的成功）
2. If I notice that another person is better than me，I try to improve myself （如果我注意到另一个人比我更优秀，我会努力提升自己）
3. Envying others motivates me to accomplish my goals （妒忌他人激励我实现我的目标）
4. I strive to reach other people's superior achievements （我力争达到他人的优异成就）
5. If someone has superior qualities，achievements，or possessions，I try to attain them for myself （如果他人拥有卓越的资质、成就或财产时，我会努力让自己也获得这些）
Malicious Envy Scale 恶意妒忌量表
1. I wish that superior people lose their advantage （我希望具有优势的人失去优势）
2. If other people have something that I want for myself，I wish to take it away from them （如果他人拥有我希望拥有的，我会让他们失去所拥有的）
3. I feel ill will toward people I envy （我对我妒忌的人不怀好意）
4. Envious feelings cause me to dislike the other person （妒忌情绪使得我不喜欢他人）
5. Seeing other people's achievements makes me resent them （看到他人的成就让我愤恨他们）

资料来源：Lange J，Crusius J. Dispositional Envy Revisited：Unraveling the Motivational Dynamics of Benign and Malicious Envy［J］. Personality and Social Psychology Bulletin，2015，41（2）：284－294.

表 6－5　团队薪酬分配情境下的工作场所善意妒忌情绪和工作场所恶意妒忌情绪量表测量题项（本章研究修正）

团队薪酬分配情境下的工作场所善意妒忌情绪量表 **五点量表评价——1－非常不同意，2－不同意，3－不确定，4－同意，5－非常同意**
1. 当我意识到部门/团队内某一同事的薪酬收入比我高时，我更加关注如何才能在未来获得与他/她相同甚至更高的薪酬收入
2. 若我注意到部门/团队内有同事比我更优秀，我会努力提升自己
3. 部门/团队内比我具有薪酬比较优势的同事，常常激励我努力实现我的目标
4. 我努力取得部门/团队内比我具有薪酬比较优势的同事的优异成绩
5. 如果部门/团队内其他成员拥有卓越的资质、成就或财产时，我会努力让自己也拥有这些
团队薪酬分配情境下的工作场所恶意妒忌情绪量表 **五点量表评价——1－非常不同意，2－不同意，3－不确定，4－同意，5－非常同意**
1. 我希望部门/团队内比我具有薪酬比较优势的同事失去薪酬比较优势
2. 如果部门/团队内同事拥有的薪酬收入部分我没有，我会让他/她失去所拥有的那部分
3. 我对部门/团队内薪酬比较中比我具有优势的同事很难诚心诚意
4. 因部门/团队内薪酬比较而产生的痛苦情绪，让我很难喜欢比我具有薪酬比较优势的同事
5. 部门/团队内具有薪酬比较优势的同事的工作成就，让我对他/她不满

注：表 6－5 中测量题项，为本章研究借鉴 Lange 和 Crusius（2015）有关特质性妒忌中的善意妒忌特质和恶意妒忌特质的具体测量题项，采用“翻译—回译”程序，并将它们置于团队薪酬分配和薪酬比较情境进行修正和试调研后的测量题项。

（3）因变量：团队成员工作角色绩效。

在过去的四五十年中，伴随着组织工作情境变得越来越动态、不确定、复杂和具有任务互依性，传统研究中仅关注员工个体在特定工作岗位上的任务精通性的员工个体“工作绩效”含义，也在不断拓展和丰富，逐渐发展成一个包含工作精通性、工作适应性和工作主动性在内的全面、多维度绩效构念——工作角色绩效（*Work Role Performance*）。Griffin，Neal 和 Parker（2007）依据员工个体工作角色行为是致力于增强个体工作效能、团队效能还是组织效能，而将“工作角色绩效”构念划分为“个体工作角色绩效”“团队成员工作角色绩效”和“组织成员工作角色绩效”三个层次。由于本书致力于探讨“工作团队”情境下水平薪酬差距的“个体绩效”效应，不仅关注传统研究强调的“结果性绩效”，也系统考察员工个体的"行为性绩效"，因此，作为当前日益动态、充满不确定性且具有任务互依性和复杂性的团队工作系统中，十分有助于提升团队效能并且涵盖团队成员精通性工作角色行为、适应性工作角色行为和主动性工作角色行为的员工个体"行为性绩效"的有效代表——"团队成员工作角色绩效"——便成为本章研究重点关注和考察的结果变量。

团队成员工作角色绩效（*Team Member's Work Role Performance*），是指团队成员所做出的能够有助于提升团队效能的一系列工作角色行为，具体表现为"团队成员精通性工作角色行为"维度、"团队成员适应性工作角色行为"维度和"团队成员主动性工作角色行为"维度（Griffin，Neal & Parker，2007）。

表现为"团队成员精通性工作角色行为"维度、"团队成员适应性工作角色行为"维度和"团队成员主动性工作角色行为"维度的"团队成员工作角色绩效"变量，它的具体测量题项（Griffin，Neal & Parker，2007），总结如表6－6所示。

表6－6　　团队成员工作角色绩效的测量题项

请评价过去一个月内下述行为发生的频率。 五点量表评价——1－从不，2－一次或两次，3－每周一次，4－一周几次，5－几乎每天
1. 与同事协同工作
2. 与同事有效沟通
3. 当有需要时，为同事提供帮助
4. 有效应对影响工作团队的各种变化（如新成员）
5. 学习新技能或承担新角色来应对工作团队工作方式的变化
6. 积极应对工作团队工作方式的变化
7. 提出建议来提升工作团队的效率
8. 通过开发新方法、改进原有方法来使工作团队效率更高
9. 改进工作团队的工作方式

资料来源：

①Griffin M A，Neal A，Parker S K. A New Model of Work Role Performance：Positive Behavior in Uncertain and Interdependent Contexts［J］. Academy of Management Journal，2007，50（2）：327－347.

②苗青，陈思静，宫准，洪雁. 人力资源管理研究与实践：前沿量表手册（Handbook of HRM Frontier Research & Practice Scales）［M］. 杭州：浙江大学出版社，2015.

“团队成员精通性工作角色行为（*Team Member's Proficiency Work Role Behaviour*）”，描述了团队成员工作角色行为满足那些能够被正式、程序化的工作角色要求的程度，可通过“团队成员与同事协同工作的程度”“当有需要时团队成员为同事提供帮助的程度”以及“团队成员与同事有效沟通情况”三个测量题项来测量（Griffin, Neal & Parker, 2007；苗青等，2015）；“团队成员适应性工作角色行为（*Team Member's Adaptivity Work Role Behaviour*）”，描述了团队成员对时刻发生变化的工作系统或工作角色的适应程度，可考虑通过“团队成员有效应对影响工作团队的各种变化（如新成员）”“团队成员学习新技能或承担新角色以应对工作团队工作方式的变化”和“团队成员积极应对工作团队工作方式的变化”三种行为发生的频率加以衡量（Griffin, Neal & Parker, 2007；苗青等，2015）；“团队成员主动性工作角色行为（*Team Member's Proactivity Work Role Behavior*）”，衡量了团队成员主动和自愿发起的面向未来的改变团队现状或改进团队工作方式的行为程度，可通过观察团队成员在一段时间内“提出建议来提升工作团队的效率”的发生频率、“通过开发新方法或改进原有方法使工作团队效率更高”的发生频率和“改进工作团队的工作方式”的发生频率（Griffin, Neal & Parker, 2007；苗青等，2015）来实现操作化。

（4）控制变量。

由于团队成员个体的性别、年龄、受教育程度、工龄、婚姻状况、职称或技能等级这些代表性人力资本特征性投入要素变量，以及个体在过去一年的薪酬水平和在过去一年的绩效水平，已经纳入团队内三种细分类型水平薪酬差距的分解和测算中（*详见图6-3*），因此，本章研究理论模型假设检验中，仅将“行业类型”作为控制变量。另外，如图6-1所示，基于水平薪酬差距的“绩效”形成基础和“人力资本特征性投入要素”形成基础所分解的团队内水平薪酬差距三种细分类型之间的相关性（*后面表6-17中的相关系数，也表明它们之间的显著相关性*），在检验每一种细分类型水平薪酬差距对团队成员工作场所善意妒忌情绪、工作场所恶意妒忌情绪和团队成员工作角色绩效的可能影响中，均会将其他两种子类型水平薪酬差距作为控制变量来纳入相应的回归分析中。

6.3.2 小样本试调研：团队薪酬分配情境下的工作场所善意妒忌情绪量表和工作场所恶意妒忌情绪量表

2017年5~6月，在南京地区共计15个工作团队、146位团队成员中进行团队薪酬分配情境下的工作场所善意妒忌情绪和工作场所恶意妒忌情绪修正量表的小样本试调研①。共计收回146份试调研问卷，剔除信息填写不完整问卷和答案在逻辑上自相矛盾的问卷（*共计8份问卷，涉及3个工作团队*）后，小样本试调研的有效问卷为12个工作团队中的125位团队成员填写的125份工作场所善、恶意妒忌情绪调研问卷（*具体测量题项，详见表6－5*），工作团队的平均规模为11人/团队，125位团队成员个体样本的基本信息，如表6－7所示。

表6－7　试调研样本的基本信息统计（N＝125）

变量	取值	频率	百分比（%）	累积百分比（%）
性别	男	52	41.600	41.600
	女	73	58.400	100.000
年龄	25周岁及以下	35	28.000	28.000
	26~30周岁	52	41.600	69.600
	31~35周岁	15	12.000	81.600
	36~40周岁	12	9.600	91.200
	41~50周岁	5	4.000	95.200
	50周岁以上	6	4.800	100.000

① 图6－2研究理论模型中涉及的研究变量中，作为自变量的基于水平薪酬差距的“绩效”形成基础和“人力资本特征性投入要素”形成基础而划分的团队内水平薪酬差距的三种细分类型，是通过薪酬数据、绩效数据和人力资本特征性投入要素数据的回归分析和差值测量法，获得变量的估计值；作为结果变量的“团队成员工作角色绩效”，其测量题项已经过国内学者实证进行我国情境下的信效度检验，详见：苗青，陈思静，宫准，洪雁．人力资源管理研究与实践：前沿量表手册（Handbook of HRM Frontier Research & Practice Scales）［M］．杭州：浙江大学出版社，2015；仅有作为假定中介变量的“工作场所善意妒忌情绪”量表和“工作场所恶意妒忌情绪”量表，为本章研究基于Lange和Crusius（2015）有关特质性妒忌的善意妒忌特质和恶意妒忌特质的具体测量题项，采用“翻译—回译”程序（Brislin，1980），并将它们置于团队薪酬分配和薪酬比较情境进行修正获得。因此，小样本试调研的主要目的，即在于进行工作场所善意妒忌情绪量表和工作场所恶意妒忌情绪量表的信效度检验。

续表

变量	取值	频率	百分比（%）	累积百分比（%）
受教育程度	高中及以下	5	4.000	4.000
	大专或职高	59	47.200	51.200
	本科	56	44.800	96.000
	硕士	5	4.000	100.000
	博士	0	0.000	100.000
婚姻	已婚	70	56.000	56.000
	未婚	55	44.000	100.000
工龄	2年以下	36	28.800	28.800
	2~5年	57	45.600	74.400
	6~10年	22	17.600	92.000
	11~20年	5	4.000	96.000
	20年以上	5	4.000	100.000
职称/技能等级	初级	84	67.200	67.200
	中级	37	29.600	96.800
	副高级	4	3.200	100.000
	正高级	0	0.000	100.000

注：表6-7系本章研究依据小样本试调研中有效样本的基本信息统计结果，整理所得。

本章研究拟采用极端组检验法、项目与总分之间的相关性分析、克伦巴赫α值检验和探索性因子分析法（吴明隆和涂金堂，2012），来进行工作场所善意妒忌情绪量表和工作场所恶意妒忌情绪量表的测量题项分析。

（1）**极端组检验**。

极端组检验法，即首先将表6-5中工作场所善意妒忌情绪的五个测量题项得分和工作场所恶意妒忌情绪的五个测量题项得分，分别进行加总，进而获得工作场所善意妒忌情绪量表总分和工作场所恶意妒忌情绪量表总分；其次，分别依据工作场所善意妒忌情绪量表“总分”和工作场所恶意妒忌情绪量表“总分”，对125个有效试调研样本进行排序（*按照“总分”由高到低排序*），总分排序前27%的样本纳入工作场所善意/恶意妒忌情绪的高分组、后27%的样本纳入工作场所善意/恶意妒忌情绪的低分组；再次，将高分组、低分组分别对应的工作场所善意/恶意妒忌情绪的五个测量题项，进行独立样本T检验；最后，依据T检验结果，判定每个测量题项是否应该保留（吴明隆和涂金堂，2012）。表6-8和表6-9，即基于小样本试调研获得的工作场所善意妒忌情绪量表测量题项和工作场所恶意妒忌情绪量表测量题项的极端组检验结果。

表6-8　极端组检验结果：工作场所善意妒忌情绪修正量表（N=125）

F			t	df	差值	标准误	95%置信区间
SE1	方差相等	20.771***	-9.650	64.000	-1.758	0.182	[-2.121，-1.394]
	方差不相等		-9.650	39.051	-1.758	0.182	[-2.126，-1.389]
SE2	方差相等	56.592***	-10.000	64.000	-1.515	0.152	[-1.818，-1.212]
	方差不相等		-10.000	32.000	-1.515	0.152	[-1.824，-1.207]
SE3	方差相等	26.964***	-9.459	64.000	-1.667	0.176	[-2.019，-1.315]
	方差不相等		-9.459	37.759	-1.667	0.176	[-2.023，-1.310]
SE4	方差相等	44.897***	-10.917	64.000	-1.697	0.155	[-2.007，-1.386]
	方差不相等		-10.917	34.524	-1.697	0.155	[-2.013，-1.381]
SE5	方差相等	32.394***	-10.108	64.000	-1.485	0.147	[-1.778，-1.191]
	方差不相等		-10.108	40.543	-1.485	0.147	[-1.782，-1.188]

注：***表示在0.001水平上显著。SE1~SE5，分别表示工作场所善意妒忌情绪的五个测量题项。

表6-9　极端组检验结果：工作场所恶意妒忌情绪修正量表（N=125）

F			t	df	差值	标准误	95%置信区间
EE1	方差相等	54.209***	-16.866	64	-2.606	0.155	[-2.915，-2.297]
	方差不相等		-16.866	37.120	-2.606	0.155	[-2.919，-2.293]
EE2	方差相等	61.529***	-16.234	64	-2.606	0.161	[-2.927，-2.285]
	方差不相等		-16.234	36.720	-2.606	0.161	[-2.931，-2.281]
EE3	方差相等	131.321***	-16.344	64	-2.758	0.169	[-3.095，-2.421]
	方差不相等		-16.344	32.000	-2.758	0.169	[-3.101，-2.414]
EE4	方差相等	78.618***	-14.770	64	-2.667	0.181	[-3.027，-2.306]
	方差不相等		-14.770	35.682	-2.667	0.181	[-3.033，-2.300]
EE5	方差相等	102.115***	-12.610	64	-2.576	0.204	[-2.984，-2.168]
	方差不相等		-12.610	32.000	-2.576	0.204	[-2.992，-2.160]

注：***表示在0.001水平上显著。EE1~EE5，分别表示工作场所恶意妒忌情绪的五个测量题项。

由表6-8和表6-9中每个测量题项第一行中的F值显著性及第一行、第二行中T值，可以判断，工作场所善意/恶意妒忌情绪量表中五个测量题项的高分组、低分组均实现了在0.001水平上的显著性，表明两个变量对应的五个测量题项之间具有显著的区分度，意味着本章研究修正的工作场所善意妒忌情绪量表和工作场所恶意妒忌情绪量表各自对应的五个测量题项，均应该保留下来。

（2）**项目与总分之间的相关性分析**。

项目与总分之间的相关性分析，可以考察研究变量测量量表中每一个测量题项能够体现和反映研究变量内容的程度，是一种能够有效确保量表测量题项内容效度的重要分析方法（吴明隆和涂金堂，2012）。表6－10，即薪酬分配情境下工作场所善意妒忌情绪量表和工作场所恶意妒忌情绪量表中每一个具体测量题项与总分之间的相关性分析结果。

表6－10　工作场所善意/恶意妒忌情绪量表的项目与总分之间的相关性分析（N＝125）

SE测量题项	SE1	SE2	SE3	SE4	SE5
SE总分	0.829**	0.857**	0.875**	0.844**	0.820**
EE测量题项	EE1	EE2	EE3	EE4	EE5
EE总分	0.789**	0.928**	0.931**	0.920**	0.899**

注：**表示在0.05水平上显著相关。SE，表示工作场所善意妒忌情绪；SE1～SE5，分别表示工作场所善意妒忌情绪量表中的五个具体的测量题项；SE总分，表示工作场所善意妒忌情绪量表中五个具体测量题项得分值的加总值；EE，表示工作场所恶意妒忌情绪；EE1～EE5，分别表示工作场所恶意妒忌情绪量表中的五个具体的测量题项，EE总分，表示工作场所恶意妒忌情绪量表中五个具体测量题项得分值的加总值。

如表6－10所示，本章研究修正的团队薪酬分配情境下的工作场所善意妒忌情绪量表和工作场所恶意妒忌情绪量表的具体测量题项（详见表6－5所示）与总分之间的相关系数，均实现了在0.05水平上的显著相关性，并且，工作场所善意妒忌情绪量表的五个测量题项与总分之间的相关系数大体分布在0.80～0.88，工作场所恶意妒忌情绪量表的五个测量题项与总分之间的相关系数大体分布在0.78～0.94，均远大于测量题项剔除或保留的标准——0.30（吴明隆和涂金堂，2012）。因此，关于工作场所善意妒忌情绪量表和工作场所恶意妒忌情绪量表的测量题项剔除与保留情况，项目与总分之间的相关性分析所预测的结果与极端组检验预测的结果相同，工作场所善意妒忌情绪量表和工作场所恶意妒忌情绪量表中的五个测量题项均保留下来。

(3) 克伦巴赫 α 值检验。

表 6－11 是基于试调研小样本数据获得的工作场所善意妒忌情绪量表和工作场所恶意妒忌情绪量表各自对应的五个测量题项的克伦巴赫 α 值检验结果。

表 6－11　　工作场所善意/恶意妒忌情绪量表的克伦巴赫 α 值检验（N＝125）

量表	测量题项	项已删除的刻度均值	项已删除的刻度方差	校正的项总计相关性	项已删除的 α 值	量表 α 值
工作场所善意妒忌情绪	SE1	16.624	8.027	0.716	0.886	0.899
	SE2	16.432	8.312	0.773	0.872	
	SE3	16.584	7.922	0.794	0.867	
	SE4	16.544	8.234	0.750	0.877	
	SE5	16.472	8.671	0.725	0.883	
工作场所恶意妒忌情绪	EE1	8.536	20.396	0.675	0.950	0.936
	EE2	8.856	19.060	0.886	0.912	
	EE3	8.864	18.570	0.888	0.911	
	EE4	8.848	18.582	0.870	0.914	
	EE5	8.960	19.135	0.839	0.920	

注：表 6－11 系本章研究依据在 Spss 19.0 软件中运行相应测量题项的“可靠性分析”结果，整理所得。

比较表 6－11 中“项已删除的 α 值”列与“量表 α 值”列，可以发现：

删除工作场所善意妒忌情绪量表中的任一测量题项，均不会使量表的整体 α 值（*即 0.899*）增加，反而会使量表 α 值下降（*五个测量题项分别删除后的量表 α 值，依次为 0.886、0.872、0.867、0.877 和 0.883，均低于未删除任一测量题项的量表的 α 值 0.899*），因此，克伦巴赫 α 值检验结果表明，本章研究修正的团队薪酬分配情境下工作场所善意妒忌情绪量表中的五个测量题项均应当保留下来。

删除工作场所恶意妒忌情绪量表中的任一测量题项，除了测量题项 1（*即，EE1*）之外，其他四个测量题项（*即，EE2～EE5*）分别删除后的量表 α 值依次为 0.912、0.911、0.914 和 0.920，均低于五个测量题项均保留的量表整体 α 值

0.936，因此，正式调研问卷中工作场所恶意妒忌情绪量表中，EE2～EE5这四个测量题项均应当保留下来。另外，需要进一步说明的是，尽管删除测量题项EE1会使工作场所恶意妒忌情绪量表的内部一致性系数α值由0.936提升至0.950，然而，一是未删除测量题项EE1之前的量表内部一致性系数已经良好（0.936），二是测量题项EE1删除后量表的内部一致性系数提升并不大（由0.936提升至0.950，仅提升了0.014），三是原量表测量题项的不轻易删除准则以及其他三种方法（即，极端组检验、项目与总分之间的相关性分析、探索性因子分析）的检验结果均表明五个测量题项均应当保留下来，所以，本章研究正式调研问卷选择保留工作场所恶意妒忌情绪量表中的测量题项EE1。

（4）探索性因子分析。

依据情绪功能性分析法（Arnold，1960）和情绪评价理论（Roseman，Wiest & Swartz，1994；Roseman，1996），“工作场所善意妒忌情绪”和“工作场所恶意妒忌情绪”是两种截然不同的情绪类型，因此，本章将在Spss 19.0软件中运用主成分分析，来分别对工作场所善意妒忌情绪的五个测量题项和工作场所恶意妒忌情绪的五个测量题项进行探索性因子分析。

主成分分析之前的KMO和Bartlett球形度检验结果表明，工作场所善意妒忌情绪量表和工作场所恶意妒忌情绪量表对应的五个测量题项的KMO值分别为0.848和0.870，Bartlett球形度检验的近似卡方值分别为368.904（10）（$p<0.001$）和593.327（10）（$p<0.001$），综合表明工作场所善意妒忌情绪量表和工作场所恶意妒忌情绪量表均适合进行主成分分析或探索性因子分析。表6－12是关于工作场所善意妒忌情绪量表的五个测量题项和工作场所恶意妒忌情绪量表的五个测量题项对应的探索性因子分析结果总结。

表6－12　工作场所善意/恶意妒忌情绪测量题项的探索性因子分析结果（N=125）

测量题项	SE主成分1	测量题项	EE主成分1
SE1	0.818	EE1	0.774
SE2	0.860	EE2	0.920
SE3	0.875	EE3	0.936

续表

测量题项	SE 主成分 1	测量题项	EE 主成分 1
SE4	0.845	EE4	0.924
SE5	0.829	EE5	0.902
解释方差贡献率	71.499%	解释方差贡献率	80.167%
特征根植	3.575	特征根植	4.008

注：SE 和 EE，分别表示工作场所善意妒忌情绪和工作场所恶意妒忌情绪；SE1 ~ SE5，分别表示工作场所善意妒忌情绪的五个测量题项；EE1 ~ EE5，分别表示工作场所恶意妒忌情绪的五个测量题项。另外，表 6 - 12 系本章研究依据在 Spss 19.0 软件中分别运行相应测量题项的主成分分析结果，整理所得。

如表 6 - 12 所示，工作场所善意妒忌情绪量表对应的五个测量题项的探索性因子分析，共计提取特征根值大于 1 的主成分一个（*该主成分的特征根值，为3.575*），该主成分能够解释工作场所善意妒忌情绪变异量的 71.499%，并且，五个测量题项的因子载荷值主要分布在 0.818 ~ 0.875，均大于 0.50，充分表明SE1 ~ SE5 这五个题项在测量工作场所善意妒忌情绪方面的表现均良好，因此，无须剔除任何一个测量题项；工作场所恶意妒忌情绪量表对应的五个测量题项的探索性因子分析，共计提取特征根值大于 1 的主成分一个（*该主成分的特征根值，为4.008*），该主成分能够解释工作场所恶意妒忌情绪变异量的 80.167%，并且，五个测量题项的因子载荷值主要分布在 0.774 ~ 0.936，均大于 0.50，充分表明 EE1 ~ EE5 这五个题项在测量工作场所恶意妒忌情绪方面的表现均良好，因此，无须剔除任何一个测量题项。

综上所述，无论是极端组检验、项目与总分之间的相关性分析、克伦巴赫 α 值检验，还是探索性因子分析，均表明本章研究关于工作场所善意妒忌情绪量表的五个修正测量题项和工作场所恶意妒忌情绪量表的五个修正测量题项表现良好，因此，无须在正式调研问卷中剔除任何一个测量题项。这也表明，在小样本试调研中，工作场所善意妒忌情绪量表和工作场所恶意妒忌情绪量表的内部一致性均良好，可以运用来进行大样本正式调研。

6.3.3 正式调研

本书第 2 章有关薪酬差距影响研究的现状与未来趋势分析部分，通过对近 20 年来国内外薪酬差距影响代表性研究文献的系统梳理发现，现有薪酬差距影响实证研究在研究样本和实证数据采集方面存在两个显著特征和主要趋势：第一，在实证研究样本方面，由早期大量基于“体育竞技团队”的研究取样，逐渐转向聚焦“上市公司高管团队工作”以及最近已有一些研究开始关注“非上市公司”的“非高管团队”（*即，“普通员工团队”*）的特征和趋势；第二，在实证数据采集方面，呈现出由早期主要依赖“市场公开”客观薪酬数据和绩效数据，到最近的基于客观薪酬数据实地收集结合其他研究变量使用测量量表主观评价方式收集数据的趋势。

本章研究将在实证研究样本和实证数据采集方面顺应上述特征和趋势。具体来说，第一，在实证研究样本方面，将关注跨行业的“普通员工工作团队”；第二，在实证数据采集方面，将由被调研样本工作团队的主管或所在组织的人力资源管理者提供成员个体层面在相应年份的客观薪酬信息和绩效信息、由被调研样本工作团队中的团队成员个体提供自身在相应年份的人力资本特征性投入要素信息，进而获得本章研究理论模型中三个自变量的分解与测算所需要的客观数据，而对于其他研究变量（*即“工作场所善意妒忌情绪”“工作场所恶意妒忌情绪”和“团队成员工作角色绩效”*）的数据采集，则通过运用相关测量量表由团队主管及团队成员个体的主观评价方式来实现。

鉴于许多组织纷纷实施薪酬保密政策而导致团队成员个体层面客观而精确的薪酬数据十分难以获得，本章研究主要采取“方便抽样”调查方法。于 2017 年 6 月 ~2017 年 12 月，共计调研 82 个工作团队、511 位团队成员个体，其中，16 个工作团队因为未能够提供所有成员个体（*不含主管*）的薪酬水平信息（*一个工作团队内，并非所有成员个体的薪酬数据都提供了，存在个别成员的薪酬数据未提供的情况*）而被视作废卷，最终，共计获得 66 个有效工作团队、362 位有效团队成员个体。团队层面的样本分布情况和团队成员个体层面的样本分布情况，分别总结如表 6 – 13 和表 6 – 14 所示。

表6-13　　被调查样本工作团队的分布情况（N=66）

行业	频率	百分比（%）	团队规模	频率	百分比（%）
销售	14	21.212	5人以下	15	22.727
制造	6	9.091	5人	23	34.848
研发设计	3	4.545	6~8人	26	39.394
教育	21	31.818	8人以上	2	3.030
物流	2	3.030	合计	66	100.000
金融	2	3.030			
政府	8	12.121			
保险、IT、物业、交通等其他	10	15.152			
合计	66	100.000			

注：表6-13系本章研究依据被调研样本工作团队基本信息的频率统计分析结果，整理所得。

表6-14　　被调查样本工作团队中成员个体的分布情况（N=362）

变量	取值	频率	百分比（%）	变量	取值	频率	百分比（%）
性别	男	185	51.105	婚姻	已婚	261	72.099
	女	177	48.895		未婚	101	27.901
受教育程度	高中及以下	26	7.182	工龄	2年以下	50	13.812
	大专或职高	115	31.768		2~5年	141	38.950
	本科	116	32.044		6~10年	75	20.718
	硕士	67	18.508		11~20年	59	16.298
	博士	38	10.497		20年以上	37	10.221
年龄	25周岁及以下	57	15.746	职称/技能等级	初级	143	39.503
	26~30周岁	109	30.110		中级	177	48.895
	31~35周岁	65	17.956		副高级	38	10.497
	36~40周岁	58	16.022		正高级	4	1.105
	41~50周岁	51	14.088	合计	—	362	100.000
	50周岁以上	22	6.077				

注：表6-14系本章研究依据被调研样本工作团队中成员个体基本信息的频率统计分析结果，整理所得。

表6-13中的统计频率和百分比显示，66个有效工作团队来自多个行业：教育（31.818%）、销售（21.212%）、政府（12.121%）、制造业（9.091%）、研

发设计（4.545%）、金融业（3.030%）、物流行业（3.030%）以及保险、IT、电商、物业、交通等其他行业（15.152%）均有涉及；15个工作团队的规模在5人以下（占比22.727%）、23个工作团队的规模为5人（占比34.848%）、26个工作团队的规模为6～8人（占比39.394%）、2个工作团队的规模为8人以上（占比3.030%）。

从表6－14关于362位有效团队成员个体样本的具体分布情况，可以看出：在团队成员个体样本中，男性员工和女性员工分别占比51.105%和48.895%；已婚员工为主体，占比72.099%；在受教育程度方面，高中及以下学历的员工占比7.182%、大专或职高学历的员工占比31.768%、本科学历的员工占比32.044%、硕士研究生学历的员工占比18.508%、博士研究生学历的员工占比10.497%；团队成员个体样本的年龄主要分布在35周岁及以下（占比63.812%），并且，主要为10年及以下工龄（占比73.481%）；初级、中级、副高级和正高级职称或技能等级团队成员个体，分别占比39.503%、48.895%、10.497%和1.105%。

6.3.4 统计分析方法

信度和效度均良好的研究变量，是进行研究变量之间可能影响关系实证检验的重要前提条件和基础（张海燕和张正堂，2017c）。因此，本章研究将首先运用Spss 19.0软件，进行研究理论模型中工作场所善意妒忌情绪测量量表、工作场所恶意妒忌情绪测量量表和团队成员工作角色绩效测量量表的可靠性分析，以检验这三个研究变量测量量表的信度水平是否达标；其次，通过Mplus 7.0软件，运行工作场所善意妒忌情绪、工作场所恶意妒忌情绪和团队成员工作角色绩效三因子测量模型的验证性因子分析CFA；最后，基于三因子测量模型验证性因子分析CFA获得的中各测量题项的标准载荷值，计算每个因子的平均变异数抽取量AVE值和组合信度CR值，以检验这三个研究变量的效度水平是否达标。

本章研究理论模型中，作为自变量的团队内水平薪酬差距三种细分类型“基于绩效的水平薪酬差距”“基于人力资本投入的水平薪酬差距”和“非基于绩效和人力资本投入的水平薪酬差距”的对应估计数值是基于团队/部门主管或所在组织人力资源管理者所提供的团队成员个体在相应年份的客观薪酬数据和客观绩效表现数据、团队成员自我汇报个体在相应年份的人力资本特征性投入要素信息测算所得；作为假定中介变量的“工作场所善意妒忌情绪”和“工作场所恶意妒忌情绪”，它们的测量值是由团队成员个体利用里克特五点量表法进行自评获得；作为结果变量的“团队成员工作角色绩效”，它的测量值是由团队/部门主管或所在组织人力资源管理者利用里克特五点量表法进行“他评”获得。因此，在研究设计中，本章研究已经通过实证数据的多来源采集避免了共同方法偏差问题，所以，无须在数据分析中进行实证数据共同方法偏差问题检验。

在进行研究变量之间假设的可能影响关系检验之前，需要首先在 Spss 19.0 软件中对研究变量进行相关性分析，以获得研究变量之间假设的可能影响关系的初步支持。至于研究假设的具体检验，主要按照下述思路展开：

（1）关于研究假设 H6－1a～H6－1c 的检验。

研究假设 H6－1a～H6－1c，是关于团队内三种细分类型水平薪酬差距（*即，自变量1“基于绩效的水平薪酬差距”、自变量2“基于人力资本特征性投入要素的水平薪酬差距”和自变量3“非基于绩效和人力资本特征性投入要素的水平薪酬差距”*）分别对结果变量“团队成员工作角色绩效”的可能直接效应推断；将通过在 Spss 19.0 软件中运行它们各自对结果变量“团队成员工作角色绩效”的层级回归分析，来进行检验。具体来说：

①在控制了行业类型、自变量 2“基于人力资本特征性投入要素的水平薪酬差距”和自变量 3“非基于绩效和人力资本特征性投入要素的水平薪酬差距”对结果变量“团队成员工作角色绩效”的可能影响后，再将自变量 1“基于绩效的水平薪酬差距”纳入对“团队成员工作角色绩效”的层级回归分析模型，以检验研究假设 H6－1a 是否获得实证数据的支持。②在控制了行业类型、自变量 1“基于绩效的水平薪酬差距”和自变量 3“非基于绩效和人力资本特征性投入要素的水平薪酬差距”对结果变量“团队成员工作角色绩效”的可能影响后，再将自变量 2“基于人力资本特征性投入要素的水平薪酬差距”纳入对“团队成员工作角色绩效”的层级回归分析模型，以检验研究假设 H6－1b 是否获得实证数

据的支持。③在控制了行业类型、自变量1“基于绩效的水平薪酬差距”和自变量2“基于人力资本特征性投入要素的水平薪酬差距”对“团队成员工作角色绩效”的可能影响后，再将自变量3“非基于绩效和人力资本特征性投入要素的水平薪酬差距”纳入对“团队成员工作角色绩效”的层级回归分析模型，以检验研究假设H6－1c是否获得实证数据的支持。

（2）关于研究假设H6－2a、H6－3a和H6－4a的检验。

研究假设H6－2a、H6－3a和H6－4a，是关于团队内三种细分类型水平薪酬差距（即，*自变量1“基于绩效的水平薪酬差距”、自变量2“基于人力资本特征性投入要素的水平薪酬差距”和自变量3“非基于绩效和人力资本特征性投入要素的水平薪酬差距”*）分别对假定的中介变量1“工作场所善意妒忌情绪”的可能触发效应或抵制效应的预测；将通过在Spss 19.0软件中运行它们各自对团队成员“工作场所善意妒忌情绪”的层级回归分析，来加以验证。具体来说：

①在控制了行业类型、自变量2“基于人力资本特征性投入要素的水平薪酬差距”和自变量3“非基于绩效和人力资本特征性投入要素的水平薪酬差距”对假定中介变量1“工作场所善意妒忌情绪”的可能影响后，再将自变量1“基于绩效的水平薪酬差距”纳入对团队成员“工作场所善意妒忌情绪”的层级回归分析模型，以检验研究假设H6－2a是否得到实证数据的支持。②在控制了行业类型、自变量1“基于绩效的水平薪酬差距”和自变量3“非基于绩效和人力资本特征性投入要素的水平薪酬差距”对团队成员“工作场所善意妒忌情绪”的可能影响后，再将自变量2“基于人力资本特征性投入要素的水平薪酬差距”纳入对团队成员“工作场所善意妒忌情绪”的层级回归分析模型，以检验研究假设H6－3a是否成立。③在控制了行业类型、自变量1“基于绩效的水平薪酬差距”和自变量2“基于人力资本特征性投入要素的水平薪酬差距”对团队成员“工作场所善意妒忌情绪”的可能影响后，再将自变量3“非基于绩效和人力资本特征性投入要素的水平薪酬差距”纳入对团队成员“工作场所善意妒忌情绪”的层级回归分析模型，以检验研究假设H6－4a是否获得实证数据的支持。

（3）关于研究假设H6－2b、H6－3b和H6－4b的检验。

研究假设H6－2b、H6－3b和H6－4b，是关于团队内三种细分类型水平薪酬差距（即，自变量1“基于绩效的水平薪酬差距”、自变量2“基于人力资本特征性投入要素的水平薪酬差距”和自变量3“非基于绩效和人力资本特征性投入要素的水平薪酬差距”）分别对假定的中介变量2“团队成员工作场所恶意妒忌情绪”的可能触发效应或抵制效应推断；将通过在Spss 19.0软件中运行它们各自对团队成员“工作场所恶意妒忌情绪”的层级回归分析，来加以验证。具体来说：

①在控制了行业类型、自变量2“基于人力资本特征性投入要素的水平薪酬差距”和自变量3“非基于绩效和人力资本特征性投入要素的水平薪酬差距”对团队成员“工作场所恶意妒忌情绪”的可能影响后，再将自变量1“基于绩效的水平薪酬差距”纳入对团队成员“工作场所恶意妒忌情绪”的层级回归分析模型，以检验研究假设H6－2b是否得到实证数据的支持。②在控制了行业类型、自变量1“基于绩效的水平薪酬差距”和自变量3“非基于绩效和人力资本特征性投入要素的水平薪酬差距”对团队成员“工作场所恶意妒忌情绪”的可能影响后，再将自变量2“基于人力资本特征性投入要素的水平薪酬差距”纳入对团队成员“工作场所恶意妒忌情绪”的层级回归分析模型，以检验研究假设H6－3b是否得到实证数据的支持。③在控制了行业类型、自变量1“基于绩效的水平薪酬差距”和自变量2“基于人力资本特征性投入要素的水平薪酬差距”对团队成员“工作场所恶意妒忌情绪”的可能影响后，再将自变量3“非基于绩效和人力资本特征性投入要素的水平薪酬差距”纳入对团队成员“工作场所恶意妒忌情绪”的层级回归分析模型，以检验研究假设H6－4b是否得到实证数据的支持。

（4）关于研究假设H6－5a和H6－5b的检验。

研究假设H6－5a和H6－5b，是关于假定中介变量1“工作场所善意妒忌情绪”和假定中介变量2“工作场所恶意妒忌情绪”分别对结果变量“团队成员工作角色绩效”的可能影响关系预测；将通过在Spss 19.0软件中运行这两个假定中介变量分别对结果变量“团队成员工作角色绩效”的层级回归分析，来加以验证。具体来说：

①在控制了行业类型、自变量1“基于绩效的水平薪酬差距”、自变量2“基

于人力资本特征性投入要素的水平薪酬差距”和自变量3“非基于绩效和人力资本特征性投入要素的水平薪酬差距”对结果变量“团队成员工作角色绩效”的可能影响后，再将假定的中介变量1“工作场所善意妒忌情绪”纳入对“团队成员工作角色绩效”的层级回归分析模型，来检验研究假设H6－5a是否得到实证数据的支持。②在控制了行业类型、自变量1“基于绩效的水平薪酬差距”、自变量2“基于人力资本特征性投入要素的水平薪酬差距”和自变量3“非基于绩效和人力资本特征性投入要素的水平薪酬差距”对结果变量“团队成员工作角色绩效”的可能影响后，再将假定的中介变量2“工作场所恶意妒忌情绪”纳入对“团队成员工作角色绩效”的层级回归分析模型，来检验研究假设H6－5b是否成立。

（5）关于研究假设H6－6a～H6－8a和研究假设H6－6b～H6－8b的检验。

研究假设H6－6a、H6－7a和H6－8a，是关于“工作场所善意妒忌情绪”（*中介变量1*）分别在团队内基于绩效的水平薪酬差距（*自变量1*）、基于人力资本特征性投入要素的水平薪酬差距（*自变量2*）和非基于绩效和人力资本特征性投入要素的水平薪酬差距（*自变量3*）对团队成员工作角色绩效（结果变量）的影响过程中可能发挥的中介效应推断；研究假设H6－6b、H6－7b和H6－8b，是关于“工作场所恶意妒忌情绪”（*中介变量2*）分别在团队内基于绩效的水平薪酬差距（*自变量1*）、基于人力资本特征性投入要素的水平薪酬差距（*自变量2*）和非基于绩效和人力资本特征性投入要素的水平薪酬差距（*自变量3*）对团队成员工作角色绩效（结果变量）的间接影响中可能发挥的中介效应预测。这六个研究假设，既可以基于Baron和Kenny（1986）提出的中介效应检验方法通过在Spss 19.0软件中运行层级回归分析进行检验，也可以在Mplus 7.0软件中运行整体理论模型通过这六个研究假设相对应中介效应所涉及相应系数乘积的95%置信区间的Bootstraping检验法来检验。此外，在理论模型整体检验中，将对在Spss 19.0软件中运行层级回归分析所获得的关于研究假设H6－1a～H6－1c、H6－2a～H6－2b、H6－3a～H6－3b、H6－4a～H6－4b、H6－5a～H6－5b的检验结果进行二次验证。

6.4 研究结果

6.4.1 信效度分析

本章研究使用量表测量的变量，主要包括“工作场所善意妒忌情绪”“工作场所恶意妒忌情绪”和“团队成员工作角色绩效”。在正式调研大样本中，这三个研究变量测量量表的内部一致性信度系数 α 值分别为 0.832、0.932 和 0.888，均大于 0.700，表明本章研究中的工作场所善意妒忌情绪测量量表、工作场所恶意妒忌情绪测量量表和团队成员工作角色绩效测量量表的内部一致性和稳定性均良好。

研究变量测量量表效度的确保，通常是通过内容效度和结构效度的检验来实现的（张海燕和张正堂，2017c）。内容效度是指测量题项能够反映出所要测量研究变量的概念与内涵的程度；一般使用专家判断法来判定内容效度。结构效度是指测量题项反映研究变量的内部结构的程度；通常使用结构方程模型中的验证性因子分析法（CFA），来检验测量题项所测量研究变量的结构是否与理论预期一致。本章研究涉及的“工作场所善意妒忌情绪”变量、“工作场所恶意妒忌情绪”变量和“团队成员工作角色绩效”变量，它们的测量量表均来自经典研究文献中的成熟量表（*团队成员工作角色绩效测量量表，直接采用 Griffin，Neal 和 Parker（2007）开发的九题项量表；工作场所善意妒忌情绪测量量表和工作场所恶意妒忌情绪测量量表，则为本章研究借鉴 Lange 和 Crusius（2015）开发的测量题项，将其置于团队薪酬分配情境修正而获得，并且修正量表已经经过试调研样本的信效度检验*），是经过实证研究证实和专家肯定的、具有良好内容效度的变量测量量表。关于这三个研究变量的结构效度，本章研究将通过在 Mplus 7.0 软件中进行“工作场所善意妒忌情绪”“工作场所恶意妒忌情绪”和“团队成员工作角色绩效”三因子测量模型以及可能的二因子替代测量模型和单因子替代测量模型的验证性因子分析 CFA 结果的卡方差异比较来检验。在 Mplus 7.0 软件中运行验证性因子分析的结果，总结如表 6－15 所示。

表 6－15　主要研究变量的区分效度检验结果（N＝362）

模型	包含因子	χ^2	df	χ^2/df	CFI	TLI	RMSEA	SRMR	$\Delta\chi^2$(Δdf)
三因子	SE，EE，JRP	147.622	62	2.381	0.970	0.962	0.062	0.037	/
二因子	SE＋JRP，EE	589.909	64	9.217	0.817	0.777	0.151	0.108	442.287（2）
二因子	SE，EE＋JRP	848.419	64	13.257	0.727	0.661	0.184	0.168	700.797（2）
二因子	SE＋EE，JRP	1587.222	64	24.800	0.470	0.354	0.256	0.233	1439.600（2）
单因子	SE＋EE＋JRP	1983.809	65	30.520	0.332	0.198	0.286	0.243	1836.187（3）

注：二因子替代测量模型和单因子替代测量模型，均是与本章研究假设的三因子测量模型进行比较；最后一列显示的二因子测量模型和单因子测量模型分别与三因子测量模型的卡方差异值，均实现了在 0.001 水平上的显著性。另外，SE，表示工作场所善意妒忌情绪；EE，表示工作场所恶意妒忌情绪；JRP，表示团队成员工作角色绩效。表 6－15 系本章研究依据在 Mplus 7.0 软件中分别运行三因子、二因子和单因子测量模型的验证性因子分析结果，整理所得。

表 6－15 表明，相比于可能的二因子替代测量模型和单因子替代测量模型的拟合指数，本章研究所假设的三因子测量模型（即，工作场所善意妒忌情绪、工作场所恶意妒忌情绪和团队成员工作角色绩效及其对应的测量题项）的拟合指数最佳：$\chi^2(62)$ ＝147.622，χ^2/df＝2.381，CFI＝0.970，TLI＝0.962，RMSEA＝0.062，SRMR＝0.037，均实现在 0.001 水平上显著优于表 6－15 中的二因子替代测量模型和单因子替代测量模型，综合表明本章研究所选择使用的工作场所善意妒忌情绪测量量表、工作场所恶意妒忌情绪测量量表和团队成员工作角色绩效测量量表均具有良好的内容区分效度。

另外，作为本章研究变量结构效度的补充分析，也接受 Fornell 和 Larcker（1981）的建议，将进一步通过三因子测量模型中每个因子对应测量题项的标准载荷值，计算出三个研究变量分别对应的平均变异数抽取量（AVE）值（及其平方根值）和组合信度（CR）值，然后，判断它们是否满足研究变量具有良好区分效度的三个必须条件：AVE 值大于 0.500、CR 值大于 0.700 和 AVE 平方根值均高于该研究变量与其他两个研究变量的相关系数（绝对值）。本章涉及的“工作场所善意妒忌情绪”变量、“工作场所恶意妒忌情绪”变量和“团队成员工作角色绩效”变量的平均变异数抽取量 AVE 值、AVE 平方根值和组合信度 CR 值，总结如表 6－16 所示。

表 6 – 16　　研究变量的平均变异数抽取量 AVE 值和组合信度 CR 值（N = 362）

研究变量	AVE	AVE 平方根	CR
工作场所善意妒忌情绪	0.509	0.714	0.837
工作场所恶意妒忌情绪	0.734	0.857	0.932
团队成员工作角色绩效	0.736	0.858	0.893

注：表 6 – 16 系本章研究依据"工作场所善意妒忌情绪""工作场所恶意妒忌情绪"和"团队成员工作角色绩效"三因子测量模型 CFA 分析结果中各测量题项对应的因子标准载荷值，计算和整理所得。

将表 6 – 16 中的数据结合表 6 – 17 中相应的相关系数值可以发现，"工作场所善意妒忌情绪"变量、"工作场所恶意妒忌情绪"变量和"团队成员工作角色绩效"变量的平均变异数抽取量 AVE 值分别为 0.509、0.734 和 0.736，均大于 0.500；三个研究变量的组合信度 CR 值分别为 0.837、0.932 和 0.893，均大于 0.700；三个研究变量的 AVE 平方根值分别为 0.714、0.857 和 0.858，均大于表 6 – 17 中相应的相关系数值。因此，研究变量的平均变异数抽取量 AVE 值和组合信度 CR 值的检验结果，也表明本章研究理论模型中三个运用量表测量的研究变量具有较好的区分效度。

6.4.2　描述性统计与相关性分析

表 6 – 17，给出了本章研究主要变量的均值、标准差和相关系数情况。由表 6 – 17 中的相关系数显著性结果，可以初步判断：

（1）团队内"基于绩效的水平薪酬差距（PD_1）"，与性别（$r = 0.139$，$p < 0.01$）、职称或技能等级（$r = 0.194$，$p < 0.01$）、个体薪酬水平（$r = 0.554$，$p < 0.01$）和绩效水平（$r = 0.614$，$p < 0.01$）均显著正相关；"基于人力资本特征性投入要素的水平薪酬差距（PD_2）"，与性别（$r = 0.296$，$p < 0.01$）、年龄（$r = 0.137$，$p < 0.01$）、受教育程度（$r = 0.559$，$p < 0.01$）、工龄（$r = 0.228$，$p < 0.01$）、婚姻状况（$r = 0.128$，$p < 0.05$）和职称或技能等级（$r = 0.879$，$p < 0.01$）等代表性个体人力资本特征性投入要素变量均显著正相关；"基于人力资本特征性投入要素的水平薪酬差距（PD_2）"，与个体薪酬水平（$r = 0.519$，$p <$

表 6-17　研究变量的均值、标准差和相关系数（N=362）

变量	均值	标准差	1	2	3	4	5	6	7	8	9	10	11	12	13	14	15
1. C_1	0.511	0.501	1.000														
2. C_2	34.039	8.751	0.004	1.000													
3. C_3	2.934	1.099	-0.019	0.167**	1.000												
4. C_4	8.451	8.289	-0.066	0.762**	0.161**	1.000											
5. C_5	0.721	0.449	-0.029	0.539**	0.170**	0.445**	1.000										
6. C_6	1.727	0.698	0.036	0.486**	0.500**	0.522**	0.392**	1.000									
7. C_7	3.961	2.997	0.152**	-0.392**	-0.461**	-0.418**	-0.341**	-0.414**	1.000								
8. PAY	11.270	10.541	0.152**	0.101	0.297**	0.138**	0.082	0.479**	-0.050	1.000							
9. PERF	9.848	10.369	0.111**	-0.126*	-0.109*	-0.110*	-0.055	0.074	0.128*	0.678**	1.000						
10. PD_1	-1.208	1.983	0.139**	-0.066	0.055	-0.095	-0.012	0.194**	0.084	0.554**	0.614**	1.000					
11. PD_2	-0.033	0.264	0.296**	0.137**	0.559**	0.228**	0.128*	0.879**	-0.278**	0.519**	0.144**	0.260**	1.000				
12. PD_3	-0.094	0.447	0.107*	0.228**	0.528**	0.296**	0.173**	0.589**	-0.203**	0.774**	0.108*	0.240**	0.597**	1.000			
13. SE	3.972	0.615	0.016	-0.115*	-0.199**	-0.062	-0.061	-0.188**	0.030	-0.057	0.161**	0.052	-0.169**	-0.194**	1.000		
14. EE	2.010	0.918	0.097	0.073	-0.084	0.062	0.116*	0.028	-0.093	-0.089	0.074	-0.023	0.005	-0.189**	0.000	1.000	
15. JRP	4.075	0.456	-0.004	-0.001	-0.069	0.046	0.040	0.030	-0.063	0.079	0.093	0.100	0.024	0.003	0.426**	-0.163**	1.000

注：** 表示在 0.01 水平（双侧）上显著相关；* 表示在 0.05 水平（双侧）上显著相关。C_1~C_6，均为 2015 年被调查团队成员个体的代表性人力资本特征性投入要素信息。C_1，表示性别：0 为女，1 为男；C_2，表示年龄；C_3，表示受教育程度，1、2、3、4、5 分别表示高中及以下、大专或职高、本科、硕士、博士；C_4，表示工龄；C_5，表示婚姻状况：0 为未婚，1 为已婚；C_6，表示职称等级或技能等级：1、2、3、4 分别表示初级、中级、副高级和正高级；C_7，表示行业类型：1、2、3、4、5、6、7、8、9 分别代表教育、政府、销售/零售/贸易、建材、物流、制造、金融、设计与研发、其他。PAY，表示 2016 年的个体薪酬水平，表中数据为取自然对数处理后的值；PERF，表示 2015 年的个体绩效表现，鉴于样本来自多行业，将其统一转化为货币计量单位的绩效表现，表中数据为取自然对数处理后的值；PD_1、PD_2和 PD_3，分别表示 2016 年的基于绩效的水平薪酬差距、基于人力资本特征投入要素的水平薪酬差距、非基于绩效和人力资本特征性投入要素的水平薪酬差距；SE，表示工作场所善意妒忌情绪；EE，表示工作场所恶意妒忌情绪；JRP，表示团队成员工作角色绩效。

0.01）和绩效水平（$r=0.144$，$p<0.01$）也显著正相关；“非基于绩效和人力资本特征性投入要素的水平薪酬差距（PD_3）”，与性别（$r=0.107$，$p<0.05$）、年龄（$r=0.228$，$p<0.01$）、受教育程度（$r=0.528$，$p<0.01$）、工龄（$r=0.296$，$p<0.01$）、婚姻状况（$r=0.173$，$p<0.01$）、职称或技能等级（$r=0.589$，$p<0.01$）等代表性个体人力资本特征性投入要素变量以及个体薪酬水平（$r=0.774$，$p<0.01$）、绩效（$r=0.108$，$p<0.05$）均显著正相关。

（2）团队内“基于绩效的水平薪酬差距（PD_1）”，与“基于人力资本特征性投入要素的水平薪酬差距（PD_2）”显著正相关（$r=0.260$，$p<0.01$），与“非基于绩效和人力资本特征性投入要素的水平薪酬差距（PD_3）”也显著正相关（$r=0.240$，$p<0.01$）；“基于人力资本特征性投入要素的水平薪酬差距（PD_2）”与“非基于绩效和人力资本特征性投入要素的水平薪酬差距（PD_3）”也显著正相关（$r=0.597$，$p<0.01$）①。

（3）团队成员“工作场所善意妒忌情绪（SE）”，与年龄（$r=-0.115$，$p<0.05$）、受教育程度（$r=-0.199$，$p<0.01$）、职称或技能等级（$r=-0.188$，$p<0.01$）均显著负相关，与个体绩效（$r=0.161$，$p<0.01$）显著正相关；“工

① 本章研究将源于员工个体绩效、员工个体人力资本特征特征性投入要素（本章研究仅考虑了性别、年龄、受教育程度、工龄、职称或技能等级、婚姻状况）之外的其他因素所导致的水平薪酬差距，全部纳入“非基于绩效和人力资本特征性投入要素的水平薪酬差距”子类型。事实上，除了性别、年龄、受教育程度、工龄、职称或技能等级、婚姻状况之外，还存在着本章研究未纳入考虑的其他重要的人力资本特征性投入要素变量。例如，对绩效表现和薪酬收入可能具有重要影响的员工个体人格特质变量、员工个体的政治技能等，这些因素之间具有密切的关联性。并且，依据现有研究，“非基于绩效和人力资本特征性投入要素的水平薪酬差距”的一些可能来源，还包括绩效表现部分未区分出的绩效评价过程中的上级主管个人偏好、绩效评价过程中的随机决策因素等，它们可能与“基于绩效的水平薪酬差距”具有相关性。另外，纳入本章研究“非基于绩效和人力资本特征性投入要素的水平薪酬差距”部分，也包括薪酬分解与测算过程中的误差项。综上所述，在理论上应该是互为独立关系的“基于绩效的水平薪酬差距”与“非基于绩效和人力资本特征性投入要素的水平薪酬差距”以及“基于人力资本特征性投入要素的水平薪酬差距”与“非基于绩效和人力资本特征性投入要素的水平薪酬差距”，却在相关性实证分析中通过它们各自形成基础或来源要素之间的相关性（例如，表6-17显示出，“基于绩效的水平薪酬差距（PD_1）”，与性别、职称或技能等级、个体薪酬水平和绩效均显著正相关；“基于人力资本特征性投入要素的水平薪酬差距（PD_2）”，与性别、年龄、受教育程度、工龄、婚姻状况、职称或技能等级等代表性个体人力资本特征性投入要素变量均显著正相关，与个体薪酬水平和绩效均显著正相关；“非基于绩效和人力资本特征性投入要素的水平薪酬差距（PD_3）”，与性别、年龄、受教育程度、工龄、婚姻状况、职称或技能等级等代表性个体人力资本特征性投入要素变量以及个体薪酬水平、绩效，均显著正相关）而呈现出显著的相关性。这是本章研究的不足，未来研究应该考虑周全。

作场所善意妒忌情绪（*SE*）"，与"基于绩效的水平薪酬差距（PD_1）"正相关，却并未实现在0.05水平上的显著性（$r=0.052$，$p>0.05$，n.s.），与"基于人力资本特征性投入要素的水平薪酬差距（PD_2）"（$r=-0.169$，$p<0.01$）和"非基于绩效和人力资本特征性投入要素的水平薪酬差距（PD_3）"（$r=-0.194$，$p<0.01$）均显著负相关。

（4）团队成员"工作场所恶意妒忌情绪（*EE*）"，与婚姻状况（$r=0.116$，$p<0.05$）显著正相关，与"基于绩效的水平薪酬差距（PD_1）"负相关但不显著（$r=-0.023$，$p>0.05$，n.s.），与"基于人力资本特征性投入要素的水平薪酬差距（PD_2）"正相关却不显著（$r=0.005$，$p>0.05$，n.s.），与"非基于绩效和人力资本特征性投入要素的水平薪酬差距（PD_3）"显著负相关（$r=-0.189$，$p<0.01$）。

（5）团队成员的"工作场所善意妒忌情绪（*SE*）"与"工作场所恶意妒忌情绪（*EE*）"不具有显著的相关性（$r=0.000$，$p>0.05$，n.s.），表明两者是两种相互独立的工作场所妒忌情绪类型。

（6）"团队成员工作角色绩效（*JRP*）"，与"工作场所恶意妒忌情绪（*EE*）"显著负相关（$r=-0.163$，$p<0.01$），与"工作场所善意妒忌情绪（*SE*）"显著正相关（$r=0.426$，$p<0.01$），与"基于绩效的水平薪酬差距（PD_1）"（$r=0.100$，$p>0.05$，n.s.）、"基于人力资本特征性投入要素的水平薪酬差距（PD_2）"（$r=0.024$，$p>0.05$，n.s.）和"非基于绩效和人力资本特征性投入要素的水平薪酬差距（PD_3）"（$r=0.003$，$p>0.05$，n.s.）均未实现在0.05水平上的显著相关性。

6.4.3 假设检验

（1）关于团队内"基于绩效的水平薪酬差距（PD_1）"的研究假设检验。

表6-18为团队内"基于绩效的水平薪酬差距（PD_1）"对"工作场所善意妒忌情绪（*SE*）""工作场所恶意妒忌情绪（*EE*）"和"团队成员工作角色绩效（*JRP*）"的层级回归分析结果总结，分别运用来检验研究假设H6-1a、H6-2a、

H6－2b、H6－5a、H6－5b、H6－6a和H6－6b是否成立。

表6－18 团队内“基于绩效的水平薪酬差距（PD_1）”对“工作场所善意妒忌情绪（SE）”“工作场所恶意妒忌情绪（EE）”和“团队成员工作角色绩效（JRP）”的层级回归分析结果（N＝362）

变量	工作场所善意妒忌情绪（SE）		工作场所恶意妒忌情绪（EE）		团队成员工作角色绩效（JRP）					
	模型一	模型二	模型三	模型四	模型五	模型六	模型七	模型八	模型九	模型十
控制变量										
C	－0.024	－0.046	－0.112**	－0.116**	－0.062	－0.083	－0.052	－0.063	－0.083	－0.105
PD_2	－0.088	－0.116*	0.156**	0.151**	0.018	－0.008	0.058	0.043	0.047	0.020
PD_3	－0.146**	－0.164**	－0.305***	－0.308***	－0.020	－0.037	0.045	0.035	－0.077	－0.095
自变量										
PD_1		0.125**		0.021		0.118**		0.063		0.122**
中介变量										
SE							0.446***	0.438***		
EE									－0.186***	－0.188***
F	5.299***	5.347***	8.835***	6.648***	0.519	1.526	21.540***	17.573***	3.371**	3.725***
R^2	0.043***	0.057**	0.069***	0.069	0.004	0.017**	0.194***	0.198***	0.036***	0.050***
ΔR^2	—	0.014**	—	0.000	—	0.013**	0.190***	0.181***	0.032***	0.033***

注：*表示$p<0.10$；**表示$p<0.05$；***表示$p<0.01$。表6－18系本章研究依据在Spss 19.0软件中分别运行“基于绩效的水平薪酬差距（PD_1）”对“工作场所善意妒忌情绪（SE）”“工作场所恶意妒忌情绪（EE）”和“团队成员工作角色绩效（JRP）”的层级回归分析结果，整理所得；表中回归系数为标准回归系数。其中，模型一和模型二，为对“工作场所善意妒忌情绪（SE）”的回归分析；模型三和模型四，为对“工作场所恶意妒忌情绪（EE）”的回归分析；模型五至模型十，为对“团队成员工作角色绩效（JRP）”的回归分析。另外，C表示行业类型；PD_1、PD_2和PD_3分别表示“基于绩效的水平薪酬差距”“基于人力资本特征性投入要素的水平薪酬差距”和“非基于绩效和人力资本特征性投入要素的水平薪酬差距”；SE表示“工作场所善意妒忌情绪”；EE表示“工作场所恶意妒忌情绪”；JRP表示“团队成员工作角色绩效”。

如表6－18中模型五和模型六所示，在控制了行业类型（C）、“基于人力资本特征性投入要素的水平薪酬差距（PD_2）”和“非基于绩效和人力资本特征性投入要素的水平薪酬差距（PD_3）”对“团队成员工作角色绩效（JRP）”的可能影响后，“基于绩效的水平薪酬差距（PD_1）”显著正向影响“团队成员工作角色绩效（JRP）”（$\beta=0.118$，$p<0.05$），意味着团队内基于绩效的水平薪酬差距越大，越有利于促进团队成员工作角色绩效水平的提升。因此，研究假设H6－1a得到实证数据的支持。

如表6－18中模型一和模型二所示，在控制了行业类型（C）、“基于人力资本特征性投入要素的水平薪酬差距（PD_2）”和“非基于绩效和人力资本特征性投入要素的水平薪酬差距（PD_3）”对团队成员“工作场所善意妒忌情绪（SE）”的可能影响后，“基于绩效的水平薪酬差距（PD_1）”显著正向影响团队成员的“工作场所善意妒忌情绪（SE）”（$\beta = 0.125$，$p < 0.05$），意味着基于绩效的水平薪酬差距越大，越有利于触发团队成员的工作场所善意妒忌情绪。因此，研究假设 H6 – 2a 得到实证数据的支持。

如表 6 – 18 中模型三和模型四所示，在控制了行业类型（C）、“基于人力资本特征性投入要素的水平薪酬差距（PD_2）”和“非基于绩效和人力资本特征性投入要素的水平薪酬差距（PD_3）”对团队成员的“工作场所恶意妒忌情绪（EE）”的可能影响后，“基于绩效的水平薪酬差距（PD_1）”与团队成员的“工作场所恶意妒忌情绪（EE）”正相关，但不显著（$\beta = 0.021$，$p > 0.10$，n. s.），意味着研究假设 H6 – 2b 关于团队内基于绩效的水平薪酬差距倾向于“抵制”团队成员工作场所恶意妒忌情绪的可能影响关系推测未得到实证数据的支持。

如表 6 – 18 中模型五和模型七所示，在控制了行业类型（C）、“基于人力资本特征性投入要素的水平薪酬差距（PD_2）”和“非基于绩效和人力资本特征性投入要素的水平薪酬差距（PD_3）”对“团队成员工作角色绩效（JRP）”的可能影响后，“工作场所善意妒忌情绪（SE）”显著正向影响“团队成员工作角色绩效（JRP）”（$\beta = 0.446$，$p < 0.01$），意味着工作团队内成员个体的工作场所善意妒忌情绪水平越高，团队成员工作角色绩效水平也越高。因此，研究假设 H6 – 5a 得到实证数据的支持。

如表 6 – 18 中模型五和模型九所示，在控制了行业类型（C）、“基于人力资本特征性投入要素的水平薪酬差距（PD_2）”和“非基于绩效和人力资本特征性投入要素的水平薪酬差距（PD_3）”对“团队成员工作角色绩效（JRP）”的可能影响后，“工作场所恶意妒忌情绪（EE）”显著负向影响“团队成员工作角色绩效（JRP）”（$\beta = -0.186$，$p < 0.01$），意味着工作团队内成员个体的工作场所恶意妒忌情绪水平越高，越不利于团队成员工作角色绩效水平的提高。因此，研究假设 H6 – 5b 成立。

综合表 6 – 18 中模型二、模型六、模型七和模型八，模型六显示“基于绩效的水平薪酬差距（PD_1）”显著正向影响“团队成员工作角色绩效（*JRP*）”（$\beta = 0.118$，$p < 0.05$）、模型七显示团队成员的“工作场所善意妒忌情绪（*SE*）”显著正向影响“团队成员工作角色绩效（*JRP*）”（$\beta = 0.446$，$p < 0.01$），意味着研究假设 H6－6a 有关“工作场所善意妒忌情绪（*SE*）”在“基于绩效的水平薪酬差距（PD_1）→团队成员工作角色绩效（*JRP*）”影响关系中可能发挥中介效应成立应该满足的第一个条件——自变量和中介变量，分别与因变量显著相关（Baron & Kenny，1986）——得到满足；模型二显示，“基于绩效的水平薪酬差距（PD_1）”显著正向影响团队成员的“工作场所善意妒忌情绪（*SE*）”（$\beta = 0.125$，$p < 0.05$），表明研究假设 H6－6a 有关“工作场所善意妒忌情绪（*SE*）”可能在“基于绩效的水平薪酬差距（PD_1）→团队成员工作角色绩效（*JRP*）”影响关系中发挥中介效应成立应该满足的第二个条件——自变量与中介变量显著相关（Baron & Kenny，1986）——获得满足；模型六和模型八显示，将假定的中介变量“工作场所善意妒忌情绪（*SE*）”纳入对“团队成员工作角色绩效（*JRP*）”的回归分析模型后，作为自变量的“基于绩效的水平薪酬差距（PD_1）”对因变量“团队成员工作角色绩效（*JRP*）”的影响由模型六中的显著正相关（$\beta = 0.118$，$p < 0.05$）变为模型八中的不显著正相关（$\beta = 0.063$，$p > 0.10$，n. s.），由此，研究假设 H6－6a 有关“工作场所善意妒忌情绪（*SE*）”可能在“基于绩效的水平薪酬差距（PD_1）→团队成员工作角色绩效（*JRP*）”影响关系中发挥中介效应成立应该满足的第三个条件——中介变量纳入对因变量的回归分析模型后，自变量对因变量的影响关系减弱（*即，部分中介变量*）或变得不显著（*即，完全中介变量*）（Baron & Kenny，1986）——得以满足。综上所述，研究假设 H6－6a 成立应该满足的三个条件全部获得满足，因此，研究假设 H6－6a 获得了在 Spss 19.0 软件中运行相应变量的层级回归分析结果的支持，即，“工作场所善意妒忌情绪（*SE*）”在“基于绩效的水平薪酬差距（PD_1）→团队成员工作角色绩效（*JRP*）”影响关系中的确扮演着中介变量的角色。

综合表 6－18 中的模型四、模型六、模型九和模型十，模型六显示“基于绩效的水平薪酬差距（PD_1）”显著正向影响“团队成员工作角色绩效（*JRP*）”（$\beta = 0.118$，$p < 0.05$）、模型九显示团队成员的“工作场所恶意妒忌情绪

（*EE*）”显著负向影响“团队成员工作角色绩效（*JRP*）”（$\beta = -0.186$，$p < 0.01$），意味着研究假设 H6－6b 有关“工作场所恶意妒忌情绪（*EE*）”在“基于绩效的水平薪酬差距（PD_1）→团队成员工作角色绩效（*JRP*）”影响关系中可能发挥中介效应成立应该满足的第一个条件——自变量和中介变量，分别与因变量显著相关（Baron & Kenny，1986）——得到满足；模型四显示，“基于绩效的水平薪酬差距（PD_1）”并未显著正向影响团队成员的“工作场所恶意妒忌情绪（*EE*）”（$\beta = 0.021$，$p > 0.10$，n. s.），表明研究假设 H6－6b 有关“工作场所恶意妒忌情绪（*EE*）”在“基于绩效的水平薪酬差距（PD_1）→团队成员工作角色绩效（*JRP*）”影响关系中可能发挥中介效应成立应该满足的第二个条件——自变量与中介变量显著相关（Baron & Kenny，1986）——未获得满足；另外，模型六和模型十显示，将假定的中介变量的“工作场所恶意妒忌情绪（*EE*）”纳入对“团队成员工作角色绩效（*JRP*）”的回归分析模型后，作为自变量的“基于绩效的水平薪酬差距（PD_1）”对因变量“团队成员工作角色绩效（*JRP*）”的影响由模型六中的显著正相关（$\beta = 0.118$，$p < 0.05$）变为模型十中依然显著正相关且正相关关系增强（$\beta = 0.122$，$p < 0.05$），由此，研究假设 H6－6b有关“工作场所恶意妒忌情绪（*EE*）”在“基于绩效的水平薪酬差距（PD_1）→团队成员工作角色绩效（*JRP*）”影响关系中可能发挥中介效应成立应该满足的第三个条件——中介变量纳入对因变量的回归分析模型后，自变量对因变量的影响关系减弱（*即，部分中介变量*）或变得不显著（*即，完全中介变量*）（Baron & Kenny，1986）——未满足。综上所述，研究假设 H6－6b 成立应该满足的三个条件中，仅有第一个条件获得了满足。因此，研究假设 H6－6b 并未获得在 Spss 19.0 软件中运行相应变量的层级回归分析结果的支持，即“工作场所恶意妒忌情绪（*EE*）”并未在“基于绩效的水平薪酬差距（PD_1）→团队成员工作角色绩效（*JRP*）”影响关系中扮演着显著的中介变量角色。

（2）关于团队内“基于人力资本特征性投入要素的水平薪酬差距（PD_2）”的研究假设检验。

表 6－19 为团队内“基于人力资本特征性投入要素的水平薪酬差距（PD_2）”分别对“工作场所善意妒忌情绪（*SE*）”“工作场所恶意妒忌情绪（*EE*）”和

“团队成员工作角色绩效（*JRP*）”的层级回归分析结果总结，分别运用来检验研究假设 H6－1b、H6－3a、H6－3b、H6－7a 和 H6－7b 是否成立。

如表6－19中模型五和模型六所示，在控制了行业类型（*C*）、“基于绩效的水平薪酬差距（PD_1）”和“非基于绩效和人力资本特征性投入要素的水平薪酬差距（PD_3）”对“团队成员工作角色绩效（*JRP*）”的可能影响后，“基于人力资本特征性投入要素的水平薪酬差距（PD_2）”的确负向影响“团队成员工作角色绩效（*JRP*）”（$\beta=-0.008$，$p>0.10$，n. s.），然而，负向影响并不显著，意味着团队内基于人力资本特征性投入要素的水平薪酬差距负向影响团队成员工作角色绩效的研究假设（*即，研究假设 H6－1b*）并未获得实证数据的支持。因此，研究假设 H6－1b 不成立。

表6－19　团队内“基于人力资本特征性投入要素的水平薪酬差距（PD_2）”对“工作场所善意妒忌情绪（SE）”“工作场所恶意妒忌情绪（EE）”和“团队成员工作角色绩效（JRP）”的层级回归分析结果（N＝362）

变量	工作场所善意妒忌情绪（SE）		工作场所恶意妒忌情绪（EE）		团队成员工作角色绩效（JRP）					
	模型一	模型二	模型三	模型四	模型五	模型六	模型七	模型八	模型九	模型十
控制变量										
C	－0.024	－0.046	－0.144***	－0.116**	－0.082	－0.083	－0.071	－0.063	－0.108**	－0.105*
PD_1	0.108**	0.125**	0.043	0.021	0.117**	0.118**	0.070	0.063	0.125**	0.122**
PD_3	－0.225***	－0.164**	－0.229***	－0.308***	－0.041	－0.037	0.056	0.035	0.084	－0.095
自变量										
PD_2		－0.116*		0.151**		－0.008		0.043		0.020
中介变量										
SE							0.435***	0.438***		
EE									－0.186***	－0.188***
F	6.081***	5.347***	7.032***	6.648***	2.035	1.526	21.877***	17.573***	4.644***	3.725***
R^2	0.048***	0.057*	0.056***	0.069**	0.017	0.017	0.197***	0.198***	0.049***	0.050***
ΔR^2	—	0.009*		0.014**	—	0.000	0.180***	0.181***	0.032***	0.033***

注：* 表示 $p<0.10$；** 表示 $p<0.05$；*** 表示 $p<0.01$。表6－19系本章研究依据在 Spss 19.0 软件中运行团队内“基于人力资本特征性投入要素的水平薪酬差距（PD_2）”对“工作场所善意妒忌情绪（SE）”“工作场所恶意妒忌情绪（EE）”和“团队成员工作角色绩效（JRP）”的层级回归分析结果，整理所得；表中回归系数为标准回归系数。其中，模型一和模型二为对“工作场所善意妒忌情绪（SE）”的回归分析；模型三和模型四为对“工作场所恶意妒忌情绪（EE）”的回归分析；模型五至模型十为对“团队成员工作角色绩效（JRP）”的回归分析。另外，C 表示行业类型；PD_1、PD_2和 PD_3分别表示“基于绩效的水平薪酬差距”“基于人力资本特征性投入要素的水平薪酬差距”和“非基于绩效和人力资本特征性投入要素的水平薪酬差距”；SE 表示“工作场所善意妒忌情绪”；EE 表示“工作场所恶意妒忌情绪”；JRP 表示“团队成员工作角色绩效”。

如表6－19中模型一和模型二所示，在控制了行业类型（*C*）、“基于绩效的水平薪酬差距（PD_1）”和“非基于绩效和人力资本特征性投入要素的水平薪酬差距（PD_3）”对团队成员的“工作场所善意妒忌情绪（*SE*）”的可能影响后，团队内“基于人力资本特征性投入要素的水平薪酬差距（PD_2）”显著负向影响团队成员的“工作场所善意妒忌情绪（*SE*）”（$\beta = -0.116$，$p < 0.10$），意味着团队内基于人力资本特征性投入要素的水平薪酬差距的确倾向于“抵制”团队成员工作场所善意妒忌情绪的触发，或者会削弱由其他因素所触发的团队成员工作场所善意妒忌情绪水平。因此，研究假设H6－3a得到实证数据的支持。

如表6－19中模型三和模型四所示，在控制了行业类型（*C*）、“基于绩效的水平薪酬差距（PD_1）”和“非基于绩效和人力资本特征性投入要素的水平薪酬差距（PD_3）”对团队成员“工作场所恶意妒忌情绪（*EE*）”的可能影响后，团队内“基于人力资本特征性投入要素的水平薪酬差距（PD_2）”显著正向影响团队成员的“工作场所恶意妒忌情绪（*EE*）”（$\beta = 0.151$，$p < 0.05$），意味着团队内基于人力资本特征性投入要素的水平薪酬差距的确倾向于触发团队成员的工作场所恶意妒忌情绪。因此，研究假设H6－3b得到实证数据的支持。

如表6－19中模型五和模型七所示，在控制了行业类型（*C*）、“基于绩效的水平薪酬差距（PD_1）”和“非基于绩效和人力资本特征性投入要素的水平薪酬差距（PD_3）”对“团队成员工作角色绩效（*JRP*）”的可能影响后，团队成员的“工作场所善意妒忌情绪（*SE*）”显著正向影响“团队成员工作角色绩效（*JRP*）”（$\beta = 0.435$，$p < 0.01$），意味着工作团队内成员个体的工作场所善意妒忌情绪水平越高，越利于促进团队成员工作角色绩效。因此，研究假设H6－5a再次得到实证数据的支持。

如表6－19中模型五和模型九所示，在控制了行业类型（*C*）、“基于绩效的水平薪酬差距（PD_1）”和“非基于绩效和人力资本特征性投入要素的水平薪酬差距（PD_3）”对“团队成员工作角色绩效（*JRP*）”的可能影响后，团队成员的“工作场所恶意妒忌情绪（*EE*）”显著负向影响“团队成员工作角色绩效（*JRP*）”（$\beta = -0.186$，$p < 0.01$），意味着工作团队内成员个体的工作场所恶意妒忌情绪水平越高，越不利于团队成员工作角色绩效。因此，研究假设H6－5b

再次获得实证数据的支持。

综合表6－19中的模型二、模型六、模型七和模型八，模型六显示团队内“基于人力资本特征性投入要素的水平薪酬差距（PD_2）”并未显著负向影响“团队成员工作角色绩效（*JRP*）”（$\beta = -0.008$，$p > 0.10$，n. s.）、模型七显示团队成员的“工作场所善意妒忌情绪（*SE*）”显著正向影响“团队成员工作角色绩效（*JRP*）”（$\beta = 0.435$，$p < 0.01$），意味着研究假设H6－7a有关“工作场所善意妒忌情绪（*SE*）”在“基于人力资本特征性投入要素的水平薪酬差距（PD_2）→团队成员工作角色绩效（*JRP*）”影响关系中可能发挥中介效应成立应该满足的第一个条件——自变量和中介变量，分别与因变量显著相关（Baron & Kenny，1986）——未得到满足（*即，尽管假定中介变量与因变量显著相关，但是自变量与因变量未显著相关*）；模型二显示，团队内“基于人力资本特征性投入要素的水平薪酬差距（PD_2）”显著负向影响团队成员的“工作场所善意妒忌情绪（*SE*）”（$\beta = -0.116$，$p < 0.10$），表明研究假设H6－7a有关“工作场所善意妒忌情绪（*SE*）”可能在“基于人力资本特征性投入要素的水平薪酬差距（PD_2）→团队成员工作角色绩效（*JRP*）”影响关系中发挥中介效应成立应该满足的第二个条件——自变量与中介变量显著相关（Baron & Kenny，1986）——获得满足；然而，模型六和模型八却显示，将假定中介变量“工作场所善意妒忌情绪（*SE*）”纳入对“团队成员工作角色绩效（*JRP*）”的回归分析模型后，作为自变量的“基于人力资本特征性投入要素的水平薪酬差距（PD_2）”对因变量“团队成员工作角色绩效（*JRP*）”的影响由模型六中的不显著相关（$\beta = -0.008$，$p > 0.10$，n. s.）变化为模型八中的依然不显著相关（$\beta = 0.043$，$p > 0.10$，n. s.），由此，研究假设H6－7a有关“工作场所善意妒忌情绪（*SE*）”可能在“基于人力资本特征性投入要素的水平薪酬差距（PD_2）→团队成员工作角色绩效（*JRP*）”影响关系中发挥中介效应成立应该满足的第三个条件——中介变量纳入对因变量的回归分析模型后，自变量对因变量的影响关系减弱（*即，部分中介变量*）或变得不显著（*即，完全中介变量*）（Baron & Kenny，1986）——未得到满足。综上所述，研究假设H6－7a成立应该满足的三个条件中，仅有第二个条件获得了满足。因此，研究假设H6－7a并未获得在Spss 19.0软件中运行相应变量的层级回归分析结果的支持，即“工作场所善意妒忌情绪（*SE*）”在“基于人力资本特征性投入要素的水平薪酬差距（PD_2）→团队成员工作角色绩效（*JRP*）”影响关系中可能扮演着中介变量角色的预测不成立。

综合表6－19中模型四、模型六、模型九和模型十，模型六显示团队内“基于人力资本特征性投入要素的水平薪酬差距（PD_2）”并未显著负向影响“团队成员工作角色绩效（*JRP*）”（β＝－0.008，p＞0.10，n.s.）、模型九显示团队成员的“工作场所恶意妒忌情绪（*EE*）”显著负向影响“团队成员工作角色绩效（*JRP*）”（β＝－0.186，p＜0.01），意味着研究假设H6－7b有关“工作场所恶意妒忌情绪（*EE*）”在“基于人力资本特征性投入要素的水平薪酬差距（PD_2）→团队成员工作角色绩效（*JRP*）”影响关系中可能发挥中介效应成立应该满足的第一个条件——自变量和中介变量，分别与因变量显著相关（Baron & Kenny，1986）——未得到满足（*即，尽管假定中介变量与因变量显著相关，但是自变量与因变量未显著相关*）；模型四显示，团队内“基于人力资本特征性投入要素的水平薪酬差距（PD_2）”显著正向影响团队成员的“工作场所恶意妒忌情绪（*EE*）”（β＝0.151，p＜0.05），表明研究假设H6－7b有关“工作场所恶意妒忌情绪（*EE*）”在“基于人力资本特征性投入要素的水平薪酬差距（PD_2）→团队成员工作角色绩效（*JRP*）”影响关系中可能发挥中介效应成立应满足的第二个条件——自变量与中介变量显著相关（Baron & Kenny，1986）——获得满足；另外，模型六和模型十显示，将假定中介变量“工作场所恶意妒忌情绪（*EE*）”纳入对“团队成员工作角色绩效（*JRP*）”的回归分析模型后，作为自变量的团队内“基于人力资本特征性投入要素的水平薪酬差距（PD_2）”对因变量“团队成员工作角色绩效（*JRP*）”的影响依然为不显著相关（*由模型六中的－0.008（p＞0.10，n.s.）变为模型十中的0.020（p＞0.10，n.s.）*），由此，研究假设H6－7b有关“工作场所恶意妒忌情绪（*EE*）”在“基于人力资本特征性投入要素的水平薪酬差距（PD_2）→团队成员工作角色绩效（*JRP*）”影响关系中可能发挥中介效应成立应该满足的第三个条件——中介变量纳入对因变量的回归分析模型后，自变量对因变量的影响关系减弱（*即，部分中介变量*）或变得不显著（*即，完全中介变量*）（Baron & Kenny，1986）——未得以满足。综上所述，研究假设 H6－7b 成立应该满足的三个条件中，仅有第二个条件获得了满足。因此，研究假设 H6－7b 并未获得在 Spss 19.0 软件中运行相应变量的层级回归分析结果的支持，即“工作场所恶意妒忌情绪（*EE*）”在“基于人力资本特征性投入要素的水平薪酬差距（PD_2）→团队成员工作角色绩效（*JRP*）”影响关系中可能扮演着中介变量角色的预测不成立。

（3）关于“非基于绩效和人力资本投入的水平薪酬差距（PD_3）”的研究假设检验。

表 6－20　团队内“非基于绩效和人力资本特征性投入要素的水平薪酬差距（PD_3）”对“工作场所善意妒忌情绪（SE）”“工作场所恶意妒忌情绪（EE）”和“团队成员工作角色绩效（JRP）”的层级回归分析结果（N＝362）

变量	工作场所善意妒忌情绪（SE）		工作场所恶意妒忌情绪（EE）		团队成员工作角色绩效（JRP）					
	模型一	模型二	模型三	模型四	模型五	模型六	模型七	模型八	模型九	模型十
控制变量										
C	－0.036	－0.046	－0.098 *	－0.116 **	－0.081	－0.083	－0.065	－0.063	－0.098 *	－0.105 *
PD_1	0.109 **	0.125 **	－0.010	0.021	0.114 **	0.118 **	0.067	0.063	0.113 **	0.122 **
PD_2	－0.207 ***	－0.116 *	－0.020	0.151 **	－0.029	－0.008	0.061	0.043	0.032	0.020
自变量										
PD_3		－0.164 **		－0.308 ***		－0.037		0.035		－0.095
中介变量										
SE							0.434 ***	0.438 ***		
EE									－0.169 ***	－0.188 ***
F	4.909 ***	5.347 ***	1.122	6.648 ***	1.932	1.526	21.925 ***	17.573 ***	4.140 ***	3.725 ***
R^2	0.040 ***	0.057 **	0.009	0.069 ***	0.016	0.017	0.197 ***	0.198 ***	0.044 ***	0.050 ***
ΔR^2	—	0.017 **		0.060 ***	—	0.001	0.181 ***	0.181 ***	0.028 ***	0.033 ***

注：* 表示 $p<0.10$；** 表示 $p<0.05$；*** 表示 $p<0.01$。表 6－20 系本章研究依据在 Spss 19.0 软件运行“非基于绩效和人力资本特征性投入要素的水平薪酬差距（PD_3）”对“工作场所善意妒忌情绪（SE）”“工作场所恶意妒忌情绪（EE）”和“团队成员工作角色绩效（JRP）”的层级回归分析结果，整理所得；表中回归系数为标准回归系数。其中，模型一和模型二为对“工作场所善意妒忌情绪（SE）”的回归分析；模型三和模型四为对“工作场所恶意妒忌情绪（EE）”的回归分析；模型五至模型十为对“团队成员工作角色绩效（JRP）”的回归分析。另外，C 表示行业类型；PD_1、PD_2和 PD_3分别表示“基于绩效的水平薪酬差距”“基于人力资本特征性投入要素的水平薪酬差距”和“非基于绩效和人力资本特征性投入要素的水平薪酬差距”；SE 表示“工作场所善意妒忌情绪”；EE 表示“工作场所恶意妒忌情绪”；JRP 表示“团队成员工作角色绩效”。

表 6－20 为团队内“非基于绩效和人力资本特征性投入要素的水平薪酬差距

（PD_3）”对团队成员的“工作场所善意妒忌情绪（*SE*）”“工作场所恶意妒忌情绪（*EE*）”和“团队成员工作角色绩效（*JRP*）”的层级回归分析结果总结，分别运用来检验研究假设 H6－1c、H6－4a、H6－4b、H6－8a 和 H6－8b 是否成立。

如表 6－20 中模型五和模型六所示，在控制了行业类型（*C*）、“基于绩效的水平薪酬差距（PD_1）”和“基于人力资本特征性投入要素的水平薪酬差距（PD_2）”对“团队成员工作角色绩效（*JRP*）”的可能影响后，团队内“非基于绩效和人力资本特征性投入要素的水平薪酬差距（PD_3）”并未显著负向影响“团队成员工作角色绩效（*JRP*）”（$\beta = -0.037$，$p > 0.10$，n. s.），意味着团队内非基于绩效和人力资本特征性投入要素的水平薪酬差距负向影响团队成员工作角色绩效的研究假设（*即，研究假设 H6－1c*）未得到实证数据的支持。所以，研究假设 H6－1c 未成立。

如表 6－20 中模型一和模型二所示，在控制了行业类型（*C*）、“基于绩效的水平薪酬差距（PD_1）”和“基于人力资本特征性投入要素的水平薪酬差距（PD_2）”对团队成员“工作场所善意妒忌情绪（*SE*）”的可能影响后，团队内“非基于绩效和人力资本特征性投入要素的水平薪酬差距（PD_3）”显著负向影响团队成员“工作场所善意妒忌情绪（*SE*）”（$\beta = -0.164$，$p < 0.05$），意味着团队内非基于绩效和人力资本投入的水平薪酬差距的确倾向于“抵制”团队成员的工作场所善意妒忌情绪，或者会“削弱”由其他因素所触发的团队成员工作场所善意妒忌情绪水平。因此，研究假设 H6－4a 得到实证数据的支持。

如表 6－20 中模型三和模型四所示，在控制了行业类型（*C*）、“基于绩效的水平薪酬差距（PD_1）”和“基于人力资本特征性投入要素的水平薪酬差距（PD_2）”对团队成员“工作场所恶意妒忌情绪（*EE*）”的可能影响后，团队内“非基于绩效和人力资本特征性投入要素的水平薪酬差距（PD_3）”显著负向影响团队成员的“工作场所恶意妒忌情绪（*EE*）”（$\beta = -0.308$，$p < 0.01$），意味着团队内非基于绩效和人力资本特征性投入要素的水平薪酬差距的确倾向于“抵制”团队成员的工作场所恶意妒忌情绪，或者会显著“削弱”由其他因素所触发的工作场所恶意妒忌情绪水平。因此，研究假设 H6－4b 关于团队内非基于绩

效和人力资本特征性投入要素的水平薪酬差距倾向于“触发”团队成员工作场所恶意妒忌情绪的影响关系预测并未得到实证数据的支持，反而是“抵制”效应成立。

如表6-20中模型五和模型七所示，在控制了行业类型（*C*）、“基于绩效的水平薪酬差距（PD_1）”和“基于人力资本特征性投入要素的水平薪酬差距（PD_2）”对“团队成员工作角色绩效（*JRP*）”的可能影响后，团队成员的“工作场所善意妒忌情绪（*SE*）”显著正向影响“团队成员工作角色绩效（*JRP*）”（$\beta=0.434$，$p<0.01$），意味着工作团队内成员个体的工作场所善意妒忌情绪水平越高，越利于促进团队成员工作角色绩效。因此，研究假设H6-5a再次获得实证数据的支持。

如表6-20中模型五和模型九所示，在控制了行业类型（*C*）、“基于绩效的水平薪酬差距（PD_1）”和“基于人力资本特征性投入要素的水平薪酬差距（PD_2）”对“团队成员工作角色绩效（*JRP*）”的可能影响后，团队成员的“工作场所恶意妒忌情绪（*EE*）”的确显著负向影响“团队成员工作角色绩效（*JRP*）”（$\beta=-0.169$，$p<0.01$），意味着工作团队内成员个体的工作场所恶意妒忌情绪水平越高，越不利于团队成员工作角色绩效。因此，研究假设H6-5b再次成立。

综合表6-20中模型二、模型六、模型七和模型八，模型六显示团队内“非基于绩效和人力资本特征性投入要素的水平薪酬差距（PD_3）”并未显著负向影响“团队成员工作角色绩效（*JRP*）”（$\beta=-0.037$，$p>0.10$，n.s.）、模型七显示团队成员的“工作场所善意妒忌情绪（*SE*）”显著正向影响“团队成员工作角色绩效（*JRP*）”（$\beta=0.434$，$p<0.01$），意味着研究假设H6-8a有关“工作场所善意妒忌情绪（*SE*）”在“非基于绩效和人力资本特征性投入要素的水平薪酬差距（PD_3）→团队成员工作角色绩效（*JRP*）”影响关系中可能发挥中介效应成立应该满足的第一个条件——自变量和中介变量，分别与因变量显著相关（Baron & Kenny，1986）——未获得满足（*即，尽管假定中介变量与因变量显著相关，但是自变量与因变量未显著相关*）；模型二显示，团队内“非基于绩效和人力资本特征性投入要素的水平薪酬差距（PD_3）”显著负向影响团队成员的

“工作场所善意妒忌情绪（*SE*）”（β = -0.164，$p < 0.05$），表明研究假设 H6-8a 有关“工作场所善意妒忌情绪（*SE*）”可能在“非基于绩效和人力资本特征性投入要素的水平薪酬差距（PD_3）→团队成员工作角色绩效（*JRP*）”影响关系中发挥中介效应成立应该满足的第二个条件——自变量与中介变量显著相关（Baron & Kenny，1986）——获得满足；然而，比较模型六和模型八却发现，将假定中介变量“工作场所善意妒忌情绪（*SE*）”纳入对“团队成员工作角色绩效（*JRP*）”的回归分析模型后，作为自变量的团队内“非基于绩效和人力资本特征性投入要素的水平薪酬差距（PD_3）”对因变量“团队成员工作角色绩效（*JRP*）”的影响由模型六中的不显著负相关（β = -0.037，$p > 0.10$，n. s.）变化为模型八中的依然不显著相关（β = 0.035，$p > 0.10$，n. s.），由此，研究假设 H6-8a 有关“工作场所善意妒忌情绪（*SE*）”可能在“非基于绩效和人力资本特征性投入要素的水平薪酬差距（PD_3）→团队成员工作角色绩效（*JRP*）”影响关系中发挥中介效应成立应该满足的第三个条件——中介变量纳入对因变量的回归分析模型后，自变量对因变量的影响关系减弱（*即，部分中介变量*）或变得不显著（*即，完全中介变量*）（Baron & Kenny，1986）——未得以满足。综上所述，研究假设 H6-8a 成立应该满足的三个条件中，仅有第二个条件获得了满足。因此，研究假设 H6-8a 并未获得在 Spss 19.0 软件中运行相应变量的层级回归分析结果的支持，即“工作场所善意妒忌情绪（*SE*）”在“非基于绩效和人力资本特征性投入要素的水平薪酬差距（PD_3）→团队成员工作角色绩效（*JRP*）”影响关系中可能扮演着中介变量角色的预测不成立。

综合表 6-20 中模型四、模型六、模型九和模型十，模型六显示团队内“非基于绩效和人力资本特征性投入要素的水平薪酬差距（PD_3）”并未显著负向影响“团队成员工作角色绩效（*JRP*）”（β = -0.037，$p > 0.10$，n. s.）、模型九显示团队成员的“工作场所恶意妒忌情绪（*EE*）”显著负向影响“团队成员工作角色绩效（*JRP*）”（β = -0.169，$p < 0.01$），意味着研究假设 H6-8b 有关“工作场所恶意妒忌情绪（*EE*）”在“非基于绩效和人力资本特征性投入要素的水平薪酬差距（PD_3）→团队成员工作角色绩效（*JRP*）”影响关系中可能发挥中介效应成立应该满足的第一个条件——自变量和中介变量，分别与因变量显著

相关（Baron & Kenny，1986）——未得到满足（*即，尽管假定中介变量与因变量显著相关，但是自变量与因变量未显著相关*）；模型四显示，团队内“非基于绩效和人力资本特征性投入要素的水平薪酬差距（PD_3）”显著负向影响“工作场所恶意妒忌情绪（*EE*）”（$\beta = -0.308$，$p < 0.01$），表明研究假设H6－8b有关“工作场所恶意妒忌情绪（*EE*）”在“非基于绩效和人力资本特征性投入要素的水平薪酬差距（PD_3）→团队成员工作角色绩效（*JRP*）”影响关系中可能发挥中介效应成立应该满足的第二个条件——自变量与中介变量显著相关（Baron & Kenny，1986）——获得满足；另外，模型六和模型十显示，将假定中介变量“工作场所恶意妒忌情绪（*EE*）”纳入对“团队成员工作角色绩效（*JRP*）”的回归分析模型后，作为自变量的团队内“非基于绩效和人力资本特征性投入要素的水平薪酬差距（PD_3）”对结果变量“团队成员工作角色绩效（*JRP*）”的影响依然为不显著负相关（回归系数由模型六中的－0.037（$p > 0.10$，n. s.）变为模型十中的－0.095（$p > 0.10$，n. s.）），由此，研究假设H6－8b有关“工作场所恶意妒忌情绪（*EE*）”在“非基于绩效和人力资本特征性投入要素的水平薪酬差距（PD_3）→团队成员工作角色绩效（*JRP*）”影响关系中可能发挥中介效应成立应该满足的第三个条件——中介变量纳入对因变量的回归分析模型后，自变量对因变量的影响关系减弱（*即，部分中介变量*）或变得不显著（*即，完全中介变量*）（Baron & Kenny，1986）——未得以满足。综上所述，研究假设H6－8b成立应该满足的三个条件中，仅有第一个条件获得了满足。因此，研究假设H6－8b并未获得在Spss 19.0软件中运行相应变量的层级回归分析结果的支持，即“工作场所恶意妒忌情绪（*EE*）”在“非基于绩效和人力资本特征性投入要素的水平薪酬差距（PD_3）→团队成员工作角色绩效（*JRP*）”影响关系中可能扮演着中介变量角色的预测不成立。

（4）关于“工作场所善意妒忌情绪（*SE*）”和“工作场所恶意妒忌情绪（*EE*）”可能中介效应的Bootstrapping系数乘积区间检验。

关于研究假设H6－6a、H6－7a和H6－8a对“工作场所善意妒忌情绪（*SE*）”分别在“基于绩效的水平薪酬差距（PD_1）→团队成员工作角色绩效（*JRP*）”影响关系、“基于人力资本特征性投入要素的水平薪酬差距（PD_2）→

团队成员工作角色绩效（*JRP*）”影响关系和“非基于绩效和人力资本特征性投入要素的水平薪酬差距（PD_3）→团队成员工作角色绩效（*JRP*）”影响关系中可能发挥的中介效应预测，以及，研究假设 H6－6b、H6－7b 和 H6－8b 对“工作场所恶意妒忌情绪（*EE*）”分别在“基于绩效的水平薪酬差距（PD_1）→团队成员工作角色绩效（*JRP*）”影响关系、“基于人力资本特征性投入要素的水平薪酬差距（PD_2）→团队成员工作角色绩效（*JRP*）”影响关系和“非基于绩效和人力资本特征性投入要素的水平薪酬差距（PD_3）→团队成员工作角色绩效（*JRP*）”影响关系中可能发挥的中介效应预测，除了在 Spss 19.0 软件中运行相应研究变量的层级回归分析以检验中介效应成立的三个条件是否满足（即，中介*效应的传统检验方法——Baron 和 Kenny 于 1986 年所提倡和主张的“依次检验法”*）之外，还可以运用更具统计检验效力的“系数乘积区间”Bootstrapping 检验法来检验（张海燕和张正堂，2017c）。具体来说，在 Mplus 7.0 软件中运行 Bootstrapping 程序，以检验研究假设 H6－6a、H6－6b、H6－7a、H6－7b、H6－8a、H6－8b 相对应的系数乘积估计值的 95% 置信区间是否包含 0，如果 Bootstrapping 检验程序运行后的结果显示研究假设 H6－6a、H6－6b、H6－7a、H6－7b、H6－8a、H6－8b 相对应的系数乘积估计值的 95% 置信空间包含 0，则意味着相对应的中介效应研究假设不成立，如果相对应的系数乘积估计值的 95% 置信空间不包含 0，则意味着相对应的中介效应研究假设成立。系数乘积区间的 Bootstrapping 程序检验法，可以“同时”考察“工作场所善意妒忌情绪（*SE*）”和“工作场所恶意妒忌情绪（*EE*）”在研究假设 H6－6a、H6－6b、H6－7a、H6－7b、H6－8a、H6－8b 中的可能中介效应。此外，Mplus 7.0 软件可在检验中介效应的同时，进行团队内三种细分类型水平薪酬差距对团队成员工作角色绩效的“直接效应”检验。在 Mplus 7.0 软件运行 Bootstrapping 程序进行中介效应“系数乘积区间”检验的命令语句，以及直接效应检验的命令语句，详见附录 5 所示。Bootstrapping 程序运行后的结果，总结如表 6－21 和图 6－4 所示。

表 6－21 中有关团队内三种细分类型水平薪酬差距对团队成员工作角色绩效的“直接效应”估计结果显示，同时考虑团队内三种细分类型水平薪酬差距对团队成员工作角色绩效的直接影响情形下，“基于绩效的水平薪酬差距（PD_1）”

直接显著正向影响“团队成员工作角色绩效（*JRP*）”（β=0.027，p<0.05）、“基于人力资本特征性投入要素的水平薪酬差距（PD_2）”与“团队成员工作角色绩效（*JRP*）”并不直接显著负相关（β=-0.014，p>0.10，n.s.）、“非基于绩效和人力资本特征性投入要素的水平薪酬差距（PD_3）”与“团队成员工作角色绩效（*JRP*）”也不直接显著负相关（β=-0.038，p>0.10，n.s.）。因此，在Mplus 7.0软件中进行研究模型“整体”检验所获得的关于研究假设H6-1a~H6-1c对“直接效应”预测的检验结果，与在Spss 19.0软件中运行层级回归分析进行“逐一”检验所获得的关于研究假设H6-1a~H6-1c对“直接效应”预测的检验结果一致：研究假设H6-1a成立，研究假设H6-1b和H6-1c均未成立。

表6-21　　所有研究假设同时纳入检验的Mplus 7.0软件运行结果总结（N=362）

PD_1、PD_2和PD_3，分别对SE和EE的影响；SE和EE，分别对JRP的影响

路径	系数	估计值	P值	路径	系数	估计值	P值
PD_1→SE	a_1	0.039**	0.029	PD_1→EE	a_4	0.010	0.736
PD_2→SE	a_2	-0.270*	0.082	PD_2→EE	a_5	0.527**	0.017
PD_3→SE	a_3	-0.226**	0.016	PD_3→EE	a_6	-0.633***	0.000
SE→JRP	b_1	0.320***	0.000	EE→JRP	b_2	-0.086***	0.000

间接效应

路径	系数乘积	估计值	P值	95%置信区间
PD_1→SE→JRP	$a_1 \times b_1$	0.012**	0.035	[0.002，0.025]
PD_2→SE→JRP	$a_2 \times b_1$	-0.087*	0.090	[-0.186，0.011]
PD_3→SE→JRP	$a_3 \times b_1$	-0.072**	0.020	[-0.140，-0.015]
PD_1→EE→JRP	$a_4 \times b_2$	-0.001	0.748	[-0.006，0.005]
PD_2→EE→JRP	$a_5 \times b_2$	-0.045**	0.045	[-0.102，-0.012]
PD_3→EE→JRP	$a_6 \times b_2$	0.054***	0.004	[0.024，0.101]

直接效应

路径	系数	系数估计值	P值	95%置信区间
PD_1→JRP	c_1	0.027**	0.023	[0.004，0.051]
PD_2→JRP	c_2	-0.014	0.904	[-0.253，0.208]
PD_3→JRP	c_3	-0.038	0.599	[-0.175，0.105]

注：*表示p<0.10；**表示p<0.05；***表示p<0.01。中介效应对应的系数乘积估计值的95%置信区间，为Bootstrapping运行2000次的检验结果。表6-21系本章研究依据在Mplus 7.0软件中运行整体中介模型检验的结果，整理所得。其中，PD_1、PD_2和PD_3分别表示团队内基于绩效的水平薪酬差距、基于人力资本特征性投入要素的水平薪酬差距、非基于绩效和人力资本特征性投入要素的水平薪酬差距；SE和EE分别表示团队成员的工作场所善意妒忌情绪和工作场所恶意妒忌情绪；JRP表示团队成员工作角色绩效。

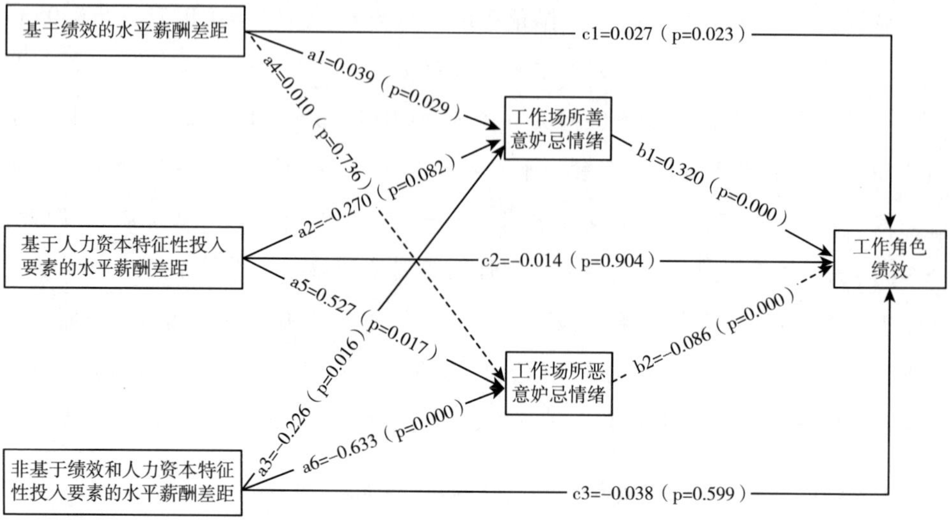

图 6-4　团队内三种细分类型水平薪酬差距经工作场所善意妒忌情绪和工作场所恶意妒忌情绪影响团队成员工作角色绩效的实证模型

注：图 6-4 系本章研究依据在 Mplus 7.0 软件中运行研究模型的整体检验结果，绘制整理所得。

表 6-21 中，关于团队内三种细分类型水平薪酬差距（即，PD_1、PD_2 和 PD_3）分别对团队成员“工作场所善意妒忌情绪（*SE*）”（即，*研究假设 H6-2a*、*H6-3a 和 H6-4a*）和“工作场所恶意妒忌情绪（*EE*）”（即，*研究假设 H6-2b*、*H6-3b 和 H6-4b*）可能影响的检验结果，以及“工作场所善意妒忌情绪（*SE*）”和“工作场所恶意妒忌情绪（*EE*）”分别对“团队成员工作角色绩效（*JRP*）”（即，*研究假设 H6-5a 和 H6-5b*）可能影响的检验结果显示，在 Mplus 7.0 软件进行研究模型整体检验所获得的上述研究假设成立与否的结果，与在 Spss 19.0 软件中运行层级回归分析所获得的检验结果“一致”，即，除了研究假设 H6-2b（$\beta = 0.010$，$p > 0.10$，n. s.）未获得实证数据的支持外，研究假设 H6-2a（$\beta = 0.039$，$p < 0.05$）、研究假设 H6-3a（$\beta = -0.270$，$p < 0.10$）、研究假设 H6-4a（$\beta = -0.026$，$p < 0.05$）、研究假设 H6-3b（$\beta = 0.527$，$p < 0.05$）、研究假设 H6-4b（$\beta = -0.633$，$p < 0.01$）、研究假设 H6-5a（$\beta = 0.320$，$p < 0.01$）和研究假设 H6-5b（$\beta = -0.086$，$p < 0.01$）均获得了实证数据的支持。

表 6-21 中，关于团队成员的“工作场所善意妒忌情绪（*SE*）”和“工作场

所恶意妒忌情绪（*EE*）”分别在团队内三种细分类型水平薪酬差距（即，PD_1、PD_2和PD_3）影响“团队成员工作角色绩效（*JRP*）”过程中可能中介效应的Bootstrapping系数乘积区间检验结果表明：①代表团队成员“工作场所善意妒忌情绪（*SE*）”在“基于绩效的水平薪酬差距（PD_1）→团队成员工作角色绩效（*JRP*）”影响关系中可能发挥中介效应的系数乘积项（$a_1 \times b_1$）估计值的95%置信区间为［0.002，0.025］，没有包含0，意味着研究假设H6-6a成立。这一检验结果，与在Spss 19.0软件中运行层级回归分析进行中介效应的“依次检验”结果相同。②代表团队成员“工作场所善意妒忌情绪（*SE*）”在“基于人力资本特征性投入要素的水平薪酬差距（PD_2）→团队成员工作角色绩效（*JRP*）”影响关系中可能发挥中介效应的系数乘积项（$a_2 \times b_1$）估计值的95%置信区间为［-0.186，0.011］，包含0，意味着研究假设H6-7a未得到在Mplus 7.0软件中进行研究模型整体检验结果的支持。这一检验结果，与在Spss 19.0软件中运行层级回归分析进行该中介效应的“依次检验”结果也相同。③代表团队成员“工作场所善意妒忌情绪（*SE*）”在“非基于绩效和人力资本特征性投入要素的水平薪酬差距（PD_3）→团队成员工作角色绩效（*JRP*）”影响关系中可能发挥中介效应的系数乘积项（$a_3 \times b_1$）估计值的95%置信区间为［-0.140，-0.015］，没有包含0，意味着团队内非基于绩效和人力资本特征性投入要素的水平薪酬差距将通过抵制团队成员工作场所善意妒忌情绪或削弱由其他因素所触发的团队成员工作场所善意妒忌情绪水平而间接负向影响团队成员工作角色绩效，表明研究假设H6-8a成立。然而，这一研究假设未获得在Spss 19.0软件中运行层级回归分析进行该中介效应的“依次检验”结果支持。④代表团队成员“工作场所恶意妒忌情绪（*EE*）”在“基于绩效的水平薪酬差距（PD_1）→团队成员工作角色绩效（*JRP*）”影响关系中可能发挥中介效应的系数乘积项（$a_4 \times b_2$）估计值的95%置信区间为［-0.006，0.005］，包含0，意味着该中介效应未得到研究模型整体检验结果的支持，因此，研究假设H6-6b未成立。这一检验结果，与在Spss 19.0软件中运行层级回归分析进行该中介效应的“依次检验”结果相同。⑤代表团队成员“工作场所恶意妒忌情绪（*EE*）”在“基于人力资本特征性投入要素的水平薪酬差距（PD_1）→团队成员工作角色绩效（*JRP*）”

影响关系中可能发挥中介效应的系数乘积项（$a_5 \times b_2$）估计值的95%置信区间为［-0.102，-0.012］，没有包含0，意味着该中介效应得到研究模型整体检验的支持，表明团队内基于人力资本特征性投入要素的水平薪酬差距将通过触发团队成员工作场所恶意妒忌情绪或提升由其他因素所触发的团队成员工作场所恶意妒忌情绪水平而间接削弱团队成员工作角色绩效，因此，研究假设H6-7b成立；然而，这一研究假设却未得到在Spss 19.0软件运行层级回归分析进行该中介效应的“依次检验”结果支持。⑥代表团队成员“工作场所恶意妒忌情绪（*EE*）”在“非基于绩效和人力资本特征性投入要素的水平薪酬差距（PD_3）→团队成员工作角色绩效（*JRP*）”影响关系中可能发挥中介效应的系数乘积项（$a_6 \times b_2$）估计值的95%置信区间为［0.024，0.101］，没有包含0，意味着该中介效应得到了研究模型整体检验结果的支持，表明团队内非基于绩效和人力资本特征性投入要素的水平薪酬差距倾向于通过抵制团队成员工作场所恶意妒忌情绪的触发或削弱由其他因素所触发的团队成员工作场所恶意妒忌情绪水平而间接促进团队成员工作角色绩效。然而，这一结论，却与研究假设H6-8b的预测（*即，团队内非基于绩效和人力资本投入的水平薪酬差距，通过触发工作场所恶意妒忌情绪而间接负向影响团队成员工作角色绩效*）相反，因此，研究假设H6-8b未得到Bootstrapping系数乘积区间检验结果的支持。

（5）研究假设检验结果小结。

表6-22是对在Spss 19.0软件中运行层级回归分析和在Mplus 7.0软件中运行研究模型整体检验（含*Bootstrapping程序进行中介效应所涉及路径上的两个路径系数乘积项估计值的95%置信区间检验*）所获得的关于本章研究所有假设的检验结果总结。

表6-22　本章研究假设的检验结果总结

研究假设	SPSS 19.0运行层级回归分析的“依次检验”结果	Mplus 7.0进行研究模型“整体检验”结果	结论是否相同
H6-1a	成立	成立	相同
H6-1b	未成立	未成立	相同
H6-1c	未成立	未成立	相同

续表

研究假设	SPSS 19.0运行层级回归分析的“依次检验”结果	Mplus 7.0进行研究模型“整体检验”结果	结论是否相同
H6－2a	成立	成立	相同
H6－3a	成立	成立	相同
H6－4a	成立	成立	相同
H6－2b	未成立	未成立	相同
H6－3b	成立	成立	相同
H6－4b	未成立（反方向假设成立）	未成立（反方向假设成立）	相同
H6－5a	成立	成立	相同
H6－5b	成立	成立	相同
H6－6a	成立	成立	相同
H6－7a	未成立	未成立	相同
H6－8a	未成立	成立	不同
H6－6b	未成立	未成立	相同
H6－7b	未成立	成立	不同
H6－8b	未成立	未成立（反方向假设成立）	不同[a]

注：表6－22系本章研究依据研究假设的检验结果，整理所得。a表示尽管两种检验方法均不支持研究假设H6－8b，但是，由于Mplus 7.0软件运行结果支持与H6－8b相反的结论，即，“团队内非基于绩效和人力资本特征性投入要素的水平薪酬差距，倾向于通过抵制团队成员工作场所恶意妒忌情绪而间接正向影响团队成员工作角色绩效”，因此，两种检验方法的研究结论是“不同”的。

由表6－22可以看出，在Spss 19.0软件中运行层级回归分析所获得的研究假设检验结果与在Mplus 7.0软件中运行研究模型整体检验所获得的结果的区别在于，两种检验方法关于团队成员“工作场所善意妒忌情绪（*SE*）”和“工作场所恶意妒忌情绪（*EE*）”可能中介效应的验证结果是不同的，具体体现为表6－22中两种检验方法关于研究假设H6－8a、H6－7b和H6－8b成立与否的结论不同。

通过在Spss 19.0软件中运行层级回归分析来检验中介效应假设是否成立，实质上是运用Baron和Kenny（1986）提出的中介效应“依次检验法”；通过在Mplus 7.0软件运行研究模型整体来检验中介效应，实质上使用的是偏差校正的非参数百分位Bootstrapping程序进行的“系数乘积的区间检验法”（温忠麟和叶宝娟，2014）。有研究表明，中介效应“依次检验法”的统计检验效力相对较低，常常将实际上显著的系数乘积得出不显著的结论（Fritz & MacKinnon，2007；MacKinnon et al.，2002）。关于中介效应的“系数乘积”检验，尽管除了偏差校正的非参数百分位 Bootstrapping 程序进行的“系数乘积的区间检验法”，还存在“Sobel 检验法”（Sobel，1982），并且，Sobel 检验法的统计效力高于“依次检验法”（MacKinnon et al.，2002），然而，Sobel 检验法关于系数乘积的正态性假设前提备受质疑（Hayes，2009）。相比较而言，近年来学术界十分提倡偏差校正的非参数百分位 Bootstrapping 程序进行的“系数乘积区间检验法”，因为该方法具有更高的统计检验力（Preacher，Rucker & Hayes，2007）。

因此，关于团队成员“工作场所善意妒忌情绪（SE）”和“工作场所恶意妒忌情绪（EE）”分别在基于“绩效”形成基础和“人力资本特征性投入要素”形成基础的团队内三种细分类型水平薪酬差距（即，*“基于绩效的水平薪酬差距（PD_1）”“基于人力资本特征性投入要素的水平薪酬差距（PD_2）”和“非基于绩效和人力资本特征性投入要素的水平薪酬差距（PD_3）”*）影响“团队成员工作角色绩效（JRP）”过程中可能中介效应的检验结果，本章研究主要遵循具有更高统计检验效力的在 Mplus 7.0 软件中运行 Bootstrapping 程序进行的“系数乘积区间检验法”的检验结果，即，研究假设 H6－6a（*即，团队内基于绩效的水平薪酬差距，通过触发工作场所善意妒忌情绪而间接正向影响团队成员工作角色绩效*）、研究假设 H6－8a（*即，团队内非基于绩效和人力资本特征性投入要素的水平薪酬差距，通过抵制工作场所善意妒忌情绪而间接负向影响团队成员工作角色绩效*）和研究假设 H6－7b（*即，团队内基于人力资本投入的水平薪酬差距，通过触发工作场所恶意妒忌情绪而间接负向影响团队成员工作角色绩效*）均获得实证数据的支持；研究假设 H6－7a（*即，团队内基于人力资本投入的水平薪酬差距，通过抵制工作场所善意妒忌情绪而间接负向影响团队成员工作角色绩效*）、研究假设 H6－6b（*即，团队内基于绩效的水平薪酬差距，通过抵制工作场所恶意妒忌情绪而间接正影响团队成员工作角色绩效*）和研究假设 H6－8b（*即，团队内非基于绩效和人力资本投入的水平薪酬差距，通过触发工作场所恶意妒忌情绪而间接负向影响团队成员工作角色绩效*）均未获得实证数据的支持。其中，研究假设 H6－8b 的反面预测，即团队内非基于绩效和人力资本特征性投入要素的水平薪酬差距通过抵制团队成员工作场所恶意妒忌情绪而间接正向影响团队成员工作角色绩效，则被实证研究证实是成立的。

6.5 研究结论与讨论

6.5.1 研究结论与理论意义

(1) 研究结论。

薪酬差距绩效效应“黑箱”，一直是薪酬差距影响研究领域一个亟待揭示的重要问题（Shaw，2014）。本章研究聚焦“团队内水平薪酬差距”，在第 4 章研究证实团队内水平薪酬差距的“绩效”形成基础（*即，“基于绩效的水平薪酬差距”*）对团队成员个体结果性绩效的显著正向影响，以及，第 5 章研究实证探索揭示水平薪酬差距对员工工作场所妒忌情绪“触发效应”的基础上，尝试综合考察“员工价值异质性”在我国目前组织薪酬分配体系中的两个主要且具有合法性的体现——水平薪酬差距的“绩效”形成基础和“人力资本特征性投入要素”形成基础，通过从团队成员的“工作场所善意妒忌情绪”和“工作场所恶意妒忌情绪”视角来揭示团队内三种细分类型水平薪酬差距分别对“团队成员工作角色绩效”的影响“黑箱”，为进一步推动薪酬差距影响研究走向成熟作出贡献。

具体来说，本章研究通过 66 个有效工作团队（*具体为非上市公司普通员工团队*）中 362 位有效团队成员个体的客观薪酬数据、客观绩效数据、客观人力资本特征性投入要素信息、工作场所善意妒忌情绪主观评价数据、工作场所恶意妒忌情绪主观评价数据和团队成员工作角色绩效主观评价数据，首先，分解和测算出团队内“基于绩效的水平薪酬差距”估计值、“基于人力资本特征性投入要素的水平薪酬差距”估计值和“非基于绩效和人力资本特征性投入要素的水平薪酬差距”估计值，然后，实证考察了团队内上述三种细分类型水平薪酬差距对团队成员工作角色绩效的直接影响以及通过触发或抵制团队成员工作场所善意妒忌情绪和工作场所恶意妒忌情绪而对团队成员工作角色绩效的间接影响。实证检验结果发现：

第一，关于团队内三种细分类型水平薪酬差距分别对“团队成员工作角色绩效”的直接效应。只有团队内“基于绩效的水平薪酬差距”才直接显著地正向影响“团队成员工作角色绩效”，“基于人力资本特征性投入要素的水平薪酬差距”和“非基于绩效和人力资本特征性投入要素的水平薪酬差距”均对“团队成员工作角色绩效”不产生显著的直接影响。

第二，关于团队内三种细分类型水平薪酬差距对团队成员“工作场所善意妒忌情绪”的可能触发效应或可能抵制效应。团队内“基于绩效的水平薪酬差距”，倾向于触发团队成员的“工作场所善意妒忌情绪”；“基于人力资本特征性投入要素的水平薪酬差距”，倾向于抵制团队成员的“工作场所善意妒忌情绪”；“非基于绩效和人力资本特征性投入要素的水平薪酬差距”，也倾向于抵制团队成员的“工作场所善意妒忌情绪”。

第三，关于团队内三种细分类型水平薪酬差距对团队成员“工作场所恶意妒忌情绪”的可能触发效应或可能抵制效应。团队内“基于绩效的水平薪酬差距”，正向影响团队成员的“工作场所恶意妒忌情绪”，但是，正向影响在统计上不具有显著性；“基于人力资本特征性投入要素的水平薪酬差距”，倾向于触发团队成员的“工作场所恶意妒忌情绪”；“非基于绩效和人力资本特征性投入要素的水平薪酬差距”，并未如理论预测那样倾向于“触发”团队成员的“工作场所恶意妒忌情绪”，而是显著地“抵制”或“削弱”团队成员的“工作场所恶意妒忌情绪”。

第四，关于团队成员的“工作场所善意妒忌情绪”和“工作场所恶意妒忌情绪”对“团队成员工作角色绩效”的可能影响。团队成员的“工作场所善意妒忌情绪”，显著正向影响“团队成员工作角色绩效”；团队成员的“工作场所恶意妒忌情绪”，显著负向影响“团队成员工作角色绩效”。

第五，关于团队成员的“工作场所善意妒忌情绪”和“工作场所恶意妒忌情绪”的在基于“绩效”形成基础和“人力资本特征性投入要素”形成基础的团队内三种细分类型水平薪酬差距对团队成员个体行为性绩效（通过“团队成员工作角色绩效”变量来反映和衡量）影响过程中的可能中介效应。团队内

“基于绩效的水平薪酬差距”，主要通过“触发”团队成员的“工作场所善意妒忌情绪”而间接显著地正向影响“团队成员工作角色绩效”；“基于人力资本特征性投入要素的水平薪酬差距”，主要通过“触发”团队成员的“工作场所恶意妒忌情绪”而间接显著地负向影响“团队成员工作角色绩效”；“非基于绩效和人力资本特征性投入要素的水平薪酬差距”，一方面通过“抵制”团队成员的“工作场所善意妒忌情绪”而间接显著地负向影响“团队成员工作角色绩效”，另一方面却通过“抵制”团队成员的“工作场所恶意妒忌情绪”而间接显著地正向影响“团队成员工作角色绩效”。

（2）关于未成立的研究假设。

如表6－22关于本章提出的研究假设是否成立的结果总结所示，图6－2理论模型涉及的17个研究假设中，仅有研究假设H6－1b、H6－1c、H6－2b、H6－6b、H6－4b、H6－8b、H6－7a未获得实证研究证实，其余10个研究假设则均获得实证数据的支持。

①研究假设H6－1b和H6－1c，分别是关于团队内“基于人力资本特征性投入要素的水平薪酬差距”和“非基于绩效和人力资本特征性投入要素的水平薪酬差距”分别对“团队成员工作角色绩效”可能具有的直接负向影响关系的推断。*无论是在Spss 19.0软件中运行层级回归分析的检验结果（详见表6－19和表6－20），还是在Mplus 7.0软件中进行研究模型整体检验结果（详见表6－21）*，实证检验结果均显示，团队内“基于人力资本特征性投入要素的水平薪酬差距”和“非基于绩效和人力资本特征性投入要素的水平薪酬差距”的确直接负向影响“团队成员工作角色绩效”，然而，直接负向影响在统计上并不具有显著性。也许，团队内“基于人力资本特征性投入要素的水平薪酬差距”和“非基于绩效和人力资本特征性投入要素的水平薪酬差距”对团队成员个体行为性绩效的确不具有显著的“直接效应”。正如本章在研究假设H6－1b和H6－1c的提出部分所言，正是基于这两种类型水平薪酬差距对团队成员个体投入团队成员精通性、适应性和主动性工作角色行为的认知资源和注意力资源的“消耗”，才作出研究假设H6－1b和H6－1c预测的那样呈现出可能的“直接负向影响”的关系推导。本章研究有关“工作场所善意妒忌情绪”和“工作场所恶意妒忌”

间接桥梁中介作用的假设及证实，或许正是员工个体认知资源和注意力资源“消耗”的主要体现。因此，这两种类型的水平薪酬差距对团队成员个体行为性绩效的影响并非体现在“直接”的负向影响，而是主要体现“间接”的负向影响。

②研究假设 H6－2b，是基于源于员工个体绩效贡献异质性的水平薪酬差距情形下团队成员个体对其他成员获得的较高薪酬水平的“应得”判断倾向和通过提升自身绩效贡献而改变目前不利薪酬比较地位的“较高控制感”评价，而作出的“团队内基于绩效的水平薪酬差距，倾向于抵制团队成员工作场所恶意妒忌情绪”的可能影响关系预测；研究假设 H6－6b，则是基于研究假设 H6－2b以及工作场所恶意妒忌情绪可能显著负向影响团队成员工作角色绩效推断成立而作出的进一步预测：工作场所恶意妒忌情绪，可能在基于绩效的水平薪酬差距影响团队成员工作角色绩效过程中发挥着中介变量的角色。然而，本章实证研究却发现，团队内基于绩效的水平薪酬差距倾向于“触发”（*尽管不显著，但非理论预测的“抵制”*）团队成员工作场所恶意妒忌情绪。或许，除了现有研究所探讨的“应得感”判断和“控制感”评价之外，还存在其他可能触发或抵制员工工作场所善意妒忌情绪和工作场所恶意妒忌情绪的重要影响因素。例如，员工通常会视组织绩效薪酬分配系统为一个“零—和”系统（Samnani & Singh, 2014）。当团队成员个体关于组织绩效薪酬分配体系的零和意识十分强烈时，激烈的竞争意识可能会“激发”团队成员个体的工作场所恶意妒忌情绪；这个可能的“激发效应”，在一定程度上抵消甚至强烈于基于绩效的水平薪酬差距情形下的“应得”判断和“较高控制感”评价所主导的对团队成员工作场所恶意妒忌情绪的“抵制效应”，进而使团队内“基于绩效的水平薪酬差距—工作场所恶意妒忌情绪”之间呈现出本章实证研究所揭示的“触发效应”（*尽管不显著，但并非是假设所预测的“抵制效应”*），最终导致建立在该假设（*即，研究假设 H6－2b*）基础之上的研究假设 H6－6b 也不成立。

③研究假设 H6－4b，是基于团队内第三种细分类型水平薪酬差距（*即，“非基于绩效和人力资本特征性投入要素的水平薪酬差距”*）的形成基础模糊不明确所导致的团队成员个体对其他成员获得的较高薪酬水平的“不应得”判断倾向以及部分可能来源的“难以控制”评价，而作出的关于团队内“非基于绩效

和人力资本特征性投入要素的水平薪酬差距”倾向于“触发”工作场所恶意妒忌情绪的可能影响关系预测。然而，本章实证研究却发现，团队内非基于绩效和人力资本特征性投入要素的水平薪酬差距倾向于“抵制”团队成员的工作场所恶意妒忌情绪。本章研究认为，尽管团队内第三种细分类型水平薪酬差距的可能来源相对较为明确：不是员工个体的绩效贡献异质性，也不是员工个体的人力资本特征性投入要素差异，可能是员工个体的政治行为和政治技巧差异、团队主管个人的绩效评价偏好、薪酬分配中的随机决策、薪酬测算误差等因素，然而，由于每一种可能来源所导致的薪酬差距对团队成员工作场所恶意妒忌情绪的影响方向不尽相同、本章实证研究模型中也未清晰区分出这些可能来源以及每个可能来源的比例大小和本章实证研究样本的局限，而最终导致实证研究结果呈现出团队内非基于绩效和人力资本特征性投入要素的水平薪酬差距对团队成员工作场所恶意妒忌情绪的不是“触发”而是“抵制”的效应。或许，对于本章实证研究样本的团队内非基于绩效和人力资本特征性投入要素的水平差距而言，存在着具有合法性的其他可能来源，抑或者，被调查的样本员工个体对上述列举的可能来源表现出一定的接受和认可度而使它们可能具有合法性。总之，由于研究假设 H6－4b未获得实证数据的支持，建立在其基础之上的研究假设 H6－8b 自然也未获得实证研究的证实。

④研究假设 H6－7a，是关于团队成员的工作场所善意妒忌情绪在团队内基于人力资本特征性投入要素的水平薪酬差距影响团队成员工作角色绩效过程中的可能中介效应推断。研究假设 H6－7a，是在研究假设 H6－3a 成立的基础上作出的进一步推断，之所以未成立，本章研究推测，可能是统计检验标准的不一致所导致。研究假设 H6－3a（*即，团队内基于人力资本特征性投入要素的水平薪酬差距，倾向于抵制团队成员工作场所善意妒忌情绪*），是在 0.10 水平上获得了实证数据的支持的（*无论是在 Spss 19.0 软件中运行的层级回归分析检验结果，还是在 Mplus 7.0 软件中进行的研究模型整体检验结果*）；研究假设 H6－7a 的检验，则是基于 Bootstraping 程序运行的“系数乘积区间检验”，是否成立是基于相应系数乘积估计值的 95% 置信区间是否包含 0 来判断的。如果与研究假设 H6－3a 在 0.10 水平上的统计显著性检验标准一致，研究假设 H6－7a 对应的系数乘

积估计值的90%置信区间则为［-0.171，-0.004］，没有包含0，意味着研究假设H6-7a所预测的——工作团队内基于人力资本特征性投入要素的水平薪酬差距通过抵制团队成员工作场所善意妒忌情绪而对团队成员工作角色绩效具有间接负向影响——实现了在0.10水平上的显著性，所以，可以认为研究假设H6-7a在0.10水平上获得了本章实证研究的证实。

（3）理论意义。

第一，本章研究打破传统研究对员工个体价值作出的趋于“同质性”的默认假设，综合考虑员工个体价值异质性在我国目前组织薪酬分配体系中的两大主要且具有合法性的体现——水平薪酬差距的“绩效”形成基础和“人力资本特征性投入要素”形成基础，将团队内水平薪酬差距划分为“基于绩效的水平薪酬差距”“基于人力资本特征性投入要素的水平薪酬差距”和“非基于绩效和人力资本特征性投入要素的水平薪酬差距”三种子类型，在团队内水平薪酬差距的“新”细分类型划分方面作出了贡献。不仅如此，本章研究突破现有研究对“团队过程性变量”主导薪酬差距影响解释机制的现状，响应学界呼吁，从员工对薪酬差距的情绪反应视角（*即，工作场所善意妒忌情绪和工作场所恶意妒忌情绪*）考察和揭示了团队内三种细分类型水平薪酬差距对团队成员工作角色绩效的影响“黑箱”，是对薪酬差距绩效效应“中介机制”研究的重要补充和丰富。

第二，本章研究综合考察了员工个体的结果性绩效和行为性绩效，尤其是关注当前愈益动态、不确定、复杂和具有任务互依性组织工作情境下的团队成员精通性工作角色行为、适应性工作角色行为和主动性工作角色行为，超越了现有薪酬差距绩效效应研究普遍对“结果性绩效”的强调，丰富了薪酬差距对员工个体行为性绩效的影响研究，是伴随组织工作情境的日益动态、不确定、复杂和具有任务互依性情形下“员工绩效”概念的完善和丰富而作出的对薪酬差距绩效效应研究的与时俱进和更新。

第三，近年来，尽管越来越多的学者已经接受并认可——“工作场所善意妒忌情绪”和“工作场所恶意妒忌情绪”是两种截然不同且相互独立的妒忌情绪类型（Van de Ven，Zeelenberg & Pieters，2009；Tai，Narayanan & Mcallister，2012；Van de Ven，2016），然而，“工作场所善意妒忌情绪”和“工作场所恶意妒忌情绪”研究依然处于探索阶段，现有文献多是从理论层面分析了工作场所善意妒忌情绪和工作场所恶意妒忌情绪的可能影响因素（刘得格、李文东和陈文晶，2017），十分缺乏导致工作场所善意妒忌情绪和工作场所恶意妒忌情绪的“前因变量”实证探讨。本章研究通过实证检验证实，“基于绩效的水平薪酬差距”“基于人力资本特征性投入要素的水平薪酬差距”和“非基于绩效和人力资本特征性投入要素的水平薪酬差距”是团队成员工作场所善意妒忌情绪和工作场所恶意妒忌情绪的重要影响因素，是从组织薪酬分配视角作出的对员工“工作场所善意妒忌情绪”和“工作场所恶意妒忌情绪”前因变量实证研究的丰富。

第四，现有研究文献常常忽视工作场所妒忌情绪在组织中潜在的积极影响（*即，未区分工作场所妒忌情绪的善意和恶意属性*），本章研究则详细区分了团队成员的“工作场所**善意**妒忌情绪”和“工作场所**恶意**妒忌情绪”，不仅强调工作场所善意妒忌情绪倾向于有利于促进团队成员的行为性绩效（*相应地，工作场所恶意妒忌情绪将削弱或抵制团队成员的行为性绩效*），也探讨和揭示了工作场所善意妒忌情绪和工作场所恶意妒忌情绪在基于水平薪酬差距形成基础的团队内细分类型水平薪酬差距间接正向或负向影响团队成员行为性绩效过程中发挥的重要中介作用。这是对组织薪酬分配情境下工作场所妒忌情绪积极影响和消极影响（**尤其是积极影响**）研究的重要补充。

6.5.2 管理实践启示

本章研究关于团队内三种细分类型水平薪酬差距分别对团队成员工作角色绩效的直接影响、团队成员工作场所善意/恶意妒忌情绪对团队成员工作角色绩效的影响以及团队内三种细分类型水平薪酬差距分别通过触发或抵制团队成员工作场所善意妒忌情绪和工作场所恶意妒忌情绪而对团队成员工作角色绩效的间接影响研究结论，为组织从团队薪酬分配设计视角和工作场所妒忌情绪管理视角致力于提升团队成员精通性、适应性和主动性工作角色行为（*即团队成员工作角色绩效的三个重要维度*）的可行途径，奠定了理论基础。

（1）团队薪酬分配设计视角促进团队成员工作角色绩效实现的可行途径。

本章实证研究证实，作为我国目前组织薪酬分配体系中员工个体价值异质性的两个主要且具有合法性的体现（贺伟和嵩坡，2014），水平薪酬差距的“绩效”形成基础和“人力资本特征性投入要素”形成基础分别对“团队成员工作角色绩效”的直接影响和间接影响有很大不同：“基于绩效的水平薪酬差距”不仅直接显著地正向影响团队成员工作角色绩效（*如表6－21 及图6－4 所示*，$\beta=0.027$，$p<0.05$），也通过“触发”团队成员的“工作场所善意妒忌情绪”或提升团队成员的“工作场所善意妒忌情绪”水平而间接显著地正向影响“团队成员工作角色绩效”（*如表6－21 所示，该中介效应估计值的95% 置信区间为*［0.002，0.025］，*没有包含0*）；“基于人力资本特征性投入要素的水平薪酬差距”则与团队成员工作角色绩效不具有直接显著的负相关性（如表6－21 及图6－4所示，$\beta=-0.014$，$p>0.10$，n.s.），它仅仅通过“触发”团队成员的“工作场所恶意妒忌情绪”或提升其“工作场所恶意妒忌情绪”水平而间接显著地负向影响团队成员工作角色绩效（*如表6－21 所示，该中介效应估计值的95% 置信区间为*［－0.102，－0.012］，*没有包含0*）。因此，从有效激励或提升团队成员精通性、适应性和主动性工作角色行为角度考虑，团队薪酬分配的基础或团队成员之间水平薪酬差距的来源应该更侧重于强调当前绩效结果和未来绩效行为的“绩效”形成基础，而我国组织情境下尽管和水平薪酬差距的“绩效”形成基础一样具有合法性但却强调过去行为表现结果和未来可能潜质的“人力资本特征性投入要素”形成基础则应该在团队薪酬分配中适当控制比例并重点思考如何使它们能够切实转变为员工的行为和绩效。由此，尽可能充分地发挥团队内基于绩效的水平薪酬差距对团队成员工作角色绩效的直接正向影响和间接正向影响。

（2）工作场所妒忌情绪管理视角促进团队成员工作角色绩效实现的可行途径。

本章实证研究表明，工作场所妒忌情绪对团队成员工作角色绩效既具有积极影响也具有消极影响，其中，“工作场所善意妒忌情绪”显著正向影响团队成员工作角色绩效（*如表6－21 和图6－4 所示*，$\beta=0.320$，$p<0.01$），十分有利于

促进团队成员精通性工作角色行为、团队成员适应性工作角色行为和团队成员主动性工作角色行为[①]（如表 6－23 所示，$\beta_1 = 0.269$，$p < 0.01$；$\beta_2 = 0.305$，$p < 0.01$；$\beta_3 = 0.379$，$p < 0.01$）；“工作场所恶意妒忌情绪”则对团队成员工作角色绩效具有显著的负向影响（如表 6－21 和图 6－4 所示，$\beta = -0.086$，$p < 0.01$），会显著削弱团队成员精通性工作角色行为、团队成员适应性工作角色行为和团队成员主动性工作角色行为（如表 6－23 所示，$\beta_1 = -0.109$，$p < 0.01$；$\beta_2 = -0.091$，$p < 0.01$；$\beta_3 = -0.055$，$p < 0.10$）。因此，有效促进团队成员工作角色绩效的可行途径，也可以考虑通过有效管理团队成员的工作场所妒忌情绪来实现。具体来说，组织或工作团队应该时刻关注团队成员个体的工作场所妒忌情绪，尤其是要第一时间明确这种情绪究竟是具有善意属性、恶意属性还是善恶意属性兼具；应该在组织或工作团队内公开认可、支持和鼓励团队成员个体的工作场所“善意”妒忌情绪，更为重要的是积极通过团队薪酬分配基础的设计来触发或促进团队成员个体的工作场所“善意”妒忌情绪、抑制或削弱团队成员个体的工作场所“恶意”妒忌情绪。此外，表 6－11 中的相关性分析结果也显示，工作场所“善意”妒忌情绪，与年龄（$r = -0.115$，$p < 0.05$）、受教育程度（$r = -0.199$，$p < 0.01$）和职称或技能等级（$r = -0.188$，$p < 0.01$）均显著负相关，与个体绩效表现显著正相关（$r = 0.161$，$p < 0.05$）；工作场所“恶意”妒忌情绪则与婚姻状况显著正相关（$r = 0.116$，$p < 0.05$）。因此，组织或工作团队应该重点关注那些年龄较长、受教育程度较高、职称或技能等级较高、个体绩效表现较差的团队成员个体的工作场所“善意”妒忌情绪的激发和提升，以及重点抑制已婚团队成员个体的工作场所“恶意”妒忌情绪触发或恶化。

---

① 为了从工作场所妒忌情绪管理视角提出促进团队成员工作角色绩效实现的具体策略，本章研究通过在 Mplus 7.0 软件中运行工作场所善意妒忌情绪和工作场所恶意妒忌情绪同时对团队成员工作角色绩效的三个重要维度——团队成员精通性工作角色行为、适应性工作角色行为和主动性工作角色行为的回归分析模型检验，以考察工作场所善意妒忌情绪和工作场所恶意妒忌情绪对团队成员精通性工作角色行为、团队成员适应性工作角色行为和团队成员主动性工作角色行为的影响，回归模型的检验结果总结如表 6－23 所示。

表 6-23　　工作场所善意/恶意妒忌情绪对团队成员工作角色绩效三维度的影响结果（N=362）

路径	回归系数	P 值	路径	回归系数	P 值	路径	回归系数	P 值
C→JRP_1	-0.024***	0.003	C→JRP_2	0.001	0.945	C→JRP_3	-0.019	0.102
SE→JRP_1	0.269***	0.000	SE→JRP_2	0.305***	0.000	SE→JRP_3	0.379***	0.000
EE→JRP_1	-0.109***	0.000	EE→JRP_2	-0.091***	0.000	EE→JRP_3	-0.055*	0.072

注：* 表示 $p<0.10$；** 表示 $p<0.05$；*** 表示 $p<0.01$。C 表示行业类型；SE 表示工作场所善意妒忌情绪；EE 表示工作场所恶意妒忌情绪；JRP_1 表示团队成员精通性工作角色行为；JRP_2 表示团队成员适应性工作角色行为；JRP_3 表示团队成员主动性工作角色行为。另外，表 6-23 系本章研究依据在 Mplus 7.0 软件中运行工作场所善意妒忌情绪和工作场所恶意妒忌情绪同时对团队成员工作角色绩效的三个重要内容维度——团队成员精通性工作角色行为、适应性工作角色行为和主动性工作角色行为的回归模型检验结果，整理所得；表中回归系数为标准回归系数。

6.5.3　研究不足与展望

本章在探索团队内水平薪酬差距“新”细分类型及其对团队成员工作角色绩效的影响“黑箱”方面作出了重要贡献，也在工作场所妒忌情绪的“积极”影响研究方面作出了重要补充和丰富。然而，本章研究还存在着一些亟待完善的地方。

第一，关于依据团队内水平薪酬差距的形成基础或来源（或者，*严格意义上来说，依据员工个体价值异质性在组织薪酬分配体系中的具体反映和体现*）**而对团队内水平薪酬差距的“新”类型细分**。针对我国目前组织薪酬分配体系中反映员工个体价值异质性的两大主要且具有合法性的体现——员工个体的绩效贡献异质性和人力资本投入性要素异质性，本章研究依据团队内水平薪酬差距是否形成于或来源于员工个体的“绩效”差异或“人力资本特征性投入要素”差异（*一个为“实际绩效”，另一个为具备转化为实际绩效的“潜质”或“能力”的特征性因素*），将团队内水平薪酬差距细分为“基于绩效的水平薪酬差距”“基于人力资本特征性投入要素的水平薪酬差距”和“非基于绩效和人力资本特征性投入要素的水平薪酬差距”三种类型。水平薪酬差距，主要源于组织相同层级或承担大体相同工作岗位职责的员工个体之间的绩效贡献异质性、技能差异、能力差异、知识差异、年功差异、政治行为差异等（Gupta，Conroy & Delery，2012；Downes & Choi，2014）。本章研究针对我国目前组织薪酬分配体系的实际情况，运用性别、年龄、受教育程度、工龄、婚姻状况、职称或技能等级代表员工个体的技能差异、能力差异、知识差异、年功差异，然而，本章研究并未考虑员工个体的“政治行为/政治技巧”异质性以及“等”因素所可能导致的团队内水平薪酬差距，而是将这些因素所导致的团队内水平薪酬差距统统归入“非基于绩效和人力资本特征性投入要素的水平薪酬差距”子类型，进而在一定程度上导致了在理论上应该相互独立的“基于绩效的水平薪酬差距”与“非基于绩效和人力资本特征性投入要素的水平薪酬差距”之间（*如表 6－17 所示*，$r = 0.240$，$p < 0.01$）、“基于人力资本特征性投入要素的水平薪酬差距”与“非基于绩效和人力资本特征性投入要素的水平薪酬差距”之间（*如表 6－17 所示*，$r = 0.597$，$p < 0.01$）的显著相关性，以及，关于“非基于绩效和人力资本特征性投入要素的水平薪酬差距”对“工作场所恶意妒忌情绪”的匪夷所思的“抵制效应”（*而非预测的“触发效应”*）。因此，未来应该在研究设计中考察源于员工个体“政治行为/政治技巧”异质性及“等”因素的水平薪酬差距的合法性及可能影响，以进一步明确各细分类型水平薪酬差距之间的关系及对绩效的影响。

第二，关于团队内基于绩效的水平薪酬差距的“可识别性”。由于员工个体绩效贡献的多维特性（Farkas & Anderson，1979；Cook & Yamagishi，1983）会强化员工个体在判断自己与他人绩效贡献时的固有偏见（Feldman，1981；Kruger & Dunning，1999），因此，即便组织薪酬分配是基于员工个体的绩效贡献异质性，这种薪酬分配或其客观形成的薪酬差距的公平性，依然受到质疑和挑战（Burroughs，1982；Gerhart，Rynes & Fulmer，2009）。或许，正如 Shaw（2014）所言，“绩效”形成基础对薪酬差距公平性的影响关键，在于员工个体绩效贡献通常异质性的“可识别性”。建立在“客观”评价指标基础上的绩效贡献异质性的可识别度通常很高，然而，并非所有工作岗位上的员工绩效均可以使用客观评价指标来衡量。本书第 2 章对现有研究文献的回顾和梳理中也发现，现有研究关于薪酬差距具有积极影响的证据支持多来源于能够清晰识别员工个体绩效贡献的体育竞技团队样本（Ehrenberg & Bognanno，1990a；Ehrenberg & Bognanno，1990b；

Becker & Huselid, 1999; Gilsdorf & Sukhatme, 2008a; Gilsdorf & Sukhatme, 2008b; Simmons & Berri, 2011）和实验操控情境（Charness & Kuhn, 2007; A-beler et al. , 2010; Bartling & Von Siemens, 2011）。本章研究运用来论证团队内基于绩效的水平薪酬差距对团队成员工作角色绩效的直接正向影响和经工作场所善意妒忌情绪中介作用的间接正向影响的研究样本，也是可以清晰识别员工个体绩效贡献的样本（*即以客观指标评价员工个体绩效表现的高校教师工作团队和销售工作团队为主*）。因此，未来研究应该考虑在丰富样本类型以提升研究结论外部效度的基础上，在研究模型中增加员工个体绩效贡献异质性的"可识别性"变量，以深入探讨该变量对薪酬差距绩效影响的可能限定作用。

第三，关于工作场所善意妒忌情绪和工作场所恶意妒忌情绪传递团队内细分类型水平薪酬差距对团队成员工作角色绩效影响的可能"边界条件"探讨。作为本章研究解释团队内细分类型水平薪酬差距影响团队成员工作角色绩效的重要中介机制，工作场所善意妒忌情绪和工作场所恶意妒忌情绪受到诸多情境性因素和员工个体差异性因素的影响。例如，工作团队内领导—成员交换关系质量（Vecchio, 1995）、团队成员之间的关系亲密度（Hofer & Busch, 2011; Kim, O'Neill & Cho, 2010）等情境性因素，以及团队成员对薪酬水平比较中的应得感认知（Van de Ven, Zeelenberg & Pieters, 2009; Van de Ven, Zeelenberg & Pieters, 2012; Crusius & Lange, 2016）、控制感评价（Van de Ven, Zeelenberg & Pieters, 2012; Crusius & Lange, 2016），团队成员个体的特质性妒忌（Cohen - Charash & Mueller, 2007; Lange & Crusius, 2015）、自尊（Vecchio, 2000; Vecchio, 2005）、核心自我评价（Tai, Narayanan & Mcallister, 2012）等个体人格特征差异性因素。本章研究在解释研究假设 H6 - 2b 之所以未得到实证研究支持时，也提及员工个体视组织绩效薪酬分配体系为"零—和"系统的程度可能在一定程度上限制了基于绩效的水平薪酬差距情形下团队成员个体对其他成员获得的较高薪酬水平的"应得"判断和"较高可控制感"评价，以及它们进一步对团队成员工作场所恶意妒忌情绪的可能"抵制效应"。因此，未来研究应该考虑进一步探讨上述这些影响因素在本章研究中介模型中的可能调节作用。

第四，关于实证数据的来源。本书第 2 章薪酬差距影响研究的现状与未来趋势分析部分，在回顾和梳理了近 20 年来国内外薪酬差距影响研究文献的基础上，提炼出现有研究文献分别在支撑理论基础、薪酬差距的结果变量、薪酬差距效应的调节变量、薪酬差距效应的中介变量、薪酬差距的类型划分与测量、薪酬差距影响研究样本和实证数据采集等方面呈现出的主要特点和未来研究趋势。其中，现有研究文献在实证数据采集方面越来越呈现出由早期主要依赖市场公开客观薪酬数据和绩效数据，到最近基于客观薪酬数据实地收集结合其他研究变量采用测量量表进行主观评价的综合收集方式趋势，也有个别研究超越传统静态视角开始收集薪酬和绩效的客观时间序列数据以从时间纵向的动态视角来探讨团队薪酬差距对团队绩效的影响（Feng，Chen & Liu，2017）。此外，薪酬差距影响研究走向成熟的过程中，还存在一些研究使用了能够更加明确因果关系的“实验法”来采集实证数据（Beersma et al.，2003；Bartling & Von Siemens，2011；张正堂、刘颖和王亚蓓，2014；Super，Li，Ishqaidef & Guthrie，2016）。本章研究基于工作团队/部门主管或所在组织人力资源管理者提供客观薪酬数据和绩效数据、团队成员个体提供自己在相应年份的人力资本特征性投入要素信息以及工作团队主管和成员主观评价相关研究变量测量量表的方式，来综合获取本章研究实证数据。尽管本章研究也期望工作团队/部门主管或所在组织人力资源管理者能够提供所调查工作团队部门内团队成员个体的“客观而精确”的薪酬数据和绩效数据，然而，鉴于大部分被调查工作团队/部门所在组织实施薪酬保密政策或规定以及工作团队/部门主管或所在组织人力资源管理者自身的顾虑，本章研究实际运用于测算团队内三种细分类型水平薪酬差距的薪酬数据和绩效数据均为缺乏精确性的年收入“概数”。无疑，这会影响团队内“基于绩效的水平薪酬差距”估计值、“基于人力资本特征性投入要素的水平薪酬差距”估计值和“非基于绩效和人力资本特征性投入要素的水平薪酬差距”估计值的测算以及后续估计它们分别对团队成员工作角色绩效的可能影响。因此，未来研究应该尽可能地克服这种实证数据采集缺陷。

第 7 章

总结与展望

7.1 总体研究结论

本书聚焦当前愈益动态、不确定、复杂和具有任务互依性的组织工作情境下越来越多的组织期望通过团队内成员个体之间有差异的薪酬水平安排以促进团队成员个体行为性绩效和结果性绩效实现的管理实践现象，以及，现有文献关于薪酬差距（对绩效）影响结论依然“不一致”的研究现状，通过一个理论综述研究（即，本书第2 章*薪酬差距影响研究的现状与未来趋势分析*）和四个递进式实证研究（分别为本书第3 章*水平薪酬差距—员工价值异质度间的（不）一致对团队成员个体绩效的差异性影响研究：多项式回归结合三维响应曲面分析法*、第4 章*团队内水平薪酬差距的“绩效”形成基础及其对个体绩效的影响研究：薪酬分配位置及员工价值异质性的调节效应*、第5 章*团队内水平薪酬差距对员工工作场所妒忌情绪触发效应研究*和第6 章*团队内水平薪酬差距的形成基础对团队成员工作角色绩效影响机制研究：工作场所善、恶意妒忌情绪的中介作用*)，不仅系统梳理薪酬差距影响研究的构建理论基础、薪酬差距类型划分及测量、国内外薪酬差距影响实证研究研究文献，分析现有研究的主要特点及未来研究趋势，也从工作场所善、恶意妒忌情绪视角揭示了团队内水平薪酬差距的“绩效”形成基础和“人力资本特征性投入要素”形成基础对团队成员绩效的重要影响及具体影响机制；是从**明确薪酬比较的覆盖范围、薪酬比较的对象、薪酬差距的形成动因或形成基础、薪酬差距影响结果变量的关注点和突破实证数据因市场公开来源**

依赖而对"中介机制"探讨的限制等方面的"多途径"努力与尝试，来明确现有研究结论的"不一致"和推进薪酬差距影响研究走向成熟。

本书获得的具体研究结论，总结如下。

7.1.1　薪酬差距影响研究的特点及未来趋势

纵观近 20 年来国内外薪酬差距影响研究文献，薪酬差距影响研究主要呈现出三个显著特点：第一，大多基于市场公开数据，运用经济视角观理论或行为视角观理论来探讨体育竞技团队或上市公司高管团队薪酬差距的影响；第二，重点考察薪酬差距的绩效效应和离职效应；第三，主要通过细分薪酬差距类型（*但多限于水平和垂直的传统类型区分*）、调节变量探讨（*主要关注组织情境因素*）以及中介机制揭示（*主要为团队过程性变量解释机制*）三条途径，来进一步明确薪酬差距绩效效应。这三个研究特点，也预示着薪酬差距影响研究存在着下述七个主要趋势或有待继续增强的研究领域。

(1) 在薪酬差距影响实证研究的"构建理论基础"方面，超越传统经济视角观锦标赛理论和行为视角观社会比较理论、公平理论、期望理论和相对剥削理论的主导，逐渐开始出现运用权变理论、信号理论、合法性理论、分选理论、社会交换理论、匹配理论、关系模型理论、目标依存理论等新理论视角来尝试全方位审视和考察薪酬差距影响的实证研究，使得薪酬差距影响实证研究领域在构建和支撑理论基础方面越来越呈现出"多元"理论"融合"的局面。因此，未来研究应该考虑继续引入并运用更多合适的理论视角，来科学预测、解释和揭示薪酬差距的复杂影响关系（*本书，即综合运用期望理论、社会比较理论、公平理论、相对剥削理论、合法性理论、目标设定理论、情绪功能性分析法、情绪评价理论、工作场所妒忌情绪理论、绩效幂律分布理论和认知资源损耗理论等，科学构建四个实证研究的理论模型和合理预测各研究变量之间的可能影响关系*）。

(2) 在薪酬差距影响的"结果变量"探讨方面，超越以"绩效"或"离职"为代表的远端行为性结果变量，个别研究呼吁并已开始关注员工个体层面或员工集体层面对薪酬差距的情感反应类近端动机性结果变量。因此，未来研究应该增强对薪酬差距的员工情感反应类动机性结果变量影响的实证探讨，为从员工对薪酬差距的情感反应视角来揭示薪酬差距影响“黑箱”奠定前期基础（本书，即沿循这一趋势，不仅在区分团队成员“结果性绩效”和“行为性绩效”的基础上与时俱进地关注当前愈益动态、不确定、复杂和具有任务互依性的组织工作情境下的团队成员精通性、适应性和主动性工作角色行为进而运用“团队成员工作角色绩效”作为团队成员个体行为性绩效的代理变量进行深入探讨，也在研究中首次实证探讨了（水平）薪酬差距对员工“工作场所善意妒忌情绪”和“工作场所恶意妒忌情绪”的可能影响）。

(3) **关于薪酬差距影响的“调节变量”考察，**开始由强调薪酬权变模型中的“组织情境性因素”，至逐渐增强对员工“个体异质性因素”在薪酬差距影响中的可能调节效应关注（本书，即顺应该趋势，在实证研究中不仅关注员工个体的“薪酬分配位置”对基于水平薪酬差距的“绩效”形成基础而划分的团队内两种细分类型水平薪酬差距分别对团队成员个体结果性绩效的调节效应，也考察了当前员工个体绩效在组织内“幂律分布”主导情境下能够有效区分“明星员工”和“一般员工”的“员工价值异质性”对“基于绩效的水平薪酬差距—绩效”之间影响关系的调节效应，突破了现有实证研究文献对员工个体绩效贡献作出的趋于“同质”的默认假设）。

(4) **在薪酬差距影响的“中介变量”探讨方面，**超越“团队过程性变量”长期主导薪酬差距影响解释机制局面，开始有个别研究从员工（无论是员工个体层面还是团队层面）对薪酬差距的“情感反应”视角（例如，员工个体层面的情感承诺和薪酬水平满意度；团队层面的团队薪酬差距合法性感知、薪酬满意度变异、团队薪酬公平感知）着手揭示薪酬差距的影响“黑箱”。因此，未来研究应该增强员工情感反应视角的新中介机制探讨，或者，考虑从更多视角来全面考察和揭示薪酬差距影响的中介机制（本书，即从员工工作场所妒忌情绪视角，在实证研究3（即本书第5章）证实了团队内水平薪酬差距的员工工作场所妒忌情绪触发效应存在的基础上，通过实证研究4（即本书第6章）进一步揭示了团队内水平薪酬差距的“绩效”形成基础和“人力资本特征性投入要素”形成基础影响团队成员行为性绩效过程中“工作场所善意妒忌情绪”和“工作场所恶意

妒忌情绪”的重要中介桥梁角色）。

（5）**在薪酬差距的“类型划分”方面**，超越“水平与垂直”的传统分类标准，开始关注决定员工对薪酬差距情感反应的最本质因素——“员工价值异质性”——在我国目前组织薪酬分配体系中的主要且具有合法性的反映和体现，或者，换句话说，从“员工价值异质性”视角的薪酬差距“形成基础”或“解释基础”方面出现了基于薪酬差距“形成基础”的“新”类型划分（尽管只是理论层面上的探讨）。因此，未来研究应该沿循着这一趋势，继续深入考察薪酬差距的具体“形成基础”，以通过明确薪酬差距的形成基础来有效推进薪酬差距影响研究走出“不一致”僵局和稳步迈入成熟期（*本书，即聚焦“团队内水平薪酬差距”，基于第3 章实证研究证实“员工价值异质度”（或“员工价值异质性”）在薪酬差距绩效影响研究中扮演着重要角色，找寻到员工个体价值异质性在我国目前组织薪酬分配体系中的具体和主要体现——员工个体的绩效贡献异质性和人力资本特特征性投入要素异质性，不仅依据水平薪酬差距的“绩效”形成基础和“人力资本特征性投入要素”形成基础进行团队内水平薪酬差距的“新”类型划分，也**实证**探讨了“新”细分类型水平薪酬差距对团队成员结果性绩效和行为性绩效的影响*）。

另外，伴随着薪酬差距“新”类型划分的出现，还应该考虑在现有成熟的薪酬差距测量方法（*例如，差值测量法、比值测量法、方差测量法、差异系数测量法、基尼系数测量法、赫芬达尔—赫希曼指数测量法、泰尔指数测量法*）的基础上进行创新（*本书则依据团队内“新”细分类型水平薪酬差距的统计学原理，综合运用“回归分析预测法”和“差值测量法”，发展了本书基于水平薪酬差距的“绩效”形成基础和“人力资本特征性投入要素”形成基础的团队内三种“新”细分类型水平薪酬差距的科学测算步骤，详见图6－3* ）。

（6）**关于薪酬差距影响的实证研究样本**，伴随着由体育竞技团队情境主导到开始逐渐转向真实的组织工作情境，研究样本也由体育竞技团队和上市公司高管团队主导到开始出现关注多行业各种不同类型组织中“普通员工团队”的薪酬差距影响研究（*本书的实证研究样本，主要为高校教师工作团队和多行业企业普通员工团队*）；在**实证数据采集**方面，呈现出由早期主要依赖市场公开客观薪酬数据和绩效数据到最近基于客观薪酬数据实地收集结合其他研究变量通过测量量表主观评价法来综合收集数据的趋势（*本书，即采用这一客观与主观相结合的综合实证数据采集方式*）。

（7）关于薪酬差距影响的跨文化比较研究。不同国家、文化和社会背景下的薪酬差距影响比较研究，是成熟薪酬差距影响研究的一个重要组成部分。然而，纵观近20年来国内外薪酬差距影响研究文献可发现，薪酬差距影响的跨文化比较研究近乎是一个十分突出的空白。因此，未来应该加强薪酬差距影响的跨文化比较研究（*十分遗憾，本书并未在该趋势或研究领域作出贡献*）。

7.1.2 团队内水平薪酬差距的形成基础对团队成员绩效的影响

本书通过四个递进式实证研究，分别探讨了水平薪酬差距—员工价值异质度间的（不）一致对团队成员个体结果性绩效的**差异性影响**、团队内水平薪酬差距的“绩效”形成基础对团队成员个体“结果性绩效”的**主效应**、水平薪酬差距对员工工作场所妒忌情绪的影响（***自变量对中介变量的影响***）、工作场所善意妒忌情绪/工作场所恶意妒忌情绪视角的基于水平薪酬差距“绩效”形成基础和“人力资本特征性投入要素”形成基础的团队内“新”细分类型水平薪酬差距分别对团队成员行为性绩效（*运用“团队成员工作角色绩效”来作为团队成员行为性绩效的代理变量*）的影响过程，证实了团队内水平薪酬差距的形成基础（*主要为“绩效”形成基础和“人力资本特征性投入要素”形成基础*）对团队成员结果性绩效和行为性绩效的重要影响以及工作场所善意妒忌情绪、工作场所恶意妒忌情绪在影响过程中所发挥的中介角色。

第一，**关于“水平薪酬差距—员工价值异质度”间的（不）一致对团队成员个体绩效的差异性影响**。鉴于21世纪日益动态、不确定、复杂和具有任务互依性的组织工作情境中员工个体价值的愈益“异质性”和员工个体绩效在组织内的“幂律分布”态势，本书的第一个实证研究（*即，第3章 水平薪酬差距—员工价值异质度间的（不）一致对团队成员个体绩效的差异性影响研究：多项式回归结合三维响应曲面分析法*）不仅提出并界定了“员工价值异质度”概念，还通过引入和运用“多项式回归结合三维响应曲面分析法”，实证揭示了“员工价值异质度”在水平薪酬差距对团队成员个体绩效影响过程中扮演的重要角色。具体来说，“员工价值异质度”描述和刻画了组织中员工个体在组织价值增值或组织绩效创造过程中作出贡献的差异性，是对员工个体价值贡献或绩效贡献的差异程度的数字化变量。基于高校教师 2014～2017 年个体层面客观薪酬数据、绩效数据和人口统计特征变量，通过引入和运用“多项式回归结合三维响应曲面分析法”实证揭示：相比于“薪酬差距—员工价值异质度”之间的不一致情形，两者之间趋于一致情形所对应的团队成员个体绩效水平更高；在“薪酬差距—员工价值异质度”之间趋于一致情形下，相比于两者之间的“低水平—低水平”趋于一致组合，“高水平—高水平”趋于一致组合情形下的团队成员个体绩效水平更高；在“薪酬差距—员工价值异质度”之间不一致情形下，相比于两者之间的“高水平—低水平”不一致组合，“低水平—高水平”不一致组合情形下的团队成员个体绩效水平更高。

第二，**关于团队内水平薪酬差距的“绩效”形成基础对团队成员结果性绩效的主效应**。本书的第二个实证研究（即，*第 4 章团队内水平薪酬差距的“绩效”形成基础及其对个体绩效的影响研究：薪酬分配位置及员工价值异质性的调节效应*）聚焦“团队内水平薪酬差距”，首先，沿循第一个实证研究的思路启发，找寻并关注员工个体价值异质性在我国目前组织薪酬分配体系中的最主要也是最具有合法性的体现——员工个体的绩效贡献异质性，依据水平薪酬差距的形成基础是否为团队成员个体之间的“绩效贡献异质性”而将团队内水平薪酬差距细分为团队内“基于绩效的水平薪酬差距”和“非基于绩效的水平薪酬差距”。然后，通过搜集样本高校教师 2014～2017 年个体层面客观薪酬数据（包含*“年薪”和“科研绩效薪酬”*）和科研绩效数据，实证研究发现，团队内水平薪酬差距并非一定会促进团队成员个体的结果性绩效，水平薪酬差距是否能够反映员工个体的绩效贡献异质性或者是否源于员工个体的“绩效”差异才是关键决定因素。具体来说，团队内基于绩效的水平薪酬差距显著正向影响团队成员个体的结果性绩效，而非基于绩效的水平薪酬差距则对团队成员个体的结果性绩效不具有显著的影响；团队成员个体的薪酬分配位置显著调节基于绩效的水平薪酬差距对个体结果性绩效的正向影响，员工个体在薪酬分配中所处的位置越高，基于绩效的水平薪酬差距对个体结果性绩效的激励效应越强烈；员工价值异质性也显著调节“基于绩效的水平薪酬差距—个体结果性绩效”之间影响关系，团队内基于绩效的水平薪酬差距对明星员工个体结果性绩效的激励效应显著增强。

第三，**关于团队内水平薪酬差距对员工“工作场所妒忌情绪”的触发效应**。本书第三个实证研究（即，*第5章团队内水平薪酬差距对员工工作场所妒忌情绪触发效应研究*），依然聚焦“团队内水平薪酬差距”，通过299位企业员工个体自我汇报工作团队内与同一级别同事进行薪酬水平比较的“团队内水平薪酬差距感知”（*也包含“团队内垂直薪酬差距感知”和团队成员“实际薪酬水平—期望薪酬水平间差距”*）和工作场所妒忌情绪体验，实证检验团队内水平薪酬差距是否会对工作场所中普遍存在的员工妒忌情绪产生显著的触发效应。检验结果发现：①“男性”员工的工作场所妒忌情绪水平显著高于“女性”员工的工作场所妒忌情绪水平；②员工个体的“团队内垂直薪酬差距感知”，不能有效预测其工作场所妒忌情绪；③员工个体自身的“实际薪酬水平—期望薪酬水平间差距”，不能有效预测其工作场所妒忌情绪；④仅有员工个体的“团队内水平薪酬差距感知”显著正向影响其工作场所妒忌情绪，证明了水平薪酬差距的工作场所妒忌情绪触发效应成立。

第四，**关于工作场所善意妒忌情绪和工作场所恶意妒忌情绪分别在团队内水平薪酬差距的“绩效”形成基础和“人力资本特征性投入要素”形成基础对团队成员行为性绩效（运用“团队成员工作角色绩效”作为团队成员行为性绩效的代理变量）影响过程中的可能中介效应**。在本书第二个实证研究（即，*第4章团队内水平薪酬差距的“绩效”形成基础及其对个体绩效的影响研究：薪酬分配位置及员工价值异质性的调节效应*）证实了团队内水平薪酬差距的“绩效”形成基础对团队成员个体结果性绩效影响“主效应”（或直接效应）成立，以及第三个实证研究（即，*第5章团队内水平薪酬差距对员工工作场所妒忌情绪的触发效应研究*）验证了团队内水平薪酬差距能够显著触发员工工作场所妒忌情绪的基础上，本书第四个实证研究（即，*第6章团队内水平薪酬差距的形成基础对团队成员工作角色绩效的影响机制研究：工作场所善、恶意妒忌情绪的中介作用*）

综合考虑我国目前组织薪酬分配体系中员工个体价值异质性的两个主要且具有合法性的体现——员工个体的绩效贡献异质性和人力资本特征性投入要素异质性，依据团队内水平薪酬差距的“绩效”形成基础和“人力资本特征性投入要素”形成基础，将团队内水平薪酬差距细分为“基于绩效的水平薪酬差距”“基于人力资本特征性投入要素的水平薪酬差距”和“非基于绩效和人力资本特征性投入要素的水平薪酬差距”三种子类型；通过66个有效工作团队中362位有效团队成员个体的客观薪酬数据、绩效数据、人力资本特征性投入要素信息和主观工作场所善意妒忌情绪量表评价数据、工作场所恶意妒忌情绪量表评价数据和团队成员工作角色绩效（*团队成员个体“行为性绩效”的代理变量*）量表评价数据，实证探讨了团队内三种细分类型水平薪酬差距分别对团队成员行为性绩效的直接影响，以及通过工作场所善意妒忌情绪和工作场所恶意妒忌情绪的可能中介作用而对团队成员行为性绩效的间接影响。实证检验结果显示：①团队内“基于绩效的水平薪酬差距”，直接显著地正向影响团队成员工作角色绩效；团队内“基于人力资本特征性投入要素的水平薪酬差距”和“非基于绩效和人力资本特征性投入要素的水平薪酬差距”，均与团队成员工作角色绩效不具有直接显著的相关性。②团队内“基于绩效的水平薪酬差距”，利于“触发”团队成员个体的“工作场所善意妒忌情绪”，或者，在已触发工作场所善意妒忌情绪情形下倾向于“增强”其工作场所善意妒忌情绪水平；团队内“基于人力资本特征性投入要素的水平薪酬差距”，倾向于“抵制”团队成员个体的“工作场所善意妒忌情绪”，或者，在已触发工作场所善意妒忌情绪情形时倾向于“削弱”其工作场所善意妒忌情绪水平；团队内“非基于绩效和人力资本特征性投入要素的水平薪酬差距”，倾向于“抵制”团队成员个体的“工作场所善意妒忌情绪”，或者，在已触发工作场所善意妒忌情绪情形时倾向于“削弱”其工作场所善意妒忌情绪水平。③团队内“基于绩效的水平薪酬差距”，并未显著正向影响团队成员个体的“工作场所恶意妒忌情绪”；团队内“基于人力资本特征性投入要素的水平薪酬差距”，利于“触发”团队成员个体的“工作场所恶意妒忌情绪”，或者，在已触发工作场所恶意妒忌情绪情形时倾向于“增强”其工作场所恶意妒忌情绪水平；团队内“非基于绩效和人力资本特征性投入要素的水平薪酬差距”，倾向于

“抵制”团队成员个体的“工作场所恶意妒忌情绪”，或者，在已触发工作场所恶意妒忌情绪情形时倾向于“削弱”其工作场所恶意妒忌情绪水平。④工作场所善意妒忌情绪，显著正向影响团队成员工作角色绩效；工作场所恶意妒忌情绪，显著负向影响团队成员工作角色绩效。⑤团队内“基于绩效的水平薪酬差距”，通过“触发”团队成员个体的“工作场所善意妒忌情绪”而间接显著地正向影响“团队成员工作角色绩效”；团队内“基于人力资本特征性投入要素的水平薪酬差距”，通过“触发”团队成员个体的“工作场所恶意妒忌情绪”而间接显著地负向影响“团队成员工作角色绩效”；团队内“非基于绩效和人力资本特征性投入要素的水平薪酬差距”，一方面通过“抵制”团队成员个体的“工作场所善意妒忌情绪”而间接显著地“负向”影响“团队成员工作角色绩效”，另一方面却通过“抵制”团队成员个体的“工作场所恶意妒忌情绪”而间接显著地“正向”影响“团队成员工作角色绩效”。

7.2 研究理论贡献

关于薪酬差距绩效效应研究结论的“不一致”僵局，本书认为，薪酬比较的覆盖范围差异、薪酬比较的对象差异、薪酬差距的形成动因或形成基础差异(*是否体现和反映员工个体价值异质性*)、薪酬差距影响结果变量的关注点差异、实证数据的市场公开来源限制等诸多因素均可能导致研究结论的“不一致”。如何看待现有研究中的上述差异？又如何通过明确这些差异来打破现有研究结论“不一致”僵局以及发展出对组织实践更有解释力和预测力的薪酬差距理论并推动薪酬差距影响研究走向成熟？这些，均是摆在学者们面前的重要理论难题，需要学者们进行更多卓有成效的创新性研究。

本书聚焦工作团队内同一层级内或承担大体相同工作岗位职责的员工个体之间的“水平薪酬差距”，通过明确薪酬比较的覆盖范围和薪酬比较的对象、找寻员工个体价值异质性在我国目前组织薪酬分配体系中的主要体现或者明确薪酬差距的具体形成基础、明确薪酬差距影响结果变量的关注点和突破实证数据因对市场公开来源依赖而产生的研究限制，为推进薪酬差距影响研究走向成熟作出贡献。具体来说：

第一，基于员工价值异质性在我国目前组织薪酬分配体系中的主要且具有合法性的体现——水平薪酬差距的“绩效”形成基础和“人力资本特征性投入要素”形成基础，对团队内水平薪酬差距进行“新”类型划分。本书突破传统薪酬差距影响研究对员工个体价值作出的趋于“同质性”的默认假设，认可并关注当前愈益动态、不确定、复杂和具有任务互依性的组织工作情境下日益凸显的员工个体价值异质性，并基于“水平薪酬差距—员工价值异质度”间趋于一致和不一致对团队成员个体绩效的差异性影响研究结论，指出并强调，员工个体的价值异质性是水平薪酬差距绩效效应研究中的一个潜在的不可忽视的重要影响因素。所以，本书继续沿循“员工价值异质性”的逻辑分析方向，识别“员工价值异质性”在我国目前组织薪酬分配体系中的两个主要且具有合法性的体现——员工个体的绩效贡献异质性和人力资本特征性投入要素异质性，并依据水平薪酬差距的“绩效”形成基础和“人力资本特征性投入要素”形成基础对团队内水平薪酬差距进行了“新”类型细分，然后，系统且细致地探讨和揭示它们各自对团队成员个体的结果性绩效和行为性绩效的具体影响和影响过程。因此，本书聚焦“团队内水平薪酬差距”，关注员工个体价值的“异质性”，从识别和明确水平薪酬差距的具体形成动因或形成基础途径来打破现有薪酬差距绩效效应研究结论不一致僵局，为推进薪酬差距影响研究走向成熟作出了重要贡献。

第二，员工情感反应视角的薪酬差距影响“结果变量”的丰富和薪酬差距绩效效应“黑箱”的揭示。囿于薪酬差距影响实证研究数据的采集难度很大，现有实证研究大多依赖市场公开客观薪酬数据和绩效数据（*例如，体育竞技团队和上市公司高管团队的市场公开薪酬数据和绩效数据*）来探讨薪酬差距的绩效主效应及调节效应，由此，也致使现有研究文献有关薪酬差距影响的“中介机制”探讨十分匮乏（*因为市场公开数据中没有相关数据*），仅有的极少数中介机制探讨也长期停滞于“团队过程性变量”主导解释机制局面。本书从组织薪酬分配情境中普遍存在的员工“工作场所妒忌情绪”视角，挖掘基于水平薪酬差距的“绩效”形成基础和“人力资本特征性投入要素”形成基础的团队内“新”细分类型水平薪酬差距如何分别经由“工作场所善意妒忌情绪”和“工作场所恶意妒忌情绪”而对团队成员个体行为性绩效产生影响，由此，不仅通过扩展薪酬差距的员工情感反应性影响结果变量（*即，工作场所善意妒忌情绪和工作场所恶意妒忌情绪*）而丰富现有薪酬差距影响研究文献多专注于“绩效”和“离职”而缺少对员工情感反应类结果变量探讨现状，也是从员工对薪酬差距的情感反应视角作出的对现有薪酬差距影响“中介机制”研究匮乏现状的重要补充和丰富。

第三，组织薪酬分配视角的员工“工作场所善意妒忌情绪”和“工作场所恶意妒忌情绪”前因变量实证研究的丰富。近年来，尽管越来越多的学者已经接受并认可——“工作场所善意妒忌情绪”和“工作场所恶意妒忌情绪”是两种截然不同且相互独立的妒忌情绪类型（Van de Ven，Zeelenberg & Pieters，2009；Tai，Narayanan & Mcallister，2012；Van de Ven，2016），然而，“工作场所善意妒忌情绪”和“工作场所恶意妒忌情绪”研究依然处于探索研究阶段，现有文献多是从理论层面分析和预测了工作场所善意妒忌情绪和工作场所恶意妒忌情绪的可能影响因素（例如，刘得格、李文东和陈文晶，2017），十分缺乏导致工作场所善意妒忌情绪和工作场所恶意妒忌情绪的前因变量方面的“实证探讨”。本书通过实证检验证实，“基于绩效的水平薪酬差距”“基于人力资本特征性投入要素的水平薪酬差距”和“非基于绩效和人力资本特征性投入要素的水平薪酬差距”均是团队成员个体工作场所善意妒忌情绪和工作场所恶意妒忌情绪的重要影响因素，是从组织薪酬分配视角作出的对员工“工作场所善意妒忌情绪”和“工作场所恶意妒忌情绪”前因变量实证研究的丰富和拓展。

另外，工作场所妒忌情绪的现有研究文献常常忽视其在组织中可能存在的“积极”影响（*即，未区分工作场所妒忌情绪的善、恶意属性而片面强调其“消极”影响*）。本书则将团队成员的工作场所妒忌情绪详细区分为工作场所“**善意**”妒忌情绪和工作场所“**恶意**”妒忌情绪，不仅强调工作场所善意妒忌情绪将有利于促进团队成员个体行为性绩效（*相应地，工作场所恶意妒忌情绪倾向于削弱或抵制团队成员个体行为性绩效*），也探讨工作场所善意妒忌情绪或工作场所恶意妒忌情绪在基于水平薪酬差距具体形成基础的团队内“新”细分类型水平薪酬差距间接正向或负向影响团队成员个体行为性绩效过程中可能发挥的中介作用。这是对组织薪酬分配情境下员工工作场所妒忌情绪积极影响和消极影响（***尤其是“积极影响”***）研究的重要补充。

第四，薪酬差距影响实证研究的“新方法”引入。本书将组织管理领域有关匹配/一致效应或不匹配/不一致效应的科学研究方法——多项式回归结合三维响应曲面分析法——引入本书第一个实证研究（*即，第3章水平薪酬差距—员工价值异质度间的（不）一致对团队成员个体绩效的差异性影响研究：多项式回归结合三维响应曲面分析法*）。现有研究文献中，仅有Hill，Aime和Ridge（2017）关注并探讨了组织人力资源价值差异与薪酬差距之间的匹配度对组织绩效的可能影响，他们主要运用“差值分数法”（*即1－｜组织人力资源价值差异系数－薪酬差异系数｜*）来度量两者之间的匹配度。然而，Hill，Aime和Ridge（2017）的“差值分数法”并不适合运用来检验本书第一个实证研究构建的理论模型：首先，第一个实证研究关注的是员工个体层面“水平薪酬差距—员工价值异质度”之间的一致和不一致，Hill，Aime和Ridge（2017）探讨的则是组织层面“人力资源价值差异—薪酬差距”之间的匹配度，因此，考察层面不同；其次，第一个实证研究并非笼统地考察“水平薪酬差距—员工价值异质度”对团队成员个体绩效的可能影响，还十分详细地比较了“水平薪酬差距—员工价值异质度”之间趋于一致情形和不一致情形下的团队成员个体绩效水平差异、两者趋于一致情形下的“高水平—高水平”趋于一致组合和“低水平—低水平”趋于一致组合所对应的团队成员个体绩效水平差异、两者不一致情形下的“低水平—高水平”不一致组合和“高水平—低水平”不一致组合所对应的团队成员个体绩效水平差异，因此，研究内容也不同。“多项式回归结合三维响应曲面分析法”则十分适合运用来检验第一个实证研究围绕三组比较效应而提出的三个研究假设，不仅如此，该方法基于多项式回归系数绘制出的三维响应曲面图还能十分清晰、直观地反映出“水平薪酬差距—员工价值异质度”之间的诸多复杂组合所对应的团队成员个体绩效水平的差异。综上所述，“多项式回归结合三维响应曲面分析法”的引入和运用，扩展并丰富了薪酬差距影响的实证研究方法，是本书在研究方法方面作出的对薪酬差距影响研究的创新与贡献。

7.3 研究局限

在理论模型构建和实证研究设计方面，本书力求尽可能地严谨，然而，由于团队成员个体层面客观薪酬数据和绩效数据实地收集 + 其他研究变量采用量表主观评价法的数据采集方式难度较大，加之本书聚焦“团队”内“水平”薪酬差距而要求必须调研“工作团队”及团队内部的“员工个体样本”，因此，依然存在下述需要继续完善的方面。

第一，仍需要继续科学找寻员工个体价值异质性的更多具体体现，以进一步明确团队内“非基于绩效和人力资本特征性投入要素的水平薪酬差距”的具体“形成基础”。针对当前愈益动态、不确定、复杂和具有任务互依性的组织工作情境下员工个体价值异质性的凸显，以及，现有薪酬差距影响研究文献普遍基于员工个体价值趋于“同质”默认假设前提，本书在第一个实证研究（即，本书第3 章）证实了“员工价值异质性”在薪酬差距绩效影响中扮演着重要而关键的角色的基础上，沿循员工价值异质性逻辑分析方向，科学找寻到我国目前组织薪酬分配体系中员工个体价值异质性的两大主要且具有合法性的体现——员工个体的绩效贡献异质性和人力资本特征性投入要素异质性，依据水平薪酬差距的“绩效”形成基础和“人力资本特征性投入要素”形成基础而对团队内水平薪酬差距进行了新类型细分。尽管本书第四个实证研究（即，本书第6 章）进一步从“非基于绩效的水平薪酬差距”中分解出“基于人力资本特征性投入要素的水平薪酬差距”，然而，对于第四个实证研究中的“非基于绩效和人力资本特征性投入要素的水平薪酬差距”，它的具体形成基础依然只是推测的可能来源而并不十分明确，也正是因为具体形成基础的不明确才导致第四个实证研究得出——团队内“非基于绩效和人力资本特征性投入要素的水平薪酬差距”在对工作场所**“恶意”**妒忌情绪影响过程中充当**“抑制”**角色——这一令人匪夷所思的研究结论。这是本书在理论模型构建和实证研究设计中忽略了团队内水平薪酬差距“绩效”形成基础和“人力资本特征性投入要素”形成基础之外的团队成员个体的“政治行为/政治技能”异质性、团队主管的绩效评价偏好、薪酬分配中的随机决策、薪酬测算误差"等"因素的缺陷所致。因此，未来研究仍需要继续科学找寻员工个体价值异质性的更多具体体现，以进一步明确团队内"非基于绩效和人力资本特征性投入要素的水平薪酬差距"的具体"形成基础"。

第二，研究样本仍需要多元化，实证数据采集依然需要继续完善。目前，许多组织纷纷实施薪酬保密政策，因此，员工个体层面（*尤其是"普通员工"*）的客观薪酬数据和绩效数据非常难以获得。能否顺利获得客观、准确的薪酬数据和绩效数据，是进行薪酬差距绩效影响数据实证研究的最大阻力（贺伟，2013）。尽管本书第一个实证研究和第二个实证研究均是基于个体层面客观薪酬数据和绩效数据，然而，这两个实证研究样本在类型上（*即，高校教师工作团队*）十分单一；本书第三个实证研究和第四个实证研究虽然在样本类型上实现了多元化，但依然是以"高校教师团队"和"销售工作团队"为主导，员工个体样本的规模也不是很大（*第三个实证研究的有效员工个体样本为299 个，第四个实证研究的有效员工个体样本为362 个*），并且，是通过"方便抽样法"来获得实证研究样本；第四个实证研究中用于测算团队内三种细分类型水平薪酬差距的团队成员个体层面薪酬数据和绩效数据，也未实现研究设计中所预期的那样由团队/部门主管或所在组织人力资源管理者提供"客观而精确"的数据（*提供的仅是粗略估计的"概数"*）的初衷。上述这些关于研究样本和实证数据采集方面的局限，无疑会对本书研究结论的外部效度和信度产生影响。因此，实证研究样本仍需要多元化，实证数据采集依然需要克服重重困难而进一步完善。

7.4 未来研究方向

第一，继续打破薪酬差距影响研究中的员工个体价值趋于"同质"默认假设前提和找寻组织薪酬分配体系中能够反映员工个体价值异质性的更多具体体现，并增强薪酬差距的"形成动因"或"形成基础"对薪酬差距绩效效应影响方面的研究。薪酬差距的"形成动因"或"形成基础"是决定薪酬差距绩效效应的关键因素。科学找寻薪酬差距的具体形成动因或形成基础的一条有效路径，即打破薪酬差距影响研究对员工个体价值作出的趋于"同质"的默认假设以及找寻我国目前组织薪酬分配体系中能够反映员工个体价值异质性的具体体现。这些具体体现，即“水平薪酬差距”的具体形成动因或形成基础（*因为依据水平薪酬差距和垂直薪酬差距的定义，“水平薪酬差距”主要来源于组织同一层级或承担大体相同工作岗位职责的员工个体之间的异质性，而“垂直薪酬差距”则主要来源于组织不同层级中不同工作岗位之间的岗位价值差异*）。接着，依据水平薪酬差距的明确“形成动因”或“形成基础”，进行类型细分和基于科学合理的测量方法和测算步骤来测算细分类型水平薪酬差距估计值；然后，探讨水平薪酬差距的具体形成动因或形成基础对薪酬差距绩效效应的影响。这是解决当前薪酬差距绩效效应研究结论“不一致”的一条可行路径。本书即聚焦“团队内水平薪酬差距”并沿循着上述路径而进行的一次尝试，并且，本书取得了一系列进展。探讨水平或垂直薪酬差距的的“形成动因”或“形成基础”对薪酬差距绩效效应的影响，是未来研究的必然趋势（Shaw，2014）。然而，关于团队内水平薪酬差距的“形成动因”或“形成基础”，本书在理论模型构建和研究设计中考虑得并非十分全面：在第二个实证研究（*即，本书第4 章*）中，仅依据团队薪酬分配中成员个体的绩效贡献异质性而将水平薪酬差距划分为“基于绩效的水平薪酬差距”和“非基于绩效的水平薪酬差距”，进而导致“非基于绩效的水平薪酬差距”因不明确的形成基础而表现出对员工个体绩效的负向影响“不显著”；在第二个实证研究的基础上，第四个实证研究（*即，本书第6 章*）进一步考虑了团队薪酬分配中成员个体的“人力资本特征性投入要素异质性”，进而从“非基于绩效的水平薪酬差距”中进一步分解出“基于人力资本特征性投入要素的水平薪酬差距”，然而，余下的“非基于绩效和人力资本特征性投入要素的水平薪酬差距”部分也因为依然不明确的形成动因而导致该部分显示出通过“抵制”团队成员工作场所恶意妒忌情绪而显著“正向”影响团队成员行为性绩效这一有些令人匪夷所思的实证结论。因此，针对“非基于绩效和人力资本特征性投入要素的水平薪酬差距”，未来研究应该继续打破薪酬差距影响研究中的员工个体价值趋于“同质”的默认假设前提和科学找寻组织薪酬分配体系中能够反映员工个体价值异质性的更多具体体现，进而增强薪酬差距的“形成动因”或“形成基础”对薪酬差距绩效效应影响方面的研究。

第二，探讨员工个体绩效贡献的“可识别性”对薪酬差距绩效效应的影响。本书第二个实证研究（*即，第4 章*）和第四个实证研究（*即，本书第6 章*），均支持团队内“基于绩效的水平薪酬差距”对团队成员个体结果性绩效（*第二个实证研究支持*）和行为性绩效（*第四个实证研究支持*）的正向影响。然而，员工个体绩效贡献的多维特性（Farkas & Anderson，1979；Cook & Yamagishi，1983），将强化员工个体在判断自己绩效贡献与他人绩效贡献时的固有偏见（Feldman，1981；Kruger & Dunning，1999），因此，即便组织薪酬分配是基于员工个体的绩效贡献异质性，这种薪酬分配的公平性或其客观形成的薪酬差距的公平性依然受到质疑和挑战（Burroughs，1982；Gerhart，Rynes & Fulmer，2009）。或许，正如 Shaw（2014）所言，“绩效”形成基础对薪酬差距公平性的影响关键，在于员工个体绩效贡献异质性的“可识别性”。建立在“客观”评价指标基础之上的绩效贡献异质性的可识别度通常很高，然而，并非所有工作岗位上的员工绩效均可以使用客观评价指标来衡量。本书第 2 章对现有研究文献的回顾和梳理也发现，现有研究关于薪酬差距具有“积极”影响的证据支持多来源于能够清晰识别员工个体绩效贡献的体育竞技团队样本（Ehrenberg & Bognanno，1990a；Ehrenberg & Bognanno，1990b；Becker & Huselid，1999；Gilsdorf & Sukhatme，2008a；Gilsdorf & Sukhatme，2008b；Simmons & Berri，2011）和实验操控情境（Charness & Kuhn，2007；Abeler et al.，2010；Bartling & Von Siemens，2011）。本书运用来论证团队内基于绩效的水平薪酬差距对团队成员工作角色绩效的直接正向影响和经工作场所善意妒忌情绪中介作用的间接正向影响的研究样本，也是可以清晰识别员工个体绩效贡献的样本（*即，以客观指标评价员工个体绩效表现的“高校教师工作团队”和“销售工作团队”为主*）。因此，未来研究应该考虑在丰富样本类型以提升本书研究结论外部效度的基础上，在研究模型中增加员工个体绩效贡献异质性的“可识别性”变量，以深入探讨该变量对薪酬差距绩效影响的可能限定作用。

第三，关于工作场所善意妒忌情绪和工作场所恶意妒忌情绪传递团队内细分类型水平薪酬差距对团队成员行为性绩效影响的可能“边界条件”探讨。作为本书解释水平薪酬差距的“绩效”形成基础和“人力资本特征性投入要素”形成基础对团队成员个体行为性绩效影响的重要中介机制，工作场所善意妒忌情绪和工作场所恶意妒忌情绪被现有研究证明是受到诸多组织情境性因素和员工个体差异性因素的影响的。例如，工作团队内的领导—成员交换关系质量（Vecchio，1995）、团队成员之间的关系亲密度（Hofer & Busch，2011；Kim，O'Neill & Cho，2010）等团队情境性因素，以及团队成员对薪酬水平比较中的应得感认知（Van de Ven，Zeelenberg & Pieters，2009；Van de Ven，Zeelenberg & Pieters，2012；Crusius & Lange，2016）、控制感认知（Van de Ven，Zeelenberg & Pieters，2012；Crusius & Lange，2016）、团队成员的特质性妒忌（Cohen - Charash & Mueller，2007；Lange & Crusius，2015）、自尊（Vecchio，2000；Vecchio，2005）、核心自我评价（Tai，Narayanan & Mcallister，2012）等个体人格特征异质性因素。“工作场所善意妒忌情绪”和“工作场所恶意妒忌情绪”是两种截然不同且彼此“独立”的情境性妒忌类型，本书第四个实证研究（*即，第6章团队内水平薪酬差距的形成基础对团队成员工作角色绩效的影响机制研究：工作场所善、恶意妒忌情绪的中介作用*）中的相关性分析部分（*详见表6 - 17*）也证实了两者之间的不显著相关性。上述这些组织情境性因素和员工个体差异性因素的客观存在，也决定了同一薪酬分配体系下员工工作场所善意妒忌情绪和工作场所恶意妒忌情绪均可能会表现出显著的“个体差异”：在相同的组织薪酬分配情境下，有些员工的“工作场所善意妒忌情绪”会更强烈，有些员工的“工作场所恶意妒忌情绪”更能强烈，还有些员工可能在同时经历着工作场所善意妒忌情绪和工作场所恶意妒忌情绪（*均强烈或均微弱*）。鉴于本书是初次尝试沿循员工个体价值异质性的分析逻辑以及通过明确薪酬差距的具体形成基础和从员工对薪酬差距的情感反应视角来揭示水平薪酬差距的“绩效”形成基础和“人力资本特征性投入要素”形成基础对团队成员个体行为性绩效的影响“黑箱”，因此，在研究设计中尚未考虑上述组织情境性因素和员工个体差异性因素。也可能正是因为这一研究设计缺陷，才导致了第四个实证研究中三种细分类型水平薪酬差距分别对工作场所善意妒忌情绪和工作场所恶意妒忌情绪的“**互为相反方向**”研究假设（*即，本书第6章提出的研究假设H6 - 2a与H6 - 2b、H6 - 3a与H6 - 3b、H6 - 4a与H6 - 4b*）受到是否会“**中和**”了对团队成员行为性绩效影响的质疑。所以，未来研究应该考虑进一步探讨这些影响工作场所善意妒忌情绪和工作场所恶意妒忌情绪的组织情境性因素和员工个体差异性因素在本书第四个实证研究构建的中介模型中的可能调节作用，或者，进一步考察和揭示工作场所善意妒忌情绪和工作场所恶意妒忌情绪传递团队内细分类型水平薪酬差距对团队成员行为性绩效影响的其他可能“边界条件”。

附录

附录 1：代表性薪酬差距影响实证研究内容总结

作者（年份）	自变量	结果变量	调节变量	中介变量	主要研究结论	构建理论基础	数据来源	研究样本
薪酬差距对团队或组织层面结果变量的影响								
Levine（1991）	团队薪酬差距	团队绩效	任务互依	凝聚力	任务互依情境下，团队薪酬差距通过负向影响团队凝聚力而间接负向影响团队绩效	—	已有研究	数理推导 + 现有实证研究佐证
Sommers（1998）	团队薪酬差距	团队绩效	—	—	团队薪酬差距与团队绩效负相关	—	二手数据	美国国家曲棍球团队
Bloom（1999）	团队薪酬差距	团队绩效	—	—	团队薪酬差距与团队绩效负相关	锦标赛理论、公平理论	二手数据	美国职业棒球团队
Depken（2000）	团队薪酬差距	团队绩效	—	—	团队内较大的薪酬差距，将削弱团队绩效	—	二手数据	美国职业棒球团队
Henderson & Fredrickson（2001）	高管团队薪酬差距	公司绩效	高管团队协作需要	—	经济视角和行为视角关于高管团队协作需要与高管团队薪酬差距对公司绩效的交互作用的预测，互为补充	锦标赛理论和行为理论	二手数据	美国公司高管团队

续表

作者（年份）	自变量	结果变量	调节变量	中介变量	主要研究结论	构建理论基础	数据来源	研究样本
Shaw，Gupta & Delery（2002）	公司水平薪酬差距	组织绩效	个体激励、任务互依性	—	公司薪酬差距与个体激励交互影响组织绩效：个体激励水平高（低）时，薪酬差距正（负）向影响组织绩效。薪酬差距、个体激励及任务互依性对组织绩效的三阶交互作用成立：低任务互依情境下，薪酬差距与个体激励的组合运用与较佳组织绩效相关；当任务互依性高时，薪酬差距负向影响组织绩效，然而，当运用个体激励时，这种负向影响将削弱	激励理论、制度理论、新古典经济学理论	二手数据+问卷调查	卡车运输行业379家卡车公司、水泥管行业141家工厂
Beersma et al.（2003）	团队薪酬差距	团队绩效	绩效子维度、成员性格倾向构成、成员个体绩效水平	—	竞争型薪酬结构，促进团队绩效的速度子维度；合作型薪酬结构，促进团队绩效的准确性子维度。另外，团队内成员的外向性或宜人性倾向较高时，合作型薪酬结构下的团队绩效水平较高；团队内成员的外向性或宜人性倾向较低时，竞争型薪酬结构下的团队绩效水平较高	目标依存理论	实验+问卷调查	招募大学生团队
Frick，Winkelmann & Prinz（2003）	团队薪酬差距	团队绩效	—	—	团队内薪酬差距对团队绩效，既可能存在正向影响亦可能存在负向影响	经济视角和行为视角理论整合	二手数据	网球、篮球、足球和曲棍球团队
林浚清、黄祖辉和孙永祥（2003）	高管团队垂直薪酬差距	公司绩效	—	—	高管团队垂直薪酬差距与公司未来绩效正相关	锦标赛理论	二手数据	中国上市公司高管团队
Berri & Jewell（2004）	团队薪酬差距	团队绩效	—	—	团队薪酬差距与团队绩效不相关	锦标赛理论、行为理论	二手数据	职业篮球团队
Jewell & Molina（2004）	团队薪酬差距	团队绩效	—	—	团队薪酬差距显著负向影响团队绩效	行为理论	二手数据	美国职业棒球团队

续表

作者（年份）	自变量	结果变量	调节变量	中介变量	主要研究结论	构建理论基础	数据来源	研究样本
Siegel & Hambrick（2005）	团队薪酬差距	组织绩效	行业技术密集度	行为整合（理论解释）	行业技术密集度越高，公司高管团队垂直/水平/整体薪酬差距均呈现出显著的负向影响公司绩效	锦标赛理论、社会比较理论、公平理论	二手数据	美国公司高管团队
Ensley, Pearson & Sardeshmukh（2007）	高管团队薪酬差距（长期和短期）	公司绩效	企业是否为家族企业	团队内冲突、凝聚力、团队效能	家族企业高管团队的水平薪酬差距相对较小，并且，对团队过程（冲突、团队凝聚力和团队效能）具有更为强烈的负向影响，最终，负向影响公司绩效	高阶理论、公平理论和社会比较理论	问卷调查	INC. 500 新创立的高成长公司高管团队
白锋和程德俊（2006）	团队薪酬差距	团队绩效	—	—	团队薪酬差距正向影响团队绩效	锦标赛理论、相对剥削理论和公平理论	二手数据	美国职业篮球团队
张正堂（2007）	高管团队垂直薪酬差距	公司绩效	高管团队协作需要、技术复杂性、企业规模	—	高管团队薪酬差距负向影响公司绩效。较大的高管团队协作需要和较大的高管团队薪酬差距，交互作用正向影响公司绩效；公司技术较为复杂或公司规模较大时，高管团队薪酬差距有益于公司绩效提升	锦标赛理论	二手数据	中国上市公司高管团队
Lee, Lev & Yeo（2008）	高管团对薪酬差距	公司绩效	代理成本、公司治理	—	高管团队薪酬差距与公司绩效正相关；并且，代理成本越高或公司治理越有效，二者之间的正向影响关系越强烈	锦标赛理论、公平理论	二手数据	美国公司高管团队
Ding, Akhtar & Ge（2009）	水平/垂直薪酬差距	公司绩效	—	—	管理人员与员工间的层级薪酬差距与公司绩效正相关，管理者内部薪酬差距以及员工层级内的薪酬差距均与组织绩效负相关	锦标赛理论、公平理论	问卷调查	中国 395 家公司

续表

作者（年份）	自变量	结果变量	调节变量	中介变量	主要研究结论	构建理论基础	数据来源	研究样本
Kepes, Delery & Gupta (2009)	公司薪酬差距	组织劳动生产率和组织绩效	绩效薪酬、政治薪酬	—	当较大的薪酬差距是（非）基于绩效时，薪酬差距与劳动生产率正（负）相关；当较大的薪酬差距是（非）基于政治因素时，薪酬差距与劳动生产率负（正）相关	锦标赛理论、期望理论、公平理论	二手数据+问卷调查	美国226家中小规模的运输公司
Mondello & Maxcy (2009)	团队成员工资差距	场上绩效、团队财务绩效	—	—	团队成员工资差距与团队场上绩效表现（获胜率）负相关；团队成员工资差距与团队财务绩效正相关	效率工资理论	二手数据	美国国家足球队
Aime, Meyer & Humphrey (2010)	团队薪酬差距合法性感知	团队有效性	—	个体绩效动力	团队薪酬差距合法性认知，通过促进个体绩效动力而正向影响团队有效性	制度化理论中的合法性解释机制、匹配理论	理论预测	/
Fredrickson, Davis - Blake & Sanders (2010)	高管团队水平薪酬差距	公司绩效	公司股价波动	—	高管团队水平薪酬差距，负向影响公司绩效。当高管团队成员从公司绩效中获益的差异较大时，上述负向影响增强；对于那些股价波动大的公司而言，高管团队成员间的期望薪酬差距与公司绩效正相关，而当公司实际薪酬差距超过正常期望水平时，二者之间的影响为负	社会比较理论、公平理论	二手数据	标准普尔500公司高管团队
Jane (2010)	团队薪酬差距	团队绩效	—	—	团队薪酬差距负向影响团队绩效	锦标赛理论、公平理论	二手数据	美国31个职业棒球团队
Bartling & Von Siemens (2011)	团队水平薪酬差距	团队成员努力水平和参与度	—	—	团队内水平薪酬差距并未显著（负向）影响团队成员平均努力水平和平均参与度	社会比较理论、公平理论	实验操控	—
Franck & Nüesch (2011)	团队薪酬差距	团队绩效	—	—	团队薪酬差距与团队绩效呈现出"U"形影响关系	经济视角和行为视角理论整合	二手数据	德国职业足球团队

续表

作者（年份）	自变量	结果变量	调节变量	中介变量	主要研究结论	构建理论基础	数据来源	研究样本
Katayama & Nuch (2011)	团队薪酬差距	团队绩效	—	—	团队薪酬差距不影响团队绩效	—	二手数据	美国 NBA 团队
Yang & Klaas (2011)	薪酬差距（公司层面水平薪酬差距）	公司财务绩效	薪酬竞争力、同一工作层级员工数量、绩效评估和反馈的投入力度	—	公司内的水平薪酬差距与公司财务绩效之间，在本质上，是倒“U”形影响关系，并且，当公司薪酬水平更具有竞争力、公司同一层级的员工数量越多或者公司在组织绩效考评和反馈上的投入较多时，二者之间正相关关系的反转发生在水平薪酬差距较大时	锦标赛理论、社会比较理论、公平理论	问卷调查	韩国生产制造和服务业中 268 家公司
鲁海帆（2011）	高管团队薪酬差距	公司未来业绩	—	—	当风险由极低不断提升到极高时，高管团队薪酬差距的逐步扩大，对公司未来业绩表现出先抑后扬的影响	锦标赛理论	二手数据	中国上市公司高管团队
Trevor et al. (2012)	团队薪酬差距	团队绩效	—	员工投入要素	能够被员工投入要素解释的薪酬差距，正向影响团队绩效；未能够被员工投入要素解释的薪酬差距，则与团队绩效不相关，甚至负向影响	薪酬拣选理论、公平理论	二手数据	美国国家曲棍球团队
李绍龙、龙立荣和贺伟（2012）	高管团队薪酬差距	企业绩效	行业内高管薪酬差异程度、行业内技术密集性	—	高管团队垂直（水平）薪酬差异正向（负向，不显著）影响企业绩效；高管团队垂直和水平薪酬差异，显著负向交互影响企业绩效；行业内高管薪酬差异程度，削弱垂直薪酬差异与企业绩效间的正相关关系；高管薪酬差异度大（小）的行业，高管团队水平薪酬差异与企业绩效间呈现出正（负）相关关系；行业技术密集性，削弱高管团队水平薪酬差异对企业绩效的负向影响	锦标赛理论、社会比较理论	二手数据	中国上市公司高管团队

续表

作者（年份）	自变量	结果变量	调节变量	中介变量	主要研究结论	构建理论基础	数据来源	研究样本
Yanadori & Cui（2013）	研发团队水平薪酬差距	公司创新绩效	成长机会、财务状况松弛度	—	研发团队员工水平薪酬差距，与公司创新绩效负相关；公司成长机会的调节作用不成立；公司财务松弛度较大时，薪酬差距对公司创新绩效的负面影响削弱	薪酬权变理论、薪酬拣选理论	二手数据	美国高科技公司研发团队
Bucciol, Foss & Piovesan（2014）	团队薪酬差距	团队绩效	团队构成界定范围	个体绩效	当团队仅包括那些直接为团队绩效作出贡献的成员时，高薪酬差距对团队绩效不利；将团队的构成界定扩大，则负效应消失甚至变为正效应。团队内薪酬差距的负效应，归因于较差的个体绩效，而非团队合作的降低	—	二手数据	意大利足球团队
张正堂、刘颖和王亚蓓（2014）	团队薪酬分配方案	团队绩效	任务互依性	—	低任务互依情形下，公正型二次分配团队绩效激励效应更强；高任务互依情形下，平等型二次分配团队绩效激励效应更强	锦标赛理论及相关经济理论	实验	招募大学生团队
Dole（2015）	团队薪酬差距	团队绩效	—	—	薪酬差距越大，团队绩效水平越高	锦标赛理论	二手数据	美国足球联盟球队
Ridge, Aime & White（2015）	高管团队薪酬差距	公司绩效	是否有明确的继承人、CEO权力、成员是否具备CEO资格	—	高管薪酬差距（垂直）与公司绩效间呈现“U”形关系。当（不）存在明确的继承人时，二者间（负相关）呈现“U”形关系；当CEO权力小（大）时，二者间呈现“U”形关系（显著负相关）；高管团队成员具备成为CEO资格情形下，二者间的“U”形关系更突出	社会比较理论、锦标赛理论	二手数据	北美财富500公司高管团队
Sanchezmarin & Baixaulisoler（2015）	高管团队薪酬差距	公司绩效	公司治理有效性：所有权结构、董事会特征	—	薪酬差距与公司绩效正相关；所有者“控制”（相对于所有者“管理”）情形下，正相关关系更强烈；在所有者“控制”的公司中，当董事会拥有董事成员的数量越多、独立董事所占比例较大并且双重身份较少时，正相关关系增强	锦标赛理论	二手数据	西班牙非金融上市公司高管团队

续表

作者（年份）	自变量	结果变量	调节变量	中介变量	主要研究结论	构建理论基础	数据来源	研究样本
Shaw（2015）	组织薪酬差距	组织绩效	绩效薪酬感知	绩优者离职率、绩差者离职率	在高绩效薪酬中，薪酬差距与绩差者的离职率正相关，进而，当绩效薪酬水平高时，薪酬差距通过促进绩差者离职而对组织绩效的间接正向效应更为强烈；当绩效薪酬水平低时，薪酬差距与绩优者的离职率负相关，因此，当薪酬压缩或不使用绩效薪酬时，绩优者离职率最高；对于那些强调绩效薪酬的组织而言，薪酬差距与组织绩效直接正相关	薪酬拣选理论	二手数据+问卷调查	美国 1000 家独立商店
Wang，Zhao & Thornhill（2015）	公司薪酬差距	公司创新绩效	相对薪酬差距	员工参与、自愿离职	员工参与，中介薪酬差距—公司创新绩效关系：薪酬差距倒“U”形影响员工参与，而员工参与将正向影响公司创新绩效。员工自愿离职，中介薪酬差距—公司创新绩效关系：薪酬差距正向影响自愿离职，而自愿离职不利于公司创新绩效	社会比较理论	二手数据	来自加拿大 14 个行业中的 1419 家公司
徐淋、刘春林和杨昕悦（2015）	高管团队薪酬差距	公司绩效	市场环境不确定性、制度环境不确定性	—	中国高权利距离文化特征，使团队成员更能接受不同级别间的待遇差别，从而导致高管团队的纵向薪酬差异与绩效呈现正向影响关系，而水平薪酬差异对绩效并无显著影响。市场环境的不确定性，负向调节纵向薪酬差异与绩效间的影响关系；而制度环境放入不确定性，则正向调节水平薪酬差异与绩效间的影响关系	锦标赛理论、公平理论	二手数据	2007—2011 年中国沪深两市 A 股市场的 1730 家公司

续表

作者（年份）	自变量	结果变量	调节变量	中介变量	主要研究结论	构建理论基础	数据来源	研究样本
Connelly et al.（2016）	公司薪酬差距	公司绩效（短、长期）	—	—	公司薪酬差距，与公司短期绩效正相关，与长期绩效趋势负相关	锦标赛理论、公平理论	二手数据	标准普尔 1500 公司
Dong（2016）	同一技能层次薪酬差距	组织绩效	技能层次、员工规模	—	对于技能水平较低的医护人员而言，薪酬差距正向影响财务绩效；对于技能水平较高的医护人员而言，薪酬差距负向影响财务绩效。此外，每一种技能类型的员工规模，将会抵消或削弱薪酬差距对财务绩效的初始影响	锦标赛理论、公平理论	二手数据	马里兰州 48 家非盈利性医院，涉及 64 个工作类型
Perrigino，Dunford & Boss（2016）	团队薪酬差距	团队过程、团队绩效	团队内信息公平氛围	团队成员薪酬满意度差异	当团队内信息公平氛围水平较低时，团队薪酬差距经团队成员的薪酬满意度差异，而间接负向影响团队过程和团队绩效	公平理论	客观薪酬数据 + 问卷调查	美国东南部医护集团工作团队
Super，Li，Ishqaidef & Guthrie（2016）	基于团队绩效的薪酬计划、固定薪酬计划	任务绩效	宜人性、经验开放性	讨论时间、离散型信息共享	基于团队绩效的薪酬计划（相比固定薪酬计划）将提升团队成员的离散型信息共享行为，并且，经验开放性水平较低时，上述效应更强烈；宜人性性格特征的调节效应未成立。此外，基于团队绩效的薪酬计划，将促使团队成员投入更多时间来讨论任务，进而共享更多独特的、离散型信息，最终提升团队任务绩效	动机驱动的信息处理模型	实验	招募大学生团队
Shi，Connelly & Sanders（2016）	高管团队薪酬差距	公司遭受证券集团诉讼可能	不相关多元化、环境不确定性	—	垂直差距越大，公司遭受证券集团诉讼的可能性越大；并且，当公司非相关多元化程度越高时，上述正向影响越强烈，当公司外部环境不确定性越大时，上述正向影响将削弱	锦标赛理论	二手数据	标准普尔 1500 公司高管团队

续表

作者（年份）	自变量	结果变量	调节变量	中介变量	主要研究结论	构建理论基础	数据来源	研究样本
卫旭华和刘咏梅（2016）	高管团队子群体薪酬差距	公司绩效	子群体不均衡性	—	高管团队任务型子群体薪酬差距与企业绩效正相关，并且，受到任务型子群体不均衡性的调节：任务型子群体的不均衡程度越高，上述正相关关系越强	团队子群体理论、薪酬等级分类理论	二手数据	中国上市公司高管团队
Feng，Chen & Liu（2017）	团队薪酬差距	团队绩效	薪酬差距变动趋势、薪酬排序变动	团队公平感知	团队薪酬差距，与团队绩效间呈现出倒“U”形影响关系，并且，当薪酬差距变动趋势为负或者团队内薪酬排序变动程度较大时，倒“U”形影响关系增强。另外，团队成员关于公平的共同感知，在团队薪酬差距影响团队绩效的过程中发挥中介作用	公平理论、薪酬信号理论	客观薪酬数据 + 问卷调查	中国大型区域性银行工作团队
Hill，Aime & Ridge（2017）	团队薪酬差距与成员对团队绩效贡献差异的匹配度、总体人力资源价值、薪酬水平	团队绩效	团队薪酬差距与成员对团队绩效贡献差异的匹配度	—	团队薪酬差距负向影响团队绩效；团队薪酬差距与成员对团队绩效贡献差异的匹配度，正向影响团队绩效；二者间的匹配度，亦会增强团队薪酬水平和团队人力资源价值对团队绩效的正向影响	公平理论、社会比较理论、相对剥削理论、效率工资理论、匹配理论	二手数据	美国棒球团队
Jaskiewicz et al.（2017）	高管团队薪酬差距	公司绩效	—	—	高管团队（非 CEO 高管团队成员）薪酬差距负向影响公司绩效	社会比较理论、信号理论	二手数据	标准普尔公司高管团队
Park & Kim（2017）	公司薪酬差距	公司绩效	薪酬体系与文化匹配度	—	薪酬差距与公司绩效之间呈现倒“U”形影响关系，并且，当聚焦绩效的组织文化十分突出时，二者间的影响关系为正向	公平理论、锦标赛理论、薪酬权变理论	二手数据	436 家来自韩国不同行业的公司

续表

作者（年份）	自变量	结果变量	调节变量	中介变量	主要研究结论	构建理论基础	数据来源	研究样本
Messersmith，Kim & Patel（2018）	垂直薪酬差距	公司绩效	高绩效系统及其三个子维度	—	高绩效系统，负向调节垂直薪酬差距—组织绩效间的影响关系，对高绩效系统的较大关注，将稀释垂直薪酬差距对公司绩效的有效性。其中，增强技能的高绩效系统，负向调节垂直薪酬差距—组织绩效间影响关系，对增强技能的高绩效系统的较大关注将稀释垂直薪酬差距对公司绩效的有效性；强化动机的高绩效系统，负向调节垂直薪酬差距—组织绩效间影响关系，对强化动机的高绩效系统的过大关注将稀释垂直薪酬差距对公司绩效的有效性；强化机会的高绩效系统正向调节垂直薪酬差距—公司绩效间影响关系，对强化机会的高绩效系统的较大关注将提升垂直薪酬差距对公司绩效的有效性	权变理论和竞赛理论	一手数据	韩国公司组织层面、员工个体层面的多时点调查数据
Patel et al.（2018）	高管团队薪酬差距	公司风险、公司绩效	外部董事成员薪酬差距	—	当高管团队薪酬差距较大时，外部董事成员间较大的薪酬差距将提升公司战略风险；高管团队薪酬差距与外部董事成员间薪酬差距的高—低组合或低—高组合，均有利于提升公司绩效	锦标赛理论、公平理论	二手数据	美国制造业 722 家公司 2000～2010 年数据
薪酬差距对团队成员个体层面结果变量的影响研究								
Bloom（1999）	团队薪酬差距	个体绩效	个体在薪酬分配中的位置	—	团队薪酬差距，与个体绩效负相关。对于处于薪酬分配中较低位置的个体而言，团队薪酬差距对其绩效具有负向影响；对于处于薪酬分配中较高位置的个体而言，团队薪酬差距对其绩效具有正向影响	锦标赛理论、公平理论	二手数据	美国职业棒球团队

续表

作者（年份）	自变量	结果变量	调节变量	中介变量	主要研究结论	构建理论基础	数据来源	研究样本
Bloom & Michel (2002)	公司薪酬差距	管理者任期和离职	—	—	公司薪酬差距越大，管理者平均任期越短；公司薪酬差距越大，管理者离职水平越高。此外，该研究亦探讨了组织情境因素（投资机会、环境不稳定性、环境宽容性和公司多元化战略）对公司薪酬差距的影响	锦标赛理论	二手数据	分别来自 COMPUSTAT 和 CAHRS 两个数据库的研究样本
Trevor & Wazeter (2006)	薪酬差距（学区层面）	薪酬公平感知	内部薪酬位置	—	内部薪酬位置，调节薪酬差距对薪酬公平感知的影响：内部薪酬位置较低时，薪酬差距负向影响薪酬公平感；内部薪酬位置较高时，负向影响变弱甚至转变为正向影响	社会比较理论、公平理论	二手客观数据+问卷调查	448 个美国西北部学区中 2294 名教师（1999 年）
白锋和程德俊 (2006)	团队薪酬差距	个体绩效	薪酬地位	—	团队薪酬差距正向影响个体绩效。对于薪酬地位较高的个体而言，较大的薪酬差距利于个体绩效提升；对于薪酬地位较低的个体而言，较大的薪酬差距则不利于个体绩效提升	锦标赛理论、相对剥削理论和公平理论	二手数据	美国职业篮球团队
Charness & Kuhn (2007)	薪酬差距	个体努力水平	—	—	薪酬差距并不影响员工努力水平，员工努力水平取决于自己的薪酬水平	公平理论	实验操控	美国加利福尼亚大学 111 个被试
Franck & Nüesch (2011)	团队薪酬差距	绩效实现行为方式	—	—	团队薪酬差距越大，团队成员越倾向于展现出更多的个体行为（相比于合作行为）	经济视角和行为视角理论整合	二手数据	德国职业足球团队
Harbring & Irlenbusch (2011)	薪酬差距	努力水平、破坏行为	薪酬沟通	—	重复竞赛激励机制下，较大的薪酬差距往往同时伴随着个体较高水平的努力和较高水平的破坏行为，并且，后一种程度高于前一种程度；雇主与雇员间针对较大薪酬差距薪资结构的沟通，将抑制破坏行为并提升雇员产出水平	锦标赛理论	实验	实验室被试

续表

作者（年份）	自变量	结果变量	调节变量	中介变量	主要研究结论	构建理论基础	数据来源	研究样本
Messersmith et al.（2011）	高管团队水平薪酬差距	高管成员个体离职决策	个体团队内薪酬占比、外部市场薪酬位置、薪酬形式	—	高管团队薪酬差距正向影响成员离职。个体薪酬在高管团队总薪酬中的占比越小，个体越有可能离职；个体在外部市场的薪酬位置越高，离职可能越低；个体薪酬中变动薪酬比例越大，离职可能性越大	锦标赛理论	二手数据	美国多个行业公司高管团队
Carnahan，Agarwal & Campbell（2012）	公司间薪酬差距（与竞争对手比较）	高/低绩效者离职（加入竞争对手公司或自己创业）	—	—	当公司薪酬差距相比竞争对手要大时，那些绩效表现优于同事的个体将不太可能离开公司，然而，一旦这些高绩效者选择离开高薪酬差距的公司，他们更可能在离职后自己创办企业而非加入其他公司；当公司薪酬差距相比竞争对手要大时，那些绩效表现差者将更可能离开公司，并且，他们离职后是加入其他公司而不太可能自己创办企业	社会比较理论、公平理论、人力资本理论	二手数据	美国法律服务行业87000家公司中180万个个体观察值（年）
Christie & Barling（2014）	团队内水平薪酬差距	其他成员是否值得信任	个体关于资源分配的共享偏好	—	团队薪酬差距对团队内其他成员是否值得信任的直接影响不显著；团队成员的资源分配共享偏好较强时，团队薪酬差距负向影响他人是否值得信任，但不显著；只有当团队成员的资源分配共享偏好较低时，团队薪酬差距才会激发个体感知到其他成员值得信任	关系模型理论、人—环境匹配理论	二手数据+问卷调查	加拿大一所大学中教师工作部门
贺伟和嵩坡（2014）	部门内水平薪酬差距	情感承诺	薪酬水平、多元化、绩效薪酬	—	部门薪酬差距对员工情感承诺不具有显著的负向影响；二者间负相关关系，仅在部门薪酬水平较低、部门员工队伍多元化程度较小、部门绩效薪酬强度偏低的情形下成立	相对剥削理论、社会比较理论	二手数据+问卷调查	中国企业一般工作部门

续表

作者（年份）	自变量	结果变量	调节变量	中介变量	主要研究结论	构建理论基础	数据来源	研究样本
Brown et al.（2016）	薪酬差距降低	较低薪酬获得者的努力、较高薪酬获得者的离职意愿	—	较低薪酬获得者薪酬公平感知的变化	通过提升低薪酬获得者的薪酬水平而缩小薪酬差距，会促使低薪酬获得者提升工作努力，然而，这一致力于缩小薪酬差距的举措，并未预测高薪酬获得者的较高离职率。另外，薪酬差距缩小，对低薪酬获得者努力水平的影响，是通过低薪酬获得者薪酬公平感知的变化（中介变量）而发挥作用的	公平理论	实验	亚马逊土耳其机器人在线平台招募的148个被试
He, Long & Kuvaas（2016）	团队薪酬差距	离职意愿	中国传统性、薪酬水平	情感承诺、薪酬水平满意度	只有高传统性员工或工资水平较低的员工才会展现出薪酬差距与离职意愿间的正相关关系，并且，高中国传统性的调节效应，主要通过情感承诺（关系剥削路径）解释，低工资水平的调节效应，主要通过薪酬满意度（经济剥削路径）解释	相对剥削理论、社会交换理论	客观薪酬数据+问卷调查	中国大型城市多个行业公司中工作团队
Urieşi（2016）	薪酬差距（与绩效相关）	工作动机（个体）	—	分配公平、程序公平	与绩效相关的薪酬差距，不仅直接正向影响工作动机，亦分别通过分配公平和程序公平间接正向影响工作动机	公平理论	问卷调查	罗马尼亚实施短期绩效薪酬计划的16家私人企业中285位员工
Guo, Libby & Liu（2017）	上下级薪酬差距	上下级决策	—	—	当垂直薪酬差距较大时，下属关于项目成本预算会误报更多，上级对这样的误报更为宽容	公平理论	实验	加拿大劳瑞尔大学的114个本科生参与实验被试
Park, Kim & Sung（2017）	团队薪酬差距	薪酬公平感知（个体层面）	调节聚焦（促进/防御）	—	当个体促进聚焦强烈时，团队内薪酬差距将提升个体的薪酬公平感知	公平理论、薪酬信号理论	自我汇报和客观薪酬数据+问卷调查	韩国企业、台湾高技术企业工作团队

资料来源：该表系作者依据国内外薪酬差距影响现有研究文献，整理所得。

附录2：水平薪酬差距触发员工个体工作场所妒忌情绪研究调研问卷

转型期员工工作态度调查问卷①

您好！

本项研究旨在调查当前经济转型期员工在工作中的感受和体验，以便为企业人力资源管理工作提出建议。**此次调查仅供学术研究之用，答案没有对错之分，请您根据实际情况填写**。您的支持与配合是我们研究工作获得突破的源泉，对您的真诚合作致以最衷心的感谢！

南京大学商学院
2017年1月

请您根据自己的实际感受和体会，对以下描述进行评价和判断，并在最符合的数字上打钩。评价和判断的标准如下：1 = 非常不同意，2 = 不同意，3 = 无所谓/不确定，4 = 同意，5 = 非常同意。

1. 工作单位实际给予我的薪酬与给予同事（同一部门相同岗位的其他员工）的薪酬水平几乎没有差异	1	2	3	4	5
2. 工作单位实际给予我的薪酬与给予同事（同一部门相同岗位的其他员工）的薪酬水平有很大差距	1	2	3	4	5
3. 所在工作单位领导薪酬水平与员工薪酬水平几乎没有差异	1	2	3	4	5
4. 所在工作单位领导薪酬水平与员工薪酬水平有很大差距	1	2	3	4	5

① 问卷中，题项1与题项2，以及题项3和题项4，是互为反向题，目的在于甄别被调查者是否认真填写调研问卷，以有效识别无效问卷。运用于实证分析的数据，则为去除无效问卷后的使用正向计分的题项2和题项4。

请您回顾工作单位中与您处于同一部门大体相同岗位但薪酬收入却高于您的同事，并对下列描述作出评价：0 表示从来没有，1 表示很少有，2 表示有时有，3 表示经常有，4 表示总是有。

5. 我羡慕他/她（与我处于同一工作部门中相同工作岗位但薪酬收入却高于我的同事）	0	1	2	3	4
6. 我为自己感到惋惜	0	1	2	3	4
7. 每想起他/她，我便感受到内心产生一种专注于**我自身**并渴望拥有该同事所拥有的薪酬优势的妒忌情绪	0	1	2	3	4
8. 每想起他/她，我便感受到内心产生一种专注于**该同事**及其所拥有的薪酬优势的妒忌情绪	0	1	2	3	4

基本信息

1. 性别：A. 男　　　　B. 女

2. 年龄：______周岁

3. 婚姻状况：A. 已婚　　　　B. 未婚

4. 在目前工作单位任职年限：______年

5. 学历：A. 硕士及以上　　B. 本科　　C. 大专/职高　　D. 高中及以下

6. 目前工作单位实际给予我的薪酬（应发薪酬 - 代扣代缴部分 - 税）为________元/月。

7. 依据我为工作单位的付出与努力，我认为工作单位应该给予我的薪酬为________元/月。

再次对您的真诚合作致以最衷心的感谢！

祝您工作顺利！

附录3：团队内水平薪酬差距对团队成员工作角色绩效的影响研究调查问卷——团队主管/人力资源管理者问卷

员工薪酬与绩效调查
#团队主管/人力资源管理者问卷#

尊敬的主管：

您好！

您手中的问卷旨在调查当前组织工作团队中团队成员的薪酬与绩效情况，**仅供南京大学商学院人力资源管理方向博士生学术研究之用，请您放心填写！**

答案没有对错之分，请您根据下属的实际情况填写。问卷中的全部信息仅用于匹配调查中所得到的资料。研究结果只展现组织状态，不涉及任何个人信息。

您的支持与配合是我们研究工作获得突破的源泉，对您的真诚合作致以最衷心的感谢！

南京大学商学院

2017 年 6 月至 2017 年 12 月

以下是对您的下属在工作角色绩效方面表现的描述。请根据贵部门或项目团队实际情况**填写员工问卷的**下属（如果少于或多于 6 人，请以实际人数为准，多于 6 人可在空白处填写），对他们每人过去一个月内下述行为发生的频率进行评价：1 = **从不**；2 = **一次或两次**；3 = **每周一次**；4 = **一周一次**；5 = **几乎每天**。

我们真心希望您能够以严谨而认真的态度分别对每位下属作出评价，即请您在完全评价完下属 A 的所有条目后再对下属 B 进行评价，以此类推。您的真实评价对于此项研究至关重要，我们衷心感谢您的付出与努力。

请写上参与本次调研的下属姓名——→	下属 A	下属 B	下属 C	下属 D	下属 E	下属 F
1. 与同事协同工作						
2. 与同事有效沟通						
3. 当有需要时，为同事提供帮助						
4. 有效应对影响工作团队的各种变化（如新成员）						
5. 学习新技能或承担新角色来应对工作团队工作方式的变化						
6. 积极应对工作团队工作方式的变化						
7. 提出建议来提升工作团队的效率						
8. 通过开发新方法、改进原有方法来使工作团队效率更高						
9. 改进工作团队的工作方式						

请写上参与本次调研的下属姓名——→	下属 A	下属 B	下属 C	下属 D	下属 E	下属 F
1. 2016 年从工作中获得的总薪酬收入为：（单位：元）						
2. 2015 年的工作绩效表现：（请将下属实际工作绩效表现统一转化为货币计量单位“元”）						

请根据您的实际情况，在相应的方框打“✓”或空格处填写。

1. 您的性别：□男　□女

2. 您的年龄：□20 岁或以下　□21～25 岁　□26～30 岁　□31～35 岁　□36～40 岁　□41～45 岁　□46～50 岁　□51 岁及以上

3. 您的学历：□高中及以下　□职高或大专　□大学本科　□硕士研究生

再次对您的真诚合作致以最衷心的感谢！祝您工作顺利！

附录4：团队内水平薪酬差距对团队成员工作角色绩效的影响研究调查问卷——团队成员问卷

员工工作态度和行为调查

#员工问卷#

您好！

您手中的问卷旨在调查当前组织中员工在工作中的感受与体验，以便为组织人力资源管理工作提出建议。

此次调查**仅供南京大学商学院人力资源管理方向博士生学术研究之用，请您放心填写！答案没有对错之分，请您根据自己在工作中的实际感受和体验真实填写**。问卷中的全部信息仅用于匹配调查中所得到的资料。研究结果只展现组织状态，不涉及任何个人信息。

您的支持与配合是我们研究工作获得突破的源泉，对您的真诚合作致以最衷心的感谢！

南京大学商学院
2017年6月至2017年12月

请您回想所在组织/部门/团队中的薪酬分配，当您与**同事**（**不包括领导和下属**）进行薪酬水平比较（仅指从工作中获得的薪酬收入，不包含工作之外获得的收入）时，请您根据当时自己内心的真实感受及后续行为对下述描述进行评价：**在相应框中打“✓”即可**——1＝非常不同意，2＝不同意，3＝不确定，4＝同意，5＝非常同意，**分值越高意味着越同意该描述**。

您的真实评价对于此项研究至关重要，我们衷心感谢您的付出与努力。

	非常不同意	不同意	不确定	同意	非常同意
1. 当我感知到部门/团队内某一同事的薪酬收入比我高时，我更加关注如何才能在未来获得与他/她相同甚至更高的薪酬收入	1	2	3	4	5
2. 若我注意到部门/团队内有同事比我更优秀，我会努力提升自己	1	2	3	4	5
3. 部门/团队内比我具有薪酬比较优势的同事，常常激励我努力实现我的目标	1	2	3	4	5
4. 我努力取得部门/团队内比我具有薪酬比较优势的同事的成绩	1	2	3	4	5
5. 如果部门/团队内其他成员拥有卓越的资质、成就或财产时，我会努力让自己也拥有这些	1	2	3	4	5

1. 我希望部门/团队内比我具有薪酬比较优势的同事失去薪酬比较优势	1	2	3	4	5
2. 如果部门/团队内同事拥有的薪酬收入部分我没有，我会让他/她失去所拥有的那部分	1	2	3	4	5
3. 我对部门/团队内薪酬比较中比我具有优势的同事**很难诚心诚意**	1	2	3	4	5
4. 因部门/团队内薪酬比较而产生的痛苦情绪，让我很难喜欢比我具有薪酬比较优势的同事	1	2	3	4	5
5. 部门/团队内具有薪酬比较优势的同事的工作成就，让我对他/她不满	1	2	3	4	5

请根据您在2015年的实际情况，在相应方框内打“✓”或空格处填写。

1. 您的性别：□男　□女

2. 2015年您的年龄：______岁

3. 2015年您的受教育程度：

□高中及以下　□大专或职高　□本科　□硕士　□博士

4. 2015年您在目前工作单位从事当前工作已经______年

5. 2015 年您的婚姻状况：□未婚　　□已婚

6. 您所在的部门或团队的名称：______；工作单位所处行业：______

问卷到此结束，烦请您再次检查本问卷所有题项，确保没有漏答之处。

再次对您的真诚合作致以最衷心的感谢！

祝您工作顺利，每天好心情！

附录5：在Mplus 7.0软件中运行直接效应和间接效应的检验语句

1. 工作场所善意妒忌情绪和工作场所恶意妒忌情绪的中介效应和总效应检验语句

```
DATA：FILE IS mediation. txt;
VARIABLE：NAMES ARE JRP C7 PD1 PD2 PD3 SE EE;
ANALYSIS：BOOTSTRAP = 2000;
MODEL：
SE ON C7
PD1 (a1)
PD2 (a2)
PD3 (a3);
EE ON C7
PD1 (a4)
PD2 (a5)
PD3 (a6);
JRP ON C7
PD1
PD2
PD3
SE (b1)
EE (b2);
MODEL CONSTRAINT：
  New (H1 - H6);
  H1 = a1 * b1;    ! 工作场所善意妒忌情绪在“基于绩效的水平薪酬差
```

距－团队成员工作角色绩效”影响关系中的可能中介效应

H2 = a2 * b1；　！工作场所善意妒忌情绪在“基于人力资本特征性投入要素的水平薪酬差距－团队成员工作角色绩效”影响关系中的可能中介效应

H3 = a3 * b1；　！工作场所善意妒忌情绪在“非基于绩效和人力资本特征性投入要素的水平薪酬差距－团队成员工作角色绩效”影响关系中的可能中介效应

H4 = a4 * b2；　！工作场所恶意妒忌情绪在“基于绩效的水平薪酬差距－团队成员工作角色绩效”影响关系中的可能中介效应

H5 = a5 * b2；　！工作场所恶意妒忌情绪在“基于人力资本特征性投入要素的水平薪酬差距－团队成员工作角色绩效”影响关系中的可能中介效应

H6 = a6 * b2；　！工作场所恶意妒忌情绪在“非基于绩效和人力资本特征性投入要素的水平薪酬差距－团队成员工作角色绩效”影响关系中的可能中介效应

OUTPUT：cinterval（bcbootstrap）；

2. 三种细分类型水平薪酬差距对团队成员工作角色绩效的直接效应检验语句

DATA：FILE IS mediation. txt；

VARIABLE：NAMES AREJRP C7 PD1 PD2 PD3 SE EE；

USEVARIABLES ARE JRP C7 PD1 PD2 PD3；

ANALYSIS：BOOTSTRAP = 2000；

MODEL：

JRP ON C7

PD1（c1）　！“基于绩效的水平薪酬差距”对“团队成员工作角色绩效”的直接效应

PD2（c2）　！“基于人力资本特征性投入要素的水平薪酬差距”对“团队成员工作角色绩效”的直接效应

PD3（c3）　！“非基于绩效和人力资本特征性投入要素的水平薪酬差距”对“团队成员工作角色绩效”的直接效应

OUTPUT：cinterval（bcbootstrap）；

参 考 文 献

[1] 白锋，程德俊．团队薪酬差距对个人和团队绩效的影响 [J]. 经济科学，2006 (6): 118-128.

[2] 步丹璐，白晓丹．员工薪酬、薪酬差距和员工离职 [J]. 中国经济问题，2013 (1): 100-108.

[3] 陈丁，张顺．薪酬差距与企业绩效的倒 U 形关系研究——理论模型与实证探索 [J]. 南开经济研究，2010 (5): 35-45.

[4] 陈震，张鸣．高管层内部的级差报酬研究 [J]. 中国会计评论，2006 (1): 15-28.

[5] 程新生，宋文洋，程菲．高管员工薪酬差距、董事长成熟度与创造性产出研究 [J]. 南京大学学报（哲学·人文科学·社会科学），2012 (4): 47-59.

[6] 丁明智，张正堂，程德俊．薪酬制度分选效应研究综述 [J]. 外国经济与管理，2013，35 (7): 54-62.

[7] 高良谋，卢建词．内部薪酬差距的非对称激励效应研究——基于制造业企业数据的门限面板模型 [J]. 中国工业经济，2015 (8): 114-129.

[8] 贺伟，蒿坡．薪酬分配差异一定会降低员工情感承诺吗——薪酬水平、绩效薪酬强度和员工多元化的调节作用 [J]. 南开管理评论，2014 (4): 13-23.

[9] 贺伟，龙立荣．实际收入水平、收入内部比较与员工薪酬满意度的关系——传统性和部门规模的调节作用 [J]. 管理世界，2011 (4): 98-110.

[10] 贺伟．薪酬分配差异对员工心理的影响与作用机制研究 [D]. 武汉：华中科技大学，2013.

[11] 霍娜，李超平．工作价值观的研究进展与展望 [J]. 心理科学进展，

2009, 17 (4): 795 - 801.

[12] 孔东民, 徐茗丽, 孔高文. 企业内部薪酬差距与创新 [J]. 经济研究, 2017 (10): 144 - 157.

[13] 黎文靖, 胡玉明. 国企内部薪酬差距激励了谁? [J]. 经济研究, 2012 (12): 125 - 136.

[14] 李绍龙, 龙立荣, 贺伟. 高管团队薪酬差异与企业绩效关系研究: 行业特征的跨层调节作用 [J]. 南开管理评论, 2012, 15 (2): 55 - 65.

[15] 林浚清, 黄祖辉, 孙永祥. 高管团队内薪酬差距、公司绩效和治理结构 [J]. 经济研究, 2003 (4): 31 - 40.

[16] 刘春, 孙亮. 薪酬差距与企业绩效: 来自国企上市公司的经验证据 [J]. 南开管理评论, 2010, 13 (2): 30 - 39.

[17] 刘得格, 李文东, 陈文晶. 恶意妒忌和善意妒忌的影响因素与作用机制 [J]. 心理科学进展, 2017, 25 (2): 342 - 357.

[18] 刘颖, 张正堂, 段光. 团队薪酬激励效应的影响因素、作用机制与研究框架 [J]. 管理评论, 2015, 27 (12): 151 - 163.

[19] 刘颖, 张正堂, 王亚蓓. 团队薪酬分配过程、任务互依性对成员合作影响的实验研究 [J]. 经济科学, 2012 (5): 92 - 103.

[20] 刘张发, 田存志, 张潇. 国有企业内部薪酬差距影响生产效率吗 [J]. 经济学动态, 2017 (11): 46 - 57.

[21] 卢锐. 管理层权力、薪酬差距与绩效 [J]. 南方经济, 2007 (7): 60 - 70.

[22] 鲁海帆. 高管团队内薪酬差距、风险与公司业绩——基于锦标赛理论的实证研究 [J]. 经济管理, 2011 (12): 93 - 99.

[23] 吕逸婧, 彭贺. 工作场所中的妒忌研究综述 [J]. 经济管理, 2014 (9): 180 - 189.

[24] 苗青, 陈思静, 宫准, 洪雁. 人力资源管理研究与实践: 前沿量表手册 [Handbook of HRM Frontier Research & Practice Scales] [M]. 杭州: 浙江大学出版社, 2015.

[25] 卫旭华，刘咏梅．高管团队子群体薪酬不平等对企业绩效的影响 [J]. 财贸研究，2016 (1)：115－122.

[26] 卫旭华．薪酬水平和薪酬差距对企业运营结果影响的元分析 [J]. 心理科学进展，2016，24 (7)：1020－1031.

[27] 温忠麟，叶宝娟．有调节的中介模型检验方法：竞争还是替补 [J]. 心理学报，2014，46 (5)：714－726.

[28] 吴宝沛，张雷．妒忌：一种带有敌意的社会情绪 [J]. 心理科学进展，2012，20 (9)：1467－1478.

[29] 吴明隆，涂金堂．SPSS 与统计应用分析 [M]. 大连：东北财经大学出版社，2012.

[30] 徐淋，刘春林，杨昕悦．高层管理团队薪酬差异对公司绩效的影响 基于环境不确定性的调节作用 [J]. 经济管理，2015 (4)：61－70.

[31] 杨志强，王华．公司内部薪酬差距、股权集中度与盈余管理行为——基于高管团队内和高管与员工之间薪酬的比较分析 [J]. 会计研究，2014 (6)：57－65.

[32] 张海燕，张正堂，陈传明．企业组织结构化的动态闭环整合模型——基于知识逻辑 [J]. 当代财经，2017 (7)：71－80.

[33] 张海燕，张正堂．一致性视角解读制度信任对再次合作意愿的影响——多项式回归结合响应面分析法 [J]. 南大商学评论，2017a，14 (2)：135－156.

[34] 张海燕，张正堂．匹配视角的制度信任与供应链节点企业协作有效性——基于多项式回归结合响应面分析法 [J]. 山西财经大学学报，2017b，39 (8)：56－70.

[35] 张海燕，张正堂．我国经济转型情境下制度信任对再次合作意愿的影响研究：有调节的中介模型 [J]. 商业经济与管理，2017c，37 (6)：23－36.

[36] 张海燕，张正堂．制度信任偏离度对再次合作意愿影响实证研究 [J]. 软科学，2017d，31 (3)：38－41.

[37] 张蕊，管考磊．高管薪酬差距会诱发侵占型职务犯罪吗？——来自中国上市公司的经验证据 [J]. 会计研究，2016 (9)：47－54.

［38］张正堂，刘宁．薪酬管理（第二版）［M］．北京：北京大学出版社，2016.

［39］张正堂，刘颖，王亚蓓．团队薪酬，任务互依性对团队绩效的影响研究［J］．南开管理评论，2014（3）：112－121.

［40］张正堂．高层管理团队协作需要，薪酬差距和企业绩效：竞赛理论的视角［J］．南开管理评论，2007，10（2）：4－11.

［41］张正堂．团队薪酬计划的激励效应研究［J］．科学学与科学技术管理，2010，31（11）：176－181.

［42］赵睿．高管—员工薪酬差距与企业绩效——基于中国制造业上市公司面板数据的实证研究［J］．经济管理，2012（5）：96－104.

［43］周权雄，朱卫平．国企锦标赛激励效应与制约因素研究［J］．经济学：季刊，2010，9（1）：571－596.

［44］朱芳芳．利益一致和利益冲突——高管团队薪酬差距的激励效应研究［J］．经济与管理评论，2017（4）：153－160.

［45］Abeler J，Altmann S，Kube S，et al. Gift Exchange and Workers' Fairness Concerns：When Equality is Unfair［J］. Journal of the European Economic Association，2010，8（6）：1299－1324.

［46］Abosch K S. Confronting Six Myths of Broadbanding［J］. ACA Journal，1998（7）：28－36.

［47］Abosch K S. The Promise of Broadbanding［J］. Compensation & Benefits Review，1995，27（1）：54－58.

［48］Adams J S. Inequity in Social Exchange. In L. Berkowitz（Ed.），*Advances in Experimental Social Psychology*（vol. 2，pp. 267－299）［M］. New York：Academic Press，1965.

［49］Adams J S. Towards an Understanding of Inequity［J］. The Journal of Abnormal and Social Psychology，1963，67（5）：422－463.

［50］Affleck G，Tennen H，Pfeiffer C，et al. Downward Comparison and Coping with Serious Medical Problems［J］. American Journal of Orthopsychiatry，1987，57

(4): 570 - 578.

[51] Aguinis H, O'Boyle E. Star Performers in Twenty - first Century Organizations [J]. Personnel Psychology, 2014, 67 (2): 313 - 350.

[52] Aime F, Meyer C J, Humphrey S E. Legitimacy of Team Rewards: Analyzing Legitimacy as a Condition for the Effectiveness of Team Incentive Designs [J]. Journal of Business Research, 2010, 63 (1): 60 - 66.

[53] Akerlof G A, Yellen J L. Fairness and Unemployment [J]. The American Economic Review, 1988, 78 (2): 44 - 49.

[54] Akerlof G A, Yellen J L. The Fair Wage - effort Hypothesis and Unemployment [J]. The Quarterly Journal of Economics, 1990, 105 (2): 255 - 283.

[55] Alicke M D, Govorun O. The Better - Than - Average Effect. In M. D. Alicke, D. A. Dunning, & J. I. Krueger (Eds.), *The Self in Social Judgment* (pp. 85 - 106) [M]. New York, NY, US: Psychology Press, 2005.

[56] Arnold M B. Emotion and Personality [M]. New York: Columbia University Press, 1960.

[57] Aspinwall L G. Future - oriented Aspects of Social Comparisons. In B. P. Buunk & F. X. Gibbons (Eds.), *Health, Coping, and Well - being: Perspectives form Social Comparison Theory* (pp. 125 - 166) [M]. Mahwah, NJ: Erlbaum Associates, 1997.

[58] Audretsch D B, Dagnino G B, Faraci R, Hoskisson RE. New Frontiers in Entrepreneurship [M]. New York, NY: Springer, 2010.

[59] Ba K B G, Blaloc S J, Devellis R F, et al. Appraisal of and Coping with Arthritis - related Problems in Household Activities, Leisure Activities, and Pain Management [J]. Arthritis Care & Research the Official Journal of the Arthritis Health Professions Association, 1994, 7 (1): 20 - 28.

[60] Bamberger P, Belogolovsky E. The Dark Side of Transparency: How and When Pay Administration Practices Affect Employee Helping [J]. Journal of Applied Psychology, 2017, 102 (4): 658 - 671.

[61] Bargh J A. Automaticity in Social Psychology. In E. T. Higgins & A. W. Kruglanski (Eds), *Social Psychology: Handbook of basic Principles* (pp. 169 – 183) [M]. New York: Guilford Press, 1996.

[62] Barnard C. The Functions of the Executive [M]. Cambridge, MA: Harvard University Press, 1938.

[63] Baron J N, Pfeffer J. The Social Psychology of Organizations and Inequality [J]. Social Psychology Quarterly, 1994, 57 (3): 190 – 209.

[64] Baron R M, Kenny D A. The Moderator – Mediator Variable Distinction in Social Psychological Research: Conceptual, Strategic, and Statistical Considerations [J]. Journal of Personality and Social Psychology, 1986, 51 (6): 1173 – 1182.

[65] Bartling B, Von Siemens F A. Wage Inequality and Team Production: An Experimental Analysis [J]. Journal of Economic Psychology, 2011, 32 (1): 1 – 16.

[66] Baumeister R F, Heatherton T F, Tice D M. Losing Control: How and Why People Fail at Self – regulation [M]. San Diego: Academic Press, 1994.

[67] Beaumont P B, Harris R I D. Internal Wage Structures and Organizational Performance [J]. British Journal of Industrial Relations, 2003, 41 (1): 53 – 70.

[68] Becker B E, Huselid M A. The Incentive Effects of Tournament Compensation Systems [J]. Administrative Science Quarterly, 1992, 37 (2): 336 – 350.

[69] Bedeian A. Workplace Envy [J]. Organizational Dynamics, 1995, 23 (4): 49 – 56.

[70] Beersma B, Hollenbeck J R, Humphrey S E, et al. Cooperation, Competition, and Team Performance: Toward a Contingency Approach [J]. Academy of Management Journal, 2003, 46 (5): 572 – 590.

[71] Begley T, Lee C. The Role of Negative Affectivity in Pay – at – Risk Reactions: A Longitudinal Study [J]. Journal of Applied Psychology, 2005, 90 (2): 382 – 388.

[72] Berger P, Luckmann T. The Social Construction of Reality [M]. New York: Doubleday, 1966.

[73] Berkowitz L, Fraser C, Treasure F P, et al. Pay, Equity, Job Gratifications, and Comparisons in Pay Satisfaction [J]. Journal of Applied Psychology, 1987, 72 (4): 544 - 551.

[74] Berri D J, Jewell R T. Wage Inequality and Firm Performance: Professional Basketball's Natural Experiment [J]. Atlantic Economic Journal, 2004, 32 (2): 130 - 139.

[75] Bies R J, Moag J F. Interactional Justice: Communication Criteria of Fairness. In R. J. Lewicki, B. H. Sheppard & M. H. Bazerman (Eds.), *Research on Negotiations in Organizations* (vol. 1, pp. 43 - 55) [M]. Greenwich, CT: JAI Press, 1986.

[76] Bishop J. The Recognition and Reward of Employee Performance [J]. Journal of Labor Economics, 1987, 5 (4): 36 - 56.

[77] Blau P M. Exchange and Power in Social Life [M]. New York: Wiley, 1964.

[78] Bloom M, Michel J G. The Relationships among Organizational Context, Pay Dispersion, and among Managerial Turnover [J]. Academy of Management Journal, 2002, 45 (1): 33 - 42.

[79] Bloom M. The Performance Effects of Pay Dispersion on Individuals and Organizations [J]. Academy of Management Journal, 1999, 42 (1): 25 - 40.

[80] Brickman P, Bulman R J. Pleasure and Pain in Social Comparison. In J. Suls & R. L. Miller (Eds.) *Social Comparison Processes: Theoretical and Empirical Perspectives* (pp. 149 - 186) [M]. Washington, DC: Hemisphere, 1977.

[81] Brislin R W. Translation and Content Analysis of Oral and Written Material [J]. Handbook of Cross - Cultural Psychology, 1980, 2 (2): 349 - 444.

[82] Brown C, Evans J, Moser D V, et al. How Does Reducing Pay Dispersion Affect Employee Behavior [J]. Social Science Electronic Publishing, 2016.

[83] Brown D J, Ferris D L, Heller D, et al. Antecedents and Consequences of the Frequency of Upward and Downward Social Comparisons at Work [J]. Organizational Behavior and Human Decision Processes, 2007, 102 (1): 59 - 75.

[84] Brown M P, Sturman M C, Simmering M J. Compensation Policy and Organizational Performance: The Efficiency, Operational, and Financial Implications of Pay Levels and Pay Structure [J]. Academy of Management Journal, 2003, 46 (6): 752 -762.

[85] Brown, Conor and Evans, John and Moser, Donald V. and Presslee, Adam, How Does Reducing Pay Dispersion Affect Employee Behavior? (August 8, 2016). 2017 Canadian Academic Accounting Association (CAAA) Annual Conference. Available at SSRN: https://ssrn.com/abstract=2713840.

[86] Bucciol A, Foss N J, Piovesan M. Pay Dispersion and Performance in Teams [J]. PloS One, 2014, 9 (11): e112631.

[87] Burroughs J D. Pay Secrecy and Performance: The Psychological Research [J]. Compensation & Benefits Review, 1982, 14 (3): 44 -54.

[88] Buunk A P, Gibbons F X. Social Comparison: The End of a Theory and the Emergence of a Field [J]. Organizational Behavior and Human Decision Processes, 2007, 102 (1): 3 -21.

[89] Buunk A P, Gibbons F X. Social Comparisons Orientation: a New Perspective on Those Who don't Compare with Others. In S. Guimond (Ed.), *Social Comparison and Socail Psychology: Understanding Cognition, Intergroup Relations and Culture* (pp. 15 -33) [M]. Cambridge: Cambridge University Press, 2006.

[90] Buunk A P. How do People Respond to Others with High Commitment or Autonomy in Their Relationships [J]. Journal of Social & Personal Relationships, 2005, 22 (5): 653 -672.

[91] Buunk B M P, Vanyperen N W, Taylor S E, et al. Social Comparison and the Drive Upward Revisited: Affiliation as a Response to Marital Stress [J]. European Journal of Social Psychology, 1991, 21 (6): 529 -546.

[92] Buunk B P, Collins R L, Taylor S E, et al. The Affective Consequences of Social Comparison: Either Direction has Its Ups and Downs [J]. Journal of Personality and Social Psychology, 1990, 59 (6): 1238 -1249.

[93] Buunk B P, Nauta A, Molleman E. In search of the True Group Animal: The Effects of Affiliation Orientation and Social Comparison Orientation upon Group Satisfaction [J]. European Journal of Personality, 2005, 19 (1): 69 – 81.

[94] Buunk B P, Schaufeli W B, Ybema J F. Burnout, Uncertainty, and the Desire for Social Comparison among Nurses [J]. Journal of Applied Social Psychology, 1994, 24 (19): 1701 – 1718.

[95] Buunk B P, Van der Zee K, VanYperen N W. Neuroticism and Social Comparison Orientation as Moderators of Affective Responses to Social Comparison at Work [J]. Journal of Personality, 2001, 69 (5): 745 – 762.

[96] Buunk B P, Ybema J F, Gibbons F X, et al. The Affective Consequences of Social Comparison as Related to Professional Burnout and Social Comparison Orientation [J]. European Journal of Social Psychology, 2001, 31 (4): 337 – 351.

[97] Buunk B P, Ybema J F. Selective Evaluation and Coping with Stress: Making One's Situation Cognitively More Livable [J]. Journal of Applied Social Psychology, 1995, 25 (17): 1499 – 1517.

[98] Buunk B P, Ybema J F. Social Comparison and Occupational Stress: the Identification – Contrast Model. In B. P. Buunk & F. X. Gibbons (Eds.), *Health, Coping, and Well – being: Perspectives form Social Comparison Theory* (pp. 359 – 388) [M]. Mahwah, NJ: Lawrence Erlbaum Associates, 1997.

[99] Buunk B P, Zurriaga R, Gonzalez – Roma V, et al. Engaging in Upward and Downward Comparisons as a Determinant of Relative Deprivation at Work: A Longitudinal Study [J]. Journal of Vocational Behavior, 2003, 62 (2): 370 – 388.

[100] Buunk B P, Zurriaga R, Peíró J M, et al. Social Comparisons at Work as Related to A Cooperative Social Climate and to Individual Differences in Social Comparison Orientation [J]. Applied Psychology, 2005, 54 (1): 61 – 80.

[101] Buunk B P. Comparison Direction and Comparison Dimension among Disabled Individuals: Toward a Refined Conceptualization of Social Comparison under Stress [J]. Personality & Social Psychology Bulletin, 1995, 21 (4): 316 – 330.

[102] Carnahan S, Agarwal R, Campbell B A. Heterogeneity in Turnover: The Effect of Relative Compensation Dispersion of Firms on the Mobility and Entrepreneurship of Extreme Performers [J]. Strategic Management Journal, 2012, 33 (12): 1411 -1430.

[103] Carpenter M A, Sanders W G. Top Management Team Compensation: the Missing Link between CEO Pay and Firm Performance? [J]. Strategic Management Journal, 2002, 23 (4): 367 -375.

[104] Carton A M, Cummings J N. A Theory of Subgroups in Work Teams [J]. Academy of Management Review, 2012, 37 (3): 441 -470.

[105] Charness G, Kuhn P. Does Pay Inequality Affect Worker Effort? Experimental Evidence [J]. Journal of Labor Economics, 2007, 25 (4): 693 -723.

[106] Chen C C, Chen X P, Huang S S. Chinese Guanxi: An integrative review and new directions for future research [J]. Management and Organization Review, 2013, 9 (1): 167 -207.

[107] Chizema A, Liu X, Lu J, et al. Politically Connected Boards and Top Executive Pay in Chinese Listed Firms [J]. Strategic Management Journal, 2015, 36 (6): 890 -906.

[108] Christie A M, Barling J. When What You Want is What You Get: Pay Dispersion and Communal Sharing Preference [J]. Applied Psychology, 2014, 63 (3): 541 -563.

[109] Cikara M, Fiske S T. Stereotypes and Schadenfreude Affective and Physiological Markers of Pleasure at Outgroup Misfortunes [J]. Social Psychological and Personality Science, 2012, 3 (1): 63 -71.

[110] Clark A E, Kristensen N, Westergård - Nielsen N. Job Satisfaction and Co - worker Wages: Status or Signal [J]. Economic Journal, 2009, 119 (536): 430 -447.

[111] Cohen S G, Bailey D E. What Makes Teams Work: Group Effectiveness Research from the Shop Floor to the Executive Suite [J]. Journal of Management,

1997, 23 (3): 239 – 290.

[112] Cohen – Charash Y, Mueller J S. Does Perceived Unfairness Exacerbate or Mitigate Interpersonal Counterproductive Work Behaviors Related to Envy? [J]. Journal of Applied Psychology, 2007, 92 (3): 666 – 680.

[113] Cohen – Charash Y. Episodic Envy [J]. Journal of Applied Social Psychology, 2009, 39 (9): 2128 – 2173.

[114] Colquitt J A. On the Dimensionality of Organizational Justice: a Construct Validation of a Measure [J]. Journal of Applied Psychology, 2001, 86 (3): 386 – 400.

[115] Connelly B L, Haynes K T, Tihanyi L, et al. Minding the Gap: Antecedents and Consequences of Top Management – to – Worker Pay Dispersion [J]. Journal of Management, 2016, 42 (4): 862 – 885.

[116] Conyon M J, Peck S I, Sadler G V. Corporate Tournaments and Executive Compensation: Evidence from the UK [J]. Strategic Management Journal, 2001, 22 (8): 805 – 815.

[117] Cook K S, Yamagishi T. Social Determinants of Equity Judgments: The Problem of Multidimensional Input. In D. M. Messick & K. S. Cook (Eds.). *Equity theory: Psychological and Sociological Perspectives* (pp. 95 – 126) [M]. New York, NY: Praeger, 1983.

[118] Cosmides L, Tooby J. Evolutionary Psychology and the Emotions. In M. Lewis & J. M. Haviland – Jones (Eds.), *Handbook of Emotions* (2nd Ed., pp. 91 – 115) [M]. New York, NY: Guilford, 2000.

[119] Cowherd D M, Levine D I. Product Quality and Pay Equity between Lower – level Employees and Top Management: An Investigation of Distributive Justice Theory [J]. Administrative Science Quarterly, 1992, 37 (2): 302 – 320.

[120] Craig A D. A New View of Pain as a Homeostatic Emotion [J]. Trends in Neurosciences, 2003, 26 (6): 303 – 307.

[121] Cropanzano R, Mitchell M S. Social Exchange Theory: An Interdisciplinary Review [J]. Journal of Management, 2005, 31 (6): 874 – 900.

[122] Crosby F. A Model of Egoistical Relative Deprivation [J]. Psychological Review, 1976, 83 (2): 85 – 113.

[123] Crusius J, Lange J. How Do People Respond to Threatened Social Status? Moderators of Benign versus Malicious Envy. In R. H. Smith, U. Merlone, & M. K. Duffy (Eds.), *Envy at Work and in Organizations: Research, Theory, and Applications* (pp. 85 – 110) [M]. New York: Oxford University, 2016.

[124] Crusius J, Mussweiler T. When People Want What Others Have: The Impulsive Side of Envious Desire [J]. Emotion, 2012, 12 (1): 142 – 153.

[125] Dematteo J S, Eby L T, Sundstrom E. Team – basedRewards: Current Empirical Evidence and Directions for Future Research [J]. Research in Organizational Behavior, 1998, 20: 141 – 183.

[126] Depken C A. Wage Disparity and Team Productivity: Evidence from Major League Baseball [J]. Economics Letters, 2000, 67 (1): 87 – 92.

[127] Dess G G, Shaw J D. Voluntary Turnover, Social Capital, and Organizational Performance [J]. Academy of Management Review, 2001, 26 (3): 446 – 456.

[128] Devaro J. Strategic Promotion Tournaments and Worker Performance [J]. Strategic Management Journal, 2006, 27 (8): 721 – 740.

[129] Dias L, Lobel M. Social Comparison in Medically High – risk Pregnant Women [J]. Journal of Applied Social Psychology, 1997, 27 (18): 1629 – 1649.

[130] Diener E, Fujita F. Social Comparisons and Subjective Well – being. In B. P. Buunk & F. X. Gibbons (Eds.), *Health, Coping, and Well – being: Perspectives form Social Comparison Theory* (pp. 329 – 358) [M]. Mahwah, NJ: Erlbaum Associates, 1997.

[131] Dineen B R, Duffy M K, Henle C A, et al. Green by Comparison: Deviant and Normative Transmutations of Job Search Envy in a Temporal Context [J]. Academy of Management Journal, 2017, 60 (1): 295 – 320.

[132] Ding D Z, Akhtar S, Ge G L. Effects of Inter – and Intra – hierarchy Wage Dispersions on Firm Performance in Chinese Enterprises [J]. The International

Journal of Human Resource Management, 2009, 20 (11): 2370 –2381.

[133] Dole C. Wage Dispersion's Effect across Team Units: Evidence from the National Football League (NFL) [J]. Journal of Economics & Economic Education Research, 2015, 16 (3): 53 –65.

[134] Donaldson D, Weymark J A. A Single – Parameter Generalization of the Gini Indices of Inequality [J]. Journal of Economic Theory, 1980, 22 (1): 67 –86.

[135] Dong G N. Wage Dispersion and Financial Performance of Nonprofit Hospitals [J]. Journal of Health Care Finance, 2016, 43 (2): 186 –208.

[136] Downes P E, Choi D. Employee Reactions to Pay Dispersion: A Typology of Existing Research [J]. Human Resource Management Review, 2014, 24 (1): 53 –66.

[137] Dreher G F. Predicting the Salary Satisfaction of Exempt Employees [J]. Personnel Psychology, 1981, 34 (3): 579 –589.

[138] Duffy M K, Scott K L, Shaw J D, et al. A Social Context Model of Envy and Social Undermining [J]. Academy of Management Journal, 2012, 55 (3): 643 –666.

[139] Duffy M K, Shaw J D, Schaubroeck J M. Envy in Organizational Life. In R. H Smith (Ed). *Envy: Theory and Research* (pp. 167 –189) [M]. New York: Oxford University Press, 2008.

[140] Duffy M K, Shaw J D. The Salieri Syndrome Consequences of Envy in Groups [J]. Small Group Research, 2000, 31 (1): 3 –23.

[141] Dunn J R, Schweitzer M E. Too Good to Be Trusted? Relative Performance, Envy and Trust [C]. Academy of Management Proceedings. Academy of Management, 2004, 2004 (1): B1 –B6.

[142] Ehrenberg R G, Bognanno M L. Do Tournaments Have Incentive Effects? [J]. Journal of Political Economy, 1990a, 98 (6): 1307 –1324.

[143] Ehrenberg R G, Bognanno M L. The Incentive Effects of Tournaments Revisited Evidence from the European PGA Tour [J]. Industrial & Labor Relations Review, 1990b, 43 (3): 74 –88.

[144] Ehrenberg R G, Milkovich G T. Compensation and Firm Performance [M]. In Kleiner MM, Block RN, Roomkin M, Salsburg SW (Eds.), *Human Resource and the Performance of the Firm* (pp. 87 - 122) [M]. Madison, WI: Industrial Relations Research Association, 1987.

[145] Eiser C, Eiser J R. Social Comparisons and Quality of Life among Survivors of Childhood Cancer and Their Mothers [J]. Psychology and Health, 2000, 15 (3): 435 - 450.

[146] Ensley M D, Pearson A W, Sardeshmukh S R. The Negative Consequences of Pay Dispersion in Family and Non - family Top Management Teams: An Exploratory Analysis of New Venture, High - Growth Firms [J]. Journal of Business Research, 2007, 60 (10): 1039 - 1047.

[147] Eriksson T. Executive Compensation and Tournament Theory: Empirical Tests on Danish Data [J]. Journal of labor Economics, 1999, 17 (2): 262 - 280.

[148] Esses V M, Jackson L M, Armstrong T L. Intergroup Competition and Attitudes toward Immigrants and Immigration: An Instrumental Model of Group Conflict [J]. Journal of Social Issues, 1998, 54 (4): 699 - 724.

[149] Farkas A J, Anderson N H. Multidimensional Input in Equity Theory [J]. Journal of Personality & Social Psychology, 1979, 37 (6): 879 - 896.

[150] Feather N T. Deservingness and Emotions: Applying the Structural Model of Deservingness to the Analysis of Affective Reactions to Outcomes [J]. European Review of Social Psychology, 2006, 17 (1): 38 - 73.

[151] Feldman J M. Beyond Attribution Theory: Cognitive Processes in Performance Appraisal [J]. Journal of Applied Psychology, 1981, 66 (2): 127 - 148.

[152] Feng J, Chen Y, Liu X. Team Dynamics in Pay Dispersion and Team Performance: A Longitudinal Field Study [C]. Academy of Management Annual Meeting Proceedings. Academy of Management, 2017, 2017 (1): 1 - 6.

[153] Ferraro F, Pfeffer J, Sutton R I. Economics Language and Assumptions: How Theories can Become Self - fulfilling [J]. Academy of Management Review,

2005, 30 (1): 8 -24.

[154] Festinger L. A Theory of Social Comparison Processes [J]. Human Relations, 1954, 7 (2): 117 -140.

[155] Fiske A P. The Four Elementary Forms of Sociality: Framework for a Unified Theory of Social Relations [J]. Psychological Review, 1992, 99 (4): 689 -723.

[156] Fiske S T, Cuddy A J C, Glick P, et al. A Model of (Often Mixed) Stereotype Content: Competence and Warmth Respectively Follow from Perceived Status and Competition [J]. Journal of Personality and Social Psychology, 2002, 82 (6): 878 - 902.

[157] Folger R. Reactions toMistreatment at Work. In J. K. Murnighan (Ed.), *Social Psychology in Organizations: Advances in Theory and Research* (pp. 161 - 183) [M]. Englewood Cliffs, NJ: Prentice - Hall, 1993.

[158] Fornell C, Larcker D F. Evaluating Structural Equation Models with Unobservable Variables and Measurement Error [J]. Journal of Marketing Research, 1981, 18 (1): 39 -50.

[159] Foster G M. The Anatomy of Envy: A Study in Symbolic Behavior [J]. Current Anthropology, 1972, 13 (2): 165 -202.

[160] Franck E, Nüesch S. The Effect of Wage Dispersion on Team Outcome and the Way Team Outcome is Produced [J]. Applied Economics, 2011, 43 (23): 3037 - 3049.

[161] Frank R H. Choosing the Right Pond: Human Behavior and the Quest for Status [M]. New York: Oxford University Press, 1985.

[162] Fredrickson J W, Davis - Blake A, Sanders W M. Sharing the Wealth: Social Comparisons and Pay Dispersion in the CEO's Top Team [J]. Strategic Management Journal, 2010, 31 (10): 1031 -1053.

[163] Frick B, Winkelmann K, Prinz J. Pay Inequalities and Team Performance: Empirical Evidence from the North American Major Leagues [J]. International Journal of Manpower, 2003, 24 (4): 472 -488.

[164] Friend R M, Gilbert J. Threat and Fear of Negative Evaluation as Determinants of Locus of Social Comparison [J]. Journal of Personality, 1973, 41 (2): 328 – 340.

[165] Frijda N H. The Emotions [M]. Cambridge, England: Cambridge University Press, 1986.

[166] Fritz M S, MacKinnon D P. Required Sample Size to Detect the Mediated Effect [J]. Psychological Science, 2007, 18 (3): 233 – 239.

[167] Gardner W L, Gabriel S, Hochschild L. When You and I are "We", You are not Threatening: the Role of Self – expansion in Social Comparison [J]. Journal of Personality and Social Psychology, 2002, 82 (2): 239 – 251.

[168] Gerard H B, Rabbie J M. Fear and Social Comparison [J]. The Journal of Abnormal and Social Psychology, 1961, 62 (3): 586 – 592.

[169] Gerard H B. Emotional Uncertainty and Social Comparison [J]. Journal of Abnormal & Social Psychology, 1963, 66 (66): 568 – 573.

[170] Gerhart B, Rynes S L, Fulmer I S. Pay and Performance: Individuals, Groups, and Executives [J]. Academy of Management Annals, 2009, 3 (1): 251 – 315.

[171] Gerhart B, Rynes S. Compensation: Theory, Evidence, and Strategic Implications [M]. Thousand Oaks, CA: Sage, 2003.

[172] Gerrard M, Gibbons F X, McCoy S B. Emotional Inhibition of Effective Contraception [J]. Anxiety, Stress and Coping, 1993, 6 (2): 73 – 88.

[173] Gibbons F X, Gerrard M, Lando H A, et al. Social Comparison and Smoking Cessation: The Role of the "Typical Smoker" [J]. Journal of Experimental Social Psychology, 1991, 27 (3): 239 – 258.

[174] Gibbons F X, Lane D J, Gerrard M, et al. Comparison – level Preferences after Performance: Is Downward Comparison Theory Still Useful? [J]. Journal of Personality and Social Psychology, 2002a, 83 (4): 865 – 880.

[175] Gibbons F X, Lane D J, Gerrard M, et al. Drinking and Driving: A Pro-

spective Assessment of the Relation between Risk Cognitions and Risk Behavior [J]. Risk, Decision and Policy, 2002b, 7 (3): 267 -283.

[176] Gibbons F X, McCoy S B. Self - esteem, Similarity, and Reactions to Active versus Passive Downward Comparison [J]. Journal of Personality and Social Psychology, 1991, 60 (3): 414 -424.

[177] Gibbons F X. Stigma Perception: Social Comparison among Mentally Retarded Persons [J]. American Journal of Mental Deficiency, 1985, 90 (1): 98 -106.

[178] Gilbert D T, Giesler R B, Morris K A. When Comparisons Arise [J]. Journal of Personality and Social Psychology, 1995, 69 (2): 227 -236.

[179] Gill D, Prowse V, Vlassopoulos M. Cheating in the Workplace: An Experimental Study of the Impact of Bonuses and Productivity [J]. Journal of Economic Behavior & Organization, 2013, 96 (2): 120 -134.

[180] Gilsdorf K F, Sukhatme V A. Testing Rosen's Sequential Elimination Tournament Model Incentives and Player Performance in Professional Tennis [J]. Journal of Sports Economics, 2008a, 9 (3): 287 -303.

[181] Gilsdorf K F, Sukhatme V A. Tournament Incentives and Match Outcomes in Women's Professional Tennis [J]. Applied Economics, 2008b, 40 (18): 2405 -2412.

[182] Gino F, Pierce L. Dishonesty in the Name of Equity [J]. Psychological Science, 2009a, 20 (9): 1153 -1160.

[183] Gino F, Pierce L. The Abundance Effect: Unethical Behavior in the Presence of Wealth [J]. Organizational Behavior and Human Decision Processes, 2009b, 109 (2): 142 -155.

[184] Gino F, Pierce L. Robin Hood under the Hood: Wealth - based Discrimination in Illicit Customer Help [J]. Organization Science, 2010, 21 (6): 1176 -1194.

[185] Gold B T. Enviousness and its Relationship to Maladjustment and Psychopathology [J]. Personality and Individual Differences, 1996, 21 (3): 311 -321.

[186] Gomez - Mejia L R, Balkin D B. Compensation, organizational strategy,

and firm performance [M]. South - Western Publishing: Cincinnati, OH, 1992.

[187] Goodman P S. An Examination of Referents Used in the Evaluation of Pay [J]. Organizational Behavior and Human Performance, 1974, 12 (2): 170 - 195.

[188] Gray, J A. The Psychology of Fear and Stress (2nd ed.) [M]. New York: Cambridge University Press, 1987.

[189] Greckhamer T. CEO Compensation in Relation to Worker Compensation across Countries: The Configurational Impact of Country - level Institutions [J]. Strategic Management Journal, 2016, 37 (4): 793 - 815.

[190] Greenberg J. A Taxonomy of Organizational Justice Theories [J]. Academy of Management Review, 1987a, 12 (1): 9 - 22.

[191] Greenberg J. Reactions to Procedural Injustice in Payment Distributions: Do the Means Justify the Ends [J]. Journal of Applied Psychology, 1987b, 72 (1): 55 - 61.

[192] Greenberg J. The Social Side of Fairness: Interpersonal and Informational Classes of Organizational Justice. In R. Cropanzano (Ed.), *Justice in the Workplace: Approaching Fairness in Human Resource Management* (pp. 79 - 103) [M]. Hillsdale, NJ: Lawrence Erlbaum Associates, 1993.

[193] Griffin M A, Neal A, Parker S K. A New Model of Work Role Performance: Positive Behavior in Uncertain and Interdependent Contexts [J]. Academy of Management Journal, 2007, 50 (2): 327 - 347.

[194] Guo L, Libby T, Liu X K. The Effects of Vertical Pay Dispersion: Experimental Evidence in a Budget Setting [J]. Contemporary Accounting Research, 2017, 34 (1): 555 - 576.

[195] Gupta A K, Tesluk P E, Taylor M S. Innovation At and Across Multiple Levels of Analysis [J]. Organization Science, 2007, 18 (6): 885 - 897.

[196] Gupta N, Conroy S A, Delery J E. The Many Faces of Pay Variation [J]. Human Resource Management Review, 2012, 22 (2): 100 - 115.

[197] Gupta N, Shaw J D. Employee Compensation: The Neglected Area of

HRM Research [J]. Human Resource Management Review, 2014, 24 (1): 1 -4.

[198] Habermas J. Legitimation Crisis (Translated by Thomas McCarthy) [M]. Boston: Beacon Press, 1975.

[199] Hagström T, Kjellberg A. Stability and Change in Work Values among Male and Female Nurses and Engineers [J]. Scandinavian Journal of Psychology, 2007, 48 (2): 143 - 151.

[200] Hakmiller K L. Threat as a Determinant of Downward Comparison [J]. Journal of Experimental Social Psychology, 1966 (1): 32 - 39.

[201] Hambrick D C. Fragmentation and the Other Problems CEOs Have with Their Top Management Teams [J]. California Management Review, 1995, 37 (3): 110 - 127.

[202] Hamilton B H, Nickerson J A, Owan H. Team Incentives and Worker Heterogeneity: An Empirical Analysis of the Impact of Teams Productivity and Participation [J]. Social Science Electronic Publishing, 2003, 111 (3): 465 -497.

[203] Han J H, Bartol K M, Kim S. Tightening Up the Performance - Pay Linkage: Roles of Contingent Reward Leadership and Profit - Sharing in the Cross - Level Influence of Individual Pay - for - Performance [J]. Journal of Applied Psychology, 2015, 100 (2): 417 -430.

[204] Harbring C, Irlenbusch B. Sabotage in Tournaments: Evidence from a Laboratory Experiment [J]. Management Science, 2011, 57 (4): 611 -627.

[205] Harrison D A, Klein K J. What is the Difference? Diversity Constructs as Separation, Variety, or Disparity in Organizations [J]. Academy of Management Review, 2007, 32 (4): 1199 - 1228.

[206] Hayes A F. Beyond Baron and Kenny: Statistical Mediation Analysis in the New Millennium [J]. Communication Monographs, 2009, 76 (4): 408 -420.

[207] He L, Fang J. Subnational Institutional Contingencies and Executive Pay Dispersion [J]. Asia Pacific Journal of Management, 2016, 33 (2): 371 -410.

[208] He W, Long L R, Kuvaas B. Workgroup Salary Dispersion and Turnover

Intention in China: A Contingent Examination of Individual Differences and the Dual Deprivation Path Explanation [J]. Human Resource Management, 2016, 55 (2): 301 - 320.

[209] Helgeson V S, Taylor S E. Social Comparisons and Adjustment among Cardiac Patients 1 [J]. Journal of Applied Social Psychology, 2010, 23 (15): 1171 - 1195.

[210] Hemphill K J, Lehman D R. Social Comparisons and Their Affective Consequences: The Importance of Comparison Dimension and Individual Difference Variables [J]. Journal of Social and Clinical Psychology, 1991, 10 (4): 372 - 394.

[211] Henderson A D, Fredrickson J W. Top Management Team Coordination Needs and the CEO Pay Gap: A Competitive Test of Economic and Behavioral Views [J]. Academy of Management Journal, 2001, 44 (1): 96 - 117.

[212] Heneman H G, Judge T A. Compensation Attitudes. In S. L. Rynes & B. Gerhart (Eds.), *Compensation in Organizations: Current Research and Practice* (pp. 61 - 103) [M]. San Francisco: Jossey - Bass, 2000.

[213] Heneman H G. Pay Satisfaction. In K M Rowland & G R Ferris (Eds.), *Research in Personnel and Human Resources Management* (vol. 3, pp. 115 - 139) [M]. Greenwich, Conn.: JAI Press, 1985.

[214] Higgins E T. Beyond Pleasure and Pain [J]. American Psychologist, 1997, 52 (12): 1280 - 1300.

[215] Higgins E T. Knowledge Activation: Accessibility, Applicability and Salience. In E. T. Higgins & A. W. Kruglanski (Eds), *Social Psychology: Handbook of basic Principles* (pp. 133 - 168) [M]. New York: Guilford Press, 1996.

[216] Hill A D, Aime F, Ridge J. The Performance Implications of Resource and Pay Dispersion: The Case of Major League Baseball [J]. Strategic Management Journal, 2017, 38 (9): 1935 - 1947.

[217] Hill S E, DelPriore D J, Vaughan P W. The Cognitive Consequences of Envy: Attention, Memory, and Self - Regulatory Depletion [J]. Journal of Personality

and Social Psychology, 2011, 101 (4): 653 - 666.

[218] Hirschman A O, Rothschild M. The Changing Tolerance for Income Inequality in the Course of Economic Development [J]. Quarterly Journal of Economics, 1973, 87 (4): 544 - 566.

[219] Hofer J, Busch H. When the Needs for Affiliation and Intimacy are Frustrated: Envy and Indirect Aggression among German and Cameroonian Adults [J]. Journal of Research in Personality, 2011, 45 (2): 219 - 228.

[220] Hoorens V, Buunk B P. Social Comparison of Health Risks: Locus of Control, the Person - Positivity Bias, and Unrealistic Optimism [J]. Journal of Applied Social Psychology, 1993, 23 (4): 291 - 302.

[221] Howard A E. The Changing Nature of Work [M]. San Francisco: Jossey - Bass, 1995.

[222] Hunnes A. Internal Wage Dispersion and Firm Performance: White - collar Evidence [J]. International Journal of Manpower, 2008, 30 (8): 776 - 796.

[223] Hunter J E, Schmidt F L, Judiesch M K. Individual Differences in Output Variability as a Function of Job Complexity [J]. Journal of Applied Psychology, 1990, 75 (1): 28 - 42.

[224] Hutzschenreuter T, Horstkotte J. Performance Effects of Top Management Team Demographic Faultlines in the Process of Product Diversification [J]. Strategic Management Journal, 2013, 34 (6): 704 - 726.

[225] Ian L, Lamar P, Francesca G. The Psychological Costs of Pay - for - Performance: Implications for the Strategic Compensation of Employees [J]. Strategic Management Journal, 2012, 33 (10): 1194 - 1214.

[226] Ilgen D R. Teams Embedded in Organizations: Some Implications [J]. American Psychologist, 1999, 54 (2): 129 - 139.

[227] Jane W J. Raising Salary or Redistributing it: A Panel Analysis of Major League Baseball [J]. Economics Letters, 2010, 107 (2): 297 - 299.

[228] Jaskiewicz P, Block J H, Miller D, et al. Founder versus Family Owners'

Impact on Pay Dispersion among Non – CEO Top Managers: Implications for Firm Performance [J]. Journal of Management, 2017, 43 (5): 1524 – 1552.

[229] Jewell R T, Molina D J. Productive Efficiency and Salary Distribution: The Case of US Major League Baseball [J]. Scottish Journal of Political Economy, 2004, 51 (1): 127 – 142.

[230] Kahneman D, Tversky A. ProspectTheory: An Analysis of Decision under Risk [J]. Econometrica, 1979, 47 (2): 263 – 291.

[231] Katayama H, Nuch H. A Game – level Analysis of Salary Dispersion and Team Performance in the National Basketball Association [J]. Applied Economics, 2011, 43 (10): 1193 – 1207.

[232] Kemmelmeier M, Oyserman D. Gendered Influence of Downward Social Comparisons on Current and Possible Selves [J]. Journal of Social Issues, 2001, 57 (1): 129 – 148.

[233] Kepes S, Delery J, Gupta N. Contingencies in the Effects of Pay Range on Organizational Effectiveness [J]. Personnel Psychology, 2009, 62 (3): 497 – 531.

[234] Kim S, O'Neill J W, Cho H M. When Does an Employee not Help Coworkers? The Effect of Leader – Member Exchange on Employee Envy and Organizational Citizenship Behavior [J]. International Journal of Hospitality Management, 2010, 29 (3): 530 – 537.

[235] Klein S B, Cosmides L, Tooby J, et al. Decisions and the Evolution of Memory: Multiple Systems, Multiple Functions [J]. Psychological Review, 2002, 109 (2): 306 – 329.

[236] Koppes L. Timeline of Events and Developments in Industrial and Organizational Psychology in the United States. In L. Koppes (Ed.), *Historical Perspectives in Industrial and Organizational Psychology* [M]. Mahwah, NJ: Erlbaum, 2007.

[237] Krizan Z, Johar O. Envy Divides the Two Faces of Narcissism [J]. Journal of Personality, 2012, 80 (5): 1415 – 1451.

[238] Kruger J, Dunning D. Unskilled and Unaware of It: How Difficulties in

Recognizing One's Own Incompetence Lead to Inflated Self - assessments [J]. Journal of Personality & Social Psychology, 1999, 77 (6): 1121 - 1134.

[239] Kteily N S, Sheehy - Skeffington J, Ho A K. Hierarchy in the Eye of the Beholder: (Anti -) Egalitarianism Shapes Perceived Levels of Social Inequality [J]. Journal of Personality and Social Psychology, 2017, 112 (1): 136 - 159.

[240] Lambert R A, Larcker D F, Weigelt K. The Structure of Organizational Incentives [J]. Administrative Science Quarterly, 1993, 38 (3): 438 - 461.

[241] Landau S B, Leventhal G S. A Simulation Study of Administrators' Behavior Toward Employees Who Receive Job Offers [J]. Journal of Applied Social Psychology, 1976, 6 (4): 291 - 306.

[242] Lange J, Crusius J. Dispositional Envy Revisited Unraveling the Motivational Dynamics of Benign and Malicious Envy [J]. Personality and Social Psychology Bulletin, 2015, 41 (2): 284 - 294.

[243] Larkin I, Pierce L, Gino F. The Psychological Costs of Pay - for - Performance: Implications for the Strategic Compensation of Employees [J]. Strategic Management Journal, 2012, 33 (10): 1194 - 1214.

[244] Latham G P, Budworth M H. The Study of Work Motivation in the 20th Century. In L. Koppes (Ed.), *Historical Perspectives in Industrial and Organizational Psychology* [M]. Mahwah, NJ: Erlbaum, 2007.

[245] Latham G P, Pinder C C. Work Motivation Theory and Research at the Dawn of the Twenty - First Century [J]. Annual Review of Psychology, 2005, 56 (1): 485 - 516.

[246] Lawler E E III. Motivation in work organizations [M]. Monterey, CA: Wadsworth, 1973.

[247] Lawler E E, O'GARA P W. Effects of Inequity Produced by Underpayment on Work Output, Work Quality, and Attitudes toward the Work [J]. Journal of Applied Psychology, 1967, 51 (5p1): 403 - 410.

[248] Lazear E P, Rosen S. Rank - Order Tournaments as Optimum Labor Con-

tracts [J]. Journal of Political Economy, 1981, 89 (5): 841 - 864.

[249] Lazear E P, Shaw K L. Personnel Economics: The Economist's View of Human Resources [J]. Journal of Economic Perspectives, 2007, 21 (4): 91 - 114.

[250] Lazear E P. Pay Equality and Industrial Politics [J]. Journal of Political Economy, 1989, 97 (3): 561 - 580.

[251] Lazear E P. Performance Pay and Productivity [J]. American Economic Review, 2000, 90 (5): 1346 - 1361.

[252] Lee K, Lev B, Yeo G. Executive Pay Dispersion, Corporate Governance, and Firm Performance [J]. Review of Quantitative Finance and Accounting, 2008, 30: 315 - 338.

[253] Leonard J S. Executive Pay and Firm Performance [J]. Industrial & Labor Relations Review, 1990, 43 (3): 13 - 29.

[254] Leventhal G S. What Should be Done with Equity Theory? New Approaches to the Study of Fairness in Social Relationships. In K. Gergen, M. Greenberg & R. Willis (Eds.), *Social Exchange: Advances in Theory and Research* (pp. 27 - 55) [M]. New York: Plenum Press, 1980.

[255] Levine D I. Cohesiveness, Productivity, and Wage Dispersion [J]. Journal of Economic Behavior & Organization, 1991, 15 (2): 237 - 255.

[256] Lieberman M D, Eisenberger N I. Pains and Pleasures of Social Life [J]. Science, 2009, 323 (5916): 890 - 891.

[257] Locke E A, Latham G P. Building a Practically Useful Theory of Goal Setting and Task Motivation: A 35 - year Odyssey [J]. American Psychologist, 2002, 57 (9): 705 - 717.

[258] Locke K D, Nekich J C. Agency and Communion in Naturalistic Social Comparison [J]. Personality & Social Psychology Bulletin, 2000, 26 (7): 864 - 874.

[259] Lockwood P, Kunda Z. Superstars and Me: Predicting the Impact of Role Models on the Self [J]. Journal of Personality and Social Psychology, 1997, 73 (1): 91 - 103.

[260] Lockwood P. Could it Happen to You? Predicting the Impact of Downward Comparisons on the Self [J]. Journal of personality and social psychology, 2002, 82 (3): 343 -358.

[261] Ma L, Nickerson J A. The Impact of Envy on Organizational Structure and Incentives [C]. Paper Presented at the Annual Meetings of the Academy of Management, Atlanta, GA, 2006.

[262] MacDonald G, Leary M R. Why Does Social Exclusion Hurt? The Relationship between Social and Physical Pain [J]. Psychological Bulletin, 2005, 131 (2): 202 -223.

[263] MacKinnon D P, Lockwood C M, Hoffman J M, et al. A Comparison of Methods to Test Mediation and Other Intervening Variable Effects [J]. Psychological Methods, 2002, 7 (1): 83 -104.

[264] Mahy B, Rycx F, Volral M. Wage Dispersion and Firm Productivity in Different Working Environments [J]. British Journal of Industrial Relations, 2011, 49 (3): 460 -485.

[265] Main B G M, Wade J. Top Executive Pay: Tournament or Teamwork? [J]. Journal of Labor Economics, 1993, 11 (4): 606 -628.

[266] Major B, Forcey B. Social Comparisons and Pay Evaluations: Preferences for Same - Sex and Same - Job Wage Comparisons [J]. Journal of Experimental Social Psychology, 1985, 21 (4): 393 -405.

[267] Major B, Testa M, Bylsma W H. Responses to Upward and Downward Social Comparisons: the Impact of Esteem - relevance and Pereived Control. In J. M. Suls & T. Wills (Eds.), *Social Comparison: Contemporary Theory and Research* (pp. 237 - 260) [M]. Hillsdale, NJ: Erlbaum Associates, 1991.

[268] Manski C F. Economic Analysis of Social Interactions [J]. Journal of Economic Perspectives, 2000, 14 (3): 115 -136.

[269] Marr J C, Cable D M. Do Interviewers Sell Themselves Short? The Effects of Selling Orientation on Interviewers' Judgments [J]. Academy of Management Jour-

nal, 2014, 57 (3): 624 -651.

[270] Marsili O, Salter A. 'Inequality' of Innovation: Skewed Distributions and the Returns to Innovation in Dutch Manufacturing [J]. Economics of Innovation and New Technology, 2005, 14 (1 -2): 83 -102.

[271] Martin R, Suls J, Wheeler L. Ability Evaluation by Proxy: Role of Maximal Performance and Related Attributes in Social Comparison [J]. Journal of Personality and Social Psychology, 2002, 82 (5): 781 -791.

[272] Martin R. "Can I do X?" Using the Proxy Comparison Model to Predict Performance. In J. Suls & L. Wheeler (Eds.), *Handbook of Social Comparison: Theory and Research* (pp. 67 -80) [M]. Dordrecht, NL: Kluwer Academic Publishers, 2000.

[273] McArthur L Z, Baron R M. Toward an Ecological Theory of Social Perception [J]. Psychological Review, 1983, 90 (3): 215 -238.

[274] McCullough M E, Emmons R A, Tsang J A. The Grateful Disposition: a Conceptual and Empirical Topography [J]. Journal of Personality and Social Psychology, 2002, 82 (1): 112 -127.

[275] Messersmith J G, Guthrie J P, Ji Y Y, et al. Executive Turnover: the Influence of Dispersion and Other Pay System Characteristics [J]. Journal of Applied Psychology, 2011, 96 (3): 457 -469.

[276] Messersmith J G, Kim K Y, Patel P C. Pulling in Different Directions? Exploring the Relationship between Vertical Pay Dispersion and High - Performance Work Systems [J]. Human Resource Management, 2018, 57 (1): 127 -143.

[277] Miceli M, Castelfranchi C. The Envious Mind [J]. Cognition and Emotion, 2007, 21 (3): 449 -479.

[278] Milgrom P, Roberts J. Economics, Organization, and Management [M]. Prentice - Hall: Englewood Cliffs, NJ, 1992.

[279] Mills J, Mintz P M. Effect of Unexplained Arousal on Affiliation [J]. Journal of Personality and Social Psychology, 1972, 24 (1): 11 -13.

[280] Miner F C. Jealousy on the Job [J]. Personnel Journal, 1990, 69 (4):

89 – 95.

[281] Mishra P. Green – eyed Monsters in the Workplace: Antecedents and Consequences of Envy [C]. Academy of Management Proceedings. Academy of Management, 2009 (1): 1 – 6.

[282] Mitra A, Gupta N, Jenkins Jr G D. A Drop in the Bucket: When is a Pay Raise a Pay Raise? [J]. Journal of Organizational Behavior, 1997, 18 (2): 117 – 137.

[283] Molleman E, Pruyn J, Knippenberg A. Social Comparison Processes among Cancer Patients [J]. British Journal of Social Psychology, 1986, 25 (1): 1 – 13.

[284] Mondello M, Maxcy J. The Impact of Salary Dispersion and Performance Bonuses in NFL Organizations [J]. Management Decision, 2009, 47 (1): 110 – 123.

[285] Moore D A. Not So Above Average After All: When People Believe They are Worse Than Average and Its Implications for Theories of Bias in Social Comparison [J]. Organizational Behavior and Human Decision Processes, 2007, 102 (1): 42 – 58.

[286] Morse S, Gergen K J. Social Comparison, Self – consistency, and the Concept of Self [J]. Journal of Personality & Social Psychology, 1970, 16 (1): 148 – 156.

[287] Mussweiler T, Rüter K, Epstude K. The Ups and Downs of Social Comparison: Mechanisms of Assimilation and Contrast [J]. Journal of Personality and Social Psychology, 2004, 87 (6): 832 – 844.

[288] Mussweiler T, Strack F. Consequences of Social Comparison: Selective Accessibility, Assimilation, and Contrast. In J. Suls & L. Wheeler (Eds.), *Handbook of Social Comparison: Theory and Research* (pp. 253 – 270) [M]. New York: Plenum, 2000a.

[289] Mussweiler T, Strack F. The "Relative Self": Informational and Judgmental Consequences of Comparative Self – evaluation [J]. Journal of Personality and Social Psychology, 2000b, 79 (1): 23 – 38.

[290] Mussweiler T. "Seek and Ye Shall Find": Antecedents of Assimilation and Contrast in Social Comparison [J]. European Journal of Social Psychology, 2001,

31 (5): 499 - 509.

[291] Nairne J S, Pandeirada J N S, Gregory K J, et al. Adaptive Memory: Fitness Relevance and the Hunter - gatherer Mind [J]. Psychological Science, 2009, 20 (6): 740 - 746.

[292] Nelson D L, Quick J C. Understanding Organizational Behavior (3rd Ed.) [M]. Mason, OH: Thomson Southwestern, 2007.

[293] Nickerson J A, Zenger T R. Envy, Comparison Costs, and the Economic Theory of the Firm [J]. Strategic Management Journal, 2008, 29 (13): 1429 - 1449.

[294] Norton M, Sommers S. Whites See Racism as a Zero - Sum Game that They are Now Losing [J]. Perspectives on Psychological Science, 2011, 6 (3): 215 - 218.

[295] O'Boyle E, Aguinis H. The Best and the Rest: Revisiting the Norm of Normality of Individual Performance [J]. Personnel Psychology, 2012, 65 (1): 79 - 119.

[296] Oc B, Bashshur M R, Moore C. Speaking truth to power: The effect of candid feedback on how individuals with power allocate resources [J]. Journal of Applied Psychology, 2015, 100 (2): 450 - 463.

[297] Ostroff C, Clark M A. Maintaining an Internal Market: Antecedents of Willingness to Change Jobs [J]. Journal of Vocational Behavior, 2001, 59 (3): 425 - 453.

[298] Park G, Spitzmuller M, Deshon R P. Advancing Our Understanding of Team Motivation - Integrating Conceptual Approaches and Content Areas [J]. Journal of Management, 2013, 39 (5): 1339 - 1379.

[299] Park J, Kim S. Pay Dispersion and Organizational Performance in Korea: Curvilinearity and the Moderating Role of Congruence with Organizational Culture [J]. The International Journal of Human Resource Management, 2017, 28 (9): 1291 - 1308.

[300] Park T Y, Kim S, Sung L K. Fair Pay Dispersion: A Regulatory Focus Theory View [J]. Organizational Behavior & Human Decision Processes, 2017, 142 (1): 1 - 11.

[301] Parrott W G, Smith R H. Distinguishing the Experiences of Envy and Jealousy [J]. Journal of Personality and Social Psychology, 1993, 64 (6): 906 - 920.

[302] Parrott W G. The Emotional Experiences of Envy and Jealousy. In P. Salovey (Ed.), *The Psychology of Jealousy and Envy* (pp. 3 – 30) [M]. New York: Guilford Press, 1991.

[303] Patel P C, Li M, del Carmen Triana M, et al. Pay Dispersion among the Top Management Team and Outside Directors: Its Impact on Firm Risk and Firm Performance [J]. Human Resource Management, 2018, 57 (1): 177 – 192.

[304] Perrigino M B, Dunford B B, Boss W. Exploring the Black Box between Pay Dispersion and Performance: A Conditional Indirect Effects Model [C]. Academy of Management Annual Meeting Proceedings. Academy of Management, 2016 (1): 16425.

[305] Pfeffer J, Davis – Blake A. Salary dispersion, Location in the Salary Distribution, and Turnover among College Administrators [J]. Industrial & Labor Relations Review, 1992, 45 (4): 753 – 763.

[306] Pfeffer J, Langton N. The Effect of Wage Dispersion on Satisfaction, Productivity, and Working Collaboratively: Evidence from College and University Faculty [J]. Administrative Science Quarterly, 1993, 38 (3): 382 – 407.

[307] Plato. Philebus (Translated by B. Jowett) [M]. Charleston, SC: Biblio Bazaar, 2007. (First Published in 360 BCE.)

[308] Podsakoff P M, MacKenzie S B, Lee J Y, et al. Common Method Biases in Behavioral Research: A Critical Review of the Literature and Recommended Remedies [J]. Journal of Applied Psychology, 2003, 88 (5): 879 – 903.

[309] Polman E, Ruttan R L. Effects of Anger, Guilt, and Envy on Moral Hypocrisy [J]. Personality and Social Psychology Bulletin, 2012, 38 (1): 129 – 139.

[310] Preacher K J, Rucker D D, Hayes A F. Addressing Moderated Mediation Hypotheses: Theory, Methods, and Prescriptions [J]. Multivariate Behavioral Research, 2007, 42 (1): 185 – 227.

[311] Rabbie J M. Differential Preference for Companionship under Threat [J]. The Journal of Abnormal and Social Psychology, 1963, 67 (6): 643 – 648.

[312] Rau D. Top Management Team Transactive Memory, Information Gathering, and Perceptual Accuracy [J]. Journal of Business Research, 2006, 59 (4): 416 – 424.

[313] Ready D A, Conger J A, Hill L A. Are You a High Potential [J]. Harvard Business Review, 2010, 88 (6): 78 – 84.

[314] Rickabaugh C A, Tomlinson – Keasey C. Social and Temporal Comparisons in Adjustment to Aging [J]. Basic and Applied Social Psychology, 1997, 19 (3): 307 – 328.

[315] Ridge J W, Aime F, White M A. When Much More of a Difference Makes a Difference: Social Comparison and Tournaments in the CEO's Top Team [J]. Strategic Management Journal, 2015, 36 (4): 618 – 636.

[316] Ronen S. Equity Perception in Multiple Comparisons: A Field Study [J]. Human Relations, 1986, 39 (4): 333 – 345.

[317] Roseman I J, Wiest C, Swartz T S. Phenomenology, Behaviors, and Goals Differentiate Discrete Emotions [J]. Journal of Personality and Social Psychology, 1994, 67 (2): 206 – 221.

[318] Roseman I J. Appraisal Determinants of Emotions: Constructing a More Accurate and Comprehensive Theory [J]. Cognition and Emotion, 1996, 10 (3): 241 – 278.

[319] Salovey P, Rodin J. Some Antecedents and Consequences of Social – Comparison Jealousy [J]. Journal of Personality and Social Psychology, 1984, 47 (4): 780 – 792.

[320] Samnani A K, Singh P. Performance – Enhancing Compensation Practices and Employee Productivity: The Role of Workplace Bullying [J]. Human Resource Management Review, 2014, 24 (1): 5 – 16.

[321] Sanchezmarin G, Baixaulisoler J S. TMT Pay Dispersion and Firm Performance: the Moderating Role of Organizational Governance Effectiveness [J]. Journal of Management & Organization, 2015, 21 (4): 436 – 459.

[322] Schachter S. The Psychology of Affiliation [M]. Stanford, CA: Stanford University Press, 1959.

[323] Schalin L J. On the Problem of Envy: Social, Clinical and Theoretical Considerations [J]. The Scandinavian Psychoanalytic Review, 1979, 2 (2): 133 -158.

[324] Schaubroeck J, Lam S S K. Comparing Lots Before and After: Promotion Rejectees' Invidious Reactions to Promotees [J]. Organizational Behavior and Human Decision Processes, 2004, 94 (1): 33 -47.

[325] Scherer F M, Harhoff D. Technology Policy for a World of Skew - Distributed Outcomes [J]. Research policy, 2000, 29 (4): 559 -566.

[326] Scholl R W, Cooper E A, McKenna J. Referent Selection in Determining Equity Perceptions: Differential Effects on Behavioral and Attitudinal Outcomes [J]. Personnel Psychology, 1987, 40 (1): 113 -124.

[327] Schwinghammer S A, Stapel D A, Blanton H. Different Selves Have Different Effects: Self - Activation and Defensive Social Comparison [J]. Personality and Social Psychology Bulletin, 2006, 32 (1): 27 -39.

[328] Shah J Y, Kruglanski A W. Priming Against Your Will: How Accessible Alternatives Affect Goal Pursuit [J]. Journal of Experimental Social Psychology, 2002, 38 (4): 368 -383.

[329] Shaw J D, Duffy M K, Jenkins G D, Gupta N. Positive and Negative Affect, Signal Sensitivity, and Pay Satisfaction [J]. Journal of Management, 1999, 25 (2): 189 -205.

[330] Shaw J D, Gupta N, Delery J E. Pay Dispersion and Workforce Performance: Moderating Effects of Incentives and Interdependence [J]. Strategic Management Journal, 2002, 23 (6): 491 -512.

[331] Shaw J D, Gupta N. Pay System Characteristics and Quit Patterns of Good, Average, and Poor Performers [J]. Personnel Psychology, 2007, 60 (4): 903 -928.

[332] Shaw J D. Pay Dispersion, Sorting, and Organizational Performance [J]. Academy of Management Discoveries, 2015, 1 (2): 165 -179.

[333] Shaw J D. Pay Dispersion [J]. The Annual Review of Organizational Psychology and Organizational Behavior, 2014 (1): 521 - 544.

[334] Shi W, Connelly B L, Sanders W. Buying Bad behavior: Tournament Incentives and Securities Class Action Lawsuits [J]. Strategic Management Journal, 2016, 37 (7): 1354 - 1378.

[335] Shore L M, Coyle - Shapiro J A M, Chen X P, et al. Social Exchange in Work Settings: Content, Process, and Mixed Models [J]. Management and Organization Review, 2009, 5 (3): 289 - 302.

[336] Shu C Y, Lazatkhan J. Effect of Leader - Member Exchange on Employee Envy and Work Behavior Moderated by Self - Esteem and Neuroticism [J]. Revista de Psicología del Trabajo y de las Organizaciones, 2017, 33 (1): 69 - 81.

[337] Siegel P A, Hambrick D C. Pay Disparities within Top Management Groups: Evidence of Harmful Effects on Performance of High - technology Firms [J]. Organization Science, 2005, 16 (3): 259 - 274.

[338] Simmons R, Berri D J. Mixing the Princes and the Paupers: Pay and Performance in the National Basketball Association [J]. Labor Economics, 2011, 18 (3): 381 - 388.

[339] Skinner B F. About Behaviorism [M]. New York: Knopf, 1974.

[340] Smith R H, Insko C A. Social Comparison Choice during Ability Evaluation: The Effects of Comparison Publicity, Performance Feedback, and Self - Esteem [J]. Personality and Social Psychology Bulletin, 1987, 13 (1): 111 - 122.

[341] Smith R H, Kim S H. Comprehending Envy [J]. Psychological Bulletin, 2007, 133 (1): 46 - 64.

[342] Smith R H, Parrott W G, Diener E F, et al. Dispositional Envy [J]. Personality and Social Psychology Bulletin, 1999, 25 (8): 1007 - 1020.

[343] Smith R H. Envy and Its Transmutations. In L. Z. Tiedens & C. W. Leach (Eds.), *The Social Life of Emotions* (pp. 43 - 63) [M]. Cambridge: Cambridge University Press, 2004.

[344] Smith R. Emotional Reactions to Social Comparisons. In J. Suls & L. Wheeler (Eds.), *Handbook of Social Comparisons*: *Theory and Practice* (pp. 173 - 200) [M]. New York: Plenum Publishers, 2000.

[345] Sobel M E. Asymptotic Confidence Intervals for Indirect Effects in Structural Equation Models [J]. Sociological Methodology, 1982, 13 (13): 290 - 312.

[346] Sommers P M. Work Incentives and Salary Distributions in the National Hockey League [J]. Atlantic Economic Journal, 1998, 26 (1): 119.

[347] Spencer S J, Fein S, Lomore C D. Maintaining One's Self - image vis - à - vis Others: The Role of Self - affirmation in the Social Evaluation of the Self [J]. Motivation and Emotion, 2001, 25 (1): 41 - 65.

[348] Stanton A L. Downward Comparison in Infertile Couples [J]. Basic and Applied Social Psychology, 1992, 13 (4): 389 - 403.

[349] Stapel D A, Koomen W. I, We, and the Effects of Others on Me: How Self - construal Level Moderates Social Comparison Effects [J]. Journal of Personality and Social Psychology, 2001, 80 (5): 766 - 781.

[350] Sternstein M. Statistics [M]. New York: Barrons Educational Series Inc, 1994.

[351] Stewart G L. A Meta - Analytic Review of Relationships between Team Design Features and Team Performance [J]. Journal of Management, 2006, 32 (1): 29 - 55.

[352] Suchman M C. ManagingLegitimacy: Strategic and Institutional Approaches [J]. Academy of Management Review, 1995, 20 (3): 571 - 610.

[353] Sung L K, Park T Y. The Effects of Pay Differential on Social Undermining and Performance via Envy [C]. Academy of Management Proceedings. Academy of Management, 2016, 2016 (1): 13034.

[354] Super J F, Li P, Ishqaidef G, et al. Group Rewards, Group Composition and Information Sharing: A Motivated Information Processing Perspective [J]. Organizational Behavior & Human Decision Processes, 2016, 134 (2016): 31 - 44.

[355] Sweeney P D, McFarlin D B, Inderrieden E J. Using Relative Deprivation Theory to Explain Satisfaction with Income and Pay Level: A Multistudy Examination [J]. Academy of Management Journal, 1990, 33 (2): 423 – 436.

[356] Tai K, Narayanan J, Mcallister D J. Envy As Pain: Rethinking the Nature of Envy and Its Implications for Employees and Organizations [J]. Academy of Management Review, 2012, 37 (1): 107 – 129.

[357] Takahashi H, Kato M, Matsuura M, et al. When Your Gain is My Pain and Your Pain is My Gain: Neural Correlates of Envy and Schadenfreude [J]. Science, 2009, 323 (5916): 937 – 939.

[358] Taylor S E, Wood J V, Lichtman R R. It Could Be Worse: Selective Evaluation as a Response to Victimization [J]. Journal of Social Issues, 1983, 39 (2): 19 – 40.

[359] Teenen H, McKee T E, Affleck G. Social Comparison Processes in Health and Illness. In J. Suls &Wheeler (Eds.) Hand Book of *Social Comparison: Theory and Research* (pp. 443 – 483) [M]. Dordrecht, NL: Kluwer, 2000.

[360] Tesser A, Collins J E. Emotion in Social Reflection and Comparison Situations: Intuitive, Systematic, and Exploratory Approaches [J]. Journal of Personality and Social Psychology, 1988, 55 (5): 695 – 709.

[361] Tesser A. Toward a Self – evaluation Maintenance Model of Social Behavior. In L. Berkowitz (Ed.), *Advances in Experimental Social Psychology* (Vol. 21, pp. 181 – 227) [M]. San Diego, CA: Academic Press, 1988.

[362] Thatcher S M B, Patel P C. Group Faultlines: A Review, Integration, and Guide to Future Research [J]. Journal of Management, 2012, 38 (4): 969 – 1009.

[363] Thatcher S M, Patel P C. DemographicFaultlines: AMeta – analysis of the Literature [J]. Journal of Applied Psychology, 2011, 96 (6): 1119 – 1139.

[364] Thibaut J, Walker L. Procedural justice: A psychological analysis [M]. Hillsdale, NJ: Erlbaum, 1975.

[365] Thomé L. Professional Jealousy and Backbiting: Can You Protect Yourself

[J]. Industry Week, 1993, 242 (14): 24 -30.

[366] Thornton D A, Arrowood A J. Self - Evaluation, Self - Enhancement, and the Locus of Social Comparison [J]. Journal of Experimental Social Psychology, 1966 (1): 40 -48.

[367] Toliver RF, Constable TJ. Die Deutschen Jagdflieger - asse [The German Fighter Aces] 1939 ~1945 [M]. Stuttgart, Germany: Motorbuch Verlag, 1998.

[368] Tremblay M, St - Onge S, Toulouse J M. Determinants of Salary Referents Relevance: A Field Study of Managers [J]. Journal of Business and Psychology, 1997, 11 (4): 463 -484.

[369] Trevor C O, Reilly G, Gerhart B. Reconsidering Pay Dispersion's Effect on the Performance of Interdependent Work: Reconciling Sorting and Pay Inequality [J]. Academy of Management Journal, 2012, 55 (3): 585 -610.

[370] Trevor C O, Wazeter D L. A Contingent View of Reactions to Objective Pay Conditions: Interdependence among Pay Structure Characteristics and Pay Relative to Internal and External Referents [J]. Journal of Applied Psychology, 2006, 91 (6): 1260 -1275.

[371] Urieşi S. Motivational Effects of Pay Dispersion in Pay for Performance Programs Implemented in Romanian Companies [J]. Management & Marketing, 2016, 11 (2): 431 -448.

[372] Van d Z K, Buunk B, Sanderman R. Neuroticism and Reactions to Social Comparison Information among Cancer Patients [J]. Journal of Personality, 1998, 66 (2): 175 -194.

[373] Van de Ven N, Hoogland C E, Smith R H, et al. When Envy Leads to Schadenfreude [J]. Cognition & Emotion, 2015, 29 (6): 1007 -1025.

[374] Van de Ven N, Zeelenberg M, Pieters R. Appraisal Patterns of Envy and Related Emotions [J]. Motivation and Emotion, 2012, 36 (2): 195 -204.

[375] Van de Ven N, Zeelenberg M, Pieters R. Leveling Up and Down: The Experiences of Benign and Malicious Envy [J]. Emotion, 2009, 9 (3): 419 -429.

[376] Van de Ven N, Zeelenberg M, Pieters R. Why Envy Outperforms Admiration [J]. Personality and Social Psychology Bulletin, 2011, 37 (6): 784 –795.

[377] Van de Ven N, Zeelenberg M. On the Counterfactual Nature of Envy: "It Could Have Been Me" [J]. Cognition and Emotion, 2015, 29 (6): 954 –971.

[378] Van de Ven N. Envy and Its Consequences: Why It Is Useful to Distinguish between Benign and Malicious Envy [J]. Social and Personality Psychology Compass, 2016, 10 (6): 337 –349.

[379] Van der Zee K, Oldersma F, Buunk B P, et al. Social Comparison Preferences among Cancer Patients as Related to Neuroticism and Social Comparison Orientation [J]. Journal of Personality and Social Psychology, 1998, 75 (3): 801 –810.

[380] Van Dijk W W, Ouwerkerk J W, Goslinga S, et al. When People Fall from Grace: Reconsidering the Role of Envy in Schadenfreude [J]. Emotion, 2006, 6 (1): 156 –160.

[381] Van Dijk W W, Zeelenberg M. Investigating the Appraisal Patterns of Regret and Disappointment [J]. Motivation and Emotion, 2002, 26 (4): 321 –331.

[382] Van Eerde W, Thierry H. Vroom's Expectancy Models and Work – Related Criteria: A Meta – Analysis [J]. Journal of Applied Psychology, 1996, 81 (5): 575 – 586.

[383] Vander Zee K I, Buunk B P, DeRuiter J H, et al. Social Comparison and the Subjective Well – being of Cancer Patients [J]. Basic and Applied Social Psychology, 1996, 18 (4): 453 –468.

[384] Vecchio R P. Categorizing Coping Responses for Envy: A Multidimensional Analysis of Workplace Perceptions [J]. Psychological Reports, 1997, 81 (1): 137 – 138.

[385] Vecchio R P. Cinderella and Salieri in the Workplace: The Envied and the Envier. In S. W. Gilliland, D. D. Steiner, & D. P. Skarlicki (Eds.), *Managing Social and Ethical Issues in Organizations* (pp. 109 – 134) [M]. Information Age, 2007.

[386] Vecchio R P. Explorations in Employee Envy: Feeling Envious and Feeling

Envied [J]. Cognition and Emotion, 2005, 19 (1): 69 - 81.

[387] Vecchio, R P. Negative Emotion in the Workplace: Employee Jealousy and Envy [J]. International Journal of Stress Management, 2000, 7 (3): 161 - 179.

[388] Vecchio R P. It's Not Easy Being Green: Jealousy and Envy in the Workplace. In G. Ferris (Ed.), Research in Personnel and Human Resources Management, Vol. 13. Pp. 201 - 244 [M]. New York: JAI Press, 1995.

[389] Vidaillet B. Lacanian Theory's Contribution to the Study of Workplace Envy [J]. Human Relations, 2007, 60 (11): 1669 - 1700.

[390] Vroom V H. Work and motivation [M]. New York: Wiley, 1964.

[391] Walker H A, Thomas G M, Zelditch M. Legitimation, Endorsement, and Stability [J]. Social Forces, 1986, 64 (3): 620 - 643.

[392] Wang T, Zhao B, Thornhill S. Pay Dispersion and Organizational Innovation: The Mediation Effects of Employee Participation and Voluntary Turnover [J]. Human Relations, 2015, 68 (7): 1155 - 1181.

[393] Weiner N. Determinants and Behavioral Consequences of Pay Satisfaction: A Comparison of Two Models [J]. Personnel Psychology, 1980, 33 (4): 741 - 757.

[394] Wheeler L, Miyake K. Social Comparison in Everyday Life [J]. Journal of Personality & Social Psychology, 1992, 62 (5): 760 - 773.

[395] Wheeler L. Motivation as a Determinant of Upward Comparison [J]. Journal of Experimental Social Psychology, 1966 (1): 27 - 31.

[396] White J B, Langer E J, Yariv L, Welch J C. Frequent Social Comparisons and Destructive Emotions and Behaviors: The Dark Side of Social Comparisons [J]. Journal of Adult Development, 2006, 13 (1): 36 - 44.

[397] Williams L J, Cote J A, Buckley M R. Lack of Method Variance in Self - Reported Affect and Perceptions at Work [J]. Journal of Applied Psychology, 1989, 74 (3): 462 - 468.

[398] Williams M L, Mcdaniel M A, Nguyen N T. A Meta - Analysis of the Antecedents and Consequences of Pay Level Satisfaction [J]. Journal of Applied Psychol-

ogy, 2006, 91 (2): 392 - 413.

[399] Wills T A. Downward Comparison Principles in Social Psychology [J]. Psychological Bulletin, 1981, 90 (2): 245 - 271.

[400] Wilson S R. Ability Evaluation and Self - Evaluation as Types of Social Comparisons [J]. Sociometry, 1973, 36 (4): 600 - 607.

[401] Wood J V. Theory and Research Concerning Social Comparisons of Personal Attributes [J]. Psychological Bulletin, 1989, 106 (2): 231 - 238.

[402] Yanadori Y, Cui V. Creating Incentives for Innovation? The Relationship between Pay Dispersion in R&D Groups and Firm Innovation Performance [J]. Strategic Management Journal, 2013, 34 (12): 1502 - 1511.

[403] Yang H, Klaas B S. Pay Dispersion and the Financial Performance of the Firm: Evidence from Korea [J]. The International Journal of Human Resource Management, 2011, 22 (10): 2147 - 2166.

[404] Ybema J F, Buunk B P. Aiming at the Top? Upward Social Comparison of Abilities after Failure [J]. European Journal of Social Psychology, 1993, 23 (6): 627 - 645.

[405] Zelditch J M. Legitimacy Theory. In: Burke PJ, editor. *Contemporary Social Psychological Theories* [M]. Stanford, CA: Stanford University Press, 2006.

[406] Zenger T R, Marshall C R. Determinants of Incentive Intensity in Group - Based Rewards [J]. Academy of Management Journal, 2000, 43 (2): 149 - 163.

[407] Zhang Z, Wang M O, Shi J. Leader - follower Congruence in Proactive Personality and Work Outcomes: The Mediating Role of Leader - Member Exchange [J]. Academy of Management Journal, 2012, 55 (1): 111 - 130.

后　　记

2015年9月，满怀着终于成为南京大学一名博士研究生的骄傲和自豪以及对未来读博生活的无比憧憬和期盼，我来到了这座曾经梦想多年的知名学府。2018年6月，在经历了三年的勤奋与努力，终于完成了这篇自己也一直十分期待的博士学位论文时，本以为内心会如三年前一样兴奋无比，然而，当一步一个脚印地走完文献阅读、选题、研究设计、调研、数据整理与分析、学位论文撰写与反复修改这一完整过程后，面对着手中捧着的这本略带厚度的博士学位论文，我的内心却无比的平静、自然与充实。或许，当一切水到渠成时，大概就是我此时的心境吧。三年的读博生活，让我从南京大学收获的不仅仅是知识，更为重要的是，她让我在追求知识、探索科学的道路上，懂得了努力、付出、勤奋、脚踏实地与坚持的内涵，也让我在不断的积累与沉淀中，逐渐自信与成长起来！南京大学三年的读博生活，显现的是我专业知识的深度积累与提升，更深层次的则是我心态的成长与飞跃。我不敢妄言在南京大学的三年读博生活延长了我生命的长度，但是，我万分肯定，它拓宽了我生命的宽度，也提升了我生命的高度。

2018年6月从南京大学博士毕业后，我立即着手处理赴澳大利亚西澳大学（The University of Western Australia）商学院境外研修事宜，并于当年11月顺利来到西澳大学商学院开始为期一年（2018.11—2019.12）的境外研修生活。十分感激在珀斯（西澳首府）这一年的平静、忙碌而踏实的学习与研究生活，让我有充足的时间和精力来再一次审视我的博士学位论文。经过与外导 Professor Vincent K. Chong 的多次沟通交流和深度探讨后，我对博士学位论文在研究内容上进行了拓展和多次修订，最终形成了本书稿。在此，为本书能够顺利出版面世以及我博士阶段的研究成果能够得以在更宽广范围内与广大同仁交流，特向中国财政经济出版社表达衷心的感谢。本书稿尽管已经过多次反复修改与完善，仍不免存在错误与表达不当之处，敬请批评指正！我的联系邮箱：zhy3625@ jsnu. edu. cn。

本书的研究工作能够顺利推进，我要在此感谢我敬爱的博导、南京大学商学院可敬可亲的老师们、澳大利亚西澳大学商学院 Professor Vincent K. Chong、我亲爱的家人们以及我的工作单位江苏师范大学。

我敬爱的博导张正堂教授，谢谢您：老师，还记得学生在 2017 年教师节对您的祝福吗？——有人说，人生在 20 多岁的时候一定要做一件 80 岁时回想起来依然很骄傲的事情。很感激老师在我 30 多一点的尴尬年龄，让我成为您的学生，圆了我的南大梦并真正开启了我的学术路！自此，我也有了一件 80 岁时回想起来依然十分骄傲的事情……学生祝福老师永远健康，心想事成！此时此刻，即将为读博生活画上句号的此时此刻，老师，您对我及师门所有兄弟姐妹们学习、工作、生活的关心，一幕幕生动、鲜活地闪现在头脑中，您不仅在学术上传授给我缜密的学术逻辑、踏实的学术作风和科学的学术精神，也在为人处事上为我树立榜样。您的言传身教和悉心指导，开启了我的学术之路；您的正直、豁达、洒脱、真诚、内敛与谦卑，是学生一生需要学习和追求的品质。老师，衷心感谢您的培育之恩！

南京大学商学院可敬可亲的赵曙明教授、陈传明教授、贾良定教授、姜嬿副教授、毛伊娜副教授，谢谢你们：读博生活伊始，你们用你们渊博的专业知识和严谨的治学态度，不仅在课堂上影响我，也在日常的学习生活中帮助我解决学术方面的困惑，衷心感谢你们！杨东涛教授、彭纪生教授和程德俊教授，谢谢你们：是你们在开题中的点拨和诚恳的建议，完善了博士学位论文的研究设计，推动了博士学位论文的顺利完成，衷心感谢你们！刘洪教授和贾良定教授，谢谢你们在预答辩中提出的中肯修改建议！衷心感谢中国药科大学研究生院吴应宇教授、南京理工大学经济管理学院周小虎教授、南京大学商学院杨东涛教授、彭纪生教授和王全胜教授，拨冗参加我的博士学位论文答辩和提出宝贵的修改与完善建议！

澳大利亚西澳大学（The University of Western Australia）商学院 Professor Vincent K. Chong，谢谢您！我们从完全陌生的南半球人和北半球人，经由彼此之间的一封封 email 联系，而成为亦师亦友的科研合作伙伴。谢谢您对我的肯定和认可，谢谢您提供我境外研修的宝贵机会，谢谢您为本书思路拓展和多次修改提出的宝贵建议！

我亲爱的家人们，是你们用无私的爱与付出，为我创造了一个可以安心读书学习的好环境。首先，十分感谢我的先生孙树伟和我可爱懂事的儿子孙皓熙。2015 年，我和儿子一起开始了“一年级”读书生活，先生不仅要工作，还要承担起独自照顾儿子生活与学习的双重重要责任；我不常在身边，儿子却更加懂事与体贴爸爸。读博士常不在家的三年来，儿子健康快乐地成长，学习成绩亦很优秀，先生也更加成熟与稳重。值本书出版之际，我只想对先生和儿子说，谢谢你们，是你们让我拥有了一个可以放下一切、安心科研的宝贵心境，没有你们的默默付出、坚持、守护与鼓励，我的读博生活难以想象。其次，要感谢我的父母、婆婆和兄弟姐妹们。你们不仅无私帮助我照顾先生和儿子，更为重要的是，我不常在身边的读博三年、我需要全身心投入学术的这三年，你们健健康康！这是对我的最大支持！谢谢你们！

最后，感谢我的工作单位江苏师范大学（2008 年至今），提供我三年潜心读博和一年境外研修的宝贵时间支持与经费资助！万分感激！

学术之路漫长而艰辛，我会将南京大学三年读博生活与西澳大学一年境外研修生活所收获的一切继续坚持下去，唯有努力坚持与继续前行，方能报答你们！

逝水流年，衷心祝愿各位平安喜乐！

张海燕

2019 年 11 月 4 日于西澳大学商学院办公室